Solving ODEs with MATLAB®

L.F.SHAMPINE · I.GLADWELL · S.THOMPSON

MATLAB® 미분방정식

여영구 역

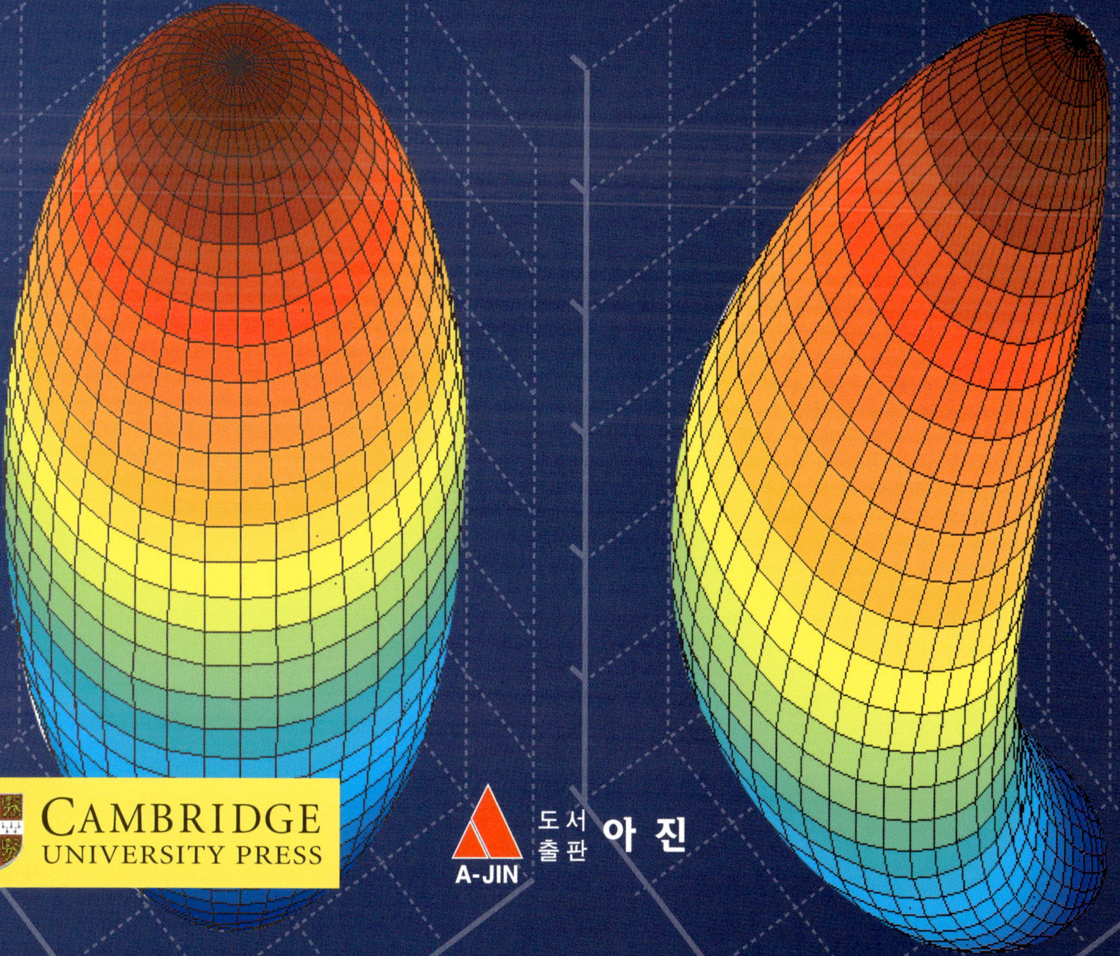

CAMBRIDGE
UNIVERSITY PRESS

A-JIN 도서출판 아진

Solving ODEs with MATLAB®

L. F. Shampine
I. Gladwell
S. Thompson

"나의 가는 길은 오직 그가 아시나니 그가 나를 단련하신 후에는
내가 정금같이 나오리라 (욥23 : 10)"

This edition of ***Solving ODEs with MATLAB®*** by ***L. F. Shampine, I. Gladwell, S. Thompson*** is published by arrangement with Cambridge University Press UK.

ISBN : 9788957612453
Translated by A-jin Publishing Co.
Printed in Korea

머리말

이 책은 초기치 문제(IVP)와 경계치 문제(BVP) 모두를 포함하는 상미분 방정식(ODE) 및 지연 미분방정식(DDE)을 해결하기를 원하는 사람들을 위한 것이다. 이 책은 상급 학부생들 및 공학, 과학, 수학분야의 대학원 신입생들을 위한 1학기 과정용 교과서이다. 선수과목들로서는 ODE의 이론에 대한 기초과정과 수치해석의 개론 과정들을 들 수 있다. 이러한 선수과정들에 내재되어 있는 것은 MATLAB을 우선하는 약간의 프로그램 경험과 약간의 초급 행렬이론이다. 이 책은 또한 공학, 과학, 그리고 수학 분야 전문가들의 참고서이다. 이들은 이 책을 통하여 논점들에 대한 이해를 신속하게 얻을 수 있으며 자세하게 풀이된 보기 문제들을 살펴볼 수 있다. 이들은 이 책과 함께 제공된 프로그램들을 원형으로 이용할 수 있다.

이 책의 세 가지 주제들을 각각 1학기의 분리된 과정의 고급 수준에서 교육하는 것이 통상적이다. 이 책은 약 250 페이지에 걸쳐 세 가지 주제 모두에 대한 논의를 제공하고 있다. 이것이 가능한 이유는 논의의 집중과 수준 때문이다. 이 책은 *시작하기*로 불리는 장으로 출발한다. 다음 장은 IVP에 대한 것이다. 이들 두 장들은 순서대로 공부해야 하지만 (BVP 및 DDE에 대한) 나머지 두 장들은 서로 관련이 없다. 이 장들 가운데 하나를 1학기 과정에서 다루는 것은 쉽지만 학생들의 준비와 세련도가 모두를 가능케 할 것인지를 결정할 것이다. DDE에 대한 장은 BVP에 대한 장보다 신속하게 다룰 수 있는데 이는 단지 한 가지 접근방법만이 취하여지며 이는 IVP에 대한 장에서 공부한 방법의 연장이기 때문이다. 각 장은 주로 보기들을 통하여 문제에 대한 사실의 논의로 시작한다. 다음에 문제에 대한 수치적 방법들이 전개된다 — 그러나 가장 널리 이용되는 방법들만이 취하여진다. 비록 각 방법의 처리는 간단하며 기술적 사항은 최소로 하였지만 실제로 중요한 논점들이 다루어지고 있다. 흔히 실제 문제의 풀이는 단순히 코드를 호출하는 방법을 익히는 것 그 이상이다. 장의 마지막 부분은 작지만 현실적인 보기들을 통하여 문제를 어떻게 해결하는지를 보여주는 지도서이다.

비록 일반적인 과학계산에서의 질적 소프트웨어가 논의되지만 모든 보기들과 연습문제들은 MATLAB으로 해결되어 있다. 이렇게 하는 것은 MATLAB(2000)

은 교육과 연구에서 극히 중요한 문제해결 환경(PSE)이기 때문에 가장 이롭다. MATLAB의 풀이기들은 놀라울 정도로 능력이 있다. 이들은 나아가 이들을 사용하는 방법을 익히는 것을 쉽게 하여 주는 "감"과 공통적인 디자인을 가진다. MATLAB은 고급 언어로서 프로그램이 짧다. 이 때문에 모든 보기들에 대하여 이 책에서 완전한 프로그램들을 제공하는 것이 가능하다. 프로그램들은 온라인 형태로도 제공됨으로써 유사한 문제들에 대한 원형으로 편리하게 사용될 수 있다. 특히 학생들은 연습문제에서 이 프로그램들 가운데 일부를 수정하도록 요구받고 있다. 그래픽은 이 PSE의 한 부분이므로 해들을 도시함으로써 분석할 수 있다. MATLAB은 Maple 커널(Maple 1998)에 의하여 약간의 기호 대수 능력을 지닌다. 이 책은 일부 보기들과 연습문제들의 풀이와 분석에서 이 능력들을 이용하고 있다. 모든 연습문제들에 대한 풀이가 있는 강사 매뉴얼이 있다. 이 풀이들의 대부분은 강사들에게 온라인으로 제공될 수 있는 프로그램들을 포함한다.

MATLAB®의 최초의 ODE 풀이기는 Larry Shampine과 H. A, (Buddy) Watts에 의하여 작성된 FORTRAN 프로그램에 근거한 것이었다. MATLAB® 5를 위하여 Cleve Moler는 Shampine과 The MathWorks 사 사이의 길고도 생산적인 관계를 시작하였다. Shampine과 Mark Reichelt(1997)에 의한 연구개발 노력의 결과 MATLAB ODE Suite가 이루어졌다. ODE Suite는 MATLAB 자체의 진화 및 Shampine, Reichelt, 그리고 Jacek Kierzenka(1999)의 추가적인 작업의 결과 상당히 진보되었다. 특히 IVP 풀이기들 가운데 일부는 특이 물질행렬들에서 나타나는 지수 1의 미분대수방정식(DAE)을 해결하는 능력이 부여되었다. 뒤이어 Kierzenka와 Shampine(2001)은 BVP의 풀이를 위한 프로그램을 추가시켰다. 가장 최근에 Skip Thompson, Shampine, 그리고 Kierzenka는 일정한 지연을 갖는 DDE의 풀이를 위한 프로그램을 추가하였다(Shampine과 Thompson, 2001). 이러한 과정을 언급하는 것은 이러한 우수한 PSE를 위한 소프트웨어를 같이 작업할 기회를 준 Cleve, Mark, 그리고 Jacek에게 감사를 표하고 아울러 저자들은 이 책의 근간이 되는 소프트웨어에 대한 독자적인 이해를 지니고 있음을 분명히 하기 위함이다.

저자들 각각은 대학 및 대학 외부에서 ODE 풀이에 대한 수십년 간의 경험을 지니고 있다. 이 주제에 대하여 저자들은 200편 이상의 논문과 6권의 책들을 내놓았지만 ODE를 해결하는 방법에 대하여 사람들에게 충고한 저자들의 경험을 좀 더 광범위한 독자들이 이용 가능하도록 하는 책을 쓰기를 오랫동안 소망해 왔다. 이 책은 그러한 소망의 충족이다. 원고의 부분들에 대하여 의견을 보내준 많은 전문가들의 도움에 대하여 감사를 드린다. Wayne Enright와 Jacek Kierzenka는 특히 도움을 많이 주었다.

차 례

제 0 장

MATLAB® 입문

MATLAB®은 수치계산을 위한 대화식 시스템이다. 수치해석학자 Cleve Moler는 1970년대 후반에 강의보조용 도구로서 MATLAB의 초기 Fortran 버전을 작성하였다. 이 버전은 교육과 연구용으로 널리 알려지게 되었으며 C로 작성된 상용 소프트웨어 패키지로 발전하게 되었다. 근래들어 MATLAB은 대학교와 산업계에서 광범위하게 이용되고 있다.

MATLAB®은 전통적인 수치계산 방법들(즉 Fortran이나 C 프로그램의 작성 및 수치 라이브러리의 호출)에 비해 다음과 같은 많은 장점들을 지닌다:

- 아주 고급의 언어를 이용한 신속하고 용이한 프로그램 작성을 가능하게 하여준다.
- 데이터 구조에는 최소한의 주의만 기울이면 된다; 특히 배열은 사용 전에 미리 선언할 필요가 없다.
- 대화식 접속기로 인하여 신속한 실험과 손쉬운 디버깅이 가능하다.
- 뛰어난 그래픽과 가시화 기능들의 활용이 언제나 가능하다.
- MATLAB® M-파일들은 광범위한 종류의 컴퓨터들에 설치가 가능하다.
- 툴박스들을 추가함으로써 이를테면 특수한 신호처리 기능 및 기호처리 기능들을 갖는 시스템으로 확장시킬 수 있다.
- 사용자들이 제공하는 다양한 범위의 M-파일들을 인터넷을 통하여 자유롭게 얻을 수 있다.

나아가 MATLAB은 현대적인 프로그램 언어이며 문제해결 환경이다: MATLAB은 정교한 데이터 구조를 지니고 있으며 내장된 편집 및 디버깅 도구들을 포함하고 있음은 물론 객체지향 프로그래밍을 지원한다. 이러한 요소들로 인하여

MATLAB은 매우 우수한 교육용 언어이며 연구 및 실제적인 문제의 해결을 위한 강력한 도구이다. 해석되는 언어이므로 MATLAB은 컴파일된 언어에 비해 효율이 다소 떨어짐은 피할 수 없지만 내장된 성능촉진 기법들이 비효율성을 줄여주며 사용자들은 MEX 파일들을 통하여 컴파일된 Fortran이나 C 코드에 연결할 수 있다. MATLAB의 특징은 다음과 같이 요약하여 볼 수 있다:

행렬 연산 툴(현대 제어이론의 이해/적용에 적합)

- C 언어, Java 등에서 행렬 연산은 표준으로 지원하지 않는다.
- 계산 속도는 C와 비교해도 높은 부류에 속한다.
- 복소연산(복소행렬)도 지원한다.
- 내장되어 있는 행렬 연산 알고리듬은 전 세계의 수학자·연구자들에 의해 검증되었기 때문에 신뢰성이 높다.

데이터의 가시화 툴

- 그래프를 간단하게 그릴 수 있다.
- 3D그래프 등 Excel을 압도하는 세밀한 그래프를 만들 수 있다.
- 핸들 그래픽스를 응용하는 GUI 프로그래밍(버튼이나 슬라이더를 그래프 안에 집어넣는 것)을 쉽게 할 수 있다.
- 플랫폼에 관계없이 동일한 프로그램이 움직인다.
- 데이터의 애니메이션 등 수치계산 결과를 쉽게 가시화 할 수 있다.
- 마우스 이벤트 처리 등을 사용하여 데이터를 쌍방향으로 조작할 수 있다.

신호처리 툴

- FFT, EIG, SVD 등 신호 처리에서 빠질 수 없는 함수가 기본 함수로 내장되어 있다. 서투르게 C 언어 등으로 만든 것보다 정밀도가 높고 처리 속도도 빠르다.
- 기본 함수 이외의 함수는 텍스트 형식으로 되어 있기 때문에 소스 코드를 읽어 간단히 이해할 수 있다.
- 행렬을 기본으로 작성한 복잡한 신호처리 계산 알고리듬을 원래 형태 그대로 저장할 수 있다.

프로그램 언어

- C 언어, Java 언어와 같은 제어구조를 가지고 있어서 이들 언어로 작성한 알고리듬을 간단히 옮길 수 있다.

- Class, struct 등 독자적인 데이터 구조의 정의가 가능하다.
- C++ 언어에서 사용하는 class, operator overload, 다중승계 등을 사용할 수 있다.
- 프로그램의 디버그, 프로파일러 등이 있다.
- 인터프리터 동작을 위해 컴파일 할 필요가 없어 생각을 방해받지 않고 프로그래밍 할 수 있다.

MATLAB®에 대한 정보는 The MathWorks 사의 웹 사이트인 www.mathworks.com에서 얻을 수 있다. MATLAB 프로그램의 작성 및 수행에 있어서는 다음 사항들을 염두에 둘 필요가 있다:

- 대문자와 소문자는 대등하지 않다(MATLAB은 대문자와 소문자에 민감하다).
- 변수의 이름을 타이프하면 MATLAB은 그 변수의 현재값을 스크린에 보여준다.
- 명령문의 마지막 부분에 세미콜론(;)을 두면 변수값이 스크린에 나타나지 않는다.
- MATLAB®은 괄호, (), 대괄호, [], 그리고 중괄호, {} 들을 사용하며 이들은 서로 교환될 수 없다.
- 위쪽 화살표와 아래쪽 화살표 키를 이용하여 이전에 입력한 명령문들을 순차적으로 검색할 수 있다. 아울러 첫 번째 몇 글자를 타이프하고 위쪽 화살표 키를 누르면 예전의 명령어를 다시 불러올 수 있다.
- 알아보고자 하는 주제가 있을 경우 help (*주제명*)을 입력하면 명령어, 함수, 혹은 관심있는 주제에 대한 도움말에 접할 수 있다. 밑줄로 표시된 하이퍼링크들이 제시되어 있어서 관련되는 도움 항목들 및 도움말 탐색기로 접속할 수 있음을 주목하자.
- 함수나 변수 이름을 일부분만 타이프하고 탭 키를 누르면 MATLAB은 나머지 부분을 완성할 수 있는 경우들을 모두 제시하여 줌으로써 사용자가 한 가지를 선택하여 이름의 나머지 부분을 완성할 수 있게 하여 준다.
- MATLAB®을 끝내려면 exit나 quit를 입력한다.
- MATLAB®의 수행을 중간에 그만두려면 ctrl+c를 입력한다.

MATLAB®에서 입력된 텍스트는 명령어 창에서 MATLAB 프롬프트(prompt) >> 다음에 나타난다. 입력한 내용을 보여준 다음에 출력이 생성되어 제시된다. 다음 문장으로 시작하여 보자.

```
>> a = [1 2 3]
```

```
a =

     1     2     3
```

이는 "a = [1 2 3]"이라고 타이프하여야 함을 의미하며 타이프한 뒤 엔터(Enter) 키를 누르면 MATLAB으로부터의 출력 "a ="와 "1 2 3"이 빈 줄로 분리되어 제시됨을 보여준다. format compact를 입력하면 MATLAB은 공간을 절약하기 위해서 빈 줄들을 줄여준다.

위의 보기는 1×3 배열 a(행 벡터)를 설정한다. 다음의 보기에서는 입력 원소들이 세미콜론(;)으로 분리되어 있다:

```
>> c = [4; 5; 6]
c =
     4
     5
     6
```

세미콜론은 MATLAB에게 새 줄로 시작하도록 지시하므로 c는 3×1 배열(열벡터)이 된다. 이제 배열 a와 c를 곱하여 보자:

```
>> a*c
ans =
    32
```

여기에서는 1×3 배열을 3×1 배열에 곱한 내적(inner product)을 수행한 셈이다. MATLAB은 그 결과를 자동적으로 ans라는 변수에 할당하는데 ans는 정답(answer)을 줄여서 나타낸 것이다. 내적을 계산하는 다른 방법으로서 dot 함수를 사용하는 방법이 있다:

```
>> dot(a,c)
ans =
    32
```

명령어 다음에 세미콜론이 나타나면 MATLAB은 출력을 보여주지 않는다:

```
>> pi
ans =
    3.1416
```

표 0.1. MATLAB®에서 이용되는 특수 변수 및 정수

특수변수 및 정수	기 능
ans	최신 출력
eps	부동소수점에서의 상대정밀도
realmax	+ 최대부동소수점 개수
realmin	+ 최소부동소수점 개수
pi	3.1415926535897
i, j	허수단위
inf	무한대
NaN	부정치

```
>> y = tan(pi/6);
```

변수 pi는 π 값을 갖는 항구적인 변수이다. 변수 ans는 언제나 가장 최근의 할당되지 않은 표현에 대한 값을 저장한다. 따라서 위에서와 같이 y에 할당된 다음에 ans에는 여전히 π 값이 저장되어 있다. 표 0.1은 MATLAB에서 이용되는 특수 변수 및 정수들을 정리한 것이다.

앞의 두 벡터 a와 c에 대한 외적(outer product)을 구할 수도 있다:

```
>> A = c*a
A =
     4     8    12
     5    10    15
     6    12    18
```

위에서 결과는 3×3 행렬로서 A에 할당되어 있다.

곱 a*a는 정의되지 않는데 이는 행렬 곱셈에서 차원이 맞지 않기 때문이다.

```
>> a*a
??? Error using ==> mtimes
Inner matrix dimensions must agree.
```

행렬과 벡터에 대한 연산 조작은 두 가지의 서로 다른 형태로 이루어진다. 행렬 측면에서의 연산은 선형대수학의 통상적인 규칙에 근거하며 기호 +, −, *, / 및 ^ 들을 사용하여 이루어진다. 배열 측면에서의 연산은 원소끼리의 작용으로 정의되며 일반적으로 위의 기호들 앞에 점(.)을 두어 이루어진다. 따라서 a의 각

원소들의 제곱을 구하고자 한다면 다음과 같이 쓸 수 있다:

```
>> b = a.^2
b =
     1     4     9
```

위에서 얻은 새로운 벡터 b는 a와 마찬가지로 1×3 이므로 b와 a의 배열 곱을 얻을 수 있다:

```
>> a.*b
ans =
     1     8    27
```

표 0.2는 자주 사용되는 MATLAB 연산자 및 기호들을 요약한 것이다.

표 0.2. 자주 사용되는 MATLAB 연산자 및 기호

연산자 및 기호	의미
+	더하기(스칼라, 벡터, 행렬)
−	빼기(스칼라, 벡터, 행렬)
*	곱하기(스칼라, 벡터, 행렬)
/	나누기(스칼라)
^	지수(스칼라, 정방행렬)
.*	원소끼리의 곱
./	원소끼리의 나누기
.^	원소끼리의 지수
;	연산 결과의 제시를 억제
:	사이값들을 지정
'	전치(실수벡터, 행렬)
...	줄이음
%	코멘트
==	논리적 equals
|	논리적 or
&	논리적 and
~=	논리적 not

MATLAB®은 벡터나 행렬이 입력인자로 주어지는 경우 배열 측면의 연산을 수행하는 수학 함수들을 많이 지니고 있다. 예를 들면

```
>> exp(a)
ans =
   2.7183    7.3891   20.0855

>> log(ans)
ans =
    1     2     3

>> sqrt(a)
ans =
   1.0000    1.4142    1.7321
```

MATLAB®은 부동(浮動) 소수점(floating point) 수들을 기본적으로 5자리의 유효숫자로 보여주지만 실제로는 언제나 이와 대등한 16자리의 유효숫자로 저장하고 계산한다. 출력 형식은 format 명령어를 이용하여 바꿀 수 있다:

```
>> format long

>> sqrt(a)
ans =
  1.00000000000000   1.41421356237310   1.73205080756888

>> format
```

위에서 마지막 명령어는 본래의 출력형식인 5자리 유효숫자로 되돌아감을 의미한다. 크거나 작은 숫자들은 10의 거듭제곱 앞에 e가 있는 지수 형태로 나타내어진다:

```
>> 2^(-24)
ans =
  5.9605e-008
```

format 명령어에는 여러 가지가 있다. 예를 들면 format short g는 결과를 5자리의 고정소수점 형태로 나타내어 주며 format long은 결과를 15자리로 조정된 고정소수점으로 표시하여 준다:

```
>> format short g
>> x = 2^(-24)
x =
  5.9605e-008

>> format long
>> x
x =
    5.960464477539063e-008
```

표 0.3은 다양한 format 명령어 옵션을 정리한 것이다.

표 0.3. format 명령어의 옵션

명령어+옵션	동작	예
format	기본. short와 동일	
format+	양수, 음수, 0에 대한 +, -, 빈칸, 허수부분은 무시	+
format bank	달러와 센트의 고정서식	2.23
format compact	여분의 라인을 생략	theta = pi/2 theta = 1.5708
format loose	라인의 추가 기본	theta = pi/2 theta = 1.5708
format hex	16진수	40092fb54442d18
format long	15자리로 조정된 고정소수점	3.14159265358979
format long e	15자리 부동소수점	3.141592653589793e+00
format long g	15자리 고정소수점 또는 부동소수점의 최적합표시	3.14159265358979
format short	5자리로 조정된 고정소수점	3.1416
format short e	5자리 부동소수점	3.1416e+00
format short g	5자리 고정소수점 또는 부동소수점의 최적합표시	3.1416
format rat	유리수 분수형식	355/113

다양한 데이터 분석 함수들도 언제나 이용이 가능하다. 같은 줄에 하나 이상의 명령어를 넣고자 할 때에는 콤마(,)로 분리시켜 준다:

```
>> sum(b), mean(c)
ans =
    14
ans =
     5
```

행의 원소들을 빈 칸으로 분리하고 세미콜론으로 행들을 분리함으로써 2차원 배열을 설정할 수 있다:

```
>> A = [3 18 9; 2 3 3; 4 1 2]
A =
     3    18     9
     2     3     3
     4     1     2
```

MATLAB® 내부에는 광범위한 선형대수 함수들이 내장되어 있다. 예를 들어 b가 다음과 같은 3×1 벡터일 때 선형 시스템 A*x = b의 해 x를 구한다고 하자:

```
>> b = [18; 117; 283]
b =
    18
   117
   283
```

해 x는 백슬래쉬(\)[1]를 이용하여 구할 수 있다:

```
>> x = A\b
x =
   72.0000
  -13.0000
    4.0000
```

상대 잔류오차의 유클리드 놈(norm)을 계산하여 결과를 체크하여 보자:

```
>> norm(A*x-b)/(norm(A)*norm(x))
ans =
  9.2612e-018
```

---

1) 보통의 개인용 컴퓨터에서 백슬래쉬(\)는 키보드 자판에 원화 표시 키(₩)로 제공된다. 이후에서 "₩"는 백슬래쉬 "\"를 의미한다.

계산에서의 반올림 오차로 인하여 0은 아니지만 MATLAB이 16자리 유효숫자로 계산함을 감안한다면 위의 잔류오차는 우리가 기대할 수 있는 한도의 작은 값이다.

eig를 사용하여 A의 고유치(eigenvalue)들을 구할 수 있다:

```
>> e = eig(A)
e =
   12.6589
   -3.0000
   -1.6589
```

위에서 i는 허수단위 $\sqrt{-1}$를 나타낸다. 또한 함수 eig에 대하여 두 개의 출력인자를 지정할 수 있다:

```
>> [V,D] = eig(A)
V =
    0.8851    0.7740   -0.6307
    0.2950    0.0573   -0.2102
    0.3598   -0.6306    0.7470
D =
   12.6589         0         0
         0   -3.0000         0
         0         0   -1.6589
```

이 경우 V의 열들은 A의 고유벡터(eigenvector)들이고 D의 대각원소들은 각각의 고유벡터에 해당하는 고유치들이다.

콜론 기호(:)는 간격이 모두 동일한 값들의 벡터를 구성하는 데에 유용하다. 예를 들면

```
>> v = 1:6
v =
     1     2     3     4     5     6
```

일반적으로 m:n은 원소가 m, m+1, ..., n 인 벡터를 생성한다. 증가분이 1이 아닌 경우는 m:s:n으로 지정되는데 이로부터는 m으로 시작하여 s만큼 증가(혹은 감소)하면서 n에 이르는 원소들이 생성된다.

```
>> w = 2:3:10, y = 1:-0.25:0
```

```
w =
     2     5     8
y =
    1.0000    0.7500    0.5000    0.2500         0
```

한편 (1) 대괄호 안에 배열을 두고, (2) 행에서 빈 칸이나 콤마로 원소들을 분리하며, (3) 세미콜론으로 행 들을 나누는 방법으로 작은 행렬들로부터 큰 행렬들을 구성할 수 있다:

```
>> C = [A, [8;9;10]], D = [B;a]
C =
     3    18     9     8
     2     3     3     9
     4     1     2    10
D =
    -3     0    -1
     2     5    -7
    -1     4     8
     1     2     3
```

행렬 C에서 i 행과 j 열의 원소(i와 j는 언제나 1부터 시작된다) C(i,j)로 나타낸다:

```
>> C(2,3)
ans =
     3
```

보다 일반적으로 C(i1:i2,j1:j2)는 i1에서 i2까지의 행들과 j1에서 j2까지의 열들로 이루어지는 부행렬을 나타낸다:

```
>> C(2:3, 1:2)
ans =
     2     3
     4     1
```

어떤 형태의 행렬들은 자동적으로 구축할 수 있다. 예를 들면 항등행렬(identity matrix)이나 원소들이 0 및 1들로 이루어지는 행렬들은 eye, zeros 및 ones들을 이용하여 구성할 수 있다:

```
>> I3 = eye(3,3), Y = zeros(3,5), Z = ones(2)
I3 =
```

```
     1     0     0
     0     1     0
     0     0     1
Y =
     0     0     0     0     0
     0     0     0     0     0
     0     0     0     0     0
Z =
     1     1
     1     1
```

위의 함수들에서 첫 번째 인수는 행의 수를 지정하고 두 번째 인수는 열의 수를 지정함을 주목하자. 이들 두 수가 같을 때에는 한 개만 지정하면 된다. 함수 rand와 randn도 유사한 방법으로 작용하며 각각 [0,1] 상에서 균일 분포를 갖는 불규칙 원소들과 정규 (0,1) 분포를 갖는 불규칙 원소들을 생성한다. 생성되는 수들은 각 생성기의 state에 따라 좌우된다. state를 설정함으로써 실험들이 반복되도록 할 수 있다. 다음에서 두 state들은 모두 20으로 설정되어 있다:

```
>> rand('state',20), randn('state',20)
>> F = rand(3), G = randn(1,5)
F =
    0.7062    0.3586    0.8468
    0.5260    0.8488    0.3270
    0.2157    0.0426    0.5541
G =
    1.4051    1.1780   -1.1142    0.2474   -0.8169
```

하나의 인용부호(')는 문자열 제한기로 작용하므로 'state'는 문자열이다. 많은 MATLAB 함수들은 문자열을 인수로 취한다.

지금까지 다수의 변수들이 작업공간에서 생성되었다. 여러분은 who 명령어를 이용하여 이들의 목록을 얻을 수 있다:

```
>> who
Your variables are:
A    C    F    I3   Y    a    b    e    w    y
B    D    G    V    Z    ans  c    v    x
```

이와 달리 whos를 입력하면 각 변수들의 크기와 부류를 보여주는 보다 자세한 목록을 얻을 수 있다.

대부분의 프로그램 언어들과 마찬가지로 MATLAB도 루프 구조를 갖는다. 아래에 보인 예는 for 루프를 이용하여 황금률 $\frac{1+\sqrt{5}}{2}$를 근사적으로 나타내는 다음과 같은 연속되는 분율을 계산하고 있다. 계산은 맨 아래부터 시작한다.

$$1+\cfrac{1}{1+\cfrac{1}{1+\cfrac{1}{1+\cfrac{1}{1+\cfrac{1}{1+\cfrac{1}{1+\cfrac{1}{1+\cfrac{1}{1+\cfrac{1}{1+\cfrac{1}{1+1}}}}}}}}}}$$

```
>> g = 2;
>> for k=1:10, g = 1 + 1/g; end
>> g
g =
   1.6181
```

while을 포함하는 루프는 이후에 나타난다.

plot 함수는 2차원(2D) 그래프를 생성한다:

```
>> t = 0:0.005:1; z = exp(10*t.*(t-1)).*sin(12*pi*t);
>> plot(t,z)
```

위에서 plot(t,z)는 기본적인 실선 형태를 이용하여 점 t(i)와 z(i)들을 연결한다. MATLAB은 그래프가 나타나는 그림창을 연다. 그림 0.1은 이 결과를 보여주고 있다. 명령어 라인에서 close를 입력하여 그림창을 닫을 수 있다.

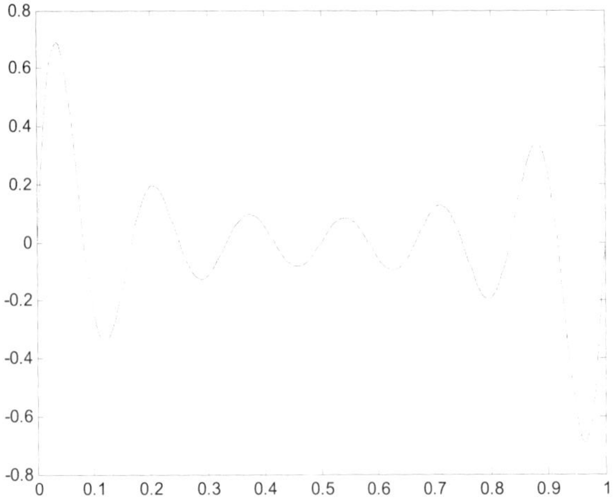

그림 0.1. plot로부터 얻은 기본적인 2D 그래프.

표 0.4는 널리 사용되는 그래프 명령어들을 요약한 것이다.

표 0.4. 널리 사용되는 그래프 명령어

명령어	의 미
plot(x,y)	x와 y의 그래프를 작성
plot(x1,y1,x2,y2)	복수의 그래프를 작성
plot(x,y,'.')	데이터들이 연결되지 않고 점으로 나타남
title('내 그래프')	그래프 제목을 삽입
xlabel('t'), ylabel('y')	x축 라벨(t) 및 y축 라벨(y)
grid	그래프에 격자를 삽입
axis([0 1 2 8])	$0 \le x \le 2$ 및 $2 \le y \le 8$의 범위에서 그래프를 작성
text(2,1,'곡선 1')	점 (2,1)에 '곡선 1'이라는 텍스트를 삽입
hold on, hold off	현재 그래프를 유지(on) 및 해제(off)

함수 hist를 사용하면 히스토그램을 얻을 수 있다:

```
>> hist(randn(1000,1))
```

위에서는 정규 (0,1) 불규칙 수 생성기로부터 얻은 1000개의 점들이 hist에 주어진다. 결과는 그림 0.2에 나타나 있다.

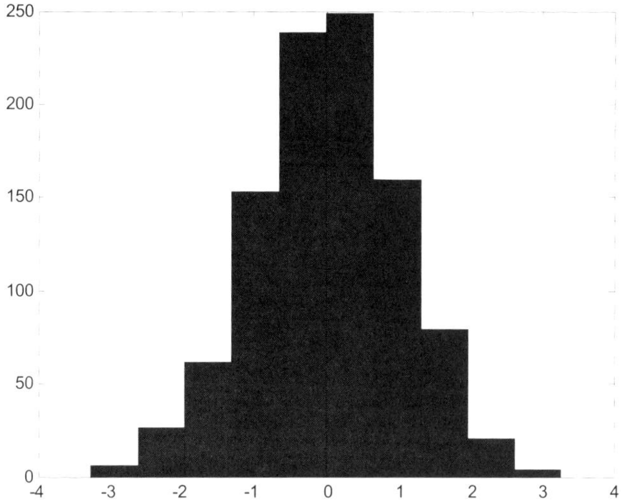

그림 0.2. hist로부터 얻은 히스토그램.

MATLAB® 스크립트의 작성 및 활용을 예시하기 위하여 Fibonacci 수열을 고려하여 보자. 불규칙 Fibonacci 수열 $\{x_n\}$은 x_1과 x_2가 정해진 후에 다음 관계로부터 생성된다:

$$x_{n+1} = x_n \pm x_{n-1}, \qquad n \geq 2$$

위에서 ±는 +와 −가 선정될 확률이 같아야 함을 의미한다. 아주 큰 n에 대하여 $|x_n|$은 1의 확률로 c^n의 배수처럼 증가한다는 사실이 알려져 있다(Viswanath의 이론). 여기에서 $c = 1.13198824...$ 이다. 이 결과는 다음 코드로부터 테스트할 수 있다:

```
>> clear
>> rand('state',100)
>> x = [1 2];
>> for n = 2:999, x(n+1) = x(n) + sign(rand-0.5)*x(n-1); end
>> semilogy(1:1000,abs(x))
>> c = 1.13198824;
>> hold on
>> semilogy(1:1000,c.^[1:1000])
>> hold off
```

위에서 clear는 작업공간으로부터 모든 변수들을 지운다. for 루프는 불규칙 Fibonacci 수열을 배열 x에 저장한다. MATLAB은 새로운 원소 x(n+1)이 할당될 때마다 자동적으로 x를 확장하여 준다. semilogy 함수는 n을 x 축에, abs(x)를 로그로 나타낸 y 축에 도시하여 준다. hold on을 입력하면 MATLAB은 다음번의 그림을 현재의 그림 위에 겹쳐 그려준다. 두 번째 semilogy 함수는 기울기가 c인 직선의 그래프를 생성하여 준다. 그림 0.3에 나타낸 결과는 Viswanath의 이론과 일치하고 있음을 알 수 있다.

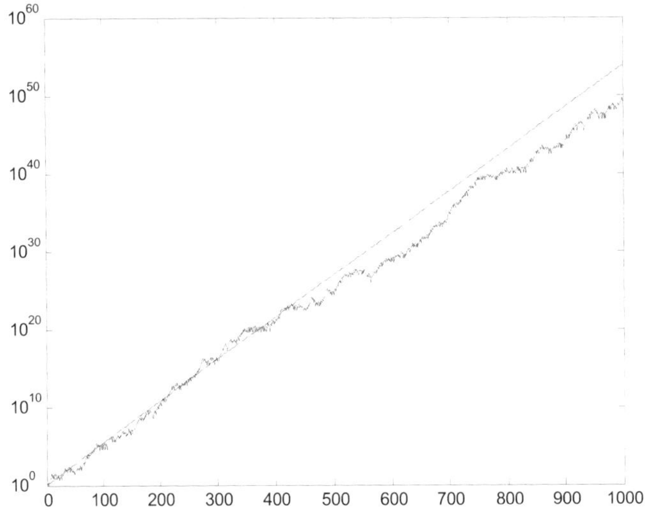

그림 0.3. 불규칙 Fibonacci 수열의 성장.

그림 0.3을 생성하기 위한 MATLAB 명령어들은 몇 줄들로 이루어져 있다. 이는 여러 가지 이유로 불편하며 그 중에서도 특히 프로그램에 변화를 주고 싶을 때에는 모든 명령어들을 모두 다시 입력할 필요가 있다는 점이 불편하다. 이러한 어려움을 피하기 위하여 여러분은 스크립트 M-파일을 도입할 수 있다. 현재의 디렉토리에 프로그램 0.1에 보인 것과 동일한 fibo.m라는 이름의 ASCII 파일을 생성한다. (edit를 입력하면 MATLAB의 Editor/Debugger가 호출된다; pwd는 현재의 디렉토리를 보여주며 ls나 dir은 그 내용을 열거하여 준다.)

프로그램 0.1. 스크립트 M-파일 fibo.m

```
% FIBO                    불규칙 Fibonacci 수열
```

```
rand('state',100)          % 불규칙 수 상태를 설정
m = 1000;                  % 반복계산 횟수

x = [1 2];                 % 초기조건
for n = 2:m-1              % Main loop
   x(n+1) = x(n) + sign(rand-0.5)*x(n-1);
end

semilogy(1:1000,abs(x))
c = 1.13198824;            % Viswanath 상수
hold on
semilogy(1:1000,c.^[1:1000])
hold off
```

이제 명령어 라인에서

```
>> fibo
```

라고 입력하면 그림 0.3의 그림이 다시 생성된다. 이러한 방법으로 fibo를 수행하는 것은 파일의 명령어들을 작업공간의 명령어 라인에서 순서대로 입력하는 것과 본질적으로 동일하다. 프로그램 0.1에서는 쉽게 읽을 수 있도록 빈 줄과 들여쓰기가 이용되고 있음을 주목하자. 아울러 반복횟수를 변수 m으로 지정하여 이를 쉽게 바꿀 수 있도록 하였다. 명령어들을 M-파일로 작성하여 둠으로써 여러 가지 상황들을 자유로이 시험해 볼 수 있다. 예를 들어 rand('state',100)을 rand('state',101)로 바꾸면 다른 불규칙 Fibonacci 수열이 생성되며 title('Random Fibonacci Sequence')를 파일의 끝에 새로운 줄로 덧붙이면 그래프의 타이틀이 만들어진다.

다음 보기는 Collatz 반복으로서 양의 정수 x_1이 주어졌을 때 $x_{k+1} = f(x_k)$의 형태를 갖는다. 여기에서

$$f(x) = \begin{cases} 3x+1 & : x\text{가 홀수일 때} \\ \dfrac{x}{2} & : x\text{가 짝수일 때} \end{cases}$$

즉 만일 x가 홀수이면 이를 3x+1로 대체하고 x가 짝수이면 이를 반으로 나눈

다. 이러한 반복은 x_1을 어떻게 정하건 언제나 1(따라서 4, 2, 그리고 1 사이의 사이클)에 이르게 될 것으로 추정되었다. 이러한 추측을 뒷받침하여 주는 계산상의 증거들이 매우 풍부하며 이 추측은 Collatz 문제, 3x+1 문제, Syracuse 문제, Kakutani 문제, Hass 알고리듬, 그리고 Ulam 문제 등으로 다양하게 알려져 있다. 이제 프로그램 0.2에 보인 바와 같이 스크립트 M-파일 collatz.m을 생성하여 위의 추측을 조사해 볼 수 있다. 이 파일에서는 while 루프와 if 문이 반복과정에 이용되고 있다.

프로그램 0.2. 스크립트 M-파일 collatz.m

```
% COLLATZ                    Collatz iteration

n = input('2보다 큰 정수를 입력하시오:   ');
narray = n;

count = 1;
while n ~= 1
   if rem(n,2) == 1        % Remainder modulo 2
      n = 3*n+1;
   else
      n = n/2;
   end
   count = count + 1;
   narray(count) = n;      % 현재의 반복과정 횟수에 따른 n값을 저장
end

plot(narray,'*-')          % *기호와 직선으로 그래프 작성
title(['Collatz iteration starting at...
      ' int2str(narray(1))],'FontSize',16)
```

input 명령어는 사용자가 시작값을 입력하도록 하여준다.

```
>> collatz
2보다 큰 정수를 입력하시오:   27
```

여기에서는 27이 입력되었다. 반복과정이 종료되고 그림 0.4에 보인 바와 같은 그래프가 결과로서 얻어진다.

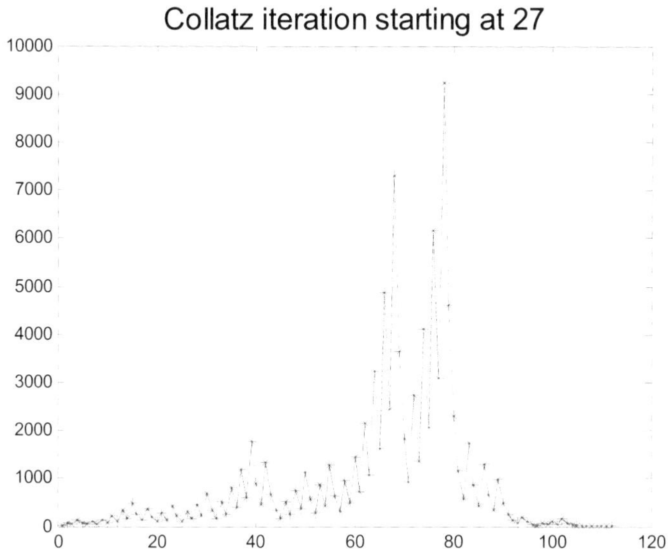

그림 0.4. collatz.m으로 생성된 그래프.

표 0.5는 MATLAB 프로그램 제어 명령어들을 요약한 것이다.

표 0.5. MATLAB® 프로그램 제어 명령어

명령어	의 미
if	조건부 실행문
else	if문의 조건
elseif	if문의 조건
end	for, while, switch, try, if문의 종료
for	특정회수 문의 반복
while	부정회수 문의 반복
break	while 또는 for 루프 실행의 종료
continue	for 또는 while 루프 다음의 반복 작업을 제어
switch	식에 근거하여 case문 사이에서 바꾼다.
case	switch문의 case문
otherwise	기본의 switch문의 case문
try	try 블록의 시작
catch	catch 블록의 시작
return	호출 함수로 돌아온다.
error	에러 메시지의 표시와 함수의 중지
rethrow	에러를 다시 발생하여 함수의 중지

다음에는 상미분 방정식(ODE) 시스템을 풀어 보기로 한다.

$$\begin{aligned}\frac{d}{dt}y_1(t) &= 10(y_2(t) - y_1(t))\\ \frac{d}{dt}y_2(t) &= 28y_1(t) - y_2(t) - y_1(t)y_3(t)\\ \frac{d}{dt}y_3(t) &= y_1(t)y_2(t) - \frac{8}{3}y_3(t)\end{aligned}$$

위의 보기는 Lorenz 방정식 군에서 취한 예이다. 초기조건은 $y(0)=[0,\ 1,\ 0]^T$로 하며 풀이구간은 $0 \le t \le 50$으로 한다. 프로그램 0.3의 M-파일 lorenzde는 MATLAB 함수의 예이다. t와 y가 주어지면 이 함수는 ODE의 우변을 벡터 yprime으로 반환한다. 이는 MATLAB의 ODE 풀이함수에서 요구되는 형식이다. 프로그램 0.4의 스크립트 lrun은 MATLAB 함수 ode45를 사용하여 ODE를 수치적으로 해결한 다음에 그림 0.5에 보인 $(y_1,\ y_3)$ 상평면 그래프를 생성한다. lorenz를 입력하면 풀이가 동영상으로 도시되는 것을 볼 수 있는데 lorenz는 MATLAB의 실증 프로그램(전체 목록을 보려면 demos를 입력한다) 가운데 하나를 호출한다.

프로그램 0.3. 함수 M-파일 lorenzde.m

```
function yprime = lorenzde(t,y)
% LORENZDE    Lorenz 방정식
%              YPRIME = LORENZDE(T,Y)

yprime = [10*(y(2)-y(1))
          28*y(1)-y(2)-y(1)*y(3)
          y(1)*y(2)-8*y(3)/3];
```

프로그램 0.4. 스크립트 M-파일 lrun.m

```
% LRUN       ODE solving example: Lorenz.

tspan = [0 50];            % Solve for 0 <= t <= 50.
yzero = [0;1;0];           % 초기조건
[t,y] = ode45(@lorenzde,tspan,yzero);
plot(y(:,1),y(:,3))        % (y_1,y_3) phase plane
```

```
title('Lorenz equations','FontSize',16)
xlabel('y_1','FontSize',14)
ylabel('y_3','FontSize',14,'Rotation',0,...
       'HorizontalAlignment','right')
```

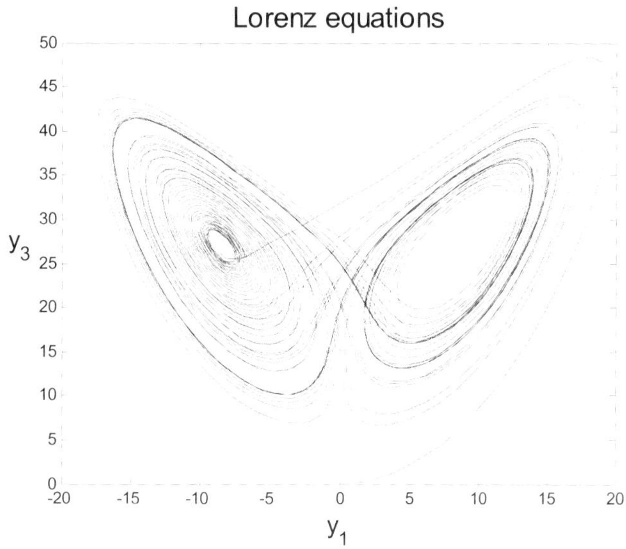

그림 0.5. ode45로부터 얻은 상평면 그래프.

이제 회귀함수, 즉 그 자신을 호출하는 함수의 예를 살펴보기로 한다. Sierpinski 개스킷은 다음과 같은 과정에 근거하고 있다. 꼭지점이 P_a, P_b 및 P_c인 삼각형이 주어졌다면 이로부터 각 변의 중간지점 $(P_a+P_b)/2$, $(P_b+P_c)/2$ 및 $(P_c+P_a)/2$를 꼭지점으로 하는 삼각형을 제거한다. 이는 그림 0.6에 보인 바와 같이 원래 삼각형의 "가운데 1/4"을 제거하는 셈이다. 이제 원래의 삼각형이 세 개의 "부삼각형"들로 효과적으로 대체되었다. 다시 "가운데 1/4" 제거과정을 각각의 이들 부삼각형에 적용하면 9개의 부삼각형들이 생성된다. 이와 같은 과정을 계속 반복해 나간다. Sierpinski 개스킷은 이와 같은 과정을 계속적으로 적용한 후에도 제거되지 않는 모든 점들의 집합이다. 프로그램 0.5의 gasket은 제거 과정을 보여주고 있다. 입력인수 Pa, Pb 및 Pc는 삼각형의 꼭지점들을 정의하며 level은 제거과정이 몇 번 적용되는지를 지정한다. level이 0이 아니면 gasket은 level을 1 만큼 줄이면서 세 개의 부삼각형들 각각에 대하여 한 번씩 그 자신을 세 번 호출한다. level이 마침내 0에 이르게 되면 적절한 삼각형이 도시된다. 다음 코드는 그림 0.7을 생성하여 준다.

```
>> level = 5;
>> Pa = [0;0];
>> Pb = [1;0];
>> Pc = [0.5;sqrt(3)/2];
>> gasket(Pa,Pb,Pc,level)
>> hold off
>> title(['Gasket level = ' num2str(level)],'FontSize',16)
>> axis('equal','off')
```

(그림 0.6은 level = 1 로 두고 같은 방법으로 생성되었다.) 마지막 줄에서는 axis를 호출하여 x축과 y축의 단위들을 같게 한 다음 축과 라벨들을 없애고 있다. 다른 초기 꼭지점들 P_a, P_b 및 P_c와 다른 회귀 횟수로 시험해 볼 수 있지만 level을 8보다 크게 하면 상당한 인내심과 막대한 컴퓨터 부하가 요구될 것이다.

프로그램 0.5. 함수 M-파일 gasket.m

```
function gasket(Pa,Pb,Pc,level)
% GASKET  회귀적으로 생성되는 Sierpinski gasket
%           GASKET(PA, PB, PC, LEVEL)은  Sierpinski gasket에
%           대한 근사를 생성. 여기에서 2-벡터 PA, PB 및 PC는
%           삼각형 꼭지점을 정의.
%           LEVEL은 회귀 수준을 나타낸다.

if level == 0
   % 삼각형을 꼭지점 Pa, Pb, Pc 들로 채운다.
   fill([Pa(1),Pb(1),Pc(1)],[Pa(2),Pb(2),Pc(2)],...
   [0.5 0.5 0.5]);
   hold on
else
   % 3개의 부삼각형들을 회귀적으로 호출
   gasket(Pa,(Pa+Pb)/2,(Pa+Pc)/2,level-1)
   gasket(Pb,(Pb+Pa)/2,(Pb+Pc)/2,level-1)
   gasket(Pc,(Pc+Pa)/2,(Pc+Pb)/2,level-1)
end
```

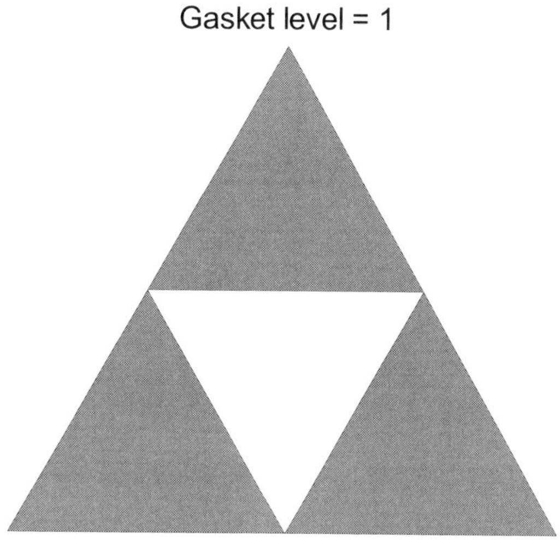

그림 0.6. Sierpinski 개스킷의 제거 과정.

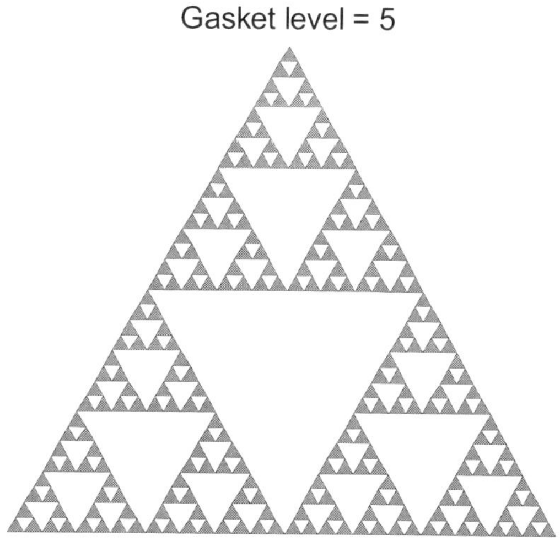

그림 0.7. gasket.m으로부터 얻은 수준 5의 Sierpinski 개스킷 근사.

프로그램 0.6에 보인 스크립트 sweep는 부피 내부를 제거한 3차원(3D) 객체를 생성한다(그림 0.8). 여기에서 명령어 surf(X,Y,Z)는 3D 표면을 생성하는데 높이 Z(i,j)는 x−y 평면의 점 (X(i,j),Y(i,j))에서 지정된다. 주어진 스크립트는 두 개의 중첩된 for 루프를 이용하는 것과 같은 가장 명료한 형태로 쓰여진 것은 아니다. 대신에 주어진 스크립트는 벡터화되어 있다. 파라미터 N과 변수 radius를 결정하는 함수를 바꾸어 가면서 실험해볼 수 있다: sqrt를 log, sin, 혹은 abs 등과 같은 다른 함수로 대체시켜 보자.

프로그램 0.6. 스크립트 M-파일 sweep.m

```
% SWEEP              속이 빈 3차원 객체를 생성

N = 10;                       % 증분 횟수. 이 값을 증가시켜 보라.

z = linspace(-5,5,N)';
radius = sqrt(1+z.^2);        % SQRT를 어떤 다른 함수로 바꾸어 보라.
theta = 2*pi*linspace(0,1,N);
X = radius*cos(theta);
Y = radius*sin(theta);
Z = z(:,ones(1,N));

surf(X,Y,Z)
axis equal
```

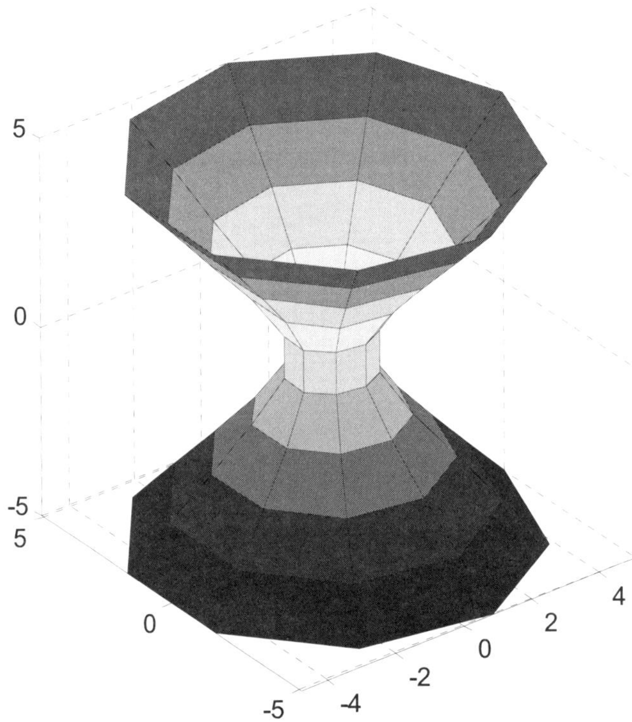

그림 0.8. sweep.m으로부터 얻은 3D 그림.

제 1 장

시작하기

1.1 서 론

상미분 방정식(ODE)은 물리적 양이 어떻게 변화하는가를 나타내기 위하여 공학, 수학, 그리고 과학 전반에 걸쳐 사용되고 있다. 그러므로 초보적인 ODE 및 이의 풀이에 대한 입문과정은 이들 분야의 교과과정에서 표준이 되는 부분이다. 그러한 과정에서는 ODE에 대한 식견을 제공하지만 그 과정에서 논의되는 풀이 기법들을 이용하여 일반적으로 실제 문제에서 대하는 대규모의 복잡한 비선형 시스템들을 다루기는 불가능하다. 이 책은 ODE들을 수치적으로 해결하는 것에 관한 책이다. 저자들 각각은 산업체와 대학에서 여러분과 같은 사람들이 문제를 해결하는 것을 도와줌에 있어서 수십 년 동안의 경험을 지니고 있다. 이 장은 표준적인 방법에 의한 수치적 풀이가 무엇을 의미하는지, 그리고 특히 표준적인 소프트웨어로부터 무엇을 기대할 수 있는지에 대한 논의로부터 시작하기로 한다. 이후의 장들에서는 중요한 부류의 ODE 문제들에 대하여 가장 널리 쓰이는 방법들을 간략히 다루고 있다. 책 전반에 걸쳐 실제 문제들의 풀이방법을 예시하기 위해 보기들이 사용되고 있다. 이 문제들의 거의 모두를 풀기 위하여 MATLAB (2000)이 사용되고 있는데 그 이유는 MATLAB이 매우 편리하며 놀라울 정도로 사용이 쉬운 풀이기들이 수반된 널리 이용되는 *문제해결 환경*(PSE)이기 때문이다. MATLAB은 또한 고급 프로그램 언어이기 때문에 프로그램이 짧아져서 모든 보기들에 대한 완전한 프로그램들을 제시하는 것이 실제적으로 가능하다. 아울러 다른 계산 환경에서 이용 가능한 소프트웨어에 대한 논의도 일부 포함하고 있다. 실제로 각각의 저자들은 일반적인 과학계산에서 널리 이용되고 있는 ODE 풀이기들을 작성하였다.

하나의 ODE는 함수와 그의 미분 사이의 관계를 나타낸다. 미적분학 과정의 초기에 다루는 그러한 관계의 하나는 다음과 같은 선형 상미분 방정식이다:

$$y'(t) = y(t) \tag{1.1}$$

이 식은 예를 들면 $0 \le t \le 10$의 범위에서 성립된다. 초급 과정에서 학습하는 바와 같이 해를 정하기 위해서는 단순한 ODE 그 이상이 필요하다. 흔히 해들은 초기값을 통하여 정해진다. 예를 들면 ODE (1.1)에서 $y(0)=1$인 경우 일의적 해, 즉 $y(t)=e^t$가 존재한다. 이는 ODE에 대한 *초기치 문제*(IVP)의 예이다. 이 예에서와 같이 실제 경우의 IVP들은 일반적으로 단지 하나의 유일한 해를 갖는다. 간혹 해들은 보다 복잡한 방법으로 정하여진다. 이는 실제에 있어서는 중요하지만 Sturm-Liouville 고유치 문제의 특수한 경우를 제외하면 초급 과정에서는 종종 다루어지지 않는다. $y(x)$가 $0 \le x \le b$의 범위에서 다음 식을 만족한다고 가정하자:

$$y''(x) + y(x) = 0 \tag{1.2}$$

이 ODE에 대한 해가 구간의 양 끝 모두에서의 다음과 같은 조건에 따라 정해진다면 *경계치 문제*(BVP)가 된다:

$$y(0)=0, \quad y(b)=0$$

이러한 BVP와 같은 Sturm-Liouville 고유치 문제는 언제나 자명한 해 $y(x)=0$를 갖지만 어떤 b 값에 대해서는 자명한 해가 존재하지 않는다. 예를 들면 $b=2\pi$인 경우 BVP는 임의의 상수 α에 대하여 $y(x)=\alpha\sin(x)$ 형태의 무수히 많은 해를 갖는다. 통상 일의적 해를 갖는 IVP에 대하여 실제로 나타나는 BVP들은 해가 없거나 일의적 해를 갖거나 하나 이상의 해를 가질 수 있다. 해가 하나 이상이라면 해의 수는 유한이거나 무한일 수 있다.

식 (1.1)은 시간 t에서의 해의 변화율은 그 시점에서의 해의 값과 동일하다는 것을 보여주고 있다. 많은 물리적 상황에서는 해에 대한 변화의 영향은 더 늦은 시간까지 지연된다. 이러한 거동의 모델은 *지연 미분방정식*(DDE)이 된다. 흔히 시간지연은 일정하다고 간주한다. 예를 들면 ODE (1.1)로 모델링되는 상황이 해에서의 변화의 효과가 1 시간단위만큼 지연되는 경우라면 $0 \le t \le 10$에서 DDE는

$$y'(t) = y(t-1) \tag{1.3}$$

와 같다. 이 문제는 ODE에 대한 초기치 문제와 공통점이 있다; 지연이 일정하다면 DDE 이론과 그의 수치해는 ODE에 대한 결과에 근거할 수 있다. 그렇지만

중요한 차이점이 존재한다. ODE (1.1)의 경우 초기값 $y(0)=1$은 해를 결정하기에 충분하지만 DDE (1.3)에 대해서는 그렇지 못하다. 결국 t=0일 때 $y'(0)$을 결정하기 위하여 y(−1)이 필요하지만 이는 출발 시점 이전에서의 해의 값이다. 따라서 DDE (1.3)에 대한 초기치 문제는 시작 시점에서의 해의 값 뿐만 아니라 그 *과거*값도 포함한다. 이 보기의 경우 $-1 \leq t \leq 0$에 대하여 $y(t)$를 정한다면 초기치 문제는 일의적 해를 갖는다고 쉽게 주장할 수 있다.

이 책은 ODE에 대한 초기치 문제, ODE에 대한 경계치 문제, 그리고 지연이 일정한 DDE 부류에 대한 초기치 문제들의 풀이에 대한 책이다. 간결을 기하기 위하여 이 책에서는 이들 세 가지 문제들을 IVP, BVP, 그리고 DDE로 나타내기로 한다. 이 장의 나머지 부분에서는 이들 세 문제들에 공통적인 기본적 사항들을 다루고 있다. 실제로 어떤 것들은 너무나 기본적인 것이어서 독자들이 원하는 것이 특정 문제의 해결을 위한 조그만 도움뿐이라 할지라도 이들을 이해할 필요가 있다. IVP들은 제 2장에서 다루고 있으며 BVP는 제 3장, 그리고 DDE는 제 4장에서 다루고 있다. IVP를 다루는 장이 처음에 나오는 이유는 이 장의 개념과 소프트웨어들이 이 책의 뒤에서 이용되므로 이 내용들에 대한 이해가 이어지는 장들의 올바른 학습에 필요하기 때문이다. BVP와 DDE에 대한 장들은 서로 독립적이다.

독자들은 MATLAB의 프로그램 요소들을 알고 있는 것으로 간주되고 있어서 이 책에서는 ODE의 풀이와 연관된 내용들만을 논의하고 있다. MATLAB 언어에 대한 이해를 보충할 필요가 있는 경우 PSE 자체가 우수한 도움말을 지니고 있으며 보다 자세한 내용을 제공하여 주는 책들이 많이 있다. 저자들이 특별히 선호하는 책은 *MATLAB 가이드*(Higham & Higham 2000)이다[1]. 이 책에서 제공되는 대부분의 프로그램들은 화면상에서 해를 컬러로 도시하여 준다. 책에서 컬러 그림들을 제공하는 것은 실제적이지 못하므로 이 프로그램들의 출력들을 수정하여 단색으로 해가 나타나도록 하였다. 제 4장에서는 6.5 버전의 MATLAB이 필요하지만 다른 장들에서는 6.1 버전이면 충분하다. 범용 과학계산을 위해 인용된 많은 소프트웨어는 NAG(2002), Visual Numerics(IMSL 2002), 그리고 Harwell 2000(H2KL)과 같은 범용 과학계산 라이브러리나 Netlib 저장소(*Netlib*)에서 얻을 수 있다. 소프트웨어의 소스가 분명하지 않다면 사용가능한 수학 소프트웨어에 대한 가이드(GAMS)를 통하여 찾을 수 있다.

전통적인 응용수학의 수치해석 방법들과 해석적 도구들은 수학적 문제들의 해

---

1) 역자 주: 2005년도에 출간된 이 책의 제 2판은 "MATLAB® 프로그램 가이드북"이라는 제목으로 (주)아진에서 번역 출판되었다.

를 탐구하고 취하기 위한 보조적 기법들이다. Maple(1998)이나 Mathematica (Wolfram 1996)과 같은 컴퓨터 대수를 위한 PSE의 도움으로 미지수의 수가 아주 적은 해석적으로 간단한 식들을 풀 수 있을 것이다. 모든 예제들은 학생용 버전의 MATLAB에 제공된 Maple 커널이나 전문가 버전에 제공되는 기호 툴박스를 이용하여 계산되었다.

먼저 식에 대한 작은 변화들이라도 해석적 해를 매우 복잡하게 만들 수 있다는 것을 살펴보기로 한다. 예를 들어 MATLAB을 통한 Maple을 이용하여 다음과 같은 ODE를 푸는 경우를 살펴보자:

$$y' = y^2$$

명령어는 다음과 같다:

```
>> y = dsolve('Dy = y^2')
y = -1/(t-C1)
```

(간혹 결과를 더 명료하게 보이기 위하여 출력을 편집할 때가 있다.) 이와 같은 일반해에서 C1은 임의의 상수이다. 우리에게 익숙한 함수의 형태로 표현되는 이러한 해의 집단은 해가 어떻게 거동하는가에 대하여 우리에게 많은 식견을 제시하여 준다. 만일 ODE가 다음과 같이 "약간" 변형되었다고 하자:

$$y' = y^2 + 1$$

그러면 일반해는 dsolve에 의하여 다음과 같이 얻어진다:

```
>> y = dsolve('Dy = y^2 + 1')
y = tan(t+C1)
```

이는 해를 특수한 함수의 형태로 표현하기 때문에 더 복잡하지만 적어도 우리에게 익숙한 특수 함수이기 때문에 우리는 그 해가 어떻게 거동할 것인지를 잘 이해한다. 그러나 만일 ODE가 다음과 같이 변형되었다고 하자:

$$y' = y^2 + t$$

그러면 일반해는 dsolve에 의하여 다음과 같이 얻어진다:

```
>> y = dsolve('Dy = y^2 + t')
```

```
y = (C1*AiryAi(1,-t)+AiryBi(1,-t))/(C1*AiryAi(-t)+AiryBi(-t))
```

이를 표준적인 수학기호로 나타내면 다음과 같다:

$$y(t) = \frac{C_1 Ai'(-t) + Bi'(-t)}{C_1 Ai(-t) + Bi(-t)}$$

여기에서 $Ai(t)$와 $Bi(t)$는 Airy 함수이다. (Maple 커널은 이 함수들을 AiryAi 및 AiryBi로 나타낸다(mhelp airy를 참조). 그러나 MATLAB 자체는 다른 이름들을 사용한다(help airy 참조)). C1은 임의의 상수이다. Airy 함수는 익숙한 함수가 아니다. 이 해는 해들의 거동을 해석적으로 살펴보기에 유용하지만 이들이 어떻게 거동하는가에 대한 감각을 얻기 위해 일부 해들의 그래프가 필요할 것이다. ODE를

$$y' = y^2 + t^2$$

로 바꾸면 dsolve에 의한 일반해는 다음과 같이 바뀌어진다:

```
>> y = dsolve('Dy = y^2 + t^2')
y = -t*(C1*besselj(-3/4,1/2*t^2)+bessely(-3/4,1/2*t^2))/
      (C1*besselj(1/4,1/2*t^2)+bessely(1/4,1/2*t^2))
```

이를 표준적인 수학기호로 나타내면 다음과 같다:

$$y(t) = -t\frac{C_1 J_{-3/4}\left(\frac{t^2}{2}\right) + Y_{-3/4}\left(\frac{t^2}{2}\right)}{C_1 J_{1/4}\left(\frac{t^2}{2}\right) + Y_{1/4}\left(\frac{t^2}{2}\right)}$$

여기에서도 해는 특수 함수로 나타나지만 이들은 분수차수의 베셀 함수들이다. 일부 해들을 그래프로 나타내어 윤곽을 알 필요가 있다. 이 방정식들은 뒤의 보기 2.3.1에서 다루어지고 있다.

y의 지수를 변경하면 다른 현상이 일어남을 볼 수 있다:

```
>> y = dsolve('Dy = y^3 + t^2')
Warning: Explicit solution could not be found.
> In dsolve at 328
y = [ empty sym ]
```

이 예는 간단하게 보이는 방정식이라도 Maple에 의하여 친숙한 함수들로 나타내어지는 해 y(t)를 갖지 않을 수 있음을 보여준다. 그러한 예들은 드물지 않으며 대개 Maple이 명시적 해를 찾지 못할 때에는 해가 알려져 있지 않기 때문이다. 사실 ODE 시스템의 경우 명시적 해를 구할 수 있는 경우는 드물다.

이들 스칼라 ODE의 경우 컴퓨터 대수 패키지를 사용하여 해석적 해를 얻는 것은 어렵지 않았다. 이제 ODE들의 해석적 풀이와 수치적 풀이 사이의 차이점들의 일부를 고려하여 보기로 하자. 예들의 해석적 해들은 가치있는 식견을 제공하여 주지만 이들을 더 잘 이해하려면 일부 특별해를 계산하여 그래프로 나타낼 필요가 있을 것이다. 이를 위해 우리는 특수 함수들을 계산하기 위한 수치적 기법들에 의존할 필요가 있다. 그러나 이를 위해 수치적 방법들을 사용해야 한다면 왜 구태여 이들을 해석적으로 푸는 것인가? 특정 IVP의 경우 직접적인 수치적 풀이는 최선의 방법일 수 있겠지만 Airy 및 베셀 함수들은 수치적 방법으로는 생성하기 어려운 거동을 포함할 수 있다 – 즉 일부는 특이점들을 가지며 일부는 매우 빠르게 진동한다. 만일 이것이 우리의 흥미를 끄는 해에 대하여 사실이라면, 혹은 우리가 $t \to \infty$일 때의 해에 대하여 관심이 있다면 우리는 직접적인 방법에 의하여 해를 수치적으로 계산할 수 없을 수도 있다. 실제로 해석적 해는 어려운 점들을 고립시켜주며 정확한 해를 계산하기 위해 특수 함수들을 계산하는 소프트웨어의 수준에 의존하게 된다. 앞의 예들이 보여주는 바와 같이 ODE에 대한 작은 변화는 비록 해 자체의 거동이 크게 변하는 것을 의미하지는 않는다고 해도 해석적 해의 형태에 상당한 변화를 야기할 수 있다. 이와 대조적으로 dsolve가 해를 구할 수 없었던 식을 포함하여 이 방정식들의 경우 IVP들을 수치적으로 풀이하는 것은 사실상 아무런 차이가 없다. 이는 수치적 방법들이 갖는 가장 중요한 장점을 예시하여 준다: 이 방법들은 많은 부류의 문제들을 쉽게 풀 수 있게 하여 준다. 실제로 저자들의 상당한 경험에 따르면 만일 실제 상황에서 얻어진 IVP라면 이를 해석적으로 풀 수 있는 가능성은 거의 없지만 수치적으로는 풀 수 있을 것이다. 반면에 앞의 예들의 해석적 해들은 이들이 임의의 상수 C1에 어떻게 의존하고 잇는가를 보여준다. 수치적 방법들은 한 번에 하나의 문제를 풀기 때문에 해들이 파라미터에 따라 어떻게 좌우되는가를 결정하는 것이 쉽지 않다. 그러한 인식은 수치적 방법들을 변동적 방정식이나 교란 방법들과 같은 해석적 도구들과 결합시킴으로써 얻어질 수 있다. 해석적 풀이와 수치적 풀이 사이의 다른 차이점은 이 책의 표준적인 수치적 방법들이 한정된 구간에서 해를 갖는 매끄러운 함수들에 의해 정의되는 ODE들에만 적용된다는 점이다. 물리적 문제들이 특이점이나 무한구간을 포함하는 것은 드문 일이 아니다. 이러한 어려운 점들을 처리하기 위해 종종 점근적인 팽창을 수치적 방법들과 결합시킨다.

우리의 관점으로는 해석적 및 수치적 방법들은 ODE들을 풀기 위한 상호 보완적인 접근방법들이다. 수치적 방법들이 이용하기에 쉽고 널리 적용 가능하기 때문에 이 책은 이 방법들을 다루고 있지만 어떤 종류의 어려운 점들은 해석적 방법들에 의해서만 해결되거나 이해될 수 있다. 결과로서 이어지는 장들은 ODE들의 풀이를 돕기 위해 응용수학(예를 들면 점근적 팽창과 교란방법들)의 사용을 보여주는 많은 예들을 보여주고 있다.

1.2 존재성, 일의성, 그리고 우량설정

이 절의 제목으로부터 수학자들이 까다롭게 하는 또 하나의 보기가 아닐까 상상할 수도 있다. 그러나 그렇지 않다: 이 주제는 문제를 풀 수 있는지의 여부와 풀 수 있다면 얼마나 잘 풀 수 있는가에 대한 것이다. 이 책에서 우리는 어떤 파라미터 값들에 대해서는 해를 갖지 않는 물리적 문제들의 많은 좋은 예들을 보게 될 것이다. 아울러 존재하지 않는 해의 계산에 어려움이 있을 것이며 해가 하나 이상이라면 "올바른" 해를 계산하는 데에 문제가 있을 것이다. 어떤 문제가 단지 하나의 해를 갖는다는 것을 보장하는 수학적 결과가 있을 지라도 모델링되는 현상의 이해를 대체하는 것은 아무 것도 존재하지 않는다.

IVP와 BVP들의 경우 존재성과 일의성은 더욱 간단하며 우리가 고려하는 부류의 DDE들은 IVP로 이해될 수 있으므로 우리는 여기에서 IVP에 집중하기로 하며 BVP와 DDE에 대한 보다 충분한 논의는 이후의 장들로 미루기로 한다. 실제의 경우에 얻어지는 IVP들의 대부분은 다음과 같이 d 개의 명시적 1차 ODE 들의 시스템으로 쓸 수 있다:

$$\begin{aligned} y_1'(t) &= f_1(t,\ y_1(t),\ y_2(t),\ \cdots,\ y_d(t)) \\ y_2'(t) &= f_2(t,\ y_1(t),\ y_2(t),\ \cdots,\ y_d(t)) \\ &\vdots \\ y_d'(t) &= f_d(t,\ y_1(t),\ y_2(t),\ \cdots,\ y_d(t)) \end{aligned}$$

간명을 기하기 위하여 일반적으로 이 시스템을 다음과 같은 벡터를 이용하여 나타내기로 한다. 즉

$$y(t) = \begin{bmatrix} y_1(t) \\ y_2(t) \\ \vdots \\ y_d(t) \end{bmatrix}, \qquad f(t,y(t)) = \begin{bmatrix} f_1(t,y(t)) \\ f_2(t,y(t)) \\ \vdots \\ f_d(t,y(t)) \end{bmatrix}$$

로 두면

$$y'(t) = f(t,y(t)) \tag{1.4}$$

IVP는 시작점에서 모든 해들의 값을 부여함으로써 설정된다:

$$y_1(a) = A_1,\ y_2(a) = A_2,\ \cdots,\ y_d(a) = A_d$$

혹은 벡터 형태를 이용하면

$$y(a) = A = \begin{bmatrix} A_1 \\ A_2 \\ \vdots \\ A_d \end{bmatrix} \tag{1.5}$$

벡터를 이용하면 1차 방정식 시스템은 하나의 식처럼 보인다; 사실 적용되는 이론은 동일하다. 그러나 문제를 1차 시스템으로 쓰는 것은 이론상 편리할 뿐만 아니라 실제적으로도 극히 중요하다. 후에 이에 대하여 설명하고 어떻게 그렇게 하는가를 보여줄 것이다.

대략적으로 말해서 만일 함수 $f(t,y)$가 초기 데이터 (a,A)를 포함하는 영역 R 내의 모든 값 (t,y)에 대하여 매끄럽다면 ODE (1.4)와 초기조건 (1.5)으로 구성되는 IVP는 단지 하나의 해를 갖는다. 이는 실제 문제에서 발생하는 대부분의 IVP들에 대한 존재성 및 일의성 문제를 해결하여 주지만 해가 어디에 존재하는가에 대한 논의로 범위를 넓혀갈 필요가 있다. 해는 영역 R의 경계로 확장되지만 이는 해가 영역 R에 포함되는 주어진 구간 $a \le t \le b$ 전체에 걸쳐 존재한다고 말하는 것과는 다르다. 하나의 보기가 이를 말해준다. 다음과 같은 IVP

$$y' = y^2, \qquad y(0) = 1$$

는 어디에서나 매끄러운 함수 $f(t,y) = y^2$를 갖는다; 달리 말하면 이는 다음 영역에서 매끄럽다:

$$R = \{-\infty < t < \infty,\ -\infty < y < \infty\}$$

그러나 유일한 해

$$y(t) = \frac{1}{1-t}$$

는 $t \to 1$에 따라 "발산"하며 따라서 R 내에 완전히 포함되는 구간 $0 \le t \le 2$ 전체에서는 해가 존재하지 않는다. 이러한 사실은 $t \to 1$이면 해는 y 변수에서 영역 R의 경계로 접근하기 때문에 해의 존재성과 배치되는 것은 아니다. 이러한 종류의 거동은 물리적 문제들에 있어서 전혀 드문 일이 아니다. 따라서 대개 사용되는 컴퓨터의 연산이 지나치게 커질 때까지 수치적 기법은 해를 잘 근사하여 주는가에 의문을 갖는 것이 그럴듯하다. 연습문제 1.2와 1.3은 유사한 경우들을 다루고 있다.

ODE (1.4)의 형태와 경계조건 (1.5)는 IVP에서 표준적이며 1.3절에서 우리는 문제들을 어떻게 이러한 형태로 구성하는지를 보여주는 몇 가지 보기들을 살펴보게 된다. 이러한 표준적인 명시적 형태의 경우 존재성과 일의성은 상대적으로 간단하지만 다음과 같은 함축적 형태의 방정식의 경우 속성들을 분석하는 것은 더욱 어렵다:

$$F(t, y(t), y'(t)) = 0$$

아주 간단한 보기들이 그러한 방정식들에서 존재성과 일의성에 문제가 있다는 것을 보여준다. 예를 들면 방정식

$$(y'(t))^2 + 1 = 0$$

은 명백히 (실수)해를 갖지 않는다. 좀 더 현실적인 예가 이해에 도움이 될 것이다. 과학 및 공학적 응용들에서는 대수방정식 시스템

$$F(y, \lambda) = 0$$

의 해 y들이 (스칼라)파라미터 λ에 따라 어떻게 좌우되는가에 대하여 큰 관심을 갖는다. 이 식을 파라미터에 대하여 미분하면

$$\frac{\partial F}{\partial y}\frac{dy}{d\lambda} + \frac{\partial F}{\partial \lambda} = 0$$

이는 하나의 1차 ODE 시스템이다. 만일 어떤 λ_0에 대하여 대수방정식

$$F(y, \lambda_0) = 0, \quad y(\lambda_0) = y_0$$

를 풀 수 있다면 이는 $y(\lambda)$의 IVP에 대한 초기조건을 제공한다. Jacobian 행렬

$$J = \frac{\partial F}{\partial y} = \left(\frac{\partial F_i}{\partial y_j} \right)$$

가 비특이 행렬이라면 ODE를 다음과 같은 표준형태로 쓸 수 있다:

$$\frac{dy}{d\lambda} = J^{-1} \frac{\partial F}{\partial \lambda}$$

그러나 만일 Jacobian 행렬이 특이행렬이라면 존재성과 일의성 문제에는 대답하기가 매우 어려워진다. 이는 다소 특수한 경우이지만 사실 이는 종종 가장 흥미로운 과학에서 일어나는 상황이다. 그 예의 하나는 해가 두 갈래로 나뉘어지는 경우이다 – 즉 해의 수가 변한다. 그러한 특이점(두갈래점)에서 IVP에 대한 표준 코드를 적용하고자 한다면 응용수학의 해석적 도구에 호소하여 이 점 부근의 해의 거동을 구별할 수 있다. 연습문제 1.1은 이와 유사한 문제를 고려하고 있다.

두갈래 현상의 명료한 예로서 다음과 같은 ODE의 정상상태(일정) 해에 관심이 있다고 가정하자:

$$y' = y^2 - \lambda$$

정상상태 해는 대수방정식

$$0 = y^2 - \lambda \equiv F(y, \lambda)$$

의 해이다. $\lambda \geq 0$인 경우 정상상태 해의 하나는 $y(\lambda) = \sqrt{\lambda}$임은 명백하다. 그러나 정상상태가 λ에 따라 어떻게 좌우되는가를 보다 일반적으로 살펴보기 위해 이를 다음과 같은 IVP의 해로 계산할 수 있다:

$$2y \frac{dy}{d\lambda} - 1 = 0, \quad y(1) = 1$$

$y \neq 0$이라면 이 ODE의 해는 바로 표준형태로 나타낼 수 있으며 1로부터 감소

하는 λ 값에 따라 해를 구할 수 있다. 그러나 $y(\lambda)=0$이면 식은 특이식이 되며 이는 $\lambda=0$일 때 성립한다. 특이점 (0,0)은 이 점을 지나는 ODE의 해는 하나 이상일 가능성을 제기하며 따라서 $y(\lambda)=-\sqrt{\lambda}$는 두 번째 해이다. 표준적인 소프트웨어를 이용하여 $\lambda=1$부터 출발하여 원점에 근접할 때까지 식을 쉽게 적분할 수 있다. 원점에서는 $\lambda\to 0$일 때 $y'(\lambda)\to\infty$이므로 어려움에 처하게 된다. 그림 1.1을 참조하자. 그림 1.1은 다음 코드로부터 생성된다.

```
% bifurcation.m : 두 갈래 현상의 보기 (그림 1.1)
t = linspace(0,1);
y1 = sqrt(t);
y2 = -sqrt(t);
set(gcf,'DefaultAxesColorOrder',[0 0 0; 0 0 0; 0 0 0])
plot([-0.1 1.1],[0 0],'k',[0 0],[-1.1 1.1],'k',0,0,'ko',1,1,...
     'k*',t,y1,'-k',t,y2,'-k','LineWidth',1,'MarkerSize',5);
axis([-0.1 1.1 -1.1 1.1])
```

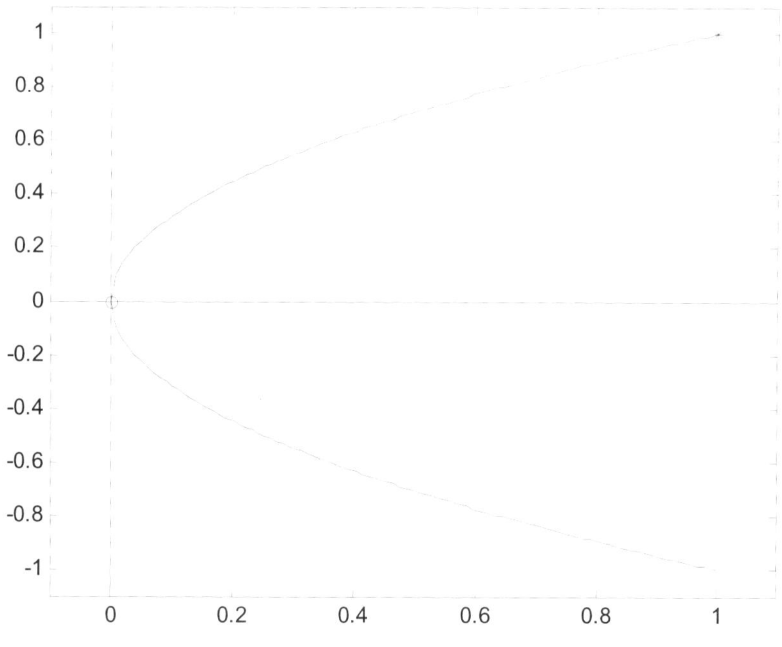

그림 1.1: (0,0)은 $2yy'-1=0$의 특이점이다.

수치적 방법들의 논의에서 후에 이용하기 위하여 *매끄러운* 함수 $f(t,y)$가 의미하는 바를 좀 더 정확하게 할 필요가 있다. 이는 영역 R에서 연속이며 그곳에서의 종속변수들에 대한 연속적인 미분을 갖는다 - 우리가 정하는 어떤 인수에 대해서도 필요한 만큼의 많은 미분들을 갖는다. 기술적 조건은 f가 영역 R에서 *Lipshitz 조건*을 만족해야 한다는 것이다. 즉 영역 R 내의 임의의 점 (t,u)와 (t,v)에 대하여

$$\| f(t,u) - f(t,v) \| \le L \| u - v \|$$

가 성립하는 상수 L이 존재한다. 특이식의 경우 중간치 정리에 따르면

$$f(t,u) - f(t,v) = \frac{\partial f}{\partial y}(t,\zeta)(u-v)$$

이므로 $\left|\frac{\partial f(t,y)}{\partial y}\right|$가 영역 R에서 상수 L에 의하여 경계지어져 있다면 $f(t,y)$는 Lipschitz 조건을 만족한다. 마찬가지로 만일 1차 편미분 $\left|\frac{\partial f_i(t,y_1,y_2,\cdots,y_d)}{\partial y_j}\right|$들이 영역 R에서 경계지어져 있다면 벡터함수 $f(t,y)$는 그곳에서 Lipschitz 조건을 만족한다.

대략적으로 말하면 *우량설정된 문제*는 데이터의 작은 변화가 해의 작은 변화로 이르게 되는 문제이다. 그러한 문제는 또한 데이터의 변화에 대하여 *우량조건 되었다*고도 말한다. 이는 물리적 문제의 기본적인 성질이며 문제의 수치해에 대해서도 기본적이다. 우리가 공부하는 방법들은 문제를 정의하는 데이터가 약간 변했을 때의 문제에 대하여 정확한 해를 생성하는 과정으로 간주될 수 있다. 우량설정된 문제의 경우 이는 수치해가 주어진 문제의 해에 가까움을 의미한다. 실제로는 수치해는 흠집이 있는데 이는 수치해가 해에서 원하는 정확도가 얼마인지와 이를 계산하는 데에 사용하는 산술연산에 따라 좌우되기 때문이다. 이제 이러한 논점들을 예시하여 주는 익숙한 보기를 살펴보기로 하자.

단진자를 가지고 있다고 가정하자: 가볍고 단단한 막대가 마찰이 없는 피봇에 수직으로 달려 있으며 자유로운 한쪽 끝단에는 무거운 하중(추)이 붙어 있다. 단위를 특별히 선택하면 시간 t에서 단진자가 수선과 이루는 각 $\theta(t)$는 다음과 같은 ODE를 만족한다:

$$\theta'' + \sin(\theta) = 0 \qquad (1.6)$$

단진자가 수직으로 매달려 있어서 초기각은 $\theta(0)=0$이며 추를 쳐서 초기속도 $\theta'(0)$를 가했다고 가정하자. 초기속도가 0일 때는 단진자는 전혀 움직이지 않는

다. 만일 속도가 0이 아니고 충분히 작다면 단진자는 앞뒤로 움직일 것이다. 그림 1.2는 그러한 몇 가지 해에 대한, 즉 초기속도 $\theta'(0)=-1.9$, 1.5 및 1.9 일 때의 $\theta(t)$를 보인 것이다. 다른 종류의 해가 존재한다. 추를 충분히 세게 친다면 단진자는 꼭대기 위까지 움직여서 마찰이 없이 피봇 둘레를 영원히 돌게 될 것이다. 이는 만일 초기속도 $\theta'(0)$이 충분히 크다면 $\theta(t)$는 영원히 증가할 것이라고 말하는 것과 같다. 그림은 그러한 경우로서 초기속도가 $\theta'(0)=2.1$ 및 2.5 일 때의 두 해를 보여주고 있다. 이에 대해서 생각해 본다면 해들이 진동하는 경우로부터 증가하는 경우로 바뀔 때의 매우 특별한 해가 존재함을 알게 될 것이다. 이 해는 그림 1.2에서 점선으로 나타낸 해이다. 물리적으로 이는 단진자가 전진한 다음에 수직선상에서 정지한 뒤 아래로 뒤집히도록 하는 초기속도에 해당된다. 명백히 이 해는 불안정하다 - 초기 속도에 임의의 작은 변화를 가하면 궁극적으로는 매우 다른 해를 생성시킨다. 달리 말하면 이러한 초기속도에 대한 IVP는 긴 시간구간 상에서 불량설정(불량조건)되어 있다. 그림 1.2는 다음 코드로부터 생성된다.

```
% pendulum.m : 단진자에서 시간에 따른 각의 변화 (그림 1.2)
function pendulum
clear all;

set(gcf,'DefaultAxesColorOrder',[0 0 0; 0 0 0; 0 0 0])
plot([0,7],[0,0])
axis([0 7 -3 8])
hold on
thetap0 = [1.5, 1.9, -1.9 2.1, 2.5];
for j = 1:length(thetap0)
   [t,theta] = ode45(@pend,[0 10],[0; thetap0(j)]);
   plot(t,theta(:,1),'-k','LineWidth',1)
end

% thetap0 = 1.9 일때의 해가 없어지는(0 이 되는) 위치를 규명
opts = odeset('Events',@pendev);
[t,theta,te] = ode45(@pend,[0 10],[0; 1.9],opts);
plot(te(1),0,'ko','LineWidth',1);
fprintf('초기 기울기가 1.9 및 -1.9일 때의 해는 t = %e 에서
          교차한다.\n',te(1));

% 평형 해를 계산
infinity = 100;
solinit = bvpinit(linspace(0,infinity,10),[3 0]);
```

```
sol = bvp4c(@pend,@pendbc,solinit);
plot(sol.x,sol.y(1,:),':ko','MarkerSize',2,...
    'MarkerFaceColor','k')
hold off
fprintf('평형해의 초기 기울기는 %e 이다.\n',sol.y(2,1));

% 부함수들
  function yp = pend(t,y)  % 단진자 운동
  yp = [y(2); -sin(y(1))];

  function res = pendbc(ya,yb)  % 경계조건: 잔류치로 나타낸다.
  res = [    ya(1)
             yb(1) - pi ];

  function [val,itm,din] = pendev(t,y)
  val = y(1);
  itm = 0;
  din = -1;
```

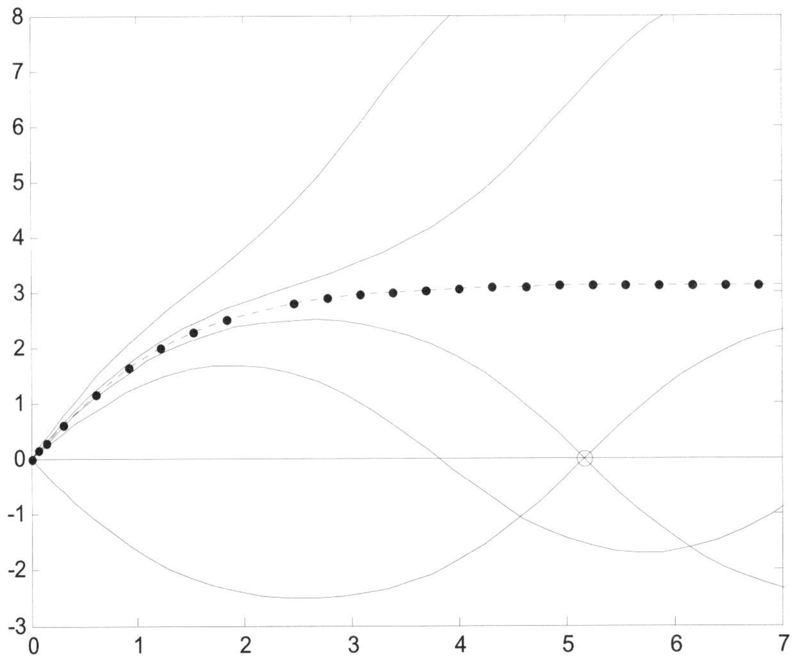

그림 1.2: 단진자의 수선으로부터의 각 $\theta(t)$

흥미롭게도 우리는 (1.6)에 대하여 불안정한 해를 제공하는 초기속도를 이끌어낼 수 있다. 이는 보존계로서 다음과 같이 표현되는 에너지가 일정함을 의미한다:

$$E(t) = 0.5(\theta'(t))^2 - \cos(\theta(t))$$

이를 증명하기 위해서 $E(t)$의 식을 미분하고 $\theta(t)$가 ODE (1.6)을 만족한다는 사실을 이용하여 모든 t에 대하여 미분 $E'(t)$가 0임을 확인한다. 물리적인 바탕에서 우리가 관심있는 해는 조건 $\theta(\infty) = \pi$ 및 $\theta'(\infty) = 0$을 만족한다. 초기값 $\theta(0) = 0$과 함께 에너지 보존법칙은 이 해에 대하여

$$0.5 \times (\theta'(0))^2 - \cos(0) = 0.5 \times 0^2 - \cos(\pi)$$

이며 따라서 $\theta'(0) = 2$임을 말해준다. 이로써 우리는 식 (1.6)과 초기값 $\theta(0) = 0$ 및 $\theta'(0) = 2$로 구성되는 IVP의 해로 정의되는 불안정한 해를 갖게 되었다. 그림 1.2의 다른 해들은 MATLAB IVP 풀이기 ode45와 기본 오차한계를 이용하여 계산되었지만 이 오차한계들은 불안정한 IVP의 정확한 해를 계산하는 데에 충분히 엄격하지 않다.

불안정한 해는 자연스럽게 경계치 문제의 해로 나타내어진다. 이는 다음과 같은 경계조건을 갖는 ODE (1.6)의 해이다:

$$\theta(0) = 0, \quad \theta(\infty) = \pi \tag{1.7}$$

BVP를 이용하여 물리적 상황을 모델링할 때에는 이용할 경계조건이 무엇인지가 언제나 명백한 것은 아니다. 우리는 이미 물리적인 바탕에서 $\theta'(\infty) = 0$임을 언급하였다. 이 경계조건을 (1.7)에 추가하여야 하는가? 그렇지 않다; IVP에서와 마찬가지로 2차 방정식의 해를 지정하는 데에는 두 개의 조건이 필요하며 세 개는 너무 많다. 그러나 이 경계조건을 무한대에서 이용해야 하는가, 아니면 $\theta(\infty) = \pi$를 이용해야 하는가? 분명히 어려운 점은 우리가 원하는 해 $\theta(t)$ 이외에 경계조건 $\theta'(\infty) = 0$를 갖는 BVP는 (적어도) 두 개의 다른 해, 즉 $-\theta(t)$와 $\theta(t) \equiv 0$을 갖는다는 것이다. 우리는 MATLAB BVP 풀이기 bvp4c를 이용하여 BVP (1.6)과 (1.7)을 풀어서 그림 1.2의 불안정한 해를 계산하였다. BVP의 해는 우량설정되어 있으므로 기본 오차한계를 이용할 수 있었다. 한편 BVP는 무한 구간에서 설정되는데 이는 그 자체의 어려움을 제기하여 준다. 우리가 이 책에서 다루는 모든 코드는 유한구간에서 정의된 문제들을 위한 것이다. 여기에서 알 수 있

듯이 물리적 문제들이 무한구간에서 정의되는 것이 드문 일은 아니다. 이 경우 존재성, 일의성, 그리고 우량설정성들은 그렇게 명료하지 않다. 그러한 문제를 푸는 한 가지 방법은 우리가 실제로 그림에 사용한 것으로서 조건을 아주 먼 한정된 점에 설정함으로써 무한에 있는 것처럼 이상화시키는 통상적인 물리적 논리를 따르는 것이다. 그림의 경우 다음 경계조건들에 대하여 ODE를 해결하였다:

$$\theta(0) = 0, \quad \theta(100) = \pi$$

7 정도의 작은 t에서 θ가 거의 정상상태에 도달하기 때문에 구간을 [0, 100]으로 크게 정하는 것은 불필요하다는 것이 밝혀졌다. BVP (1.6)과 (1.7)에서 이전에 유도한 $\theta'(0) = 2$를 사용하여 수치해를 조사하고 특히 구간이 충분히 긴지의 여부를 조사할 수 있다. 기본 오차한계를 이용하면 bvp4c로부터 초기 기울기 $\theta'(0) = 1.999979$의 수치해를 얻는데 이는 그래프를 그리기에는 충분히 좋다.

다른 물리적 보기는 어떤 BVP들은 해를 갖지 않으며 다른 BVP들은 하나 이상의 해를 가짐을 보여준다. 방정식

$$\begin{aligned} y' &= \tan(\phi) \\ v' &= -\frac{g\sin(\phi) + \nu v^2}{v\cos(\phi)} \\ \phi' &= -\frac{g}{v^2} \end{aligned} \tag{1.8}$$

는 대포에서 쏘아올린 탄환의 평면운동인 발사체 문제를 나타낸다. 여기에서 해의 성분 y는 대포 높이 위의 탄환의 높이이며 v는 탄환의 속도, 그리고 ϕ는 탄환의 궤적이 수평선과 이루는 각(라디안)이다. 독립변수 x는 대포로부터의 수평거리를 나타낸다. 상수 ν는 공기 저항(마찰)을 나타내며 g=0.032는 적절하게 조정된 중력상수이다. 이 식들은 역풍과 탄환의 회전같은 3차원적인 효과는 무시하고 있다. 초기 높이는 y(0)=0이며 대포의 포구속도 v(0)는 주어져 있다. 표준 발사체 문제는 탄환이 거리 $x = x_{end}$에서 대포와 같은 높이에 있는 표적을 맞추도록 대포(따라서 탄환)의 초기각 $\phi(0)$를 정하는 것이다. 즉 $y(x_{end}) = 0$이 되도록 요구하고 있다. 이를 종합하면 경계조건은 다음과 같다:

$$y(0) = y(x_{end}) = 0, \quad v(0)\text{은 주어짐}$$

우리는 3개의 경계조건을 설정하였음을 주목하자. IVP에서와 같이 3개의 1차 방정식들의 시스템의 경우 해를 결정하기 위해서는 3개의 경계조건이 필요하다.

이 경계치 문제는 해를 갖는가? 대포의 사정거리를 넘어서는 x_{end}에 대해서는 분명히 해를 갖지 않는다. 한편 x_{end}가 충분히 작다면 해를 기대할 수 있지만 하나의 해만 존재하는가? 그건 아니다. 표적이 대포와 근접해 있는 경우를 가정하여 보자. 이 표적은 거의 수평으로 사격하거나 탄환을 아주 높게 쏘아 올린다음 떨어지게 해서 맞출 수 있다. 즉 초기 각도 $\phi(0)=\phi_{low}\approx 0$ 및 $\phi(0)=\phi_{high}\approx \frac{\pi}{2}$에 해당하는 (적어도) 두 개의 해가 존재한다. 실제로 정확히 두 개가 얻어진다. 이제 x_{end}이 증가한다고 하자. 여전히 해는 두 개가 존재하지만 x_{end}의 값이 커질수록 각 ϕ_{high}는 작아지고 각 ϕ_{low}는 커진다. 그림 1.3은 그러한 궤적쌍을 보여주고 있다. 만일 x_{end}를 계속 증가하게 한다면 결국에는 주어진 포구 속도를 갖는 가능한 최대 거리에 도달할 것이다. 이 거리에서는 단지 하나의 해 $\phi_{low}=\phi_{high}$가 존재한다. 요약하자면 정확히 하나의 해가 얻어지는 x_{end}의 임계값이 존재한다. x_{end}가 이 값보다 작으면 해는 정확히 두 개가 존재하며 더 커지면 해가 존재하지 않는다. 그림 1.3은 다음 코드로부터 생성된다.

```
% cannon.m: 발사체 궤적문제 (그림 1.3)
function cannon
clear all;

xend = 5;
xout = linspace(0,xend);
xi = linspace(0,xend,5);

% 경계조건을 만족하는 가정(일정한 값으로 가정)
yi = [0; 0.5; 0.1];
solinit = bvpinit(xi, yi);
opts = bvpset('RelTol',1e-4,'AbsTol',1e-7);
sol = bvp4c(@ode,@bc,solinit,opts);
plot1 = deval(sol,xout);

% 다른 해로 수렴하도록 가정한 초기 기울기를 변경
yi = [0; 0.5; 9.7456];
solinit = bvpinit(xi, yi);
sol = bvp4c(@ode,@bc,solinit,opts);
plot2 = deval(sol,xout);

% 결과 그래프
plot(xout,plot1(1,:),'-k',xout,plot2(1,:),':ko',...
```

```
    'MarkerSize',2)

% 부함수
  function dydx = ode(x,y)  % y(1) = y, y(2) = v, y(3) = phi.
  g = 0.032;
  nu = 0.02;
  dydx = zeros(3,1);
  dydx(1) = tan(y(3));
  dydx(2) = - (g*sin(y(3)) + nu*y(2)^2)/(y(2)*cos(y(3)));
  dydx(3) = - g/y(2)^2;

  function v = bc(ya,yb)   % 경계조건: 잔류치로 나타낸다.
  v = [    ya(1)
           ya(2) - 0.5
           yb(1)    ];
```

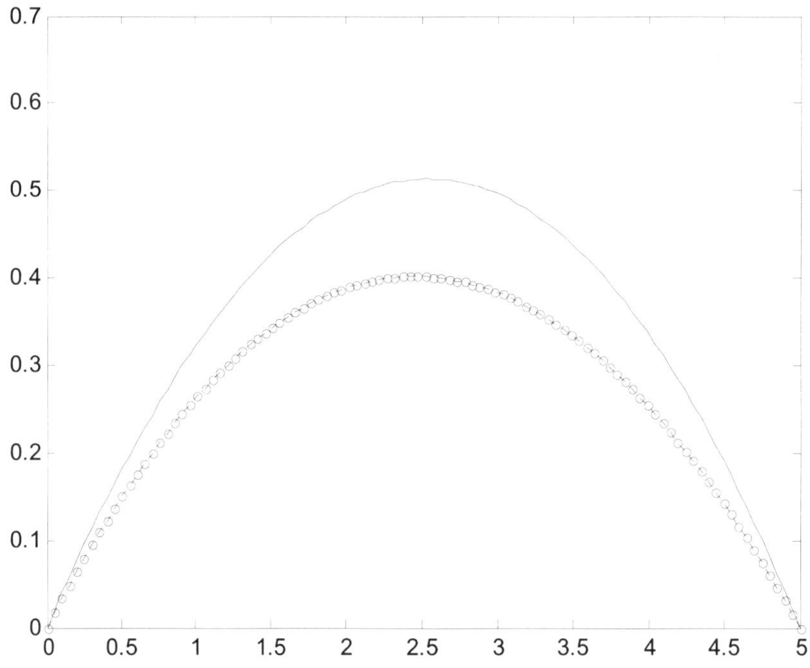

그림 1.3: $v(0) = 0.5$이고 $\nu = 0.02$일 때
$x_{end} = 5$에 있는 표적을 맞추는 두 가지 방법

IVP의 경우 물리적으로 나타나는 대부분의 문제들에 대하여 존재성과 일의성을 지닌다. BVP의 해의 수에 대하여 무언가를 말해주며 존재성을 주장하는 수

학적 결과들이 있지만 이들은 아주 특별한 경우여서 실제로는 거의 중요하지 않다. 대신 여러분은 문제가 해를 가지며 우량설정되어 있다는 확신을 얻기 위하여 그 문제에 대한 스스로의 이해에 의존하여야 한다. 해의 수를 결정하는 것은 더 어려우며 실제로 우리가 할 수 있는 것은 기껏해야 추측에 가까운 해를 찾는 일이다. "잘못된" 해를 계산하거나 예기치 않은 거동을 보이는 해를 얻는 것이 현실적으로 가능하다.

식 (1.4)와 초기값 (1.5)에 의하여 정의되는 IVP의 해에 대한 수치적 방법들의 이해에 있어서 안정성은 핵심이 된다. 우리가 다루는 모든 방법들은 격자

$$a = t_0 < t_1 < t_2 < \cdots < t_N = b \tag{1.9}$$

상에서 근사해 $y_n \approx y(t_n)$를 생성한다. 적분은 주어진 초기값 $y_0 = y(a) = A$로부터 시작되며 t_n에 이르러 $y_n \approx y(t_n)$를 얻고 풀이기는 $t_{n+1} = t_n + h_n$에서 근사를 계산한다. 양 h_n은 *스텝 크기*로 불리며 y_{n+1}의 계산은 t_n으로부터 t_{n+1}로 한 스텝을 취하는 것으로 이루어진다.

한 스텝을 취함에 있어서 풀이기가 수행하는 것은 우리가 아마도 기대하는 것은 아니다. *국부적 해* $u(t)$는 다음과 같은 IVP의 해이다:

$$u' = f(t,u), \quad u(t_n) = y_n \tag{1.10}$$

하나의 스텝을 취함에 있어서 풀이기는 *국부적 오차*

$$u(t_{n+1}) - y(t_{n+1})$$

가 사용자에 의하여 지정된 오차한계보다 더 크지 않게 하는 y_{n+1}을 찾는다. 이는 *실제(전역) 오차*

$$y(t_{n+1}) - y_{n+1}$$

를 단지 간접적으로 조절하는 셈이다. t_{n+1}에서의 오차를 다음과 같이 나타냄으로써 오차의 전개를 이해할 수 있다:

$$y(t_{n+1}) - y_{n+1} = [u(t_{n+1}) - y_{n+1}] + [y(t_{n+1}) - u(t_{n+1})]$$

우변의 첫 번째 항은 국부적 오차로서 풀이기에 의하여 조절된다. 두 번째 항은

t_n에서 $y(t_n)-y_n$ 만큼 차이가 나는 ODE의 두 해들의 t_{n+1}에서의 차이이다. 이는 ODE의 하나의 특징이며 따라서 수치적 방법에 의하여 직접적으로 조절될 수 없다. 만일 IVP가 불안정하다면 −y(t)에서 시작되는 ODE의 일부 해들이 빠르게 흩어짐을 의미− 매 스텝에서 국부적 오차들이 작더라도 실제 오차들은 커질 수 있음을 알 수 있다. 반면에 IVP가 안정하여 해들이 합쳐지게 되면 실제 오차들은 국부적 오차들과 견줄 수 있게 될 것이다. 그림 1.2는 어떤 일이 일어날 수 있는지를 보여준다. 풀이기가 점선으로 나타낸 불안정한 해를 따라가고자 함에 따라 작은 오차들을 야기시키는데 이들은 수치해를 인근의 해 곡선으로 이동시킨다. 그림이 분명하게 보여주듯이 불안정한 해 근처에서 시작되는 국부 해들은 퍼지게 된다; 누적된 효과는 비록 풀이기가 단일 스텝 구간에 걸쳐 각 국부해를 밀접하게 추적할 수 있다고 하더라도 아주 부정확한 해로 나타난다. 수치적 오차에 대한 이러한 견해를 이해하는 것이 매우 중요하다. 이는 우리가 고려하는 모든 수치적 방법들에 대한 근본적인 한계를 분명히 하여주기 때문이다. 하나의 스텝에 걸쳐 수치적 방법이 아무리 해를 잘 근사한다고 하더라도 그 IVP가 불안정하다면 궁극적으로는 원하는 해의 값 $y(t_j)$와는 아주 거리가 먼 수치해 y_j를 얻게 될 것이다. 이러한 일이 얼마나 빨리 발생하는가는 그 방법이 얼마나 정확하게 국부적 해를 추적하는가와 그 IVP가 얼마나 불안정한가에 따라 좌우된다.

간단한 보기가 안정성의 역할을 이해하는 데에 도움이 될 것이다. 초기조건이 $y(0)=0.08$인 ODE

$$y'=5(y-t^2) \tag{1.11}$$

의 해는

$$y(t)=t^2+0.4t+0.08$$

로 주어진다. 이 IVP와 그 해에는 아무런 하자가 없는 것으로 보이지만 이 ODE의 일반해는 C를 임의의 상수라 할 때

$$(t^2+0.4t+0.08)+Ce^{5t} \tag{1.12}$$

로 주어진다. $C=C_1$일 때의 해와 $C=C_2$일 때의 해는 $(C_1-C_2)e^{5t}$만큼 차이가 있는데 이 양은 시간에 따라 지수적으로 빠르게 증가하므로 이 ODE는 불안정하

다. IVP의 수치해에 대하여 이것이 무엇을 의미하는가를 이해하기 위하여 첫 번째 스텝에서 작은 국부적 오차를 유발시켜서 y_1이 정확하게 $y(t_1)$과 일치하지 않는다고 가정하자. 다음번 스텝에서 우리는 ODE와 초기조건 $u(t_1)=y_1$에 의하여 정의되는 국부적 해 u(t)를 구하고자 할 것이다. 그 해는 초기조건에 의하여 정해지는 0이 아닌 C 값을 갖는 (1.12)의 형태를 갖는다. 더 이상 국부적 오차를 발생시키지 않는다고 가정하고 $n=2,3,\cdots$에 대하여 $y_n=u(t_n)$을 계산한다고 하자. 실제 오차는 $y(t_n)-u(t_n)=Ce^{5t_n}$이 된다. 첫 번째 스텝에서의 오차가 아무리 작더라도 오래지 않아 실제 오차의 지수적 증가로 인하여 허용될 수 없는 수치해 y_n에 이르게 될 것이다.

그림 1.2의 예에서 오른쪽에서 왼쪽으로 적분해 가면 해 곡선들은 합쳐지게 되는데 이는 그 방향으로는 점선으로 나타낸 해 곡선이 안정하다는 것을 말해준다. 때로는 적분 방향을 선택할 수 있으며 IVP들의 안정성은 이러한 적분방향에 따라 좌우될 수 있다는 것을 인식하는 것이 중요하다. 그림 1.4에 나타낸 ODE

$$y'=\cos(t)y \tag{1.13}$$

의 방향영역과 해 곡선은 시사적이다. 구간의 어떤 부분들에서 ODE의 해들은 퍼져서 그곳에서 방성식은 석낭히 불안정하나. 구간의 다른 부분들에서는 ODE의 해들이 서로 모여지고 방정식은 적당히 안정하다. 이 방정식의 경우 적분 방향은 중요하지 않다. 이 보기는 IVP가 불안정, 혹은 안정하다고 간단히 말하는 것은 지나치게 단순화시키는 것이라는 사실을 보여준다. 마찬가지로 각 스텝에서 풀이기에 의하여 생성된 오차들의 증가나 감소는 복잡할 수 있다. 특히 오차들이 언제나 누적된다고 가정해서는 안된다. ODE 시스템의 경우 해의 한 성분은 안정하지만 다른 성분은 동시에 불안정할 수 있다. 시스템의 성분들의 결합은 전체적인 거동을 불분명하게 만들 수 있다. 그림 1.4는 difield.m으로부터 생성된다.

```
% difieldm : ODE의 방향 field (그림 1.4)
% 미분방정식: y' = cos(t)y  해: y(t) = exp(sin(t)).
clear all;

% 격자점들을 구성
tpts = linspace(0,12,20);
ypts = linspace(-6,6,20);
[t,y] = meshgrid(tpts,ypts);
```

```
% 기울기들을 계산하고 길이가 1이 되도록 벡터 (1,s)를 정규화
s = cos(t).*y;
q = sqrt(1 + s.^2);
nq = 1./q;
ns = s./q;

% 화살표 길이를 절반으로 줄인다.
quiver(t,y,nq,ns,1/2)
axis equal tight

% 일부 해들을 도시
mtpts = linspace(tpts(1),tpts(end)+1);
hold on
for ic = [-2 -1 -0.5 0 +0.5 +1 +2]
   plot(mtpts,ic*exp(sin(mtpts)),'k');
end
hold off
```

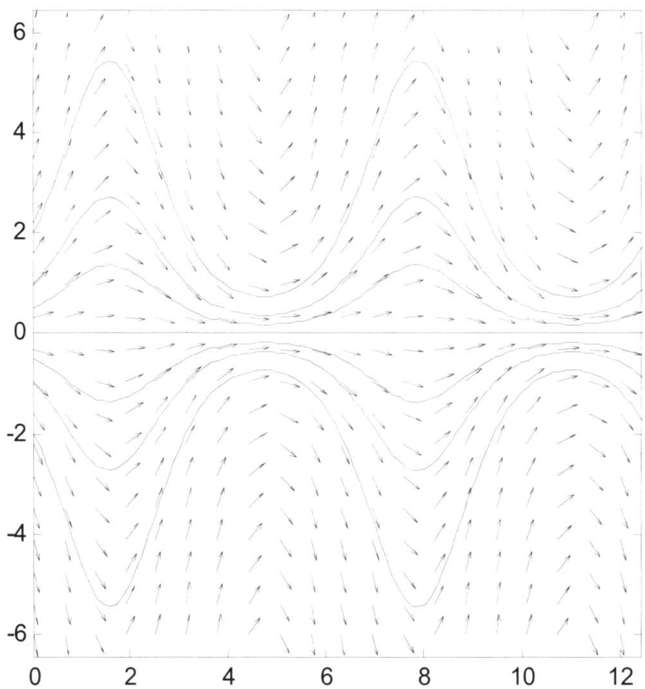

그림 1.4: ODE $y' = \cos(t)y$의 방향영역과 해

하나의 수치 실험으로부터 무슨 일이 일어나는가를 알 수 있다. Euler의 방법은 다음 장에서 충분히 논의될 기본적인 기법이다. 이 방법은 $y' = f(t,y)$의 수치해를 다음 공식을 사용하여 거리 h만큼 전개시킨다:

$$y_{n+1} = y_n + hf(t_n, y_n) \tag{1.14}$$

초기값이 y(0)=2인 ODE (1.13)의 해는

$$y(t) = 2e^{\sin(t)}$$

이다. 국부적 해 u(t)는 점 (t_n, y_n)을 지나는 (1.13)의 해로서 다음과 같다:

$$u(t) = y_n e^{(\sin(t) - \sin(t_n))}$$

그림 1.5는 일정한 스텝 크기 h=0.1을 사용하여 t=0으로부터 t=3까지 적분하였을 때의 국부적 오차 및 전역오차를 나타낸 것이다. 국부적 오차의 크기를 조절하려고 하는 것은 아니지만 이들은 크게 변하지 않는다. 정의에 따라서 국부적 오차와 전역 오차들은 첫 번째 스텝에서는 동일하다. 그 이후부터는 전역 오차는 그림 1.4에 보인 바와 같이 문제의 안정성에 따라 증가하기도 하고 감소하기도 한다. 그림 1.5는 errcomp.m에 의하여 얻어진다.

```
% errcomp.m : 국부적 오차와 전역 오차의 비교 (그림 1.5)
function errcomp
clear all;

% 초기화
t = []; le = []; ge = [];  % 출력배열
tn = 0; yn = 2; h = 0.1;   % 적분을 위한 초기화

% Euler 방법의 수행
for i = 1:30
    tn1 = tn + h;
    yn1 = yn + h*deqn(tn,yn);
    lem = lsol(tn,yn,tn+h) - yn1;
    gem = gsol(tn+h) - yn1;
    t = [t tn1];
    le = [le lem];
    ge = [ge gem];
```

```
    tn = tn1;
    yn = yn1;
end

% 결과 그래프
plot(t,le,'ok',t,ge,'*k','MarkerSize',3)
legend('local error','global error',3)
axis([0 3 -0.2 0.1])

% 부함수
function dydt = deqn(t,y)              % 미분방정식
dydt = cos(t)*y;

function gy = gsol(t)                  % 전역 해(실제 해)
gy = 2*exp(sin(t));

function ly = lsol(tn,yn,t)            % 국부적 해
ly = yn*exp((sin(t) - sin(tn)));
```

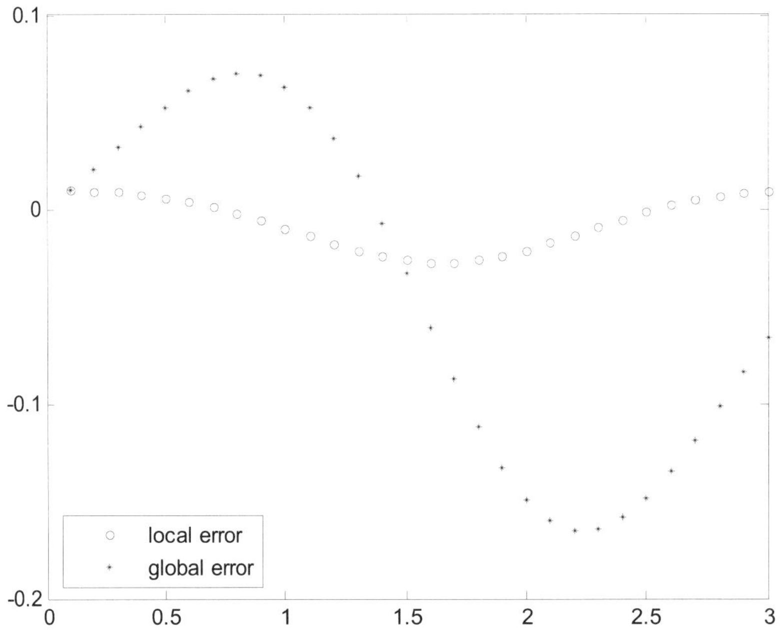

그림 1.5: 국부적 오차와 전역 오차의 비교.

*후향 오차분석*은 수치 선형대수에서 발생되는 논점들의 이해에 유용한 도구로 이용되어 왔다. 이 방법은 MATLAB 풀이기들의 방법에서 특히 중요한 ODE들에 대한 수치적 방법들의 보완적 관점을 제공하여 준다. MATLAB 풀이기들은 모두 구분적으로 매끄러운 전체 구간 $[a,b]$에서 근사해 S(t)를 생성하여 준다. 개념적 이해를 위해서 그러한 근사를 자연적으로 생성하지 않는 방법들에 대하여 동일한 역할을 수행하는 각 n값에서 $S(t_n)=y_n$인 구분적으로 매끄러운 함수 S(t)를 정의할 수 있다. 그러한 근사의 *잔류편차*는

$$r(t)=S'(t)-f(t,S(t))$$

로 주어진다. 이를 달리 쓰면 S(t)는 교란된 ODE

$$S'(t)=f(t,S(t))+r(t)$$

의 정밀해이다. 후향 오차분석의 관점에서 S(t)가 주어진 것에 "가까운" ODE를 만족하는 경우, 즉 잔류편차 r(t)가 "작을" 경우 S(t)는 우수한 근사해가 된다. 이는 "우수한" 해에 대한 완전히 타당한 정의이지만 IVP가 우량설정 문제라면 이는 S(t)가 실제 해 y(t)에 "근접하다"는 것을 의미하기도 한다. 이러한 시각에서 본다면 풀이기는 잔류편차가 작은 근사해를 생성하고자 시도하는 것이다. MATLAB의 BVP 풀이기들은 정확히 이러한 기능을 수행하며 IVP와 DDE 풀이기들은 이 기능을 간접적으로 수행한다.

■ 연습문제 1.1

MATLAB® 명령어 help dsolve로부터 얻을 수 있는 보기들 가운데 IVP

$$(y')^2+y^2=1, \qquad y(0)=0$$

가 있다. 간단한 IVP들을 해석적으로 푸는 것이 얼마나 쉬운가를 보여주는 것 이외에 이 보기는 흥미로운 출력을 나타내어 준다:

```
>> y = dsolve('(Dy)^2 + y^2 = 1','y(0) = 0')
y =
  sin(t)
 -sin(t)
```

dsolve에 따르면 이 IVP는 두 개의 해를 갖는다. 이는 맞는가? 그렇다면 1.2절

의 IVP에 대한 존재성 및 일의성 결과를 이에 적용하여 보라.

■ 연습문제 1.2

미분방정식

$$y' = f(t,y) = \sqrt{|y|}$$

에서 함수 $f(t,y)$는 사각형 영역 $|t| \le 1$, $|y| \le 1$에서 Lipschitz 조건을 만족하지 않음을 보여라. 이 ODE에서 y(0)=0을 만족하는 해는 한 개 이상임을 보기를 통하여 밝혀라. $f(t,y)$는 사각형 영역 $|t| \le 1$, $0 < \alpha \le y \le 1$에서 Lipschitz 조건을 만족함을 보여라. 이 책에서 논의된 일반적 결과에 따르면 주어진 ODE는 이 사각형 영역에서의 초기값에 대하여 단지 하나의 해를 갖는다.

■ 연습문제 1.3

IVP의 해가 존재하는 구간은 초기조건에 따라 좌우된다. 이를 알아보기 위하여 다음의 ODE에 대한 일반해를 구하고 존재구간이 초기조건에 따라 어떻게 달라지는지를 살펴보라:

$$y' = \frac{1}{(t-1)(t-2)}$$

$$y' = -3y^{4/3}\sin(t)$$

■ 연습문제 1.4

이 장의 부록에 제공되어 있는 프로그램 dfs.m은 스칼라 ODE $y' = f(t,y)$의 해와 방향영역을 계산하는 적절한 기능을 제공하여 준다. dfs.m의 첫 번째 인수는 $f(t,y)$를 정의하는 문자열이다. 여기에서 독립변수는 t로 지칭되어야 하며 종속변수는 y로 나타내어야 한다. 두 번째 인수는 배열 [wL wR wB wT]로서 그래프 창을 설정하여 준다. 특히 해는 y(t) 값들에 대하여 $wL \le t \le wR$, $wB \le y \le wT$ 범위에서 도시된다. 이 프로그램은 먼저 방향 영역을 나타내어 준다. 다음에 그래프 창에 커서를 올려두고 한 점을 클릭하면 그 점을 지나는 ODE의 해를 계산하고 도시하여 준다. 그래프 창 바깥에서 클릭하면 수행이 중단된다. 예를 들면 그림 1.4는 다음과 같은 명령어를 입력하고 그래프 창의 적절한 위치에서 마우스를 클릭하여 얻을 수 있다:

```
>> dfs('cos(t)*y',[0 12 -6 6])
```

dfs.m을 이용하여 ODE (1.11)의 안정성을 그래프적으로 조사하여 보라. 책에서 해석적으로 살펴본 IVP에 대한 적절한 그래프 창은 [0 5 −2 20]으로 주어진다.

■ 연습문제 1.5

초기값이 y(0)=0.08일 때 방정식 (1.11)을 푸는 경우 그림 1.5에서와 같이 국부적 오차 및 전역 오차를 비교하여라. Euler 방법을 이용하여 스텝크기를 h=0.1로 일정하게 두고 0부터 2까지 적분하여라. 이 문제의 안정성은 이 책에서 해석적으로, 그리고 연습문제 1.4에서 수치적으로 다루어지고 있다. 이를 염두에 두고 전역 오차들의 거동에 대하여 논의하여 보라.

1.3 표준 형태

상미분 방정식들은 가장 다양한 형태로 나타난다. ODE 문제를 풀기 위해서는 먼저 이 문제를 코드에서 받아들일 수 있는 형태로 작성해 주어야 한다. IVP 풀이기들에서 허용되는 가장 공통된 형태는 단연 1.2절에서 논의된 1차 방정식 시스템이다:

$$y' = f(t,y) \tag{1.15}$$

MATLAB® IVP 풀이기들은 비특이 질량행렬 $M(t,y)$를 포함하는 다음과 같은 보다 일반적인 ODE들을 허용한다:

$$M(t,y)y' = F(t,y) \tag{1.16}$$

이 방정식들은 $f(t,y) = M(t,y)^{-1}F(t,y)$에 따라 (1.15)의 형태로 쓸 수 있지만 어떤 종류의 문제들에서는 (1.16)의 형태가 더 편리하고 더 효율적이다. 어느 형태이건 ODE들을 1차 방정식들의 시스템으로 구성해야 한다. 이를 위한 통상적인 방법은 새로운 독립변수들을 도입하는 것이다. 원래 형태의 문제에서 각 종속변수들에 대하여 새로운 변수를 도입한다. 나아가 원래 방정식들에서 나타나는 최고차 미분보다 하나 작은 차수까지 원래 변수의 각 미분에 대하여 새로운 변수가 필요하다. 각각의 새로운 변수에 대하여 새로운 변수들의 항들로 표현되는 1차 미분에 대한 식이 필요하다. 새로운 변수들의 정의와 원래 방정식들을 이용하여 (1.15)나 (1.16)의 형태로 새로운 방정식을 작성할 필요가 있다. 실제로 해보는 것보다 말로 설명하는 것이 더 어려우므로 약간의 보기들을 살펴보기로 하자. 단진자 운동을 나타내는 ODE (1.6)을 표준 형태로 바꾸기 위하여 새로운 변수 $y_1(t)=\theta(t)$로 시작한다. $\theta(t)$의 2차 미분이 식에 나타나므로 새로운 변수 $y_2(t)=\theta'(t)$를 하나 더 도입할 필요가 있다. 이 변수들에 대하여

$$\begin{aligned} y_1{}'(t) &= \theta'(t) = y_2(t) \\ y_2{}'(t) &= \theta''(t) = -\sin(\theta(t)) = -\sin(y_1(t)) \end{aligned}$$

이로부터

$$\begin{aligned} y_1{}' &= y_2 \\ y_2{}' &= -\sin(y_1) \end{aligned}$$

을 얻는다. 즉 (1.15)의 벡터함수 $f(t,y)$의 두 성분들은 $f_1(t,y)=y_2$ 및 $f_2(t,y)=-\sin(y_1)$으로 주어진다. 이 ODE에 대한 IVP를 풀 때 우리는 초기값들을 지정하였다:

$$\begin{aligned} y_1(0) &= \theta(0) = 0 \\ y_2(0) &= \theta'(0) \end{aligned}$$

BVP를 풀 때에는 경계치들을 지정하였다:

$$\begin{aligned} y_1(0) &= \theta(0) = 0 \\ y_1(b) &= \theta(b) = \pi \end{aligned}$$

다른 보기로서 중력의 영향하에 원점에 위치하고 있는 하나의 물체 주위를 운동하는 같은 질량의 어떤 물체를 나타내는 Kepler 방정식을 고려하여 보자. 적절한 단위를 사용하면 이 식들은 다음 형태를 갖는다:

$$x'' = -\frac{x}{r^3}, \quad y'' = -\frac{y}{r^3} \tag{1.17}$$

위에서 $r=\sqrt{x^2+y^2}$이다. 여기에서 $(x(t),y(t))$는 원점에 고정된 물체에 대하여 상대적으로 움직이는 물체의 좌표이다. 초기값이

$$x(0)=1-e,\quad y(0)=0,\quad x'(0)=0,\ \ y'(0)=\sqrt{\frac{1+e}{1-e}} \tag{1.18}$$

과 같다면 궤도가 이심률 e의 타원임을 보여주는 Kepler의 (대수)방정식의 해로 주어지는 해석적 해가 존재한다. 이 방정식들은 쉽게 1차 시스템으로 쓸 수 있다. 한 가지 선택은 미지수에 대하여 독립변수 $y_1=x$ 및 $y_2=y$를 도입하고 방정식에 미지수들의 2차 미분이 나타나므로 그들의 1차 미분으로서 $y_3=x'$ 및 $y_4=y'$을 도입하는 것이다. 1차 시스템이 다음과 같음을 밝혀보라:

$$\begin{aligned} y_1' &= y_3 \\ y_2' &= y_4 \\ y_3' &= -\frac{y_1}{r^3} \\ y_4' &= -\frac{y_2}{r^3} \end{aligned}$$

위에서 $r=\sqrt{y_1^2+y_2^2}$이며 초기조건은

$$y_1(0)=1-e,\ \ y_2(0)=0,\quad y_3(0)=0,\quad y_4(0)=\sqrt{\frac{1+e}{1-e}}$$

이다.

위의 두 보기들은 모두 뉴턴의 운동법칙들로 기술되는 역학적 문제들은 2차 방정식 시스템으로 나타나며 소실이 없다면 1차 미분이 존재하지 않는다는 사실을 보여준다. 이와 같은 방정식들은 *특수 2차 방정식*으로 불린다. 이들은 충분히 보편적이어서 어떤 코드들은 초기 위치 $y(a)$와 초기속도 $y'(a)$가 주어진

$$y''=f(t,y)$$

와 같은 표준 형태의 IVP를 허용한다. 우리가 살펴본 바와 같이 그러한 문제들을 1차 시스템으로 나타내는 것은 쉽지만 특별한 형태가 갖는 이점을 취하는 수치적 방법들이 있으므로 2차 방정식 시스템을 가지고 직접 작업하는 것이 능률적이고 편리하다(Brankin et al., 1989 참조).

때로는 해와 관련되는 양들을 계산하기 위해 추가로 미지수들을 도입하는 것이 유용하다. 다음과 같은 ODE로 구성되는 Sturm-Liouville 고유치 문제의 해를 구하는 데에서 이에 대한 보기를 들어볼 수 있다:

$$y''(x) + \lambda y(x) = 0$$

경계조건은 $y(0) = 0$ 및 $y(2\pi) = 0$이다. 해야 할 일은 고유함수로 알려진 자명하지 않은(즉 0과 같지 않은) 해가 존재하기 위한 고유치 λ를 구하는 것이다. 어떤 목적을 위하여 다음 관계가 만족되도록 해를 정규화시키는 것이 적절하다:

$$1 = \int_0^{2\pi} y^2(t)dt$$

이러한 정규화 조건을 부여하는 편리한 방법은 다음과 같은 변수를 도입하는 것이다:

$$y_3(x) = \int_0^x y^2(t)dt$$

그러면 변수 $y_1(x) = y(x)$ 및 $y_2(x) = y'(x)$와 함께 다음과 같은 1차 시스템을 얻는다:

$$\begin{aligned} y_1{}' &= y_2 \\ y_2{}' &= -\lambda y_1 \\ y_3{}' &= y_1^2 \end{aligned}$$

새로운 변수의 정의로부터 $y_3(0) = 0$이며 우리는 $y_3(2\pi) = 1$가 되도록 ODE 시스템의 해를 찾아야 한다. 방정식은 모두 3개이며 하나의 미지 파라미터 λ가 있다. 관심있는 해는 4개의 경계조건

$$y_1(0) = 0, \quad y_1(2\pi) = 0, \quad y_3(0) = 0, \quad y_3(2\pi) = 1$$

들에 의하여 결정된다. 여기에서 관심있는 해를 결정하기 위해 하나의 보조적인 양을 나타내는 새로운 변수를 도입하는 방법을 이용하기로 한다. 다른 방법은 문제를 표준 형태로 바꾸는 것이다. MATLAB BVP 풀이기 bvp4c는 미지 파라미터들을 갖는 문제들을 허용하지만 이 방식이 일반적으로 사용 가능한 것은 아니다. 대부분의 BVP 풀이기들은 파라미터 λ를 변수 $y_4(t)$로 대체하도록 요구하고 있다. 파라미터는 일정하므로 새로운 미지수는 ODE

$$y_4{}' = 0$$

을 만족한다. 이러한 방법으로 우리는 미지 파라미터를 명시적으로 포함하지 않는 4개의 1차 ODE들로 이루어진 시스템을 얻는다:

$$
\begin{aligned}
y_1' &= y_2 \\
y_2' &= -y_4 y_1 \\
y_3' &= y_1^2 \\
y_4' &= 0
\end{aligned}
$$

경계조건은 변하지 않는다. 연습문제 1.8과 1.9는 미분 방정식들에 대하여 적분 제약조건을 전환시키는 이러한 기법을 다루고 있다.

종종 미지수들의 적절한 선택이 문제 풀이의 핵심이 된다. 다음의 보기는 화학공학자 F. Song이 조사한 양극보호 코팅 천연가스 파이프라인의 부식문제에서 얻은 것이다. 방정식들은 다음과 같이 구성된다:

$$
\begin{aligned}
\frac{d^2x}{dz^2} &= \gamma(e^x + \mu_c e^{x\omega_{Fe}} + \lambda_H e^{x\omega_H} + \lambda_{O_2} e^{x\omega_{O_2}}) \\
\frac{d^2 p_{O_2}}{dz^2} &= \pi p_{O_2} e^{x\omega_{O_2}} + \beta p_{O_2} + \kappa
\end{aligned}
$$

이는 원점과 무한에서 경계조건을 갖는 BVP이다. 변수 $p_{O_2}(z)$를 소거하여 변수 $x(z)$ 만의 4차 방정식을 얻을 수 있다. ODE들을 하나의 고차 방정식으로 축소시키는 것은 분석을 위해서는 종종 유용하지만 문제를 수치적으로 풀기 위해서는 이 방정식을 1차 방정식의 시스템으로 재구성시켜야 한다. 여기에서 $x(z)$에 대한 4차 ODE의 근원을 잊어버렸다면 통상적인 방법으로 다음과 같이 새로운 변수들을 도입할 것이다:

$$
y_1 = x, \quad y_2 = x', \quad y_3 = x'', \quad y_4 = x'''
$$

부식제 $p_{O_2}(z)$의 거동을 직접 설명해주지 못하므로 이는 좋은 생각이 아니다. 원래의 문제구성으로부터 출발하여 새로운 변수들을 다음과 같이 도입하는 것이 훨씬 더 실제적이다:

$$
\omega_1 = x, \quad \omega_2 = x', \quad \omega_3 = p_{O_2}, \quad \omega_4 = p_{O_2}'
$$

물리적으로 해석될 수 있는 양들에 대하여 적절한 오차 허용한계를 선정하는 것은 보다 쉽다. 아울러 ω_3에 대한 오차 허용한계를 설정함으로써 우리는 풀이기가 기본적인 양 p_{O_2}를 정확하게 계산하도록 요구하는 것이다. BVP를 풀 경우 해의 추정치를 제공하여야 한다. 물리적 의미를 갖는 양들에 대한 적절한 가정치를 제공하는 것이 더 쉽다. Song의 작업에서 이 문제에 대한 적절한 구성과 이에 해당되는 추정치는 이 BVP의 성공적인 풀이에 중요하다. 여기에서 문제를 "푼다"는 것은 단순히 단일 BVP의 해를 계산하는 일이 아님을 유의할 필요가 있다. 실제에 있어서 종종 그렇듯이 BVP는 어떤 범위의 파라미터 값들에 대해서 해결되는 것이다.

■ 연습문제 1.6

2차 ODE로 이루어지는 다음과 같은 두 점 BVP를 고려하여 보자:

$$(p(x)y')' + q(x)y = r(x)$$

경계조건은

$$y(0) = 0, \quad p(1)y'(1) = 2$$

이다. 함수 $p(x)$는 미분가능이며 모든 $x \in [0,1]$에서 양이다. $p'(x)$를 이용하여 이 문제를 미지수 $y_1 = y$ 및 $y_2 = y'$의 1차 시스템 형태로 써보라. 응용에 있어서는 y' 대신 유동량 px'를 미지수로 사용하는 것이 종종 자연스럽다. 실제로 여기에서 경계조건들 가운데 하나는 유동량이 주어진 값을 갖는 것을 말해주고 있다. 유동량을 미지수로 하여 $p(x)$를 미분할 필요가 없이 이 문제를 1차 시스템의 형태로 쓸 수 있음을 보여라.

■ 연습문제 1.7

Kamke(1971, p.598)에 따르면 IVP

$$y(y'')^2 = e^{2x}, \quad y(0) = 0, \quad y'(0) = 0$$

는 원통형 콘덴서에서 공간전하 전류를 나타낸다.

- 두 개의 대등한 명시적 ODE들을 특수한 2차 형태로 구하여라.
- 이들 2차식들을 1차식들의 시스템으로 구성하여라.

■ 연습문제 1.8

Murphy(1965)는 굴곡진 면 위의 흐름에 대한 층류의 비압축성 경계층 흐름에서의 고전적인 Falkner-Skan 유사성 해를 확장하고 있다. 그는 다음과 같은 ODE로 이루어지는 구간 $0 \le \eta \le b$에서의 BVP를 유도하였다:

$$f'''' + (\Omega + f)f''' + \Omega f f'' - (2\beta - 1)[f'f'' + \Omega(f')^2] = 0$$

경계조건은 다음과 같다:

$$f(0) = f'(0) = 0, \quad f'(b) = e^{-\Omega b}, \quad f''(b) = -\Omega e^{-\Omega b}$$

여기에서 Ω는 곡률 파라미터이며 β는 압력 기울기 파라미터이고 b는 경계조건의 지수항들이 올바른 점근적 거동을 나타내기에 충분할 정도로 크다. 물리적으로 의미있는 양들은 변위 두께

$$\triangle^* = \int_a^b [1 - f'(\eta)e^{\Omega\eta}]d\eta$$

와 모멘텀 두께

$$\theta = \int_a^b f'(\eta)e^{\Omega\eta}[1 - f'(\eta)e^{\Omega\eta}]d\eta$$

이다. 1차 방정식 시스템의 형태로 BVP를 구성하여라. 변위 두께와 모멘텀 두께가 각각 해 $f(\eta)$와 같이 계산되도록 방정식들과 초기값들을 추가하여라.

■ 연습문제 1.9

Caughy(1970)는 탄성줄의 고진폭 회전을 다음과 같은 ODE로 구성되는 BVP로 나타내고 있다:

$$\mu'' + w^2\left(\frac{1-\alpha^2}{H}\frac{1}{\sqrt{1+\mu^2}} + \alpha^2\right)\mu = 0$$

경계조건은

$$\mu'(0) = 0, \quad \mu'(1) = 0$$

와 같다. 여기에서 α는 물리적 상수로서 $0<\alpha<1$이다. 회전 진동수 w는 BVP의 풀이의 한 부분으로 계산되기 때문에 다른 경계조건이 필요하다. Caughy는 원점에서의 해의 진폭 ϵ을 지정하고 있다:

$$\mu(0)=\epsilon$$

이 문제의 특이한 점은 중요한 상수인 H가 적분구간 전체에 걸쳐 해 $\mu(x)$에 의하여 정의된다는 점이다:

$$H=\frac{1}{\alpha^2}\left[1-(1-\alpha^2)\int_0^1 \frac{dx}{\sqrt{1+\mu^2(x)}}\right]$$

이 BVP를 표준형태로 구성하여라. Sturm−Liouville 보기에서와 같이 새로운 변수 $y_3(x)$, 1차 ODE, 그리고 경계조건을 도입하여 H의 정의식에 있는 적분항을 처리할 수 있다. H를 처리하는 방안은 이를 새로운 변수 $y_4(x)$로 두는 것이다. 이는 상수이므로 이 새로운 변수는 1차 미분방정식 $y_4{}'=0$을 만족한다. H의 정의에 따른 경계조건에 의하여 올바른 상수값이 주어진다:

$$y_4(1)=\frac{1}{\alpha^2}[1-(1-\alpha^2)y_3(1)]$$

■ 연습문제 1.10

이 문제는 *연속 및 이산신호 시스템*(Soliman & Srinath, 1998)이라는 책의 내용에 근거하고 있다. 선형 시불변(LTI) 시스템은 다음과 같이 하나의 선형 일정계수 ODE로 표현된다:

$$y^{(N)}(t)+\sum_{i=0}^{N-1}a_i y^{(i)}(t)=\sum_{i=0}^{N}b_i x^{(i)}(t) \tag{1.19}$$

여기에서 x(t)는 주어진 신호이며 y(t)는 시스템의 응답이다. 모사도는 증폭기, 합산기, 그리고 적분기들만을 사용하는 시스템의 표현이다. 이는 여러 가지 방법으로 나타낼 수 있지만 정준형태는 두 가지가 있다. 시스템을 상태변수로 나타내면 몇 가지 이점이 있는데 그 중 한 가지는 수치계산에 편리한 1차 ODE 시스템이라는 점이다. 모사도를 위한 두 정준형태는 바로 두 가지의 상태변수 표현으로 된다. $v(t)=(v_1(t),v_2(t),\cdots,v_N(t))^T$를 상태변수들의 벡터라고 하자. 1차

정준형태에 해당하는 표현은 다음과 같다:

$$y'(t) = \begin{pmatrix} -a_{N-1} & 1 & 0 & \cdots & 0 \\ -a_{N-2} & 0 & 1 & \cdots & 0 \\ \vdots & \vdots & \vdots & \vdots & \vdots \\ -a_1 & 0 & 0 & \cdots & 1 \\ -a_0 & 0 & 0 & \cdots & 0 \end{pmatrix} v(t) + \begin{pmatrix} b_{N-1} - a_{N-1}b_N \\ b_{N-2} - a_{N-2}b_N \\ \vdots \\ b_1 - a_1 b_N \\ b_0 - a_0 b_N \end{pmatrix} x(t)$$

출력 y(t)는

$$y(t) = (1, 0, \cdots, 0)^T v(t) + b_N x(t)$$

로부터 얻어진다. 위의 1차 ODE 시스템에 대한 해를 구함으로써 ODE (1.19)를 직접적으로 풀 수 있음을 보여라. 모든 계수들은 일정하다는 사실을 염두에 두어야 한다. *힌트*: 다음과 같은 항등식

$$y(t) = v_1(t) + b_N x(t)$$

을 이용하여 $i < N$에 대하여 다음 관계가 얻어지도록 방정식을 다시 써보라:

$$v_i{}'(t) = (b_{N-i}x(t) - a_{N-i}y(t)) + v_{i+1}(t)$$

$v_1{}'(t)$에 대한 식을 미분하고 $v_2{}'(t)$에 대한 식을 이용하여 $v_3(t)$를 포함하는 $v_1{}'''(t)$에 대한 식을 구하여라. 이 과정을 $v_1^{(N)}(t)$에 대한 식을 얻을 때까지 반복 수행하고 그 결과를 $(y(t) - b_N x(t))^{(N)}$와 같게 둔 다음 이를 ODE (1.19)와 비교하여라.

두 번째 정준형태에 해당하는 표현은 다음과 같다:

$$y'(t) = \begin{pmatrix} 0 & 1 & 0 & \cdots & 0 \\ 0 & 0 & 1 & \cdots & 0 \\ \vdots & \vdots & \vdots & \vdots & \vdots \\ 0 & 0 & 0 & \cdots & 1 \\ -a_0 & -a_1 & -a_2 & \cdots & -a_{N-1} \end{pmatrix} v(t) + \begin{pmatrix} 0 \\ 0 \\ \vdots \\ 0 \\ 1 \end{pmatrix} x(t)$$

이 표현에 대한 출력의 형태는 좀 더 복잡하다:

$$y(t) = [(b_0 - a_0 b_N), (b_1 - a_1 b_N), \cdots, (b_{N-1} - a_{N-1} b_N)]^T v(t) + b_N x(t)$$

위의 1차 ODE 시스템에 대한 해를 구함으로써 ODE (1.19)를 직접적으로 풀 수 있음을 보여라. *힌트*: 다음과 같은 ODE의 해로서 함수 $w(t)$를 정의한다:

$$w^{(N)}(t)+\sum_{j=0}^{N-1}a_j w^{(j)}(t)=x(t)$$

다음에 치환에 의하여 함수

$$y(t)=\sum_{i=0}^{N}b_i w^{(i)}(t)$$

는 ODE (1.19)를 만족함을 보여라. 마지막으로 통상적인 방법에 따라 함수 $w(t)$에 대한 1차 ODE를 구하여라.

미분 $x^{(i)}(t)$들이 두 정준 시스템 어디에도 나타나지 않는다는 것은 놀라운 일이다. 원래 변수들에서 $y^{(i)}(0)$과 $x^{(i)}(0)$에 대한 초기조건들의 집합에 해당하는 초기조건 $v_i(0)$들의 집합을 구하고자 하는 경우 이 미분들은 어떤 역할을 하게 됨을 보여라.

1.4 오차의 제어

ODE 풀이기들은 어느 정도의 정확도를 원하는지를 묻는다. 이는 더 높은 정확도를 원할수록 계산 비용이 더 커지기 때문이다. MATLAB 풀이기들은 스칼라 오차 허용한계 re와 절대오차 허용한계의 벡터 ae의 형태로 오차 허용한계를 취한다. 풀이기들은 격자 (1.9) 상에서 해 $y(t_n)=(y_i(t_n))$을 근사하는 벡터 $y_n=(y_{n,i})$를 생성하여 준다. 대략적으로 말한다면 풀이기들은 격자상의 각 점에서 해의 각 성분에 대하여 다음 관계를 만족하는 근사를 생성하는 것을 목표로 한다:

$$|y_i(t_n)-y_{n,i}|\le re|y_i(t_n)|+ae_i \tag{1.20}$$

널리 이용되는 모든 IVP 풀이기들에서 이러한 형태의 다양한 제어방법들을 찾아볼 수 있다. 사용자들의 편의를 위하여 MATLAB 풀이기들은 해의 모든 성분들에 적용되는 스칼라 절대오차 허용한계를 설명해 주고 있다. 아울러 역시 편의를 위해 기본적인 오차 허용한계가 제공된다. 이는 상대오차 허용한계의 경우 10^{-3}이며 절대오차 허용한계의 경우에는 10^{-6}의 스칼라이다. 기본적인 상대오차 허용한계가 이러한 값을 갖는 것은 MATLAB에서는 해들이 보통 그래프를 통하여 해석되기 때문이다. 일반적인 과학계산에서는 10^{-5}의 상대오차 허용한계가 대표적이다.

상대오차 허용한계 벡터 RTOL과 절대오차 허용한계 벡터 ATOL을 갖는 코드에 대하여 Brenan, Campbell, 그리고 Petzold(1996, p. 131)은 다음과 같이 말하고 있다:

> *문제의 척도를 정확하게 반영하기 위해서 이 오차허용 한계들의 주의깊은 선택에 대한 중요성은 아무리 강조해도 지나치지 않는다.* 특히 해의 성분들이 서로 아주 다르게 규격화되는 문제들의 경우 코드에 벡터값을 갖는 허용한계를 제공하는 것이 바람직하다. 허용한계 RTOL과 ATOL을 어떻게 설정하는지 확실치 않는 사용자들을 위해서 우리는 다음과 같은 짐작방법으로 시작할 것을 권장한다. m을 해 성분 y_i에서 요구되는 유효자리수라고 하자. 이 경우 $\mathrm{RTOL}_i = 10^{-(m+1)}$로 설정하고 ATOL_i는 $|y_i|$가 사실상 의미가 없어질 때의 값으로 설정한다.

적절한 오차 허용한계 선택의 중요성에 대하여 동의하기 때문에 이 절을 이러한 사항들에 대한 논의에 할당하였다. 이러한 논의는 위의 짐작방법을 이해하는 데에 도움이 될 것이다.

부등식 (1.20)은 *혼합된* 오차 제어를 정의한다. 모든 값 $ae_i = 0$이면 순수한 *상대*오차 제어에 해당된다; 만일 $re = 0$이면 순수한 *절대*오차 제어에 해당된다. 순수한 오차 제어는 두 종류의 허용한계 및 이들과 관련되는 어려움들을 보다 명확하게 드러내어 준다. 먼저 순수한 상대오차 제어를 이용한다고 가정하자. 이에 따르면 각 해 성분에 대하여

$$\left|\frac{y_i(t_n) - y_{n,i}}{y_i(t_n)}\right| \le re$$

이 만족되어야 한다. 이에는 두 가지 심각한 어려움이 있다. 그 하나는 해가 사라진다면 순수한 상대오차 제어는 부적절하다는 점이다. 형식적인 어려움은 분모 $y_i(t_n)$이 사라질 수 있다는 데에 있다. 그러나 우리는 함수에서의 오차를 제어하고자 하는 것이므로 보다 근본적인 문제는 다음과 같다: 어떤 고립점 $t = t^*$에서 $y_i(t)$가 사라진다면 상대오차가 의미하는 것은 무엇인가? 풀이기들은 공통적으로 (1.20)의 값 $|y_i(t_n)|$보다는 t_n 부근에서의 $y_i(t)$의 크기를 나타내는 척도에 대한 오차를 비교한다. 이는 타당하며 효과적인 방법이지만 t_n에 대한 구간

전체에 걸쳐 0인 성분 $y_i(t)$는 처리하지 못한다. 따라서 풀이기들은 어떤 확장된 범위에서조차도 상대오차 제어가 잘 정의되어있지 않다는 가능성을 인식해야 하며 이 경우 적분을 종료하고 메시지를 보내주어야 한다. 혼합된 오차 테스트에서 0이 아닌 절대오차 허용한계를 지정함으로써 이 어려움을 극복할 수 있다. 강건성을 위하여 MATLAB의 풀이기들을 포함하는 일부 풀이기들은 절대오차 허용한계가 양수일 것을 요구하고 있다.

다른 어려운 점을 살펴보기 전에 컴퓨터 연산에 대하여 약간 언급할 필요가 있다. Fortran 77 및 C와 같은 프로그램 언어들은 단일 및 이중 정확도 연산을 포함한다. 이는 각각 10진법으로 7 및 16자리에 해당한다. MATLAB은 하나의 이중 정확도만을 갖는다. 경험에 따르면 IVP들을 수치적으로 푸는 경우 이중 정확도를 사용하는 것이 일반적으로 가장 좋다. 숫자의 부동 소수점 표현은 단위 반올림 까지만 정확하며 이는 작업의 정확도에 의하여 결정된다. MATLAB에서는 이는 eps로 불리며 PC의 경우 오늘날의 컴퓨터에서 가장 널리 사용되는 컴퓨터 연산의 IEEE-754 규정에 의한 이중 정확도에 따라 대략 $2.2204 \cdot 10^{-16}$의 값을 갖는다. 이 책 전체에 걸쳐 MATLAB 계산을 언급할 때 우리는 단위 반올림이 이정도의 크기를 갖는 것으로 간주한다.

상대오차 허용한계는 해답에서 대략 얼마나 많은 유효자릿수를 원하는가를 지정하여 준다. 실제 해의 부동 소수점 표현보다 더 정확한 해답을 요구하는 것은 의미가 없다 – 즉 단위 반올림보다 더 작은 값의 re를 지정하는 것은 의미가 없다. 물론 한정된 연산효과는 계산에 영향을 미치고 따라서 수치적 방법이 제공할 수 있는 정확도에 영향을 미치기 때문에 단위 반올림에 근접한 허용한계는 보통 너무 작다. 이러한 이유로 MATLAB 풀이기들은 re가 eps의 작은 배수보다 더 클 것을 요구하고 있다. 이 때 배수는 풀이기에 따라 좌우된다. 불가능한 정확도를 요구하는 경우 코드는 극적인 방법으로 실패할 것임을 기대할 수 있다. 불행히도 이는 일반적인 경우가 아니다. 체크를 하지 않는 코드로 실험해 본다면 불가능한 정확도를 요구하는 점 이상으로 오차 허용한계를 감소시켜 감에 따라 적분 비용은 급격하게 증가하고 그 결과들은 점진적으로 *덜* 정확해지며 비용의 증가 이외에 풀이기로부터 어떤 문제가 있다는 아무런 경고가 없다는 것을 발견하게 될 것이다.

이제 순수한 절대오차 제어에 눈을 돌려보자. 이는 해의 각 성분에 대하여

$$|y_i(t_n) - y_{n,i}| \le ae_i$$

가 만족될 것을 요구하고 있다. 절대오차 제어에서의 주된 어려움은 해 성분들

의 가능한 크기들에 대하여 판단을 내려야 하며 이를 잘못 내리면 곤란에 빠질 수 있다는 점이다. 하나의 가능성은 어떤 해 성분이 기대했던 것보다 크기가 더 큰 경우이다. 절대오차 제어 부등식을 약간 변경하면 다음을 얻는다:

$$\left|\frac{y_i(t_n) - y_{n,i}}{y_i(t_n)}\right| \leq \frac{ae_i}{|y_i(t_n)|}$$

이 관계는 $y_i(t)$에 대한 ae_i의 순수한 절대오차 허용한계가 이 성분에서 $ae_i/|y_i(t_n)|$의 상대오차 허용한계에 해당된다는 점을 분명하게 보여주고 있다. $|y_i(t_n)|$이 충분히 크다면 두드러지지 않은 것으로 보이는 절대오차 허용한계를 지정하는 것이 상대적 의미에서 해가 단위 반올림보다 더 정확하기를 요구하는 것에 해당될 수 있다. 방금 우리가 살펴보았듯이 이는 정확성에 대한 불가능한 요구이다. 이 상황은 0이 아닌 절대오차 허용한계를 지정하고 따라서 혼합된 오차제어를 수행함으로써 피할 수 있다. 강건성을 위하여 MATLAB 풀이기들은 상대오차 허용한계가 반올림의 몇 개 단위보다 크도록 요구함으로써 이를 수행한다.

순수한 절대오차 제어에 있어서 유의해야 할 다른 상황은 해 성분이 그의 절대오차 허용한계보다 더 작을 때이다. 먼저 우리는 그러한 성분에 대한 오차 제어가 무엇을 의미하는지를 이해하여야 한다. 만일 (이를테면) $|y_i(t_n)| < 0.5ae_i$라면 $|y_{n,i}| < 0.5ae_i$인 *임의의* 근사 $y_{n,i}$는 오차 테스트를 통과할 것이다. 따라서 수용 가능한 근사는 올바른 자릿수가 하나도 없을 수 있다. 언제나 어느 정도의 정확도가 필요하다고 생각할 수 있겠지만 물리적 과정들에 대한 많은 수학적 모델들의 경우 어떤 기준 이하로 떨어지면 그 영향을 무시할 수 있어서 더 이상 흥미를 끌지 못하는 양들이 있다. 이러한 양들 가운데 하나가 나중에 다시 감안해 주어야 할 정도까지 커질 수 있다는 데에 위험이 있다. 해 성분의 크기가 절대오차 허용한계보다 작고 이 성분에 대하여 어느 정도의 정확도를 요구한다고 할 때에는 오차 허용한계를 조정하고 문제를 다시 풀어야 할 필요가 있을 것이다. 비록 오차 허용한계에 의하여 요구하지 않았더라도 "작은" 성분의 어떤 올바른 자릿수들을 매우 잘 계산할 수 있다는 사실은 유용하면서도 흥미롭다. 그에 대한 한 가지 이유는 풀이기가 그에 따라 좌우되는 성분에 대하여 지정된 정확도를 달성하기 위해 어느 정도의 정확도로 이 성분을 계산하였을 수도 있기 때문이다. 다른 이유는 풀이기가 스텝 크기를 충분히 작게 선택하여 지정된 정확도 내로 근사하는 것이 가장 어려운 해 성분을 처리하기 때문이다. 일반적으로 이 스텝 크기는 다른 성분들에서 필요로 하는 것보다 더 작으므로 이들은 요구

되는 것보다 더 정확하게 계산된다.

Lapidus, Aiken 및 Liu(1973)의 첫 번째 보기가 예시가 될 것이다. 수소-수소 결합에서 양자의 이동은 다음과 같은 ODE 시스템으로 나타낼 수 있다:

$$\begin{aligned} x_1' &= -k_1x_1 + k_2y \\ x_2' &= -k_4x_2 + k_3y \\ y' &= k_1x_1 + k_4x_2 - (k_1 + k_3)y \end{aligned} \tag{1.21}$$

초기값들은 구간 $0 \le t \le 8 \cdot 10^5$ 에서

$$x_1(0) = 0, \quad x_2(0) = 1, \quad y(0) = 0$$

이며 계수값들은 다음과 같다:

$$\begin{aligned} k_1 &= 8.4303270 \cdot 10^{-10}, \quad & k_2 &= 2.9002673 \cdot 10^{11} \\ k_3 &= 2.4603642 \cdot 10^{10}, \quad & k_4 &= 8.7600580 \cdot 10^{-6} \end{aligned}$$

이는 *경성*(stiff) 문제의 보기이다. 이 문제는 기본적인 오차 허용한계를 이용하여 MATLAB 풀이기 ode15s를 써서 쉽게 풀었지만 빠르게 반응하는 중간성분 y(t)는 기본적인 절대오차 허용한계인 10^{-6}보다 매우 작음을 발견하였다. 그럼에도 불구하고 y(t)는 그 크기에 대한 일반적인 개념을 제공하기에 충분할 정도로 정확하게 계산되었다. 이 해가 얼마나 작은지를 인식하였으므로 절대오차 허용한계를 10^{-20}까지 줄이고 다시 계산하여 그림 1.6과 1.7에 보인 해들을 얻었다. 모든 해 성분들을 하나의 그래프에 나타내는 것은 MATLAB의 ODE 풀이기들에 의한 계산에서는 쉽고도 당연한 일이다. 어떤 성분들이 보이지 않는다면 그 해 성분들의 최대 크기들을 결정하고자 할 수도 있다 - 이는 다른 척도를 이용하여 별도로 그래프를 작성하고 또 다른 더 정확한 계산을 위한 오차 허용한계를 선택하기 위하여 성분들을 찾아내기 위함이다.

```
% proton.m: 수소-수소 결합에서의 양자이동 문제 (그림 1.6, 그림 1.7)
function proton
clear all;

% 변수: x_1=y(1), x_2=y(2), y=y(3)
options = odeset('AbsTol',1e-20);
[t,y] = ode15s(@prot,[0 8e5],[0; 1; 0],options);
plot(t,y(:,1),t,y(:,2),'.-')
```

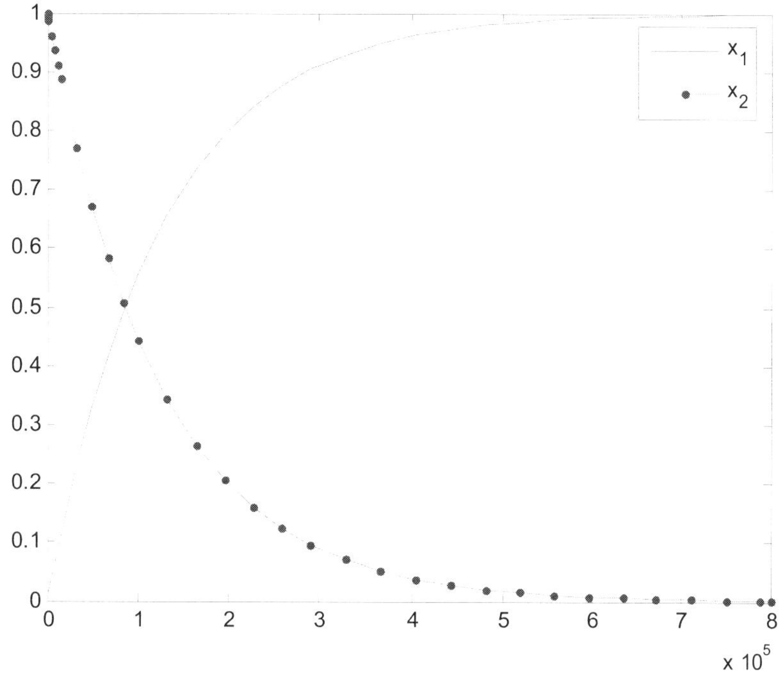

그림 1.6: 양자이동 문제의 해 성분 $x_1(t)$와 $x_2(t)$.

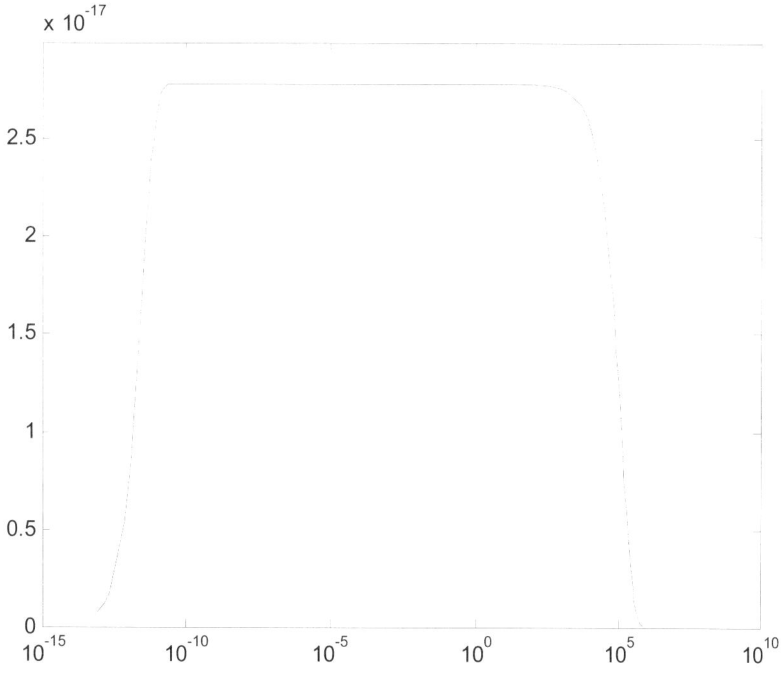

그림 1.7: 양자이동 문제의 해 $y(t)$의 semilogx 그래프.

```
legend('x1','x2')
figure
semilogx(t,y(:,3))

% 미분방정식
function dy = prot(t,y)
k = [8.4303270e-10 2.9002673e+11 2.4603642e+10 8.7600580e-06];
dy = zeros(3,1);
dy(1) = -k(1)*y(1) + k(2)*y(3);
dy(2) = -k(4)*y(2) + k(3)*y(3);
dy(3) =  k(1)*y(1) + k(4)*y(2) - (k(2) + k(3))*y(3);
```

화학반응들을 모델링하는 경우 종종 어떤 수준 이하로 떨어진 농도들은 그 효과를 무시할 수 있어서 물리적 관심을 갖지 않을 수도 있다. 이 경우 이 수준들과 거의 크기가 같도록 절대오차 허용한계를 지정하는 것이 당연하다. 농도 $y_i(t)$들은 양이지만 0으로 줄어드는 $y_i(t)$ 성분을 추적할 경우 풀이기는 "작은" 해 성분 $y_{n,i} < 0$을 생성할 수도 있다. 이미 살펴보았듯이 오차 제어는 이를 허용하며 간혹 이런 경우가 발생한다. 농도에 대한 작은 음의 근사는 그저 귀찮은 것일 수 있지만 어떤 모델들은 이러한 상황에서 안정하지 못하며 계산은 발산해 버린다. 너무나 작아서 물리적으로 중요하지도 않은 양이 수치적 풀이를 파괴시킬 수 있다는 사실은 상반적이다. Robertson(1966)에 의하여 경성 IVP들에 대한 풀이기들의 테스트용 문제로 널리 알려진 IVP가 확실한 예를 제공하여 준다. 어떤 화학반응은 다음과 같은 ODE 시스템으로 나타낼 수 있다:

$$
\begin{aligned}
y_1' &= -0.04y_1 + 10^4 y_2 y_3 \\
y_2' &= 0.04y_1 - 10^4 y_2 y_3 - 3 \cdot 10^7 y_2^2 \\
y_3' &= 3 \cdot 10^7 y_2^2
\end{aligned}
\tag{1.22}
$$

초기조건은 다음과 같다:

$$
\begin{pmatrix} y_1(0) \\ y_2(0) \\ y_3(0) \end{pmatrix} = \begin{pmatrix} 1 \\ 0 \\ 0 \end{pmatrix}
$$

모든 t>0에 대하여 해 성분들은 음이 아니며 그 합은 1이라는 사실을 밝히는 것은 어렵지 않다. 이는 다음 절에서 상세하게 논의할 선형 보존법칙의 한 보기이다.

MATLAB®의 시범 프로그램 hblode는 이 문제를 ode15s를 사용하여 t=0으로부터 거의 정상상태인 $t=4\cdot 10^6$까지 적분하고 있다. 그림 1.8은 이로부터의 추력을 조금 수정한 것이다(프로그램 robertson.m). Hindmarsh와 Byrne(1976)은 이 문제를 이용하여 경성 IVP를 풀기 위한 그들의 코드 EPISODE의 성능을 예시하고 있다. 적당히 가혹한 절대오차 허용한계인 10^{-6}에서 적분을 계속해 나가면 크기가 급작스럽게 증가하기 시작하는 작은 비물리적 음의 농도가 계산되는 것을 알았다. 이 경우 수치해는 곧 완전히 받아들일 수 없는 것이 된다. 표로 나타낸 그들의 결과 가운데 일부가 표 1.1에 나타나 있다. 만족스럽지 못한 성능은 문제의 결과이며 풀이기에 대해서 요구되는 것임을 강조하고자 한다; ode15s를 포함하는 다른 풀이기들을 사용할 경우에도 유사한 어떤 일들이 일어난다. 이 보기에 대하여 더 자세히 알고 싶다면 Hindmarsh와 Byrne(1976) 및 Shampine(1994)을 참조한다. 이와 다르지만 연관되는 문제들이 연습문제 1.12와 1.13에서 다루어지고 있다.

표 1.1: Robertson의 문제; EPISODE를 사용한 정상상태 해.

t	y_1	y_2	y_3
4e5	4.9394e-03	1.9854e-08	9.9506e-01
4e7	3.2146e-05	1.2859e-10	9.9997e-01
4e9	−1.8616e+06	−4.0000e-06	1.8618e+06

```
% robertson.m: Robertson 문제 (그림 1.8)
function robertson
clear all;

tspan = [0; 0.04e9];
y0 = [1; 0; 0];
[t,y] = ode15s(@rob,[0 4*logspace(-6,6)],y0);
y(:,2) = 1e4*y(:,2);
semilogx(t,y(:,1),'-k',t,y(:,2),':ko',t,y(:,3),'-.k',...
        'MarkerSize',2,'MarkerFaceColor','k')
legend('y_1','y_2 \times 10^4','y_3',0)
axis([0 04e6 -0.1 1.1])

% 미분방정식
function dy = rob(t,y)
dy = [ (-0.04*y(1) + 1e4*y(2)*y(3));
      (0.04*y(1) - 1e4*y(2)*y(3) - 3e7*y(2)^2);
      3e7*y(2)^2 ];
```

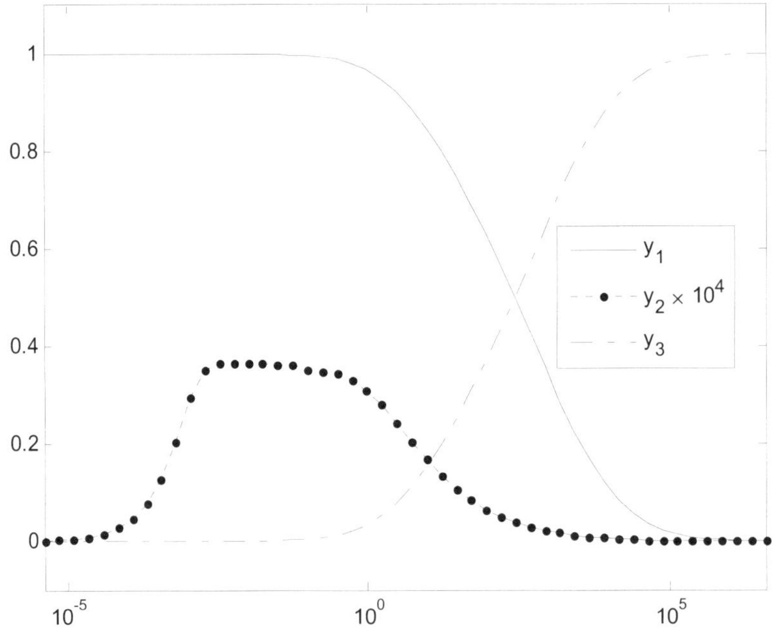

그림 1.8: Robertson 문제; 해의 semilogx 그래프.

이제 우리는 상대적인 의미에서 너무 높은 정확도를 요구할 수 없음을 알았다. 여기에서 너무 낮은 정확도를 요구하지는 말라고 충고하고자 한다. 더 높은 정확도를 원할수록 계산비용은 더 커질 것이기 때문에 낮은 정확도는 유혹적일 수 있다. 이는 특히 문제의 데이터가 한 자리나 두 자리로만 알려진 경우 더 유혹적이다. (측정된 데이터의 크기의 차수조차 의심스러운 경우에 대한 IVP를 해결한 바 있다.) 그럼에도 불구하고 너무 낮은 정확도를 요구하는 것은 위험스럽고도 무의미한 일이다. 기본적인 알고리듬들은 스텝 크기가 충분히 작을 때에만 유효하다. 충분한 정확도를 요구하지 않는다면 풀이기는 믿을만한 결과를 주기에는 너무 큰 스텝 크기를 선택할 수 있다. 우수한 풀이기는 신뢰성을 위해, 그리고 사용자가 지정하는 오차 허용한계를 사실상 줄이기 위해 더 작은 스텝 크기를 이용해야 한다는 것을 인식할 수 있다. 1.2 절에서 다루었듯이 풀이기들은 국부적 오차들을 제어하며 해 y(t)의 오차는 간접적으로만 제어한다. 풀이기들은 이들 국부적 오차들을 허용한계들보다 다소 작게 유지한다. 그 작은 정도는 풀이기를 위해 "조정되어" 대표적인 IVP의 경우 y(t)의 오차는 지정된 허용한계보다 (혹은 그 한계와 비교하여) 더 작다. 만일 사용자의 IVP가 다소 불안정하거나 관심있는 구간에서 종종 해가 진동할 것으로 예견된다면 너무 낮은 정확도를 요구하는 것에 대해서 주의를 기해야 한다. 이는 얻게 될 정확도에 대하여 실망할 수 있기 때문이다. 이는 걱정거리의 마지막이다: 물리적으로 현실적이지 못하거나 물리적으로 현실적이지만 그른 해를 계산할 수 있으며 계산이 완전히 실패할 수 있다. 이를 고려함에 있어서는 풀이기는 사용자가 지시하는 그대로 – 즉 지정된 허용한계보다 크지 않도록 국부적 오차를 제어하는 것만 – 수행한다는 것을 인지하는 것이 중요하다. 만족스럽지 못한 결과들은 대개 풀이기가 아닌 IVP의 불안정성의 결과이다. 1.5절의 그림 1.9는 어떤 일이 일어나는지를 보여준다. 점선은 다른 물체에 대한 하나의 물체의 궤도로서 기본적인 오차 허용한계로 계산된 것이다. 이들 기본적인 오차 허용한계들은 대표적인 문제들의 해를 도시함에 있어서 만족스럽게 되도록 의도된 것이지만 이 경우 궤도는 정성적으로도 맞지 않다. 실선으로 나타낸 것은 좀 더 가혹한 오차 허용한계로 계산된 동일한 궤도이다. 이는 정성적으로 맞다. 분명히 이런 문제를 풀 때에는 너무 낮은 정확도를 요구하지 않는 것이 중요하다.

새롭게 구성된 IVP를 풀 경우 오차 허용한계를 선택해 가며 실험해 보는 것이 필요할 수 있다. 이를 위해서는 적절한 오차 제어를 이용하고 있는지를 밝혀 주기 위하여 해들을 조사할 필요가 있다. 아울러 해의 정성적인 거동을 반영하기에 충분할 정도의 정확도를 요구하는지를 일관성 있게 검증하기 위해 오차 허용한계를 줄여나가고자 할 수도 있다.

■ 연습문제 1.11

사용자 접속기를 간단히 하기 위해 어떤 코드에서는 단일 오차 허용한계 τ를 요구한다. 예를 들면 DVERK(Hull, Enright 및 Kackson, 1875)는 각 스텝에서

$$|y_i(t_n) - y_{n,i}| \le \tau \max(1, |y_i(t_n)|)$$

을 요구하며 MIRKDC(Enright 및 Muir, 1996)는

$$|y_i(t_n) - y_{n,i}| \le \tau(1 + |y_i(t_n)|)$$

을 요구하고 있다. 이들은 각 i에 대하여 $re = \tau$ 및 $ae_i = \tau$인 오차 제어 (1.20)과 거의 대등하다는 것을 논하여라. 사람들은 때로는 그들이 풀고 있는 문제에 적절하지 못한 절대오차 허용한계를 지정하고 있다는 사실을 깨닫지 못하기 때문에 이러한 종류의 오차 제어에 곤란을 겪는다.

■ **연습문제 1.12**

미분방정식

$$y' = f(t, y) = \sqrt{1 - y^2}, \quad y(0) = 0$$

의 해는 $\sin(t)$이다. 이 해를 수치적으로 계산하는 경우 $t = 0.5\pi$로 접근함에 따라 곤란을 겪게 될 것을 기대하는 이유는 무엇인가? 두 종류의 어려움이 있는데 하나는 오차 제어를 수반하며 하나는 일의성을 포함한다.

■ **연습문제 1.13**

IVP

$$y' = \left(\frac{2\ln(y) + 8}{t} - 5\right)y, \quad y(1) = 1$$

를 MATLAB으로 쓰여진 코드로 푼다면 "큰" t에 대하여 복소수 값을 갖는 y(t)에 대한 근사를 계산할 것이다. 다른 컴퓨터 환경의 코드로는 실패할 수 있다. 무슨 일이 일어나는 것일까? 이에 답하기 위해서는 해가

$$y(t) = e^{-t^2 + 5t - 4}$$

와 같음을 아는 것이 도움이 된다.

1.5 정성적 특징

ODE들에 의하여 암시되는 어떤 정성적 특징들을 갖는 해들에 대한 보기를 몇 가지 살펴보았다. 수치해들은 대개 이러한 특징들을 이어받는 것으로 간주되지만 한 가지 주된 예외에 있어서는 그렇지 *않다*. 표준적인 방법에 대하여 기껏 우리가 말할 수 있는 것은 수치해가 근사적으로 해석적 해와 동일한 거동을 갖는다는 것이다. 이에 관하여 표준적인 방법들이 더 잘 수행되도록 하는 기법들이 있으며 어떤 정성적 특징들을 보존시키는 방법들이 있지만 이 책에서는 ODE의 풀이에 대한 그러한 특수 관점들은 다루지 않는다. 이 사항들에 대한 추가의 정보를 원한다면 Sanz-Serna 및 Calvo(1994), Shampine(1986), Stuart 및

Humphries(1996)과 이 문헌들 내의 인용자료들을 참조한다.

사실상 모든 표준적 방법들에 의하여 이어받아*지*는 성질을 가지고 정성적 특징에 관한 논의를 시작하기로 한다. $c^T f(t,y) \equiv 0$이 되도록 하는 일정한 (열)벡터 c가 있다고 하면 ODE 시스템

$$y' = f(t,y), \quad y(a) = A$$

의 해는 *선형 보존법칙*

$$c^T y(t) \equiv c^T A$$

를 만족한다. 이는

$$\frac{d}{dt}(c^T y(t)) = c^T y'(t) = c^T f(t,y(t)) \equiv 0$$

로부터 알 수 있으며 따라서 $c^T y(t)$는 상수이다. 선형 보존법칙은 물질과 에너지 수지의 보존과 같은 물리적 법칙을 나타낸다. 수소-수소 결합문제 (1.21)과 Robertson 문제 (1.22)가 그 보기들이다. 초기값이 지정되면 이들 두 문제들의 해들은 합이 1인 성분들을 갖는다. 밝혀져 있다시피(Shampine, 1998) IVP들에 대한 모든 표준적인 수치적 방법들은 모든 선형 보존법칙들을 유지한다. 예를 들면 해의 성분들의 합이 1이라면 (반올림 오차 내의) 수치적 근사 성분들의 합도 그럴 것이다. 수치해가 하나, 혹은 그 이상의 보존법칙들을 만족한다는 사실이 그 해가 정확하다는 것을 의미하는 것은 아니다 - 표 1.1에서 볼 수 있는 Robertson 문제의 형편없는 수치해조차도 합이 1인 성분들을 갖는다. 반면에 선형 보존법칙이 수치해에 의하여 반올림 수준까지 만족되지 않는다면 이를 발생시킨 프로그램상의 버그가 있거나 계산이 한정 정밀도 연산에 의하여 지배된 경우이다. 이제 표준적인 방법들에 의하여 보존되지 않는 특징들로 눈을 돌려보자.

1.2절에서 단진자 방정식 (1.6)의 해들은 일정한 에너지를 가짐을 알았다. 일반적으로 표준적인 소프트웨어로 계산된 수치해들은 단지 근사적으로 상수인 에너지를 갖는다. 적어도 근사적으로는 상수라는 사실을 알아보기 위해 방정식이 1차 시스템으로 표현되었다고 가정하자. 나아가 시간 t_n에서 풀이기는 다음과 같은 근사를 생성한다고 가정하자:

$$y_{n,1} = \theta(t_n) + e_1, \quad y_{n,2} = \theta'(t_n) + e_2$$

여기에서 e_1, e_2는 작은 오차를 나타낸다. 선형화에 의하여 수치해의 에너지를 다음과 같이 근사한다:

$$0.5(y_{n,2})^2 - \cos(y_{n,1}) = 0.5(\theta'(t_n) + e_2)^2 - \cos(\theta(t_n) + e_1)$$
$$\approx E + \theta'(t_n)e_2 + \sin(\theta(t_n))e_1$$

이는 에너지의 오차가 해 성분들의 오차와 비견될 수 있음을 말해준다; 따라서 에너지는 근사적으로 일정하다. 종종 이 사실은 만족스럽다. 그러나 해의 장기간에 걸친 정성적 거동은 에너지에 따라 좌우될 수 있으며 에너지를 보존하는 것은 중요할 수 있다. 이를 위한 한 가지 방법은 단순히 표준적인 코드를 이용하여 방정식들을 매우 정확하게 푸는 것이다. 이는 짧은 시간척도에서 중간 시간척도까지에 대해서는 만족스러울 수 있다. 이와 달리 선택적으로 수치해를 교란시켜서 그 해가 지정된 비선형 보존법칙을 만족하게 하는 표준적 방법들에 바탕을 둔 코드들도 있다. 아울러 대개 에너지 및 각운동량과 같은 물리적으로 중요한 어떤 양들을 자동적으로 보존시키는 방법에 근거한 코드들도 있다. 이러한 특수 코드들 가운데 하나를 이용하는 것이나 표준적인 코드로부터 더 높은 수준의 정확도를 요구하는 것이 더 효율적인지의 여부는 실험의 문제이다. 많은 경우 비선형 보존법칙의 보존은 높은 계산비용이나 해에서의 높은 정확도에 따라서만 달성될 수 있다.

두 물체 문제 (1.17)의 해는 두 비선형 보존법칙들을 만족한다. 에너지

$$\frac{x'(t)^2 + y'(t)^2}{2} - \frac{1}{r(t)}$$

(위에서 거리 $r(t) = \sqrt{x(t)^2 + y(t)^2}$)와 각운동량

$$x(t)y'(t) - y(t)x'(t)$$

는 일정하다. 그림 1.9는 이심률 $e = 0.9$일 때 초기조건 (1.18)에 따른 ODE 시스템 (1.7)의 해를 보인 것이다. 실선으로 나타낸 운동체의 경로는 약간 가혹한 허용한계로 계산된 것이다. 다른 경로는 기본적인 오차 허용한계로 계산되었다. 원점에서 고정된 물체는 별표로 나타나 있다. 이 문제에서 적분기를 특별히 선택하면 기본적인 오차 허용한계로 계산된 수치해의 에너지는 -0.5000부터 -0.7874로 꾸준히 감소되는 반면에 각운동량은 0.4359로부터 0.3992로 감소된다. 물리적

문제에서의 에너지의 지속적인 손실은 고정된 물체를 향해 나선형으로 선회하는 운동체에 해당된다. 수치해에서 일어나는 일은 사용되는 방법과 문제의 세부 사항들에 따라 좌우된다. 그러나 핵심은 수치해가 보존법칙들을 단지 근사적으로만 만족시킨다는 점이다. 충분히 긴 시간구간에 걸쳐 수치해는 수학적 해와는 질적으로 다른 거동을 보일 수 있다. 이러한 특별한 적분기는 위의 문제에서 에너지를 꾸준히 상실하고 있기 때문에 그 효과는 증폭된다. 한편 오차 허용한계를 보다 작게 지정함으로써 적분기로 하여금 보다 정확한 해를 계산하도록 한다면 [0, 20]에서 예견되는 거동을 갖는 해를 얻는다. 이 적분에서는 t=20 까지는 작은 에너지 손실이 있다. 그러나 이 손실이 계산된 해에 미치는 영향은 너무 적어서 그래프 상에서 알아보기가 어렵다.

```
% twobody.m: two-body 문제 (그림 1.9)
function twobody
clear all;

y0 = zeros(4,1);
e = 0.9;   % 이심률
y0(1) = 1 - e;
y0(4) = sqrt((1+e)/(1-e));
opts = odeset('RelTol',1e-6,'AbsTol',1e-10);
[tc,yc] = ode15s(@fn,[0 20],y0,opts);
[t,y] = ode15s(@fn,[0 20],y0);
plot(yc(:,1),yc(:,2),'-k',y(:,1),y(:,2),'-.k',0,0,'k*')

% 에너지의 계산
r = sqrt(y(:,1).^2 + y(:,2).^2);
E = 0.5*(y(:,3).^2 + y(:,4).^2) - 1./r;
fprintf('에너지의 범위는 %g 에서 %g 이다.\n',min(E),max(E));

% 각운동량의 계산
mv = y(:,1) .* y(:,4) - y(:,2) .* y(:,3);
fprintf('각운동량의 범위는 %g 에서 %g 이다.\n',min(mv),max(mv));

function dy = fn(t,y)
dy = zeros(4,1);
r = sqrt(y(1)^2 + y(2)^2);
dy(1) = y(3);
dy(2) = y(4);
dy(3) = - y(1)/r^3;
dy(4) = - y(2)/r^3;
```

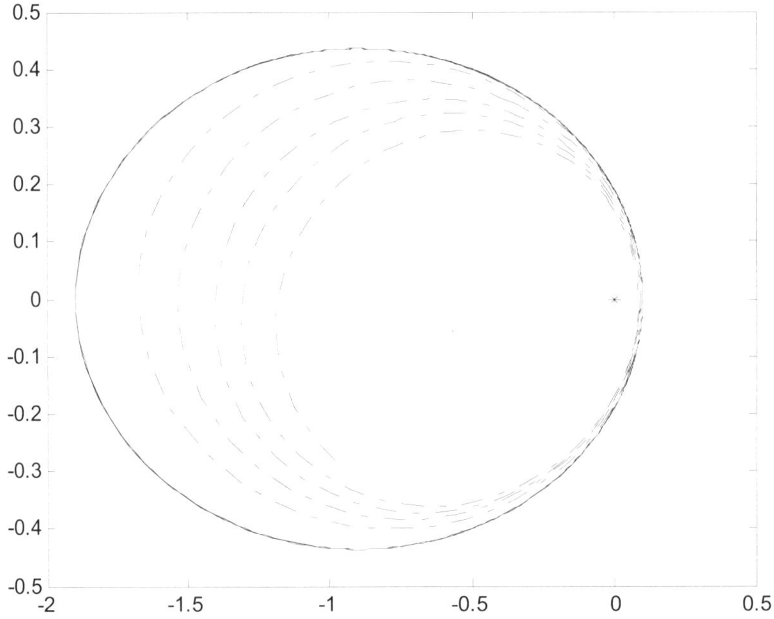

그림 1.9: e=0.9 및 $0 \le t \le 20$에 대한 두 물체 문제.

확장된 적분들에 걸쳐 IVP의 어떤 정성적 특징들을 (적어도 근사적으로) 보존해 주는 방법들이 있다. 예를 들면 시간-가역 사상을 정의하는 ODE들의 경우 해당되는 속성을 갖는 수치적 방법들을 구성하는 것이 가능하다. 이 방법들은 오차를 Hamiltonian 에너지로 국한시키며 어떤 경우에서는 단운동량을 보존하여 준다; 자세한 사항은 Sanz-Serna 및 Calvo(1994), 혹은 Stuart 및 Humphries (1996)을 참조한다. 물론 이러한 바람직한 성질들에는 대가가 필요하다. 특수한 성질을 이루기 위해 수치적 방법들에 적용된 추가의 제약조건들은 주어진 비용에서 해의 계산에서 달성될 수 있는 정확도를 감소시킨다.

■ 연습문제 1.14

미분방정식

$$\begin{aligned} y_1{}' &= -y_1 \\ y_k{}' &= (k-1)y_{k-1} - ky_k \qquad (k = 2,3,\cdots,9) \\ y_{10}{}' &= 9y_9 \end{aligned}$$

은 화학반응의 전개를 나타낸다. 이러한 ODE 시스템은 선형 보존법칙을 만족함을 보여라. 특히 해 성분들의 합은 일정함을 보여라.

■ 연습문제 1.15

약탈자-먹이에 대한 Volterra의 모델은 다음과 같이 나타낼 수 있다:

$$x' = a(x - xy), \qquad y' = -c(x - xy)$$

- 위의 ODE 시스템의 해는 다음과 같은 비선형 보존법칙을 만족함을 보여라:

$$G(t, x, y) = x^{-c} y^{-a} e^{cx + ay} = \text{일정}$$

- 스텝 크기를 h로 일정하게 두고 Euler 방법을 이용하여 위의 미분 방정식을 적분하는 MATLAB 프로그램을 작성하여라. 파라미터를 a=2 및 c=1로 두고 초기값으로서 x(0)=1 및 y(0)=3을 이용하여 위의 IVP를 $0 \le t \le 10$에서 적분하여라. 상 평면에 해를 도시하여라; 즉 (x(t),y(t))의 그래프를 작성하여라. 아울러 보존되는 양 G(t,x(t),y(t))를 계산하고 그래프로 나타내어라. 이론에 따르면 G는 일정하며 해는 주기적이므로 상 평면에 나타낸 그래프는 닫혀있다. 스텝 크기 h를 이용한 실험을 통하여 G가 근사적으로 일정하고 계산되는 곡선이 근사적으로 닫혀지는 값을 구하여라. 다음 장에서 MATLAB의 IVP 풀이기들을 사용하는 방법을 익힌 후에는 이 문제를 다시 접하여 Euler 방법 대신 ode45를 이용하여 해결하여 보라.

부록: dfs.m

```
function dfs(fun,window,npts)
% 스칼라 ODE에 대한 방향 field와 해를 도시
%    fun: 미분방정식(적절히 안정한 것으로 간주) y' = f(t,y)에 대한 문
%          자열 표현 독립변수는 t, 종속변수는 y로 나타내어야 한다.
%    window = [tl tr yb yt] 는 그래프가 tl <= t <= tr and yb <= y
%         <= yt 로 지정되는 영역에 나타남을 의미한다. 기본값은 [-10 10
%         -10 10]이다.
%    npts = [nt ny]는 방향 field가 t방향으로 nt, y방향으로 ny 개의
%         등간격 점들로 구분됨을 의미한다. npts가 스칼라이면 nt와 ny는
%         모두 주어진 동일한 값을 갖는다. 기본값은 20이다.
%
% 사용예: >> dfs('cos(t)*y',[0 12 -6 6])
% 그래프 창의 한 점에서 마우스를 클릭하면 그 점을 지나는 해가 도시된다.

global wB wT hmin f
% 입력 데이터를 처리
if nargin < 3
   nt = 20;
   ny = 20;
elseif length(npts) == 1
   nt = npts(1);
   ny = npts(1);
else
   nt = npts(1);
   ny = npts(2);
end
if nargin < 2
   window = [-10 10 -10 10];
end
wL = window(1);  wR = window(2);
wB = window(3);  wT = window(4);
if wR <= wL
   error('Must have window(1) < window(2).')
elseif wT <= wB
   error('Must have window(3) < window(4).')
end
hmin = 1e-4*(wR - wL);
f = vectorize(inline(fun,'t','y'));

% 방향영역 화살표에 대한 격자점들을 설정
```

```
tpts = linspace(wL,wR,nt);
ypts = linspace(wB,wT,ny);
[T,Y] = meshgrid(tpts,ypts);

% 기울기들을 계산하고 벡터 (1,S(i,j))들을 정규화.
% 이하에서 f는 벡터화 되어있다.
S = f(T,Y);
L = sqrt(1 + S.^2);
NS = S ./ L;
NL = 1 ./ L;
% 화살표 길이를 반으로 줄인다.
quiver(T,Y,NL,NS,1/2,'b')
axis tight
title('해를 얻기 위해서는 그래프 창 안의 점에서 마우스를 클릭한다.')
xlabel('마치려면 그래프 창 바깥에서 마우스를 클릭한다.')
options = odeset('Events',@events,'OutputFcn',@outfcn,...
                 'RelTol',1e-4,'AbsTol',1e-7*max(abs(wB),...
                  abs(wT)));
hold on
while 1
   % 그래프로부터 초기조건을 취한다.
   [t0,y0] = ginput(1);
   % 초기조건이 그래프창 바깥이면 종료한다.
   if (t0 <= wL) | (wR <= t0) | (y0 <= wB) | (wT <= y0)
      break;
   end
   [t,y] = ode45(@F,[t0,wR],y0,options);
   plot(t,y,'r')
   [t,y] = ode45(@F,[t0,wL],y0,options);
   plot(t,y,'r')
end
hold off

% 부함수
   function yp = F(t,y)
   global f
   yp = f(t,y);

   function [value,isterminal,direction] = events(t,y)
   global wB wT
   value = [wB; wT] - y;
   isterminal = [1; 1];
   direction = [0; 0];
```

```
function status = outfcn(t,y,flag)
global hmin
persistent pret
status = 0;
switch flag
case 'init'
   pret = t(1);
case ''
   h = t(end) - pret;
   pret = t(end);
   status = (abs(h) <= hmin);
case 'done'
   clear pret
end
```

제 2 장

초기치 문제

2.1 서 론

이 장에서는 상미분 방정식에 대한 초기치 문제를 다루고 있다. ODE들은 다양한 형태로 나타나기 때문에 이들을 표준적인 형태로 쓰는 것이 이론과 실제에 있어서 편리하다. 제 1장에서 ODE들을 다음과 같은 벡터로 나타낸 형태를 갖는 1차 방정식 시스템으로 구성하는 방법을 보였다:

$$y' = f(t, y) \tag{2.1}$$

하나의 예외를 제외하면 이 장 전체에 걸쳐 ODE는 위의 형태를 갖는 것으로 간주한다. MATLAB IVP 풀이기들은 $M(t,y)y' = f(t,y)$ 형태의 문제를 허용하기 때문에 이 형태가 2.3.2절에서 간략하게 다루어지고 있다. 어떤 경우이건 ODE들은 한정된 구간 $a \le t \le b$에서 정의되며 초기값들은 다음과 같이 벡터로 제공된다고 가정한다:

$$y(a) = A \tag{2.2}$$

IVP에 널리 이용되는 수치적 방법들은 $y_0 = A = y(a)$로 시작하며 점차적으로 격자 $a = t_0 < t_1 < \cdots < t_N = b$ 상에서 근사해 $y_n \approx y(t_n)$ 들을 계산해 간다. t_n에 이르면 기본적인 방법들은 y_{n-1}, $y_{n-2}, \cdots$와 같은 이전에 계산된 양들을 이용하는지의 여부에 따라 구별된다. 이전의 양들을 이용한다면 *메모리 방법*이라 불리며 그렇지 않다면 *일 단계 방법*이라 불린다. IVP는 비경성 문제와 경성 문제로 분류된다. 경성도를 정의하는 것은 어렵지만 그 징후는 인식하기가 쉽다. 방법을 선택할 경우 불행히도 경성 및 비경성 IVP 사이의 구분은 매우 중요할 수 있다. MATLAB IVP 풀이기들은 다양한 방법들을 이용하지만 자료에 따르면 일 단계

*명시적 Runge-Kutta 공식*에 바탕을 둔 코드인 ode45를 먼저 시도하하는 것이 권장되고 있다. 문제가 경성인 것으로 의심되거나 ode45가 만족스럽지 못한 것으로 판명되면 *후향 미분공식*(BDF)에 근거하는 코드인 ode15s를 시도하여 보도록 권장되고 있다.

이들 두 가지 형태의 방법들은 일반적인 과학계산에서 가장 널리 사용되고 있으므로 수치적 방법에 대한 논의에서 이 두 방법들에 초점을 맞추기로 한다. 어떤 관점을 보여주기 위해서 다른 방법들을 취하기도 한다; 특히 ode113에 의하여 수행되는 *Adams 방법*을 다루게 될 것이다. 이들은 종종 일반적인 과학계산에서 비경성 문제를 푸는 경우에 명시적 Runge-Kutta 방법보다 선호되기도 한다. 이 장의 마지막 부분은 MATLAB 프로그램으로 IVP를 해결하는 방법을 보여주는 지침이다. 이를 읽으면서 프로그램들에 설치된 다양한 방법들에 대한 이론을 살펴봄과 동시에 흥미로운 문제들을 풀 수 있다.

2.2 IVP를 위한 수치적 방법

IVP를 풀기 위하여 우리는 ode45와 ode15s에서 이용되는 두 종류의 방법들에 초점을 맞추기로 한다. 이들은 각각 비경성 IVP를 위한 명시적 Runge-Kutta 공식 및 경성 IVP를 위한 후향미분 공식이다. 이 방법들은 의심할 여지없이 가장 효율적이고 널리 이용되는 방법들이다. 방법들에 대한 논의는 간단할지라도 실제로 IVP들을 해결하는 데에 있어서의 가장 중요한 논점들을 규명하고 있다.

구간 $a \le t \le b$ 상에서 IVP (2.1), (2.2)의 풀이는 스텝으로 전개된다. 초기치 $y_0 = A$로 시작하여 격자

$$a = t_0 < t_1 < \cdots < t_N = b$$

상에서 근사해 $y_n \approx y(t_n)$ 들이 연속적으로 계산된다. y_{n+1}의 계산은 종종 t_n으로부터 스텝 크기 $h = t_{n+1} - t_n$을 취하는 것으로 간주된다. 간명을 기하기 위하여 t_n에서의 스텝을 다룰 때에는 일반적으로 $h = h_n$으로 쓴다. (t_n, y_n)에 이르면 *국부적 해 $u(t)$*는 다음 방정식에 대한 해로 정의된다:

$$u' = f(t, u), \quad u(t_n) = y_n$$

ODE 이론의 표준적인 결과에 따르면 v(t)와 w(t)가 (2.1)의 해이고 일정한

L에서 f(t,y)가 Lipschitz 조건을 만족한다면 $\alpha < \beta$일 때 다음이 성립한다:

$$\| v(\beta) - w(\beta) \| \le \| v(\alpha) - w(\alpha) \| e^{L(\beta - \alpha)}$$

L(b−a)가 적정크기를 갖는 *고전적인 상황*에서는 위의 결과는 IVP (2.1), (2.2)가 적정하게 안정함을 말해준다. 이는 단지 충분조건일 뿐이다. 실제로 *경성* 문제들은 (매우) 안정하지만 $L(b-a) \gg 1$이다. 약간의 계산을 해보지 않고는 안정한 IVP가 경성인지를 아는 것이 쉽지 않다. 이러한 상황에서 도움이 되는 두 가지 중요한 성질들이 있다: 경성 문제는 관심있는 해 부근에서 시작하는 ODE의 일부 해들이 그에게로 아주 빠르게(여기에서 "아주 빠르게"는 해들이 적분구간의 길이인 b−a에 비하여 작은 거리에 걸쳐 수렴함을 의미한다) 수렴한다는 의미에서 매우 안정하다. 이 성질은 일부 해들이 매우 빠르게 변한다는 것을 의미하지만 두 번째 성질은 관심있는 해는 천천히 변화한다는 것이다.

기본적인 수치적 방법들은 해를 격자 상에서만 근사하지만 모든 MATLAB 풀이기들을 포함하는 어떤 코드들에는 격자점들 사이에서 해를 근사하는 방법들이 보충되어 있다. BDF는 다항식 안짐작에 근거하며 따라서 바로 [a,b]에서 y(t)를 근사하는 연속의 구분적 다항식 함수 S(t)를 이룬다. 명시적 Runge-Kutta 방법에서는 자연적인 다항식 짐작자가 없는데 이는 그러한 짐작자들이 상대적으로 새로운 발전이기 때문이다. 각 스텝 $[t_n, t_{n+1}]$에서 구간의 양 끝점들에서의 근사해를 안짐작하는 다항식에 의하여 y(t)를 근사하는 방법은 Runge-Kutta 공식의 *연속적 확장*이라 부린다. 우리는 이 용어를 보다 일반적으로 [a, b] 상의 모든 점에서 이러한 방식으로 정의된 구분적 다항식 근사함수 S(t)를 지칭하는 데에 사용할 것이다.

2.2.1 일 단계 방법

일 단계 방법들은 현재 단계에서 취한 데이터만을 사용한다. MATLAB은 많은 서로 다른 종류의 일 단계 방법들에 근거하는 풀이기들을 포함하고 있지만 Runge-Kutta 방법의 한 가지에 집중하기로 한다. 이러한 명시적 방법들의 탐구 과정에 있어서 약간의 함축적 방법들도 전개할 것이다. 이들은 BVP를 푸는 데에 널리 이용되므로 제 3장에서 이들을 다시 접하게 될 것이다.

먼저 *구적법*의 특수한 경우를 취하는 것이 알기 쉽다:

$$y' = f(t), \quad y(a) = A \tag{2.3}$$

확실히 이러한 보다 간단한 문제들을 처리할 수 있어야 하며 이들이 간단하기 때문에 방법을 설명하기가 더 쉽다. t_n에서의 국부적 해는 다음을 만족한다:

$$u' = f(t), \quad u(t_n) = y_n$$

따라서

$$u(t_n + h) = y_n + \int_{t_n}^{t_n + h} f(x)dx$$

$y_{n+1} \approx u(t_n + h)$을 계산하는 것은 정적분을 수치적으로 근사하는 것에 해당한다.

수치해석의 기본적인 전략은 다음과 같다: 함수 $f(x)$에서 원하는 것을 할 수 없다면 이를 안짐작 다항식 $P(x)$로 근사하고 이 다항식을 대신 이용한다. 정적분을 근사하는 잘 알려진 공식은 이러한 방법으로 유도될 수 있다. 예를 들면 구간 $[t_n, t_n + h]$에서 함수 $f(x)$를 일정한 다항식 $P(x) = f(t_n)$으로 안짐작함으로써 $f(x)$를 근사한다면 그 다항식을 적분하여 다음을 얻을 수 있다:

$$\int_{t_n}^{t_n + h} f(x)dx \approx \int_{t_n}^{t_n + h} P(x)dx = hf(t_n)$$

혹은 구간의 다른 끝에서 안짐작한다면

$$\int_{t_n}^{t_n + h} f(x)dx \approx \int_{t_n}^{t_n + h} P(x)dx = hf(t_{n+1})$$

을 얻는다. 마찬가지로 구간의 양 끝에서 $f(x)$를 안짐작하는 선형 다항식을 이용한다면

$$P(x) = \left(\frac{(t_n + h) - x}{h}\right) f(t_n) + \left(\frac{x - t_n}{h}\right) f(t_n + h)$$

적분으로부터 다음 근사를 얻는다:

$$\int_{t_n}^{t_n + h} f(x)dx \approx \frac{h}{2}[f(t_n) + f(t_n + h)]$$

기하학적으로 처음 두 방법은 적분을 사각형의 면적으로 근사하고 있다. 세 번

째 방법은 적분을 사다리꼴의 면적으로 근사하므로 사다리꼴 규칙으로 알려져 있다.

다항식 안집작 이론(Shampine, Allen 및 Pruess, 1997)의 표준적인 결과에 따라 매끄러운 함수 $f(x)$에 대한 이들 근사의 정확성을 유추할 수 있다. 만일 $P(x)$가 구간 $[t_n,\ t_n+h]$에서의 s 개의 서로 다른 점 $t_{n,j}=t_n+\alpha_j h$에서 매끄러운 함수 $f(x)$를 안집작하는, 차수가 s 보다 작은 일의적 다항식

$$P(t_{n,j})=f(t_{n,j}),\qquad j=1,2,\cdots,s$$

이라면

$$P(x)=\sum_{j=1}^{s} f_{n,j}\prod_{i=1,i\neq j}^{s}\frac{x-t_{n,i}}{t_{n,j}-t_{n,i}}$$

이고 구간 $[t_n,\ t_n+h]$에서의 각 점 x에 대하여 동일 구간 내에 다음을 만족하는 점 ξ가 존재한다:

$$f(x)-P(x)=\frac{f^{(s+1)}(\xi)}{(s+1)!}\prod_{j=1}^{s}(x-t_{n,j})$$

충분히 매끄러운 함수 $f(x)$에 대하여 위의 식에 나타나는 미분은 구간에서의 크기가 경계지어져 있다. 그렇다면 모든 $x\in[t_n,\ t_n+h]$에 대하여

$$|f(x)-P(x)|\leq Ch^s$$

를 만족하는 상수 C가 존재한다는 것을 쉽게 알 수 있다. 상수의 값을 무시하고 스텝 크기 h에 관한 거동에만 관심을 가지는 경우 표준적인 기호와 용어가 사용된다. 즉

$$f(x)-P(x)=O(h^s)$$

와 같이 쓰거나 이와 대등하게 $f(x)=P(x)+O(h^s)$로 쓴다. $f(x)$와 $P(x)$ 사이의 차이는 "h의 s 제곱의 대문자 O", 혹은 줄여서 그 차이는 *차수* s라고 말한다. 다항식 안집작의 정확도에 대한 정리로부터 다음을 쉽게 확인할 수 있다:

$$\int_{t_n}^{t_n+h} f(x)dx = \int_{t_n}^{t_n+h} P(x)dx + O(h^{s+1})$$

이 결과들을 적분에 대한 사각형 근사에 적용하면 다음 공식을 얻는다:

$$y_{n+1} = y_n + hf(t_n) \tag{2.4}$$

이 경우 국부적 오차는

$$u(t_n+h) - y_{n+1} = \int_{t_n}^{t_n+h} f(x)dx - hf(t_n) = O(h^2)$$

아울러

$$y_{n+1} = y_n + hf(t_{n+1}) \tag{2.5}$$

는 같은 정도의 정확도를 갖는다. 사다리꼴 규칙

$$y_{n+1} = y_n + h\left[\frac{1}{2}f(t_n) + \frac{1}{2}f(t_n+h)\right] \tag{2.6}$$

에서 국부적 오차는 $u(t_n+h) - y_{n+1} = O(h^3)$이다. 보다 일반적으로 s 노드들에서의 다항식 안짐작은

$$\int_{t_n}^{t_n+h} f(x)dx = h\sum_{j=1}^{s} A_j f(t_n + \alpha_j h) + O(h^{p+1})$$

와 같은 형태의 *안짐작 구적 공식* 및

$$y_{n+1} = y_n + h\sum_{j=1}^{s} A_j f(t_n + \alpha_j h) \tag{2.7}$$

와 같은 수치적 방법으로 귀착된다. 여기에서 국부적 오차는 $O(h^{p+1})$이다. 안짐작 이론에 따르면 $p \geq s$임이 확실하지만 적분의 실제적인 근사에 있어서 중요한 사실은 어떤 경우의 노드들의 선택에 대해서는 $p > s$이다. 예를 들면 $f(x)$를 $t_n + 0.5h$에서 안짐작하는 일정한 다항식으로부터 기인하는 중간치 규칙의 차수는 일반적인 기준으로부터 예견될 수 있는 것처럼 p=1이 아니라 p=2이다.

안짐작 다항식을 적분함으로써 (2.7) 형태의 특정 공식을 얻었다. 이러한 일반적인 형태의 공식으로부터 시작하여 정확한 공식을 얻기 위해서는 계수 A_j들을 어떻게 선택할 수 있는지 의문을 가져 보기로 하자. 공식이 얼마나 정확한가를 결정하기 위해 $u(t_n+h)$와 y_{n+1}을 t_n에서 Taylor 팽창시키고 몇 개의 항들이 일치하는지를 살펴보자. 국부적 해를 만족하는 IVP를 이용하면

$$u(t_n+h)=u(t_n)+\sum_{k=1}^{p}h^k\frac{u^{(k)}(t_n)}{k!}+O(h^{p+1})=y_n+\sum_{k=1}^{p}h^k\frac{f^{(k-1)}(t_n)}{k!}+O(h^{p+1})$$

(2.7)의 우변을 팽창시키는 것은 조금 더 복잡하다. 먼저 Taylor 수열을 이용하여 다음과 같이 팽창시킨다:

$$f(t_n+\alpha_j h)=\sum_{r=0}^{p-1}(\alpha_j h)^r\frac{f^{(r)}(t_n)}{r!}+O(h^p)$$

위의 결과를 공식에 대입하여 다음을 얻는다:

$$\begin{aligned}y_{n+1}&=y_n+h\sum_{j=1}^{s}A_j\left(\sum_{k=1}^{p}(\alpha_j h)^{k-1}\frac{f^{(k-1)}(t_n)}{(k-1)!}\right)+O(h^{p+1})\\&=y_n+\sum_{k=1}^{p}h^k\left(\sum_{j=1}^{s}A_j\alpha_j^{k-1}\right)\frac{f^{(k-1)}(t_n)}{(k-1)!}+O(h^{p+1})\end{aligned}$$

위의 두 팽창을 비교하면

$$\frac{1}{k}=\sum_{j=1}^{s}A_j\alpha_j^{k-1},\qquad k=1,2,\cdots,p \tag{2.8}$$

의 관계가 만족될 때에만 $u(t_n+h)=y_{n+1}+O(h^{p+1})$ 임을 알 수 있다.

하나의 노드(즉 s=1)만 이용한다면 식 (2.8)의 첫 번째 식으로부터 $A_1=1$이다. 이 값을 이용하면 두 번째 식은

$$\frac{1}{2}=A_1\alpha_1=\alpha_1$$

이 된다. 만일 $\alpha_1\neq\frac{1}{2}$라면 이 식은 만족되지 않으며 $u(t_n+h)=y_{n+1}+O(h^2)$

이다. $\alpha_1 = \frac{1}{2}$이면 식이 만족되며 세 번째 식은 다음과 같다:

$$\frac{1}{3} = 1 \times \left(\frac{1}{2}\right)^2$$

이 식은 만족되지 않으므로 이 공식의 경우 $u(t_n + h) = y_{n+1} + O(h^3)$ 이다. 이 공식은 바로 앞에서 보았던 중간치 규칙이다. 연습문제 2.1은 중요한 구적 규칙들에 근거하는 두 개의 다른 공식들에 대한 차수를 규명하도록 요구하고 있다.

ODE의 안정성을 살펴봄으로써 이 공식들의 수렴성에 대한 논의를 시작하기로 한다. 함수 f는 L=0에서 Lipschitz 조건을 만족하므로 앞에서 언급한 일반적 결과에 따르면 $v(t)$와 $w(t)$가 $y' = f(t)$의 해이고 $\alpha < \beta$라면

$$\| v(\beta) - w(\beta) \| \le \| v(\alpha) - w(\alpha) \|$$

이다. 그러나 보다 강력한 결과를 직접 증명하는 것은 매우 쉽다. $y' = f(t)$의 해 $v(t)$는

$$v(t) = v(\alpha) + \int_\alpha^t f(x)dx$$

의 형태를 갖는다. 이 식을 $t = \beta$에서 계산하고 이들로부터 $w(t)$에 대한 유사한 관계를 빼주면 다음을 얻는다:

$$v(\beta) - w(\beta) = v(\alpha) - w(\alpha)$$

이로부터 t_n으로부터 한 스텝에서의 국부적 오차는 y_n을 통하는 해와 나란한 ODE의 해에 이르게 함을 알 수 있다.

t_n에서의 실제 오차를

$$e_n = y(t_n) - y_n$$

이라 두자. $y_0 = A$로 정하면 $e_0 = 0$이다. 제 1장에서

$$e_{n+1} = y(t_{n+1}) - y_{n+1} = [u(t_{n+1}) - y_{n+1}] + [y(t_{n+1}) - u(t_{n+1})]$$

로 나타냄으로써 오차의 전개를 살펴본 바 있다. 우변의 첫 번째 항은 크기가

Ch_n^{p+1}로 경계지어진 것으로 간주하는 국부적 오차이다. Lipshitz 조건을 만족하는 ODE에 있어서의 안정성에 대한 일반적 경계를 이용하면 두 번째 항은

$$|y(t_{n+1}) - u(t_{n+1})| \leq |y(t_n) - y_n| e^{Lh_n}$$

으로 경계지어진다. 여기에서는 $u(t_n) = y_n$의 정의가 사용되고 있다. 이 경계들을 모두 합하면 다음을 얻는다:

$$|e_{n+1}| \leq Ch_n^{p+1} + |e_n| e^{Lh_n}$$

이 스텝에서의 오차는 두 가지 원천으로부터 기인한다. 하나는 수치적 방법에 의하여 각 스텝에서 도입된 국부적 오차이며 다른 하나는 IVP 자체의 안정성에 따른 이전의 스텝으로부터의 오차의 증폭이다. 구적 문제들의 경우 증폭이 없으며 국부적 오차들은 주어진 경계로 더해지기 때문에 실제 효과를 이해하기가 특히 쉽다. 스텝 크기를 $h = (b-a)/N$으로 일정하게 하여 구적문제를 푼다면 다음과 같은 균일한 경계를 갖는다:

$$|y(t_n) - y_n| = |e_n| \leq nCh^{p+1} \leq (b-a)Ch^p$$

즉 모든 n에 대하여 $y_n = y(t_n) + O(h^p)$이다. 이 때문에 국부적 오차가 $O(h^{p+1})$이면 공식의 차수가 p라고 말한다. 이는 p가 y(t)에 대한 근사의 차수이기 때문이다. 스텝 크기가 변하는 경우 이러한 증명을 수정하여 만일 H가 최대 스텝 크기라면 실제 (전역) 오차는 $O(H^p)$임을 쉽게 알 수 있다.

국부적 오차의 추정

차수 p인 공식에서 y_{n+1}의 국부적 오차는

$$le_n = u(t_n + h) - y_{n+1}$$

이다. 이 스텝에서 결과 y_{n+1}^*을 계산하기 위해 차수 p+1인 공식을 적용한다면 다음 관계를 얻을 수 있다:

$$est = y_{n+1}^* - y_{n+1} = [u(t_n + h) - y_{n+1}] - [u(t_n + h) - y_{n+1}^*] = le_n + O(h^{p+2}) \quad (2.9)$$

le_n은 $O(h^{p+1})$이어서 충분히 작은 값의 h에 대하여 식 (2.9)를 지배하므로 위의 관계는 낮은 차수 공식의 국부적 오차에 대한 계산 가능한 추정치이다. 달리 말하면 y_{n+1}을 보다 정확한 근사해 y^*_{n+1}와 비교함으로써 y_{n+1}의 오차를 추정할 수 있다. 일반적으로 단계를 취함에 있어서 가장 비용이 드는 부분은 함수값 $f(t_n+\alpha_j h)$를 구성하는 것이며 따라서 국부적 오차 추정치를 실제적인 것이 되도록 하는 전략은 이러한 함수계산을 가능한 한 많이 공유하는 공식 쌍을 찾는 것이다. 추정치가 우수하려면 고차의 결과인 y^*_{n+1}이 더 정확해야 한다. 그러나 그렇다고 한다면 적분을 진행함에 있어서 이를 버리고 y_{n+1}을 취하는 이유는 무엇인가? 좀 더 정확한 결과인 y^*_{n+1}에 의한 적분의 진행은 *국부적 근사*라고 불린다. 널리 이용되는 명시적 Runge-Kutta 코드들의 대부분은 국부적 근사를 이용한다; 특히 MATLAB 풀이기인 ode23과 ode45는 이를 이용한다. 이러한 진행방법에 있어서 각 스텝에서의 국부적 오차가 얼마나 작은지는 정확하게 알 수 없지만 추정된 국부적 오차보다 더 작을 것으로 믿고 있다.

IVP에 대한 풀이기들은 추정된 국부적 오차를 제어한다. 국부적 오차 허용한계 τ가 지정되고 추정된 오차가 이 허용한계에 비해 상대적으로 너무 크다면 그 스텝은 배제되고 스텝 크기를 더 작게 해서 새로운 시도를 수행한다. 국부적 오차의 팽창에서 우리는 0이 아닌 첫 번째 항의 차수에 대해서만 작업하였다. 팽창에 있어서 다른 항을 감안하여 준다면 다음을 얻을 수 있다:

$$u(t_n+h)-y_{n+1}=h^{p+1}\phi(t_n)+O(h^{p+2}) \tag{2.10}$$

이를 이용하면 스텝 크기를 어떻게 조정하는지를 알 수 있다. t_n으로부터 다시 스텝 크기가 σh인 스텝을 취하고자 한다면 국부적 오차는

$$(\sigma h)^{p+1}\phi(t_n)+O((\sigma h)^{p+2})=\sigma^{p+1}h^{p+1}\phi(t_n)+O(h^{p+2})=\sigma^{p+1}est+O(h^{p+2}) \tag{2.11}$$

가 될 것이다. 우리가 예측하기에 오차 테스트를 통과하는 가장 큰 스텝 크기는 $|\sigma^{p+1}est|\approx\tau$가 되도록 하는 σ의 선택에 해당한다. 이 스텝 크기는

$$h\left(\frac{\tau}{|est|}\right)^{1/(p+1)}$$

가 된다. 풀이기는 추정된 국부적 오차의 크기가 허용한계보다 더 크지 않도록

스텝 크기를 구할 것을 요구받게 되므로 성공할 때까지 계속 시도해야 하며 그렇지 않으면 포기해 버린다. 작업을 너무 많이 했기 때문에 포기할 수도 있다. 또한 컴퓨터의 정밀도에 대하여 너무 작은 스텝 크기를 필요로 한다는 것을 발견했기 때문에 포기해 버릴 수도 있다. 이는 제 1장에서 논의한 사항으로서 불가능한 상대적 정확도를 요구하는 것과 매우 흡사하다. 한편 스텝이 성공적이고 국부적 오차가 필요보다 더 작다면 *다음* 스텝에서는 스텝 크기를 증가시킬 수 있다. 스텝 크기가 더 크다는 것은 더 적은 스텝으로 적분구간의 끝에 도달한다는 것을 의미하기 때문에 이는 계산을 더욱 효율적으로 하여준다. 동일한 과정이 다음 스텝에서 사용될 수 있는 스텝 크기의 추정에 이용될 수 있다: t_{n+1}에서 취한 크기 σh의 스텝의 오차는 다음과 같을 것으로 예측한다:

$$\begin{aligned} u(t_{n+1}+\sigma h)-y_{n+2} &= (\sigma h)^{p+1}\phi(t_{n+1})+O(h^{p+2}) \\ &= \sigma^{p+1}h^{p+1}\phi(t_n)+O(h^{p+2}) \\ &= \sigma^{p+1}est+O(h^{p+2}) \end{aligned} \tag{2.12}$$

일반적으로 이는 널리 쓰이는 코드들에서 스텝 크기를 선택하는 방법이지만 우리는 중요한 실제적 세부 사항들을 생략하였다. 예를 들면 스텝 크기의 변화가 클 때에는 고차항들(식 (2.11)과 (2.12)에서 대문자 O 항들)의 영향을 무시할 수 없기 때문에 스텝 크기가 얼마만큼 증가되거나 감소되는지는 제한되어야 한다. 아울러 스텝 크기의 예측에서는 몇 가지 근사들이 이루어지므로 추정치를 너무 진지하게 받아들여서는 안된다. 실패한 스텝은 상대적으로 비용이 높으며 스텝 크기의 예측에 이용된 오차 추정치는 아주 신뢰할 수 없을지도 모르기 때문에 코드는 예측된 스텝 크기의 일부분을 이용한다. 0.8 및 0.9 정도의 부분들이 통상적으로 이용된다. 그 목적은 실패하는 스텝이 있을 기회가 그렇게 많지 않으면서 요구되는 정확도를 달성하는 것이다.

초기의 수치계산에서 국부적 오차를 추정하고 제어하는 방법을 이해하지 못하였을 때에는 일정한 스텝 크기가 사용되었다. 이 접근방법은 오늘날에도 여전히 볼 수 있지만 국부적 오차의 추정과 제어는 실제로 지극히 중요하기 때문에 일정 스텝크기 적분에 대하여 특별히 언급하고자 할 때를 제외하고는 이 책의 모든 계산에서는 앞의 방법이 이용되고 있다. 국부적 오차의 추정과 제어는 IVP의 해에 대한 의미있는 근사를 계산하였다는 어떤 확신을 우리에게 가져다 준다. 나아가 국부적 오차의 추정에는 비용이 크게 소요되지 않는다. 일반적으로 이러한 경우 스텝 크기는 적분의 전체 구간에 걸친 해의 거동을 규명하는 데에 소요되거나 적분의 안정성을 확인하는 데에 필요한 최소한의 크기로 제한되지 않기 때문에 그 이상의 대가가 있다. 실제로 모든 경성 문제들을 포함하는 많은 IVP들을 스텝 크기를 일정하게 두고 푸는 것은 실제적이지 못하다. 1.4절의 양자이동 문제를 상기하여 보자. 그 해는 너비가 약 10^{-10}인 경계층을 지니고 있다. 경계층을 해결하려면 분명히 이러한 일반적인 크기를 통한 몇 가지의 스텝들을 이용해야 하지만 문제는 길이가 약 10^{6}인 구간에 존재하고 있다. 적분 전체에 걸쳐 일정한 스텝 크기를 이용한다면 이 문제를 해결하기 위해서 10^{16}개 정도의 스텝이 필요할 것이다! 이에는 오늘날의 빠른 컴퓨터로도 비현실적으로 긴 시간이 소요될 것이며 그러한 계산의 수행이 가능하다고 해도 이로부터 얻어지는 수치해는 누적된 반올림 오차가 지배할 것이다. 이 문제에 대하여 그림 1.6 및 1.7에 보인 해에서 적분에는 단지 100 스텝만이 소요되었다. 스텝 크기는 경계층에서의 $7 \cdot 10^{-14}$로부터 해가 천천히 변하는 부분에서의 $4 \cdot 10^{4}$에 이르렀다. 이 IVP는 433-MHz 펜티엄 II PC에서 몇 초만에 해결되었으며 반올림 오차가 미치는 뚜렷한 영향은 없었다.

Runge-Kutta 방법

이제 구적 문제들의 풀이에 대하여 IVP에 대한 최근의 명시적 Runge-Kutta 코드에 따르는 형식으로 간결하면서도 거의 완전하게 설명하고자 한다. 일반적인 IVP들은 거의 동일한 방식으로 처리되므로 우리는 대부분 차이점들을 지적해 낼 수 있다. 국부적 해는 다음의 IVP를 만족한다:

$$u' = f(t,u), \qquad u(t_n) = y_n$$

적분으로부터 다음을 얻는다:

$$u(t_n + h) = y_n + \int_{t_n}^{t_n + h} f(x, u(x))dx$$

핵심적인 차이점은 이제 미지의 국부적 해가 식의 양 변 모두에 나타난다는 것이다. 적분을 구적 공식으로 근사한다면

$$\int_{t_n}^{t_n + h} f(x, u(x))dx = h \sum_{j=1}^{s} A_j f(t_{n,j}, u(t_{n,j})) + O(h^{p+1}) \tag{2.13}$$

위에서 $t_n + \alpha_j h = t_{n,j}$이다. 중간값 $u(t_{n,j})$를 모르기 때문에 위의 관계는 크게 도

움이 될 것 같지 않아 보인다. 이 문제를 다루는 두 가지 기본적인 방법을 논의하기 전에 중간값이 없는 공식들의 몇 가지 중요한 보기들을 고려해 보기로 한다.

적분에 대한 첫 번째(왼쪽) 사각 근사는

$$\int_{t_n}^{t_n+h} f(x,u(x))dx = hf(t_n,u(t_n)) + O(h^2) = hf(t_n,y_n) + O(h^2)$$

해당되는 공식

$$y_{n+1} = y_n + hf(t_n,y_n) \tag{2.14}$$

는 (*전향*) *Euler 방법*으로 알려져 있다. 시간에 따른 편미분 방정식의 풀이에서는 *완전한 명시적 방법*으로 알려져 있다. 근사는

$$y_{n+1} = u(t_n+h) + O(h^2)$$

와 같으며 따라서 이는 1차 명시적 Runge-Kutta 공식이다. 두 번째(오른쪽) 사각 근사는 *후향 Euler 방법*이다:

$$y_{n+1} = y_n + hf(t_{n+1},y_{n+1}) \tag{2.15}$$

이는 PDE에서는 *완전한 함축적 방법*으로 알려져 있다. 여기에서 우리는 구적 문제에는 없는 주된 어려움에 직면하게 된다 – 새로운 근사해 y_{n+1}은 일련의 대수 방정식들의 해로서 함축적으로 정의된다. 이 공식은 전향 Euler 방법보다 더 정확한 것은 아니다. 그러면 왜 우리는 굳이 함축적 공식을 계산하는 수고를 들이려 하는가? 한 가지 답은 경성을 극복하기 위함이다. 후향 Euler 방법은 다음 절에서 다른 시각으로부터 유도하게 될 후향 미분 공식들(BDFs) 중에서 최저차 멤버이다. 차수가 k인 이 부류의 멤버는 BDFk로 나타내므로 후향 Euler 방법은 또한 BDF1으로도 알려져 있다.

사다리꼴 규칙

$$y_{n+1} = y_n + h\left[\frac{1}{2}f(t_n,y_n) + \frac{1}{2}f(t_{n+1},y_{n+1})\right] \tag{2.16}$$

은 2차 함축적 Runge-Kutta 공식으로서 MATLAB IVP 풀이기 ode23t로 설치되어 있다. PDE에서는 이를 *Crank-Nicolson 방법*으로 부른다. 사다리꼴 규

칙은 해 값 y_n과 y_{n+1}을 같은 방법으로 처리함을 주목하자. 이와 같은 공식은 *대칭적*이라고 말한다. IVP를 풀 때에는 적분 방향이 있지만 BVP를 풀 때에는 대개 그렇지 않다. 대칭적 공식은 선호하는 방향이 없으므로 BVP를 푸는 데에 널리 이용된다.

중간치에 대한 사항으로 되돌아가서 근사 $y_{n,j} = u(t_{n,j}) + O(h^p)$를 계산할 수 있는 공식을 이미 가지고 있다고 가정하자. 정확도에 대한 이 가정을 좀 더 격식을 갖추어 말한다면 우리는 다음을 만족하는 상수 C가 존재한다고 가정한다:

$$\| u(t_{n,j}) - y_{n,j} \| \le Ch^p$$

이는 ODE 함수 f가 상수 L일 때 Lipschitz 조건을 만족한다는 가정과 함께 다음을 의미한다:

$$\| f(t_{n,j}, u(t_{n,j})) - f(t_{n,j}, y_{n,j}) \| \le L \| u(t_{n,j}) - y_{n,j} \| \le LCh^p \qquad (2.17)$$

함수 계산 $f(t_{n,j}, u(t_{n,j}))$를 계산 가능한 근사 $f(t_{n,j}, y_{n,j})$로 대체하면 (2.13)과 (2.17)로부터 다음을 알 수 있다:

$$\int_{t_n}^{t_n+h} f(x, u(x))dx = h\sum_{j=1}^{s} A_j f(t_{n,j}, y_{n,j}) + O(h^{p+1})$$

이러한 방법으로 우리는 공식

$$y_{n+1} = y_n + h\sum_{j=1}^{s} A_j f(t_{n,j}, y_{n,j})$$

에 이르게 된다. $O(h^p)$까지의 정확도로 중간값 $y_{n,j}$를 계산하는 데에 사용될 수 있는 공식을 이미 알고 있다면 근사해 y_{n+1}을 $O(h^{p+1})$까지 정확하게 계산하는 공식을 구성하였음을 알게 된다.

중간값을 계산하기 위한 공식을 선택하는 데에는 두 가지 방법이 있다. 하나는 y_{n+1}을 계산할 때와 동일한 형태의 공식을 사용하는 것이다. 이는 함축적 Runge−Kutta 공식에 이르게 되는데 이 공식은 일반적으로 근사해 y_{n+1}과 $j = 1, 2, \cdots, s$에 대하여 중간값 $y_{n,j}$를 동시에 계산하는 것을 포함하는 대수방정식 시스템이다. 경성 IVP의 풀이에 유용하려면 공식은 어느 정도는 함축적이어야 하지만 모든 $y_{n,j}$들이 동시에 계산될 필요는 없다. MATLAB IVP 풀이기 ode23tb는 한 번에 하나의 중간값을 계산하는 함축적 공식에 바탕을 두고 있다. 모든 $y_{n,j}$ 들에 대하여 명시적 공식을 선택한다면 y_{n+1}에 대한 명시적 공식을 얻는다. 명시적 공식들은 비경성 문제의 풀이에 널리 이용된다. MATLAB IVP 풀이기 ode23과 ode45는 이 종류의 공식들에 바탕을 두고 있다.

명시적 Runge-Kutta 공식

명시적 전향 Euler 방법을 이용하면 p=2인 임의의 구적 공식에 필요한 중간치들을 구성하여 $u(t_n+h)=y_{n+1}+O(h^3)$에 대한 공식을 얻을 수 있다. 예를 들면 구적공식이 사다리꼴 규칙이라면 *Heun의 방법*으로 불리는 2차 방법을 얻는다:

$$y_{n,1}=y_n+hf(t_n,y_n) \tag{2.18}$$
$$y_{n+1}=y_n+h\left[\frac{1}{2}f(t_n,y_n)+\frac{1}{2}f(t_{n+1},y_{n,1})\right]$$

연습문제 2.10은 이 공식으로 IVP를 풀 것을 요구하고 있다. 연습문제 2.2에서는 사다리꼴 규칙 대신에 중간치 규칙을 이용하여 같은 정도의 정확도를 갖는 공식을 구성하도록 요구하고 있다. Heun의 방법을 이용하면 차수가 p=3인 임의의 구적공식에서 요구되는 중간값을 생성하여 차수가 4, 그리고 같은 방법으로 그 이상의 차수를 갖는 공식을 얻을 수 있다. 임의의 차수를 갖는 안짐작 구적공식을 구성할 수 있으므로 이제 이러한 "자력진행" 기법에 의하여 임의의 차수를 갖는 명시적 Runge-Kutta 공식을 구성하는 방법을 알아보기로 한다.

중간값들을 감안하는 경우 앞에서 기술한 구성으로부터 얻어지는 공식들은 시작이 다음과 같은 명시적 방법의 형태를 갖는다:

$$y_{n,1}=y_n, \quad f_{n,1}=f(t_n,y_{n,1}) \tag{2.19}$$

다음에 $j=2,3,\cdots,s$이면

$$y_{n,j}=y_n+h_n\sum_{k=1}^{j-1}\beta_{j,k}f_{n,k}, \quad f_{n,j}=f(t_n+\alpha_j h_n,\ y_{n,j}) \tag{2.20}$$

이며 끝은 다음과 같다:

$$y_{n+1} = y_n + h_n \sum_{j=1}^{s} \gamma_j f_{n,j} \tag{2.21}$$

(2.19)는 (2.20)에서 $j=1$, $\alpha_1 = 0$인 경우이지만 별도로 쓴 것은 이 방법이 $u(t_n) = y_n$으로 시작되며 스텝의 시작에서 국부적 해의 기울기는

$$u'(t_n) = f(t_n, u(t_n)) = f(t_n, y_n)$$

임을 상기시키기 위해서이다. 그러한 명시적 공식의 계산에 수반되는 작업의 유용한 척도는 함수 $f(x,y)$의 계산 횟수, 즉 *단계* $f_{n,j}$의 수이다. 여기에서 단계의 수는 s이다.

원리상 구적문제들에 대하여 공식 (2.7)에 대해서 수행했던 것과 마찬가지로 식 (2.19), (2.20), 그리고 (2.21)로 주어지는 공식의 차수를 규명할 수 있다. 실제로 만일 우리가 이 공식을 구적 문제에 적용한다면 조건 (2.8)은 다음과 같이 나타낼 수 있다:

$$\frac{1}{k} = \sum_{j=1}^{s} \gamma_j \alpha_j^{k-1}, \qquad k = 1, 2, \cdots, p \tag{2.22}$$

차수가 p이기 위한 Runge-Kutta 공식의 계수들에 대한 조건은 *조건 방정식*이라 불린다. 식 (2.22)는 부분집합이므로 필요조건이지만 충분조건은 아니다. 일반적인 경우에서는 두 가지로 인하여 논의가 복잡하게 된다. 하나는 미분 $f(t,u(t))$에서의 해 u(t)의 존재이며 다른 하나는 u(t)가 벡터라는 점이다. 이를 더 잘 이해하기 위하여 t_n에서 $u(t_n+h)$를 팽창시킬 때 첫 번째 항을 살펴보기로 하자. Taylor 수열

$$u(t_n + h) = u(t_n) + u'(t_n)h + u''(t_n)\frac{h^2}{2} + \cdots$$

에서 IVP에 따르면 $u(t_n) = y_n$ 및 $u'(t_n) = f(t_n, u(t_n)) = f(t_n, y_n)$임을 바로 알 수 있다. 다음 항은 더 복잡하다. d 개의 식들이 있다면 부분해의 성분 i는 다음을 만족한다:

$$u_i'(t) = f_i(t, u_1(t), u_2(t), \cdots, u_d(t))$$

이로부터 다음 관계를 쉽게 얻을 수 있다:

$$u_i''(t) = \frac{\partial f_i}{\partial t} + \sum_{j=1}^{d} \frac{\partial f_i}{\partial u_j}\frac{du_j}{dt} = \frac{\partial f_i}{\partial t} + \sum_{j=1}^{d} \frac{\partial f_i}{\partial u_j} f_j$$

적정 차수의 공식을 다루기 위해서는 분명히 수식처리를 더 쉽게 하여주는 방법을 개발할 필요가 있다. 함수 $f(t,y)$가 t와 무관하다면 식들이 상당히 단순화될 것이다. 그러한 문제는 *자율적* 형식이라고 말한다. 대등한 IVP를 자율적 형태로 얻는 것은 언제나 가능하므로 (비록 대부분의 코드들에서는 그렇지 않지만) 이론에서는 종종 이를 가정한다. 구간 $a \le t \le b$에서의 다음과 같은 IVP에 대하여 이것이 이루어지는 통상적인 방법을 보여주기 위하여 잠시 길을 벗어나 보자:

$$\frac{dy}{dt} = f(t,y), \quad y(a) = A$$

새로운 독립변수 x=t로 바꾸고 t를 종속변수로 둔다면 $a \le t \le b$에서

$$\frac{dY}{dt} = \frac{d}{dx}\begin{pmatrix} y \\ t \end{pmatrix} = \begin{pmatrix} f(t,y) \\ 1 \end{pmatrix} = F(Y), \qquad Y(a) = \begin{pmatrix} A \\ a \end{pmatrix}$$

이다. 모든 표준적인 방법들은 식을 t에 대하여 적분하므로 위의 접근방법은 편리하다. 이제 방법의 유도로 되돌아가 보면 미분의 계산을 위하여 회귀는 물론 좀 더 강력한 기호가 필요하다는 것은 명백하다. 이는 기술적인 것이며 자세한 사항은 필요하지 않으므로 대표적으로 구적의 특수한 경우를 취하기로 한다. 일반적인 경우에 대한 바른 인식을 얻기 위하여 연습문제 2.3에서는 2차 명시적 Runge-Kutta 공식에 대한 세부적인 것들을 알아보도록 요구하고 있다.

임의의 차수의 명시적 Runge-Kutta 공식을 구성하는 방법을 살펴보았지만 일반적으로 이러한 방법으로 구성된 공식들은 아주 효율적인 것은 아니다. 가능한 한 적은 단계들로부터 주어진 차수 p를 달성하는 공식을 찾는 데에 많은 노력을 기울여 왔다. 차수가 p=1,2,3 및 4인 경우 최소 단계 수는 s=p이다; 차수가 p=5인 경우 s=6이다. 최소 단계 수는 흥미로운 것이지만 보기와 달리 그렇게 중요한 것은 아니다. 추가의 단계들을 이용하여 더 정확한 공식을 찾을 수 있다. 더욱 정확한 공식을 이용하면 각 스텝에 비용이 더 소요될지라도 $f(t,y)$의 총괄적인 계산을 좀 더 적게 수행하면서 문제를 풀 수 있도록 보다 큰 스텝을 취할 수 있다. 이러한 기본적인 관점을 제외하면 논점이 되는 것은 공식 자체의

계산에 따른 비용이 아니라 스텝을 취하고 국부적 오차를 추정하기 위한 공식 쌍들의 계산비용이다. 국부적 오차의 추정치 (2.9)의 유도에서 우리가 다룬 것은 구적 문제들에 국한되지 않는 것이었다. 많은 단계들을 공유하는 공식 쌍들의 유도는 도전적인 과제이다. 차수가 p=5인 공식의 경우 적어도 s=6 단계들이 소요됨을 언급한 바 있다. (4,5) 쌍으로 표기되는, 차수가 4와 5인 공식들의 쌍들은 총 6 단계가 소요되는 것으로 알려져 있다. 예를 들어 총 6 단계들을 이용하는 Fehlberg(1970)에 따른 F(4,5)로 표기된 쌍은 널리 이용되고 있다. Dormand와 Prince(1980)에 의한 DOPRI5로 불리는 (4,5) 쌍은 ode45에 설치되어 있으며 7 단계를 갖는다. 공식을 향상시키기 위해 추가의 단계가 사용되며 테스트에서 DOPRI5는 F(4,5)보다 약간 우수한 것으로 밝혀졌다.

Runge-Kutta 공식을 정의하는 계수들은 Butcher의 기호에 따른 표 2.1에 나타나 있다. 명시적 Runge-Kutta 방법의 경우 행렬 β의 대각선상 및 그 위에 있는 모든 원소들은 0으로서 이들은 나타내지 않는 것이 편리하다. 공식 쌍들을 나타내는 경우 계수 γ들의 벡터들은 모양에서 층층으로 나타나 있다. 우리는 이미 최소 단계 수를 갖는 간단한 예, 즉 Euler 및 Heun 공식들로 구성되는 (1,2) 쌍을 살펴본 바 있다. 표 2.2는 이 쌍에 대한 모양을 나타낸 것이다.

표 2.1: Runge-Kutta 공식에 대한 Butcher 모양.

α	β
	γ

표 2.2: Euler-Heun (1,2) 쌍.

0		
1	1	
	1	
	$\frac{1}{2}$	$\frac{1}{2}$

ode23에 설치된 Bogacki-Shampine(1982) BS(2,3) 쌍은 표 2.3에 나타나 있다. 그 모양은 약간 다른데 이는 BS(2,3) 쌍이 FSAL(First Same As Last)로 불리는 기법을 예시하고 있기 때문이다. FSAL 공식의 경우 다음 스텝의 첫

번째 단계는 현재 스텝의 마지막 단계와 동일하다. 표의 마지막 줄은 4 단계의 2차 공식에 대한 계수 γ를 나타내고 있다. 그 줄 바로 위의 줄은 마지막 단계에 대한 계수들을 포함하는데 이는 3 단계의 3차 공식이다. 이것이 작용하는 방법은 3 단계로 3차 결과 y_{n+1}을 구성하고 4번째 단계 $f(t_{n+1}, y_{n+1})$를 계산한 다음 2차 결과를 구성하는 것이다. 이 쌍은 국부적 바깥짐작과 함께 사용되도록 고안되었는데 이는 곧 적분이 근사해로서 3차 결과 y_{n+1}을 토대로 진행되는 것이다. 2차 공식의 계산과 오차 추정을 위해 구성된 단계는 다음 스텝의 첫 번째 단계이다. 이러한 방식으로 그 스텝이 받아들여진다면 "공짜로" 하나의 스텝을 얻는 것이다. 실제로는 대부분의 스텝들이 받아들여지므로 이 쌍은 단지 3개의 단계들을 포함하는 쌍보다 비용이 거의 더 들지 않는다. 분명히 FSAL 성질을 갖도록 제한된 쌍들의 유도는 도전적인 과제이지만 어떤 널리 이용되는 쌍들은 이런 형태를 갖는다. 그러한 것들 가운데 하나는 7단계 DOPRI5 쌍으로서 앞에서 ode45에 설치된 쌍으로 언급된 바 있다. 실제로 이는 임의의 5차 공식에서 요구되는 매 스텝당 최소 6단계보다 비용이 더 드는 것은 아니다. 널리 이용되는 Fortran 77 패키지 RKSUITE(Brankin, Gladwell, 그리고 Shampine, 1993) 및 이의 사촌인 Fortran 90 패키지 rksuite_90(Brankin 및 Gladwell, 1994)은 여전히 다른 단계를 갖는 (4,5) FSAL 쌍을 수행한다. 공식 쌍에 대한 주제는 연습문제 2.4에서 다루어지고 있다.

표 2.3: BS(2,3) 쌍.

0				
$\frac{1}{2}$	$\frac{1}{2}$			
$\frac{3}{4}$	0	$\frac{3}{4}$		
1	$\frac{2}{9}$	$\frac{1}{3}$	$\frac{4}{9}$	
	$\frac{7}{24}$	$\frac{1}{4}$	$\frac{1}{3}$	$\frac{1}{8}$

연속적인 팽창

우리는 점 $t_0 < t_1 < \cdots$ 들에서 y(t)의 근사를 논의해 왔지만 어떤 목적에서는 모든 t에 대한 근사를 갖는 것이 가치가 있을 수 있다. 예를 들면 그래프 패키지는 데이터 점들 사이에 직선을 그린다. 중간에서 고차의 Runge-Kutta 공식들

은 아주 긴 스텝을 취하기 때문에 해 성분들의 그래프에서는 직선 부분이 눈에 뜨이고 혼란스럽게 되는 경우가 매우 흔하다. Bender와 Orszag(1999)에 의한 그림 4.28과 4.29는 이에 대한 좋은 보기이며 연습문제 2.21은 다른 예를 보여 준다. 매끄러운 그래프를 그리려면 격자점들 사이에서 해를 근사하는 비용이 들지 않는 방법이 필요하다. 이는 종종 Runge-Kutta 방법들에서 *밀집한 출력*으로 불린다.

Runge-Kutta 방법들의 이론에서 연속적인 팽창은 비교적 최근의 성과이다. t_n에서 t_n+h로의 스텝을 취한 후 해와 오차 추정치(그리고 아마도 몇 개의 추가적인 단계들)의 계산에 이용된 단계들을 사용하여 $[t_n,t_n+h]$ 전체에 걸쳐 u(t)에 대한 다항식 근사를 결정하는 것이 기본 개념이다. ode23에 이용된 기법이 특히 간단하다. 스텝의 시작에서는 그 위치에서의 해의 값과 기울기에 대하여 근사값 y_n과 $y_n'=f(t_n,y_n)$을 갖는다. 스텝의 마지막에서는 근사 y_{n+1}을 계산한다. BS(2,3) 쌍은 FSAL이므로 또한 기울기 $y_{n+1}'=f(t_{n+1},y_{n+1})$에 대한 근사를 계산한다. (기울기는 언제나 다음 스텝의 첫 번째 단계이므로 이 정보는 임의의 명시적 Runge-Kutta 공식에서 즉시 이용 가능하다.) 구간의 양쪽 끝에서의 값과 기울기에 대한 근사를 구하면 현재 스텝의 양쪽 끝에서의 해와 기울기에 대하여 3차 Hermite 안짐작을 이용할 수 있다. 안짐작 이론을 이용하면 이러한 3차의 안짐작 다항식은 t_{n+1}에서 y_{n+1}이 해를 근사하는 것과 같은 정도로 정확하게 $[t_n,t_{n+1}]$의 모든 점들에서 국부적 해를 근사한다는 것을 보일 수 있다. $[t_{n-1},t_n]$에서의 3차 Hermite 안짐작에서는 t_n에서의 값과 기울기가 $[t_n,t_{n+1}]$상의 짐작자들과 동일하므로 이 구성은 구분적으로 3차인 다항식 $S(t)\in C^1[a,b]$를 제공하여 준다. 이러한 근사는 제 4장에서 다루게 될 지연 미분방정식의 풀이를 위한 dde23의 기본이 된다.

Runge-Kutta 공식의 연속적 확장에 대한 안짐작 방법은 가치가 있지만 다소 제한적이다. 각각의 $\sigma\in[0,1]$에 대하여 $t_n+\sigma h$에서 계산된 짐작자는 t_n으로부터 크기 σh의 스텝을 취하는 Runge-Kutta 공식으로 간주할 수 있다. 다른 진행방법은 그러한 부류의 공식들을 직접 유도하는 것이다. 크기 σh의 스텝을 취하기 위한 공식으로서 t_n+h로의 스텝을 이용하는 공식과 가능한 한 많은 단계들을 공유하는 공식을 구하는 것이 전략이다. 새 공식은 σ에 따라 좌우되지만 이 단계들은 그렇지 않으며 원하는 차수의 달성에 요구되는 추가의 단계들은 마찬가지로 σ에 따라 좌우되어서는 안된다. 계수들이 σ의 다항식들인 부류의 공식들을 유도하는 것이 가능하다. ode45의 연속적인 팽창은 이러한 방식으로 유도되었다. 이에 대한 4차의 다항식 근사를 구성하는 데에 추가의 단계들은 필요가 없지만 구분적 다항식 짐작자 S(t)는 구간 [a,b]에서만 연속이다. ode45의 DOPRI5 공식에서는 풀이기가 충분히 큰 스텝을 취할 수 있어서 모든 스텝의 구간에 대하여 4개의 균등하게 분포된 점들에서 연속적인 팽창을 계산하며 그 결과들을 공식에 의하여 직접 계산된 근사들과 함께 반환한다. 일반적으로 이들 추가적인 해 값들은 매끄러운 그래프를 제공하기에 충분하다. 필요하다면 출력점들의 수를 증가시키기 위한 옵션이 제공되어 있다.

■ 연습문제 2.1

구적 문제에 대한 조건 (2.8)의 식들을 이용하여 다음 방법들의 차수가 4임을 보여라.

- Simpson의 방법은 Simpson의 구적 공식에 바탕을 두고 있으며 3-점 Lobatto 공식이라고도 알려져 있다:

$$\int_a^b f(x)dx \simeq \frac{b-a}{6}\left[f(a)+4f\left(\frac{a+b}{2}\right)+f(b)\right]$$

- 2-점 가우스 구적방법은 다음 공식에 근거하고 있다:

$$\int_a^b f(x)dx \simeq \frac{b-a}{2}\left[f\left(\frac{a+b}{2}-\frac{b-a}{2\sqrt{3}}\right)+f\left(\frac{a+b}{2}+\frac{b-a}{2\sqrt{3}}\right)\right]$$

■ 연습문제 2.2

Euler 방법과 중간치 규칙을 이용하여 2-단계 2차 명시적 Runge-Kutta 방법을 유도하여라.

■ 연습문제 2.3

조건 방정식들을 보다 잘 이해하기 위하여 다음과 같은 형태의 공식에 대한 3개의 방정식들을 유도하여라:

$$y_{n+1} = y_n + h[\gamma_1 f_{n,1} + \gamma_2 f_{n,2}]$$

위에서

$$f_{n,1} = f(t_n, y_n)$$
$$f_{n,2} = f(t_n + \alpha_1 h,\ y_n + h\beta_{1,0} f_{n,1})$$

들은 2차이다. (t_n, y_n)으로부터의 스텝에서 공식의 결과 y_{n+1}은 $t_{n+1} = t_n + h$에서

$$u' = f(t, u), \qquad u(t_n) = y_n$$

의 해를 근사하는 것이다. t_n에서 $u(t_{n+1})$과 y_{n+1}을 h의 멱급수로 팽창시키고 각 항들을 같게 두어서 조건 방정식들을 계산한다. 팽창을 간단히 하기 위하여 이를 스칼라 함수 $f(t,u)$에 대하여 수행하여 보라.

■ 연습문제 2.4

명시적 Runge-Kutta 공식

$$y_{n+1} = y_n + h f_{n,2}$$
$$y^*_{n+1} = y_n + \frac{h}{9}[2f_{n,1} + 3f_{n,2} + 4f_{n,3}]$$

의 차수는 각각 2와 3이며 3개의 단계

$$f_{n,1} = f(t_n, y_n)$$
$$f_{n,2} = f\left(t_n + \frac{h}{2},\ y_n + \frac{h}{2} f_{n,1}\right)$$
$$f_{n,3} = f\left(t_n + \frac{3}{4}h,\ y_n + \frac{3}{4} h f_{n,2}\right)$$

들로 구성된다. 이러한 (2,3) 쌍을 Butcher 모양으로 나타내어라. 낮은 차수 공식의 국부적 오차는 $est = y^*_{n+1} - y_{n+1}$로 추정된다. 적분이 고차의 결과로 진행되며(국부적 바깥짐작) 상대오차 허용한계 τ_r과 절대오차 허용한계 τ_a가 주어졌다고 가정하자. 이는

$$|est| \le \tau_r |y^*_{n+1}| + \tau_a$$

가 충족이 되면 스텝이 받아들여진다는 것을 의미한다. 추정된 국부적 오차가 너무 커서 스텝을 반복해야 하는 경우 어떤 스텝 크기 $h_{new} = \sigma h$를 사용해야 하는가? 추정된 국부적 오차가 허용 가능하다면 다음 스텝에서 어떤 크기를 이용

해야 하는가? 어떤 풀이기들은 오차를 $|y^*_{n+1}|$ 대신 $0.5(|y_n|+|y^*_{n+1}|)$에 상대적인 것으로 측정한다. 이것이 좋은 생각일 것 같다는 이유는 무엇인가?

2.2.2 메모리 이용방법

Adams 방법

일단 t_n에 이르게 되면 일반적으로 이전에 계산된 해 값들인 y_n, y_{n-1}, ⋯ 들과 기울기 $f_n = f(t_n, y_n)$, $f_{n-1} = f(t_{n-1}, y_{n-1})$, ⋯ 들을 알고 있으며 이들을 y_{n+1}의 계산에 이용할 수 있다. 이 정보를 활용하는 자연스러운 방법은 앞 절의 구적 방법에 대한 변형이다. 이제

$$u' = f(t,u), \qquad u(t_n) = y_n$$

과 같이 정의되는 국부적 해를 근사하기 위하여

$$u(t_n + h) = y_n + \int_{t_n}^{t_n+h} f(x, u(x))dx$$

와 같은 적분을 구하였음을 상기하자. s 개의 값 $f_{n,j} = f(t_{n,j},\ y_{n,j})$들을 다항식 P(x)로 안짐작하고 적분하여 다음과 같은 형태의 공식을 얻었다:

$$y_{n+1} = y_n + h\sum_{j=1}^{s} A_j f(t_{n,j},\ y_{n,j})$$

$y_{n,j} \approx u(t_{n,j})$ 값들이 충분히 정확하다면 이 공식은 차수가 적어도 s임을 알았다. 1-스텝 방법에서는 $t_{n,j} \in [t_n, t_n + h]$가 요구되었다. 문제는 충분히 정확한 $y_{n,j}$를 어떻게 계산하느냐였다. 자연스러운 대안은 $t_{n,j} = t_{n-j}$로 취하는 것이다. 그 이유는 일반적으로 우리는 충분히 정확한 근사 $y_{n,j} = y_{n-j}$, 더 유용하게는 $f_{n-j} = f(t_{n,j},\ y_{n,j})$를 지니고 있기 때문이다. 이러한 선택은 *Adams-Bashforth 공식*으로 불리는 명시적 공식들로 귀착된다. 이 부류의 공식들에서 가장 낮은 차수의 공식은 전향 Euler 공식인데 이는 f_n만의 안짐작에 따른 결과이기 때문이다. 여기에서는 이를 AB1으로 부르기로 한다. f_n과 f_{n-1}을 안짐작하면 약간의 계산을 거친 후에 다음과 같은 2차의 공식 AB2에 이르게 된다:

$$y_{n+1} = y_n + h_n\left[\left(1+\frac{r}{2}\right)f_n - \left(\frac{r}{2}\right)f_{n-1}\right]$$

위에서 $r = h_n/h_{n-1}$이다(연습문제 2.5 참조). 이전에 계산된 값들을 사용하기 때문에 메모리 구역의 격자 간격이 계수들에 명시적으로 나타남을 유의하자. 이는 일반적으로 사실이므로 각 스텝에서 공식의 계수들을 구하는 것이 필요하다. 이를 효율적으로 수행하기 위한 기법들이 고안되어 왔다. 이론적인 목적을 위해서 그러한 공식들은 종종 스텝 크기가 일정한 h라는 가정하에 연구된다. 이 경우 r=1이고 AB2 공식은 다음과 같이 간단하게 된다:

$$y_{n+1} = y_n + h\left[\frac{3}{2}f_n - \frac{1}{2}f_{n-1}\right]$$

Adams-Moulton *공식*은 동일한 방법으로 얻어지지만 다항식은 f_{n+1}을 안짐작한다는 것만이 다르다. $f_{n+1} = f(t_{n+1}, y_{n+1})$은 y_{n+1}을 포함하므로 이 공식들은 함축적이다. 후향 Euler 방법은 차수가 1인 공식이며 사다리꼴 규칙은 차수가 2인 공식이다. 여기에서는 이들을 각각 AM1 및 AM2로 부르기로 한다.

Adams 방법의 정확도는 Runge-Kutta 방법에서 했던 것과 같이 분석할 수 있다. 차수 k의 (함축적) Adams-Moulton 공식 AMk는 해당되는 차수 k의 (명시적) Adams-Bashforth 공식 ABk보다 더욱 정확하고 더 안정한 것으로 밝혀졌다. 어느 방법이 더 선호되는가는 함축적 공식과 관련되는 비선형 대수방정식들의 풀이에 어느 정도의 비용이 드는가에 따라 좌우된다. 비경성 문제의 경우 함축적 공식들은 *간단한 반복*으로 불리는 방법으로 계산된다.

일반적인 경우 역시 동일하며 항 들이 적어 혼란스럽지 않을 것이므로 AM1의 간단한 예를 가지고 반복방법을 예시하기로 한다. 이제 대수 방정식

$$y_{n+1} = y_n + hf(t_{n+1}, y_{n+1}) \tag{2.23}$$

을 y_{n+1}에 대하여 반복적으로 풀기로 한다. 현재의 반복값이 $y_{n+1}^{[m]}$이라면 다음 반복값은

$$y_{n+1}^{[m+1]} = y_n + hf(t_{n+1}, y_{n+1}^{[m]})$$

으로 주어진다. 이 연산은 현재의 반복값을 *보정자 공식*으로 불리는 함축적 공식으로 "보정"하여 주는 것으로 볼 수 있다. 대수 방정식 (2.23)이 해를 갖는다

고 가정하면 f에 대한 Lipschitz 조건으로부터

$$\| y_{n+1} - y_{n+1}^{[m+1]} \| = \| hf(t_{n+1}, y_{n+1}) - hf(t_{n+1}, y_{n+1}^{[m]}) \| \le hL \| y_{n+1} - y_{n+1}^{[m]} \|$$

임을 쉽게 알 수 있다. 이로부터 $hL < 1$이면 새로운 반복값은 이전의 반복값보다 y_{n+1}에 더 가까워지며 궁극적으로는 수렴을 얻게 될 것임을 알 수 있다. 이러한 주장을 다듬어서 충분히 작은 모든 스텝 크기 h에 대하여 대수 방정식 (2.23)은 해를 가지며 그 해는 일의적임을 증명할 수 있다. (이는 응용수학에서 보편적인 고정점 논의의 보기이다.) h의 값이 작을 수록 이 반복과정은 그만큼 빨리 수렴한다. 이 점이 중요한 이유는 각 반복과정에는 ODE 함수 f의 계산비용이 소요되며 반복값들이 많이 필요하다면 동일한 정확도를 달성하기 위하여 더 작은 스텝 크기의 명시적 방법을 이용해야 할지도 모르기 때문이다. 한편 효율성을 위해서라면 사용할 수 있는 가장 큰 스텝 크기를 이용하고자 할 것이다. 반복과정의 수를 줄이는 중요한 방법은 y_{n+1}에 대한 우수한 초기 추측값 $y_{n+1}^{[0]}$을 취하는 것이다. 이를 위한 쉽고도 자연스러운 방법이 있다 – 명시적 공식인 *예측자 공식*을 이용하여 새로운 값 $y_{n+1}^{[0]}$을 예측한다. 함축적 Adams-Moulton 공식 AMk의 경우 예측자는 당연히 명시적 Adams-Bashforth 공식 ABk, 혹은 AB(k-1)이다. 비용을 줄이는 다른 중요한 방법은 실제에 있어서는 적분의 정확도가 나쁜 영향을 받지 않기에 충분한 정도에서 함축적 공식을 그대로 계산하는 것이 필요하지 않다는 것을 인식하는 것이다. 비경성 문제들에 대하여 Adams-Moulton 방법을 이용하는 VODE(Brown, Byrne 및 Hindmarsh, 1989)와 같은 현대적인 코드에서는 매 스텝당 f를 대략 두 번 계산한 것을 평균한다. 비경성 문제의 경우 간단한 반복이 실제적이다. 그 이유는 -L(b-a)가 크지 않은 전통적인 상황에 있어서- $Lh < 1$의 요구조건이 스텝 크기를 크게 제한시킬 수 없기 때문이다. 정확한 해를 계산하기 위해 스텝 크기를 선택하는 것은 대개 간단한 반복과정의 빠른 수렴을 보장해 주기에 충분한 정도 이상으로 스텝 크기를 제한시킨다.

Adams 방법의 중요한 변형으로서 *예측자-보정자 방법*으로 불리는 부류의 방법들의 좋은 예가 되는 방법이 있다. 예측은 Adams-Bashforth 공식으로 이루어지며 다음에 해당되는 Adams-Moulton 공식에 의하여 *고정된* 수의 보정이 이루어진다. 이런 종류 가운데 가장 널리 이용되는 방법들은 보정을 단지 한 번만 수행한다. Heun의 방법 (2.18)이 하나의 보기이다. $y_{n+1}^{[0]}$ 값은 Euler 방법 AB1에 의하여 예측된다. 이전의 Heun의 방법에서 썼던 것과 같이 이 값은 $y_{n,1}$

으로 표기된다. Heun의 방법의 나머지는 사다리꼴 규칙(AM2)을 이용하여 y_{n+1}을 구하기 위한 보정으로 인식되며 뒤이어 다음 스텝에서 이용하기 위하여 $f(t_{n+1}, y_{n+1})$을 계산한다. 이러한 방법으로 진행하면 PECE(예측-계산 f-보정-계산 f) 방법에 이른다. AM2를 위해 AB2로 예측하는 것이 당연할 것이지만 이는 불필요하며 낮은 차수의 예측자를 이용하는 것이 더 유리하다. 차수가 k-1인 공식으로 예측하고 차수 k인 공식으로 한 번 보정하는 것은 차수 k인 예측자-보정자 공식이 된다는 것을 보이는 것은 어렵지 않다. 그 과정은 앞의 일반적인 구적법에 대해서, 특히 Heun의 방법에 대해서 이용했던 것과 거의 유사하다. 비록 예측자-보정자 공식이 보정자로 사용된 함축적 공식과 차수가 같지만 오차의 팽창에서 맨 앞의 항은 다르다. 연습문제 2.7은 이에 대한 보기를 제공하고 있다. 예측자-보정자 방법은 명시적 방법임을 이해하는 것이 중요하다. 따라서 이 방법은 어떤 면에서는 보정자로 사용된 *함축적* 공식과 매우 다른 정성적 특징들을 지니고 있다; 안정성을 논의할 때 이를 언급할 것이다. 비경성 문제의 경우 함축적 공식들은 예측 및 보정 과정에 의하여 계산되기 때문에 이러한 서로 다른 종류의 공식들은 흔히 혼동이 된다. 실제적인 차이는 지정된 정확도에 이를 때까지 함축적 공식을 계산하는 데에 필요한 만큼의 많은 반복과정을 이용하는지, 혹은 고정된 수의 반복과정을 이용하는지의 여부이다. 함축적 방법들에 따른 어려움은 공식을 풀기 위한 반복과정이 언제 충분한 정확도로 수렴하는지를 신뢰성있게 결정하는 것으로서 이는 명시적 예측자-보정자 방법에는 존재하지 않는 문제이다. 비록 두 종류의 방법들이 어떤 상황에서는 상당히 다를 수 있을지라도 ODE/STEP, INTRP(Shampine과 Gordon, 1975), 혹은 ode113과 같이 Adams 방법을 예측자-보정자 쌍으로 수행하는 Adams 코드는 DIFSUB(Gear, 1971)이나 VODE(Brown 등, 1989)와 같은 Adams-Moulton 함축적 공식들을 수행하는 코드와 유사한 성능을 보인다. 연습문제 2.10의 공식과 같은 것을 수행하는 연습은 예측자-보정자 방법과 함축적 방법 사이의 차이를 보다 잘 이해하는 데에 도움이 될 것이다.

BDF 방법

t_n에 이르면 차수가 k인 *후향미분공식*(BDFk)은 y_{n+1}을 안짐작하는 다항식 P(t)와 이전에 계산된 근사 y_n, y_{n-1}, $\cdots$, y_{n+1-k}들에 의하여 해 y(t)를 근사한다. 이 다항식은 t_{n+1}에서 ODE를 만족해야 한다. 혹은 (BVP에서 중요하게 될 용어를 빌면) t_{n+1}에서 ODE를 *나란히 배치*해야 한다. 이러한 요구조건은 y_{n+1}

에 대한 다음과 같은 대수 방정식에 이르게 된다:

$$P'(t_{n+1}) = f(t_{n+1},\ P(t_{n+1})) = f(t_{n+1},\ y_{n+1})$$

이제 t_{n+1}과 t_n에서의 선형 안짐작으로부터 BDF1이 얻어진다. 안짐작 다항식은 일정한 미분을 가지므로 배치 방정식은 바로

$$\frac{y_{n+1} - y_n}{h_n} = f(t_{n+1},\ y_{n+1})$$

혹은

$$y_{n+1} - y_n = h_n f(t_{n+1},\ y_{n+1})$$

과 같음을 알 수 있다. 3개의 점 t_{n+1}, t_n, 그리고 t_{n-1}에서 구적 다항식에 의한 안짐작은 같은 방법으로 BDF2에 이르게 된다:

$$\left(\frac{1+2r}{1+r}\right)y_{n+1} - (1+r)y_n + \left(\frac{r^2}{1+r}\right)y_{n-1} = h_n f(t_{n+1},\ y_{n+1})$$

위에서 $r = h_n/h_{n-1}$이다(연습문제 2.5 참조). 바로 알게 될 이유로 인하여 BDF들은 일반적으로 다수의 스텝들에서 스텝크기 h를 일정하게 두고 사용된다. 이 경우 BDF2는

$$\frac{3}{2}y_{n+1} - 2y_n + \frac{1}{2}y_{n-1} = h_n f(t_{n+1},\ y_{n+1})$$

와 같이 된다.

스텝 크기가 h로서 일정하면 Adams 공식과 BDF 들은 *선형 다중스텝 방법*(LMM)들로 불리는 부류의 원소들이다. 이 공식들은 다음과 같은 형태를 갖는다:

$$\sum_{i=0}^{k} \alpha_i y_{n+1-i} = h \sum_{i=0}^{k} \beta_i f(t_{n+1-i},\ y_{n+1-i}) \qquad (2.24)$$

1-스텝 방법에 대한 수렴성을 향상시킴에 있어서 하나의 스텝에서 얻어진 오차의 전개는 최대 스텝 크기가 0에 가까워짐에 따라 IVP의 안정성으로 경계지어질 수 있다. 메모리가 있을 경우 현재 스텝에서 얻은 오차는 이전 스텝에서 얻

은 오차에 더욱 강하게 의존하기 때문에 수렴성을 증명하기가 더 힘들어 진다. 이에는 국부적 해의 근사로부터 전역해 y(t)의 근사로, 그리고 IVP의 안정성으로부터 수치적 방법의 안정성으로의 시각의 전환이 요구된다. 선형 다중스텝 방법의 *양자화 오차*, 혹은 *국부적 반올림 오차*(lte_n)는 다음과 같이 정의된다:

$$\begin{aligned} lte_n &= \sum_{i=0}^{k} \alpha_i y(t_{n+1-i}) - h\sum_{i=0}^{k} \beta_i f(t_{n+1-i},\ y(t_{n+1-i})) \\ &= \sum_{i=0}^{k} \alpha_i y(t_{n+1-i}) - h\sum_{i=0}^{k} \beta_i y'(t_{n+1-i}) \end{aligned}$$

t_{n+1}에서 Taylor 수열항들의 손쉬운 팽창에 의하면

$$lte_n = \sum_{j=0}^{\infty} C_j h^j y^{(j)}(t_{n+1}) \tag{2.25}$$

와 같다. 위에서

$$\begin{aligned} C_0 &= \sum_{i=0}^{k} \alpha_i, \qquad C_1 = -\sum_{i=0}^{k} [i\alpha_i + \beta_i] \\ C_j &= (-1)^j \sum_{i=1}^{k} \left[\frac{i^j \alpha_i}{j!} + \frac{i^{j-1}\beta_i}{(j-1)!} \right], \qquad j = 2,3,\cdots \end{aligned}$$

이다.

만일 LMM이 수렴한다면 국부적 반올림 오차가 $O(h^{p+1})$인 경우 차수는 p이다. 팽창 (2.25)는 $j=0,1,\cdots,p$에 대하여 $C_j=0$인 경우 공식의 차수는 p임을 보여준다. 나아가

$$lte_n = C_{p+1} h^{p+1} y^{(p+1)}(t_{n+1}) + \cdots = C_{p+1} h^{p+1} y^{(p+1)}(t_n) + \cdots \tag{2.26}$$

다음의 간단한 두 보기들이 유용할 것이다. Taylor 수열 팽창을 다시 정리하면

$$y(t_n) = y(t_{n+1}) - hy'(t_{n+1}) + \frac{h^2}{2} y''(t_{n+1}) + \cdots$$

이는 후향 Euler 방법의 국부적 반올림 오차가 다음과 같다는 것에 대한 직접적인 증명이 된다:

$$lte_n = -\frac{h^2}{2}y''(t_n + h) + \cdots = -\frac{h^2}{2}y''(t_n) + \cdots \tag{2.27}$$

사다리꼴 규칙 AM2의 국부적 반올림 오차는

$$lte_n = -\frac{h^3}{12}y'''(t_n) + \cdots \tag{2.28}$$

와 같음을 보여주는 계산은 연습문제 2.6으로 남겨 두기로 한다.

수렴성의 증명에 대한 약간의 세부적인 사항들이 예시적인 것이 될 것이다. 다음과 같은 형태의 명시적 LMM이 있다고 가정하자:

$$y_{n+1} = y_n + h\sum_{i=1}^{k}\beta_i f(t_{n+1-i},\ y_{n+1-i})$$

이는 Adams-Bashforth 공식들을 포함하는 형태이다. ODE의 해는 작은 교란인 국부적 반올림 오차와 함께 위의 방정식을 만족한다:

$$y(t_{n+1}) = y(t_n) + h\sum_{i=1}^{k}\beta_i f(t_{n+1-i},\ y(t_{n+1-i})) + lte_n$$

첫 번째 식을 두 번째 식으로부터 빼면

$$y(t_{n+1}) - y_{n+1} = y(t_n) - y_n + h\sum_{i=1}^{k}\beta_i[f(t_{n+1-i}, y(t_{n+1-i})) - f(t_{n+1-i}, y_{n+1-i})] + lte_n$$

국부적 반올림 오차가 $O(h^{p+1})$이라면 놈(norm)을 취하고 Lipschitz 조건을 이용하여 다음을 얻는다:

$$\| y(t_{n+1}) - y_{n+1} \| \le \| y(t_n) - y_n \| + h\sum_{i=1}^{k}|\beta_i| L \| y(t_{n+1-i}) - y_{n+1-i} \| + Ch^{p+1}$$

이 부등식은 t_n 이전 스텝들에서의 오차들을 포함한다. 이들을 처리하는 전략은

$$E_m = \max_{j \le m} \| y(t_j) - y_j \|$$

로 두는 것이다. 이를 이용하면

$$\| y(t_{n+1}) - y_{n+1} \| \le (1 + h\mathcal{L})E_n + Ch^{p+1}$$

를 얻는다. 여기에서

$$L\sum_{i=0}^{k}|\beta_i| = \mathcal{L}$$

이다. 위의 결과로부터 다음을 알 수 있다:

$$E_{n+1} \le (1 + h\mathcal{L})E_n + Ch^{p+1}$$

하나의 스텝에서의 오차의 성장에 대한 이러한 한계는 앞에서 1-스텝 방법에 대하여 보았던 것과 매우 유사하다. 전체 구간 [a,b]에서의 오차는 $O(h^p)$임을 증명하는 것은 이제 쉬운 일이다. 앞의 서술을 조금 수정하면 Adams-Moulton 공식의 형태를 갖는 함축적 방법에 대한 수렴성을 증명할 수 있다. 유사한 서술이 PECE 형태의 AB-AM와 같은 예측자-보정자 쌍의 수렴성을 증명하는 데에 사용될 수 있다.

오차는 바로 위에서 보인 수렴성 증명에서 직접적으로 제한되어 있지만 종종 수렴성은 먼저 수치해에 대한 작은 교란의 효과는 $O(h^{-1})$ 이상으로 증폭되지 않음을 보임으로써 증명된다. a부터 b까지 적분하기 위해 $(b-a)h^{-1}$ 스텝들이 취하여지므로 이를 오차가 더 이상 더하여 누적되지 않는다고 대략 말하여 주는 것으로 생각할 수 있다. 이 성질을 갖는 공식은 *0-안정*하다고 말한다. 격자점들에서 ODE의 해는 작은 교란인 국부적 반올림 오차, 즉 $O(h^{p+1})$을 갖는 공식을 만족한다. 이 경우 0-안정성은 격자점들에서의 해와 수치적 풀이 사이의 차이는 $O(h^p)$임을 의미한다 - 즉 이 방법은 수렴하며 차수는 p이다.

일반적인 LMM에 대한 수렴성 증명은 같은 방법으로 시작하지만 이제 이전 스텝들에서의 오차는 h로 곱해지지 않고 나타난다. 이는 분석을 더 어렵게 만들지만 더 중요한 것은 어떤 공식들의 경우 이전 스텝들에서의 오차들이 그 방법이 수렴하지 못할 정도로 증폭된다는 사실이다. LMM에 대한 고전적인 이론(Henrici, 1962, 1977 참조)은 0-안정성을 위해 필요충분한 공식의 계수들에 대한 조건을 제공하여 준다. 0-안정 LMM들은 사용된 데이터에 대하여 가능한 정확도의 차수의 약 절반만큼만 달성할 수 있는 것으로 밝혀졌다. Adams 공식 및 BDF에 주의를 기울이는 한 가지 이유는 이들이 0-안정하면서도 가능한 한 가장 높은 차수를 가진다는 점이다. 차수에 대한 제약은 공식이 안정하기 위해서는 필요하지만 충분조건은 아니다. 사실 차수가 7 및 그 이상인 BDF들은 0-안정하지 않다.

0-안정하지 않은 선형 다중스텝 방법의 한 가지 보기(Isaacson과 Keller, 1966, p.381)는 다음과 같은 명시적 3차 공식이다:

$$y_{n+1} + \frac{3}{2}y_n - 3y_{n-1} + \frac{1}{2}y_{n-2} - 3hf(t_n, y_n) = 0 \tag{2.29}$$

수치 실험에서 우리는 이를 다음과 같은 AB3와 대조한다:

$$y_{n+1} - y_n - h\left[\frac{23}{12}f(t_n, y_n) - \frac{16}{12}f(t_{n-1}, y_{n-1}) + \frac{5}{12}f(t_{n-2}, y_{n-2})\right] = 0 \tag{2.30}$$

표 2.4: $h = 2^{-i}$일 때의 최대 오차.

i	AB3	공식 (2.29)
2	1.34e-003	9.68e-004
3	2.31e-004	6.16e-003
4	3.15e-005	1.27e+000
5	4.08e-006	6.43e+005
6	5.18e-007	2.27e+018
7	6.53e-008	4.23e+044
8	8.19e-009	2.27e+098
9	1.03e-009	1.03e+207
10	1.28e-010	Inf

이 공식들은 동일한 데이터를 사용하며 차수가 서로 같으므로 어느 하나가 유용하고 다른 하나는 그렇지 않다는 것을 바로 뚜렷하게 알 수 없다. 그럼에도 불구하고 LMM 이론에 따르면 $h \to 0$에 따라 0-안정한 공식 AB3는 수렴하며 공식 (2.29)는 그렇지 않다. 수치 실험은 [0,1]에서 IVP $y' = -y$, $y(0) = 1$을 적분할 때 최대 오차가 스텝 크기 h에 따라 어떻게 좌우되는가를 알아보려는 것이다. 시작 값들은 해석적 해로부터 취하였다. 표 2.4는 스텝 크기가 $h = 2^{-i}$, $i = 2, 3, \cdots, 10$일 때의 최대 오차를 보인 것이다. $h \to 0$에 따라 AB3는 수렴하는 것으로 보인다. 실제로 h가 절반으로 줄어든 경우 3차 공식에서 기대되는 바와 같이 최대 오차는 약 8로 나누어진다. 공식 (2.29)는 수렴하지 않는 것으로 나

타난다. h가 큰 값을 가질 때에는 정확한 값으로부터 출발하여 단지 몇 개의 스텝만 취한 경우이기 때문에 오차는 그리 나쁘지 않지만 근사해가 받아들여질 수 없을 정도로 오차가 증폭되기까지에는 그리 많은 단계가 필요하지 않다. 연습문제 2.8은 공식 (2.29)의 차수가 3임을 보이고 아울러 이 수치 실험을 직접 수행해볼 것을 요구하고 있다.

스텝 크기가 변하는 경우 최대 스텝 크기가 0으로 근접함에 따라 안정성과 수렴성을 유지하고자 할 때 스텝 크기가 얼마나 빠르게 변할 수 있는가에 대한 어떤 제약을 기대해야 한다. 연이은 스텝 크기의 비율이 위에서 균일하게 제한되어 진다면 일정한 스텝 크기에 대해서 했던 것과 마찬가지로 Adams 방법들에 대하여 안정성과 수렴성을 증명할 수 있다(Shampine, 1994). 실제에 있어서는 풀이기들이 2.2.1 절에서 설명한 이유에 따라 스텝 크기의 증가 비율을 제한시키기 때문에 이 조건은 만족된다. BDF들은 별개의 문제이다. LMM에 대한 고전적인 이론에 따르면 차수가 7보다 작은 BDF들은 일정한 스텝 크기가 0으로 근접함에 따라 안정하며 수렴한다. 이들은 종종 풀이기가 다른 일정한 스텝 크기를 사용하는 것이 유리하게 될 때까지 하나의 일정한 스텝 크기를 사용하도록 수행된다. 스텝 크기의 변화가 크기와 빈도수에 있어서 제한되는 한 그러한 수행에 있어서의 안정성과 수렴성을 보여주는 이론적인 결과들이 있다. 그러나 이론적인 결과들은 실제에서 볼 수 있는 것처럼 크고 빈번한 변화들을 감안하지 않기 때문에 불행히도 상황은 암울한 채로 남아있다.

실제에서 사용되는 수치적 방법들은 최대 스텝 크기가 0으로 근접함에 따라 모두 안정하다. 그러나 어떤 특정 적분에서 그 적분이 안정하기에 충분할 정도로 스텝 크기들이 작은가? 수치해에 대한 작은 교란들의 전개를 나타내는 식을 쓰는 것은 쉽지만 이 식들은 너무 복잡해서 어떤 관점을 얻기가 어렵다. 안내를 위하여 ODE 자체의 안정성에 대한 표준적인 분석으로 눈을 돌려보기로 한다. 기본 개념은 점 (t^*, y^*) 근처에서 자율적 형태의 식 $y' = f(y)$를 일정한 계수들을 갖는 다음과 같은 선형 방정식으로 근사하는 것이다:

$$u' = f(y^*) + \frac{\partial f}{\partial y}(y^*)(u - y^*) \tag{2.31}$$

(t^*, y^*) 근처에서 출발하여 빠르게 분산되는 해들이 존재한다면 근사 ODE는 불안정하다. 이러한 선형 방정식의 임의의 두 해들의 차이는 다음과 같은 균일 방정식의 해이다:

$$v' = \frac{\partial f}{\partial y}(y^*)v$$

간단히 하기 위해서 국부적 Jacobian $\frac{\partial f}{\partial y}(y^*)$는 대각화가 가능하다고 가정하는 것이 보통이다. 이는 $T^{-1}\frac{\partial f}{\partial y}(y^*)T = \mathrm{diag}\{\lambda_1, \lambda_2, \cdots, \lambda_d\}$를 만족시키는 고유벡터들의 행렬 T가 존재함을 의미한다. 변수를 $w = T^{-1}v$로 바꾸면 식들이 분리됨을 알 수 있다: w의 성분 j는 $w_j' = \lambda_j w_j$를 만족한다. 이 식들 각각은 다음과 같은 (스칼라) *테스트 방정식*의 예이다:

$$w' = \lambda w \tag{2.32}$$

위에서 λ는 국부적 Jacobian의 고유치이다. 이 식들의 풀이는 만일 어떤 j에 대하여 $\mathrm{Re}(\lambda_j) > 0$이면 $w_j(t)$는 지수적으로 빠르게 증가하며 따라서 $v(t)$도 마찬가지로 증가함을 보여준다. 식 (2.31)의 두 해들 사이의 차이는 지수적으로 빠르게 증가하기 때문에 그 ODE는 불안정하다. 한편 모든 j에 대하여 $\mathrm{Re}(\lambda_j) \le 0$이면 $w(t)$는 제한되며 따라서 $v(t)$도 마찬가지로 제한된다. 그렇다면 (t^*, y^*) 근처에서 근사식 (2.31)은 안정하다. 표준적인 수치 방법들을 유사한 방법으로 분석하여 그 방법의 안정성이 테스트 방정식의 수치해에 따라 좌우된다는 것을 규명할 수 있다. 우리가 앞으로 알게 되듯이 스텝 크기가 일정한 h이면 이 방정식의 수치해의 거동을 알아보는 것은 어려운 일이 아니다. 이에 따라 우리는 기본적인 질문에 답할 수 있다: 만일 모든 j에 대하여 $\mathrm{Re}(\lambda_j) \le 0$이어서 근사 ODE가 (t^*, y^*) 근처에서 안정하다면 수치해가 안정하기 위해서 h는 얼마나 작아야 하는가? 대략 살펴보았던 *절대 안정성* 이론은 우수한 많은 근사들을 포함하지만 실제적인 계산의 이해에 매우 도움이 되는 것임이 입증되었다. 아울러 이를 필요조건의 제공으로 생각할 수 있는데 이는 어떤 방법이 테스트 방정식의 풀이에서 좋은 결과를 보여주지 못한다면 일반적인 방정식에 대해서 단지 제한적인 가치만을 가질 수 있기 때문이다.

Euler 방법은 절대 안정성 이론의 간단한 보기를 제공하여 준다. $\mathrm{Re}(\lambda) \le 0$이어서 테스트 방정식의 모든 해들이 제한되어 있으며 방정식이 안정하다고 가정하자. 전향 Euler 방법을 이 방정식에 적용하면 다음을 얻는다:

$$y_{n+1} = y_n + h\lambda y_n = (1 + h\lambda)y_n$$

제한된 수치해를 위해서는 명백히 $|1+h\lambda| \le 1$이어야 할 필요가 있다. 집합

$$S = \{|1+z| \le 1,\ \mathrm{Re}(z) \le 0\}$$

는 전향 Euler 방법의 (*절대*) *안정성 영역*이라고 불린다. 만일 $h\lambda \in S$이면 미분 방정식과 마찬가지로 그 수치적 방법은 안정하다. $h\lambda$가 S에 속하지 않는다면 적분은 발산한다. 이는 국부적 Jacobian $\dfrac{\partial f}{\partial y}$의 모든 고유치 λ_j에 대하여 $h\lambda_j \in S$를 요구함으로써 보다 일반적인 문제들에도 적용된다. 우수한 많은 근사들은 절대 안정성 이론 속에서 이루어짐을 유의하자. 그럼에도 불구하고 이는 가치있는 관점을 제공하여 줌을 경험으로 알 수 있다.

λ의 값이 얼마이던 전향 Euler 방법은 그 방법이 수렴하기 때문에 이미 알고 있는 바와 같이 모든 h가 충분히 작을 경우 테스트 방정식에 대하여 안정하다. $L=|\lambda|$는 테스트 방정식에 대한 Lipschitz 상수임을 주목하자. $L(b-a)$가 크지 않은 전형적인 상황에서는 계산이 안정하도록 유지하기 위해 필요한 스텝 크기에 대한 어떠한 제약도 가혹할 수 없다. 그러나 $\mathrm{Re}(\lambda) < 0$ 이고 $|\lambda|(b-a) \gg 1$이라면 어떻게 될 것인가? 이 경우 미분 방정식은 안정하다 – 해들이 지수적으로 빠르게 서로에 대하여 접근하기 때문에 실제로는 지극히 안정하다 – 그러나 전향 Euler 방법의 안정성에서는 h가 $|\lambda|^{-1}$보다 더 크지 않을 것이 요구되고 있다.

실제로 사용될 수 있는 스텝 크기는 주로 정확도와 안정성의 두 가지 기준에 의하여 결정된다. 일반적으로 스텝 크기는 공식의 정확도에 의하여 결정되지만 *경성* 문제들의 경우 안정성에 의하여 결정될 수 있다. 경성도가 무엇인지에 대하여 더 잘 이해하기 위해 구간 (이를테면) $0 \le t \le 10$에서 다음과 같은 IVP의 해를 고려하여 보자:

$$y' = -100y + 10, \qquad y(0) = 1 \tag{2.33}$$

연습문제 2.11은 전향 Euler 방법의 국부적 반올림 오차의 선도항이 그 크기에 있어서 지정된 절대오차보다 더 작기 위한 최대 스텝 크기를 결정할 것을 요구하고 있지만 스텝 크기의 정성적 거동은 자명하다. 해석적 해

$$y(t) = \frac{1}{10} + \frac{9}{10}e^{-100t}$$

는 *경계층*, 혹은 *초기전이*라 불리는 매우 빠른 변화를 보이는 초기 구간이 존재

함을 보여준다. 이 영역에서 해를 정확하게 근사하기 위해서는 작은 스텝 크기, 즉 너무나 작아서 적분이 자동적으로 안정하게 되는 그런 스텝 크기를 이용해야 한다. 이 방법의 경우 초기전이에서 문제는 경성이 아니다. 짧은 시간 t 후에 해 y(t)는 거의 일정하게 되므로 큰 스텝 크기로 정확한 해가 얻어질 수 있다. 그러나 계산이 안정하기 위해서는 이 스텝 크기는 $|1+h(-100)| \leq 1$를 만족해야 한다. 이는 좀 당혹스럽다. 해는 쉽게 근사되지만 h=0.02보다 큰 스텝 크기를 적용하면 적분은 발산할 것이다. 스텝 크기를 자동적으로 선택하는 현대의 코드들은 발산하지 않는다: 만일 스텝 크기가 충분히 작아서 적분이 안정하다면 해를 근사하기가 쉬우므로 코드는 스텝 크기를 증가시킨다. 스텝 크기가 안정성에 대하여 너무 크게 증가된다면 오차가 증가하기 시작한다. 오차가 너무 커지게 되면 그 스텝은 실패이며 스텝 크기는 줄여진다. 이는 적분이 다시 안정하게 되기에 충분할 정도로 스텝 크기가 작아질 때까지 되풀이되며 이 사이클은 반복된다. 코드는 정확한 해를 계산하지만 계산의 비용은 높다 – 이는 안정성을 위하여 작은 스텝 크기가 필요하기 때문이기도 하며 실패한 스텝들이 많기 때문이기도 하다. 연습문제 2.15는 하나의 보기를 제공하고 있다.

IVP (2.33)에 의한 수치실험은 교훈적이다. $0 < y(t) \leq 1$이므로 10^{-12}의 상대오차 허용한계와 적절한 절대오차 허용한계는 효율적인 순수 절대오차 제어이다. 표 2.5는 이 IVP를 어떤 영역의 절대오차 허용한계를 이용하여 명시적 Runge–Kutta 코드인 ode45로 풀 때 어떤 일이 일어나는지를 보여주고 있다. 이 코드는 비경성 문제를 위한 것이지만 그의 오차제어는 적분을 안정하게 유지시켜 주므로 그 IVP를 풀 수 있다. 나아가 이 문제는 단지 적당히 경성이므로 이 IVP의 풀이비용은 용인될 수 있다. 실패한 스텝들의 수가 상대적으로 큼을 주목하자. 아울러 성공적인 스텝들의 수는 허용한계가 감소됨에 따라 대체로 일정하다. 대부분의 적분에서 스텝 크기는 정확도에 의해 결정되지는 않기 때문에 이는 경성 문제의 특징이다. 경성 문제들을 위한 BDF 코드 ode15s는 매우 다르게 거동한다. 스텝 크기는 정확도에 의해 결정되기 때문에 성공적인 스텝들의 수는 허용한계에 따라 좌우된다. 이 문제의 경우 ode15s는 제한된 안정성 영역으로 인하여 ode45가 가지는 실패한 스텝들을 갖지 않는다.

실제에 있어서 경성 문제들은 매우 중요하므로 전향 Euler 방법보다 더욱 안정한 방법들을 찾아보아야 한다. 멀리까지 찾을 필요는 없다. 테스트 문제를 후향 Euler 방법으로 푼다면 공식은

$$y_{n+1} = y_n + h\lambda y_{n+1}$$

표 2.5: 약간 경성인 IVP의 풀이.

풀이기	AE	ME	SS	FS
ode45	1.0e-1	1.1e-1	303	26
	1.0e-2	1.1e-2	304	26
	1.0e-3	1.1e-3	307	19
	1.0e-4	1.1e-4	309	19
ode15s	1.0e-1	3.4e-2	23	0
	1.0e-2	8.2e-3	29	0
	1.0e-3	1.1e-3	39	0
	1.0e-4	1.6e-4	65	0

注: AE - 절대오차 허용한계, ME - 최대오차,
SS - 성공적인 스텝 수, FS - 실패한 스텝 수

과 같으므로

$$y_{n+1} = \frac{1}{1-h\lambda} y_n \tag{2.34}$$

가 된다. 그렇다면 후향 Euler 방법의 안정성 영역은 집합

$$S = \left\{ \left| \frac{1}{1-z} \right| \le 1, \quad \mathrm{Re}(z) \le 0 \right\}$$

가 되는데 이는 복소평면의 왼쪽 절반 전체가 된다. 이 성질은 *A-안정성*이라 불린다. 후향 Euler 방법에 따른 안정한 적분의 경우 스텝 크기에 대한 제약이 없는 것처럼 보인다. 안정성 해석에서 많은 근사들이 이루어졌으므로 이러한 결론을 너무 심각하게 받아들이면 안된다. 앞에서 후향 Euler 방법은 탁월한 안정성을 지니고 있다고 하였다. 이 방법은 BDF1이며 이와 유사하게 차수가 2에서 6까지의 BDF들은 안정성 영역이 무한대이다. 차수가 1과 2인 공식들만이 A-안정하다. 다른 공식들은 음의 실수축 전체를 포함하는 다음과 같은 구역에서 안정하다:

$$\{ z = re^{i\theta} | r > 0, \ \pi - \alpha < \theta < \pi + \alpha \}$$

A-안정성에 대한 이러한 제한된 버전은 $A(\alpha)$-*안정성*이라 불린다. 차수가 증가함에 따라 각 α는 더 작아지며 BDF7은 어떠한 각 α에 대해서도 안정하지 않다; 즉 이 공식은 전혀 안정하지 않다.

BDF1과 마찬가지로 사다리꼴 규칙은 A-안정하다. 전향 Euler 예측자와 사다리꼴 규칙에 의한 하나의 보정으로 이루어지는 예측자-보정자 쌍은 명시적 Runge-Kutta 공식인 Heun의 방법이다. Heun의 방법의 안정성 영역과 이것이 한정되어 있다는 것을 규명하는 것은 어렵지 않다. 사실 *모든* 명시적 Runge-Kutta 방법들은 한정된 안정성 영역을 갖는다. 이는 함축적 방법 및 이와 동일한 함축적 방법을 보정자로 이용하는 예측자-보정자 쌍은 중요한 정성적 차이를 가질 수 있음을 보여준다.

연습문제 2.9는 어떤 단일 스텝 방법들에 대한 안정성 영역을 취하고 바로 위에서 언급한 사실들의 일부를 증명할 것을 요구하고 있다. 연습문제 2.16은 LMM들에 대한 안정성 영역의 계산을 다루고 있다. 안정성을 위해서 우리가 요구하는 것은 모두 수치해의 교란이 자라지 않는 것이다. 그러나 $\text{Re}(\lambda) < 0$이면 ODE 자체의 교란은 지수적으로 빠르게 감소한다. 수치해가 이와 유사한 거동을 갖는다면 좋을 것이다. BDF1에 대한 식 (2.34)는 $h\text{Re}(\lambda) \ll -1$이면 교란이 강하게 감쇠함을 보여준다. 이러한 바람직한 성질을 갖는 $A(\alpha)$-안정한 공식은 $L(\alpha)$-*안정*하다고 말한다. 수렴하는 BDF들은 $L(\alpha)$-안정하다는 사실은 매력적인 특징이다. 사다리꼴 규칙의 경우 $h\text{Re}(\lambda) \ll -1$이면 교란은 거의 감쇠하지 않는다; 이 공식은 A-안정하지만 $L(\alpha)$-안정한 것은 아니다.

흥미롭게도 BDF들은 충분히 큰 *모든* $|h\lambda|$에 대하여 안정하다. $\text{Re}(\lambda) > 0$이고 $h\lambda$에 대하여 BDF가 안정하다면 테스트 방정식의 해는 커지며 수치해는 감쇠한다. 물론 방법이 수렴하므로 충분히 작은 모든 $h\lambda$에 대하여 수치해는 올바른 정성적 거동을 보이지만 $\text{Re}(\lambda) > 0$이고 h가 너무 크다면 이 공식의 심한 감쇠현상을 달가워하지 않을 수도 있다. 연습문제 2.12와 2.13은 이에 대한 의미를 다루고 있다. 연습문제 2.14는 설치가 안정성에 어떻게 영향을 미치는가에 대하여 고려하고 있다.

그럼 무엇이 결함인가? 왜 우리는 비경성 문제들을 위한 방법들에 대하여 논의해 오고 있는가? 안정성 영역이 무한한 모든 방법들은 함축적 방법들이다. 이전에 AM1으로서 후향 Euler 방법을 유도했을 때 간단한 반복법에 따라 이를 계산하는 것에 대하여 논의하였다. 불행히도 간단한 반복법의 수렴을 위한 스텝 크기에 대한 제약은 명시적 방법에 대한 안정성에 기인하는 제약만큼 가혹하다. 이것이 왜 그런지 알아보기 위하여 테스트 방정식을 풀 때 간단한 반복법에 의

한 후향 Euler 방법을 계산하여 보자. 반복과정은

$$y_{n+1}^{[m+1]} = y_n + h\lambda y_{n+1}^{[m]}$$

및

$$|y_{n+1} - y_{n+1}^{[m+1]}| = |h\lambda||y_{n+1} - y_{n+1}^{[m]}|$$

와 같다. 수렴을 위해서는 명백히 $|h\lambda| < 1$이어야 한다. 비경성 문제를 풀 때에는 이는 중요하지 않지만 경성 문제를 푸는 경우 이는 허용될 수 없다. 경성 IVP에 대한 보기 (2.33)에서 수렴을 위해서는 h는 0.01보다 작아야 한다. 후향 Euler 방법을 이용할 때의 간단한 반복법에 기인하는 스텝 크기에 대한 이러한 제약은 전향 Euler 방법을 사용할 때의 안정성에 의한 제약보다 더 나쁘다! 경성 문제들을 풀기 위해서는 함축적 방법으로 대수 방정식을 푸는 보다 강력한 방안에 의존해야 한다. BDF들의 경우 이 방정식들은 다음과 같은 형태를 갖는다:

$$y_{n+1} = h\gamma f(t_{n+1},\ y_{n+1}) + \psi \tag{2.35}$$

여기에서 γ는 방법의 특징을 나타내는 상수이며 ψ는 y_n, y_{n-1}, …들을 포함하는 항들을 포괄한다. 비경성 문제들을 위한 간단한 반복법에서와 마찬가지로 우수한 초기 추측값 $y_{n+1}^{[0]}$을 갖는 것이 중요하다. 이는 y_n, y_{n-1}, …들을 다항식 Q(t)로 안짐작하고 $y_{n+1}^{[0]} = Q(t_{n+1})$로 취함으로서 달성될 수 있다. 다음에 단순화된 뉴턴방법을 사용하여 대수 방정식들을 반복적으로 푼다. 방정식들은 근사적으로 다음과 같이 선형화된다:

$$y_{n+1}^{[m+1]} = \psi + h\gamma[f(t_{n+1}, y_{n+1}^{[m]}) + J(y_{n+1}^{[m+1]} - y_{n+1}^{[m]})]$$

위에서

$$J \approx \frac{\partial f}{\partial y}(t_{n+1}, y_{n+1})$$

이다. 반복과정을 이와 같이 나타내면 근사적 선형화를 뚜렷하게 보여 주지만 계산을 적절하게 구성하는 것이 매우 중요하다. 다음번 반복항은 현재 반복항에 대한 보정 Δ_m으로 계산되어야 한다. 약간의 과정을 거치면 다음을 얻는다:

$$(I-h\gamma J)\Delta_m = \psi + h\gamma f(t_{n+1}, y_{n+1}^{[m]}) - y_{n+1}^{[m]} \tag{2.36}$$
$$y_{n+1}^{[m+1]} = y_{n+1}^{[m]} + \Delta_m$$

IVP가 경성인 경우 반복 행렬 $I-h\gamma J$는 매우 불량조건이다. 연습문제 2.20은 어떻게 ode15s를 수정하여 적분 과정에서 반복 행렬의 조건을 감시하는지를 설명하고 있으며 하나의 IVP에 대하여 이러한 주장을 입증할 것을 요구하고 있다. 매우 불량조건인 선형 시스템을 푸는 경우 해의 선도 자리들 가운데 단지 몇 개만이 정확하게 계산될 수도 있다. 따라서 반복항 $y_{n+1}^{[m+1]}$을 직접 계산하려고 한다면 몇 자리 이상 정확하게 계산할 수 없을 수도 있다. 그러나 각 증가분 Δ_m에서 몇 개의 올바른 자리들을 계산한다면 반복항 $y_{n+1}^{[m+1]}$들에서 점점 더 많은 자리들이 정확해질 것이다. 선형 시스템 (2.36)의 우변은 현재 반복항의 잔류오차임을 주목하자. 이는 현재의 반복항이 대수 방정식 (2.35)를 얼마나 잘 만족하는지를 보여주는 척도이다. 국부적 Jacobian에 대한 근사 J를 고정시킴으로써 반복 행렬 $I-h_n\gamma J$의 LU 양자화(즉 LU 분해)가 계산될 수 있으며 이는 점 t_{n+1}에서 반복과정의 모든 선형 시스템들을 효율적으로 푸는 데에 이용될 수 있다. $I-h_n\gamma J$를 구성하고 인수화하는 것은 상대적으로 비용이 소요되므로 BDF 코드들은 대체로 스텝 크기를 일정하게 유지하고 몇 개의 스텝에 대하여 하나의 LU 인수화를 이용한다. 반복항들이 충분히 빠르게 수렴하지 않을 때에만, 혹은 상당히 큰 스텝 크기가 (아마도 차수의 변화와 함께, 즉 다른 공식과 함께) 사용될 것으로 예측되는 경우에만 새로운 반복 행렬이 형성되고 인수화된다.

단순화된 뉴턴 반복법으로 방정식을 푸는 것에 의하여 함축적 공식을 평가하는 것은 비용이 높을 수 있다. 먼저 근사 J를 구성하고 이를 국부적 Jacobian에 저장하여야 한다. 다음에 각 반복항에 대하여 행렬 $I-h\gamma J$를 갖는 선형 시스템을 풀어야 한다. Jacobian을 근사하는 것은 비용이 클 수 있으므로 코드는 이것이 이루어지는 횟수를 최소화하려고 한다. 스텝 크기가 상당히 변하면 새로운 반복 행렬이 구성되어야 한다. 경성 IVP에 대한 초기의 코드들은 이 시점에서 Jacobian에 대한 새로운 근사를 구성하였으며 저장비용이 컸기 때문에 이를 새로운 반복 행렬로 덮어썼다. 이러한 방법은 극히 대규모의 시스템을 풀 때에는 여전히 적절하지만 오늘날에는 MATLAB의 풀이기들을 포함하여 경성 IVP들을 위한 일부 풀이기들은 J를 저장하고 반복과정이 허용될 수 있는 수준에서 수렴하는 한 이를 반복 행렬에서 다시 사용한다. 이는 만일 그러한 풀이기가 경성이 아닌 문제에 적용되는 경우 Jacobian이 거의 구성되지 않음을 의미한다. MATLAB

PSE의 빠른 선형대수와 함께 이는 MATLAB의 경성 풀이기들을 적정 규모의 비경성 문제들에 대하여 상당히 효율적인 것으로 만들어 준다.

이는 매우 편리하므로 경성 IVP를 위한 모든 코드들은 한정 차분에 의한 Jacobian의 근사를 위한 옵션을 가지고 있다. MATLAB 풀이기들의 경우 이는 기본 옵션이다. 이제 행렬 $\frac{\partial f}{\partial y}(t^*,y^*)$를 근사한다고 가정하자. 만일 $e^{(j)}$가 단위행렬의 j 번째 열이면 벡터 $y^*+\delta_j e^{(j)}$는 y^*의 성분 j에서의 변화 δ_j를 나타낸다. Taylor 수열

$$f(t^*,\ y^*+\delta e^{(j)})=f(t^*,y^*)+\frac{\partial f}{\partial y}(t^*,y^*)\delta_j e^{(j)}+O(\delta_j^2)$$

로부터 Jacobian의 j번째 열에 대한 근사

$$\frac{\partial f}{\partial y}(t^*,y^*)e^{(j)}\approx\delta_j^{-1}[f(t^*,y^*+\delta e^{(j)})-f(t^*,y^*)]$$

를 얻는다. d 방정식 시스템의 경우 f를 d번 구함으로써 이러한 방식으로 Jacobian에 대한 근사를 얻을 수 있다. 이는 Jacobian을 근사하는 표준적인 방법이지만 우수한 δ_j 값을 고르기가 어렵기 때문에 알고리듬들은 세부적인 내용에서는 상당히 다르다. δ_j는 한정 차분이 편미분에 대한 좋은 근사를 제공하여 주기에 충분할 정도로 작아야 하지만 그 근사가 반올림 오차만으로 이루어지지 않도록 너무 작아서는 안된다. f의 성분들이 크기에 있어서 상당히 다른 경우 편미분 벡터의 모든 성분들에 대하여 우수한 하나의 δ_j 값을 찾는 것조차 불가능할 수도 있다. 다행히도 우리는 정확한 Jacobian을 필요로 하지 않으며 단순화된 뉴턴 반복법에서 수용 가능한 수렴을 달성하기에 충분할 정도로 좋은 근사만을 필요로 한다. MATLAB의 numjac 함수를 포함하는 몇 개의 알고리듬들은 함수값들의 차이를 추적한다. 이들은 이전의 Jacobian의 근사 경험을 바탕으로 증가분 δ_j의 크기를 조정하며 수용 가능한 근사를 위해 필요할 경우 다른 증가분으로 열의 근사를 반복한다. 수치적 Jacobian들은 편리하고 일반적으로 만족스럽지만 해석적 Jacobian을 제공한다면 풀이기들은 더 강건하고 아마도 더 빠를 것이다.

대규모 ODE 시스템의 경우 각 방정식에서 y의 단지 몇 개 성분들만이 나타나는 것이 보통이다. y의 성분 j가 f(t,y)의 성분 i에 나타나지 않는다면 편미분 $\frac{\partial f_i}{\partial y_j}$는 0이다. 행렬의 대부분의 원소들이 0이면 그 행렬은 *성기다*고 말한다. 성

긴 Jacobian의 0이 아닌 원소들만 저장함으로써 저장공간은 방정식의 수 d의 제곱으로부터 d의 몇 배 정도로 줄어든다. 만일 Jacobian이 성기다면 반복행렬 또한 그럴 것이다. 저장공간과 함께 선형 시스템을 소거법으로 푸는 비용은 행렬에서 0인 원소들에 주의를 기울인다면 급격하게 줄어들 수 있다. Curtis, Powell, 그리고 Reid(1974)에 의한 뛰어난 알고리듬은 유사하게 성긴 Jacobian 근사비용을 줄여준다. Jacobian의 대부분의 원소들에서 알려진 0의 값들을 감안하여 준다면 보통 한 번에 몇 개 열들의 0이 아닌 모든 원소들을 근사하는 것이 가능하다. 성긴 Jacobian의 중요한 특별한 경우는 그 행렬의 0이 아닌 모든 원소들이 대각 띠 안에 위치하는 경우이다. 예를 들면 모든 i에 대하여 j=i−1, i, 그리고 i+1을 제외한 모든 j의 경우 원소 $J_{i,j}=0$이라면 행렬 J는 *삼각대각*이며 띠 너비는 3이라고 말한다. 띠 안에 m 개의 대각들이 있다면 *방정식들이 얼마나 많이 있는가에는 관계없이* Jacobian을 근사하는 데에는 함수 f의 계산은 단지 m번 만이 필요하다. 행렬이 띠행렬이면 성김의 이점을 취하는 것은 비교적 쉬우므로 널리 이용되는 모든 풀이기들은 띠 Jacobian에 대한 것을 제공하고 있다. MATLAB의 모든 풀이기들을 포함하는 일부 풀이기들은 일반적인 성긴 Jacobian에 대한 것을 제공한다. 이러한 알고리듬 개발은 대규모 시스템의 풀이에 핵심적이다. 2.3.3 절은 몇 가지 보기들과 함께 이에 대한 더 많은 정보를 제공하고 있다.

공식의 계산을 위해 단순화된 뉴턴 반복법을 이용하는 BDF의 수행에 있어서의 각 스텝에는 간단한 반복법이나 아예 반복법을 사용하지 않는 비경성 문제용 방법의 스텝을 취하는 것보다 계산시간과 저장공간에 있어서 더욱 많은 비용이 소요된다. 따라서 단순화된 뉴턴 반복법으로 계산되는 BDF들은 스텝 크기가 안정성에 의하여 크게 제약을 받을 경우에만, 즉 IVP가 경성일 때에만 유리하다. 비경성 문제들의 경우 BDF들은 간단한 반복법으로 계산될 수 있지만 Adams-Moulton 방법들은 유사한 구조를 가지며 상당히 더 정확하므로 이는 좀처럼 수행되지 않는다.

경성 문제들이 쉽게 인식되지 않는다는 것은 불행이다. 경성문제와 비경성 문제들을 위한 방법과 수행 사이에는 뚜렷한 차이가 있다. 경성 문제의 실제적인 정의는 문제의 풀이에서 경성 문제를 위한 방법으로 푸는 것이 비경성 문제를 위한 방법으로 푸는 것보다 훨씬 더 효율적이라면 그 문제가 경성문제이다. 연습문제 2.15, 2.18, 2.34, 그리고 2.36은 이에 대한 약간의 경험을 제공하여 줄 것이다. 직관이 문제가 경성인지의 여부에 대한 지침이 될 수 있다. 경성 문제의 ODE는 적분구간의 길이에 비하여 작은 척도로 변하는 해를 허용해야 한다. 어떤 물리적 문제들은 시간상수들의 항으로 자연스럽게 표현되는데 이 경우 경성 문제는 관심있는 시간구간에 비해 작은 어떤 시간상수를 지니고 있어야 한다. 관심있는 해 자체는 천천히 변해야 한다; 연습문제 2.36은 이 점을 다루고 있다. 경성으로 나타나는 대부분의 문제들은 관심있는 해가 빠르게 변하는 경계층이나 초기 전이와 같은 영역들을 갖는다. 그러한 구간에서는 풀이기가 해를 정확하게 나타내기 위하여 작은 스텝 크기를 사용해야 하므로 문제는 경성이 아니다. 해를 근사하기가 쉬우며 안정성에 대한 필요성이 스텝 크기의 선택을 지배하는 경우 문제는 경성이다. 초기의 전이 및 매끄러운 영역 모두에 적절한 스텝 크기를 사용하기 위한 스텝 크기의 변화는 명백히 경성 IVP의 풀이에 기본이 된다. 1.4 절의 양자 이동과 Robertson 보기들은 이를 예시하여 주고 있다.

오차 추정과 차수의 변화

선형 다중스텝 방법의 국부적 반올림 오차의 추정은 일반적으로 Runge-Kutta 방법에 대한 국부적 오차의 추정에 비하여 비교적 쉬운 것으로 간주된다. 추정치를 유도하는 것은 쉽다 - 어려운 것은 그 추정치들이 작용하는지를 증명하는 것이다. 국부적 반올림 오차가 어떻게 추정될 수 있는지를 논의하는 것으로 시작하기로 한다. Adams 방법의 경우 서로 다른 두 차수들의 공식에서 스텝을 취하는 것은 쉽다. 실제로 앞에서 우리는 AB(k−1)로 예측할 수 있으며 AMk를 이용하는 단일 보정으로 차수 k인 공식을 얻을 수 있음을 언급한 바 있다. 단일 스텝 방법과 마찬가지로 차수 k−1인 공식 AB(k−1)의 오차는 이 공식의 결과를 쌍으로부터의 차수 k의 결과와 비교함으로써 추정될 수 있다. 이 오차의 크기가 제어되고 적분이 예측자-보정자 쌍의 더욱 정확하고 안정한 결과에 따라 진행되는 경우 우리는 국부적 바깥짐작을 수행하고 있는 셈이다. 이러한 방법은 ode113에서 이용되고 있다. 다른 방법은 스텝 크기가 일정할 때의 국부적 반올림 오차에 대한 팽창 (2.26)에 근거하고 있다. Adams-Bashforth 및 동일 차수 Adams-Moulton 방법들의 국부적 반올림 오차의 선도항들은 상수배만큼 차이가 난다. 이 사실을 이용하면 ABk와 AMk 모두에 따라 스텝이 취하여지며 국부적 반올림 오차는 두 결과들의 차이의 적절한 배수에 의하여 추정된다. AMk의 더욱 정확하고 안정한 결과가 적분의 진행에 이용된다. 이 공식의 오차는 제어되고 있으므로 국부적 바깥짐작은 이루어지지 않는다. 이 방법에서 함축적 Adams-Moulton 방법들은 지정된 정확도까지 간단한 반복법에 의하여 계산된다. 명시적 Adams-Bashforth 공식 ABk는 AMk의 계산을 위한 반복과정의 시작과 AMk의 국부적 반올림 오차의 추정에 이용된다. 선도 차수까지는 하나의 반복과정에 따른 ABk-AMk 쌍 및 AMk의 국부적 반올림 오차는 동일하므로 국부적 반올림 오차 추정에 대한 같은 방법이 예측자-보정자 계산에 이용될 수 있다.

BDF에 대한 특히 자연수러운 방법은 국부적 반올림 오차의 선도항을 직접 근사하는 것이다. BDF1의 경우 이는

$$lte_n = -\frac{h^2}{2}y''(t_n) + \cdots$$

임을 상기하자. 그 공식들은 수치미분에 근거하므로 y_{n+1}, y_n, 그리고 y_{n-1}을 구적 다항식 Q(t)로 안짐작한 다음에

$$est = -\frac{h^2}{2}Q''(t_n) \approx -\frac{h^2}{2}y''(t_n)$$

을 이용하는 것은 당연하다. 이는 ode15s에서 BDF들에 대하여 국부적 반올림 오차가 추정되는 방법이다. 마찬가지로 3차 짐작자는 ode23t에서 사다리꼴 규칙의 국부적 반올림 오차 (2.28)의 미분을 근사하는 데에 이용된다. 후향 Euler 방법과 사다리꼴 규칙은 단일스텝 방법이지만 이전에 계산된 근사해들은 국부적 반올림 오차들의 추정에 이용된다. 이전에 계산된 해들은 또한 이들 함축적 방법들의 계산을 위해 풀어야 하는 대수 방정식들의 해를 예측하는 데에도 이용된다. 이로부터 실제로 함축적 단일스텝 방법들과 기억에 의한 방법들 사이의 구분은 흐릿해 짐을 알게 된다.

국부적 반올림 오차의 추정치들에 대한 흥미롭고도 중요한 사실은 다른 차수가 이용되었을 경우 생성되었을 오차를 추정하는 것이 가능하다는 것이다. AM1과 AM2의 보기들은 그 가능성을 보여준다. 국부적 반올림 오차가 어떻게 추정되는지를 고려하면 2차 공식 AM2에서 하나의 스텝을 취할 때 1차 공식 AM1의 국부적 반올림 오차를 추정할 수 있음은 자명하다. 적어도 기계적으로는 더 고차인 공식 AM3로부터 생성되었을 오차의 추정에 더 많은 기억된 값들을 사용할 수 있음도 또한 자명하다. 이는 더 큰 스텝 크기들을 사용할 수 있도록 해에 대한 차수(공식)를 조정하는 가능성을 열어준다. ode113과 ode15s와 같은 현대적인 Adams 및 BDF 코드들은 각각 바로 그러한 일을 수행한다. 실제로 이 함수들의 이름은 그 부류 가운데 어떤 멤버가 사용되는지를 알려준다: Adams 코드 ode113은 1에서 13에 이르는 차수들을 사용하며 BDF 코드 ode15s는 1에서 5에 이르는 차수를 이용한다. (ode15s의 마지막 s는 이것이 경성 IVP를 위

한 것임을 나타낸다.) Adams-Moulton 공식과 BDF들은 모두 단일 변수-차수 코드 DIFSUB(Gear, 1971) 및 VODE(Brown 등, 1989)와 같은 그의 파생코드들로 수행된다. Adams 및 BDF 코드들에서 차수의 변동은 다른 기능을 수행한다. 최저차 공식들은 단일 스텝이므로 이들은 적분의 처음 스텝을 취하는 데에 이용될 수 있다. 적분의 각 스텝은 저장을 위한 다른 근사해 값을 제공하여 주므로 풀이기는 차수를 올리고 다음 스텝에서 스텝 크기를 증가시키는 것을 고려할 수 있다. 많은 실제적인 세부 사항들이 있지만 코드들은 모두 해에 대한 적절한 값이 발견될 때까지 차수를 빠르게 증가시킨다. 이러한 방법으로 적분을 시작하는 것은 가변 스텝크기 및 가변 차수(VSVO) 수행에서 편리하고도 효율적이므로 모든 Adams 및 BDF 코드들은 이러한 방식으로 수행된다.

국부적 반올림 오차의 추정치를 유도하는 것은 기억을 갖는 공식에서는 쉽지만 이를 정당화하는 것은 어렵다. 곤란한 점은 다음과 같다: 추정자들을 유도했을 때 우리는 함축적으로 이전에 계산된 값들과 미분치들은 각각 정확히 해 $y(t_n)$, $y(t_{n-1})$, … 및 이들의 미분 $y'(t_n)$, $y'(t_{n-1})$, …들과 동일하다고 가정하였다; 그러나 실제로는 이전에 계산된 이러한 값들은 오차를 지니며 이 오차들은 우리가 추정하고자 하는 오차만큼 크거나 혹은 *더 클* 수 있다. 기억된 값들의 계산에 이용한 것들보다 더 큰 차수를 갖는 공식의 국부적 반올림 오차를 추정하는 것을 생각해 보면 어려움은 특히 뚜렷해진다. 실제 상황에서 추정자를 정당화하는 것은 오차의 거동에 있어서 어떤 규칙성이 없다면 가능하지도 않기 때문에 어렵다. 지금까지 우리는 오차의 차수만을 논의해 왔다. 선형 다중스텝 방법들의 이론에 대한 고전적인 결과는 어떤 가정들에서는 오차는 규칙적인 방법으로 거동한다는 것을 보여준다. 이러한 규칙성은 처음에 Henrici(1962)에 의하여, 다음에 보다 일반적으로 Stetter(1973)에 의하여 이루어진 바와 같이 오차 추정을 정당화하는 데에 이용될 수 있다. 그들의 결과는 현대적인 가변차수 Adams 및 BDF 코드들에는 직접적으로 적용되지 않는다. 그 이유는 그들이 언제나 동일한 공식이 사용되며 스텝 크기가 어쨌든 변한다면 미리 주어진 규칙적인 방법으로 변한다고 가정하고 있기 때문이다. 적분 과정에서 차수(공식)가 변할 때의 오차의 거동에 대해서는 알려진 바가 거의 없다. 일정 차수에 대한 이론은 어떤 관점을 제공하여 주며 직접적으로 적용되는 소수의 결과들(Shampine, 2002)이 있지만 차수를 변화시키는 현대적인 Adams 및 BDF 코드들에 대한 우리들의 이론적인 이해에는 아직 부족한 점이 많다.

연속적인 팽창

Adams 방법 및 BDF들은 모두 다항식 안집작자들에 근거하고 있으므로 이들 안집작자들을 그 방법들에 대한 연속적인 팽창으로 이용하는 것은 자연스러운 일이다. 기억을 갖는 방법들에 특별한 연속적인 팽창의 적용은 스텝 크기를 변화시키는 것이다. 경성 IVP를 풀 경우 일정한 스텝 크기로 작업하는 것에는 실제적인이유들이 있음을 알았다. t_n에서 다른 일정한 스텝 크기 H로 변경시키는 손쉬운 방법은 t_n, t_n-H, t_n-2H, $\cdots$에서의 해를 이 점들에서의 안집작자를 구함으로써 근사하는 것이다. 일정한 격자 간격 H에서의 해 값들에 따라 t_n부터 스텝 크기가 H인 일정 스텝 공식을 이용할 수 있다. 이는 BDF들로 적분할 경우 스텝 크기를 변경시키기 위한 표준적인 기법이며 어떤 코드들은 Adams 방법에 대해서도 이를 이용한다; DIFSUB은 두 종류의 방법들에 대한 하나의 보기이다.

■ 연습문제 2.5

Adams 공식과 BDF들을 더 잘 이해하기 위하여

- AB2의 유도에 대한 세부 사항을 알아보자.
- BDF2의 유도에 대한 세부 사항을 알아보자.

■ 연습문제 2.6

사다리꼴 공식 AM2의 국부적 반올림 오차는 다음과 같음을 보여라:

$$lte_n = -\frac{h^3}{12}y^{(3)}(t_n) + \cdots$$

■ 연습문제 2.7

$y' = -y$를 풀 경우 AM2(사다리꼴 공식)에 따라 $(t_n, y(t_n))$으로부터 스텝 크기 h에서 생성된 오차는 다음과 같음을 보여라:

$$y(t_n+h) - y_{n+1} = \frac{1}{12}h^3 y(t_n) + \cdots$$

(이는 주어진 ODE에 대한 AM2의 국부적 반올림 오차이다.) PECE 형태(Heun의 방법)로의 AB1−AM2에 대한 해당되는 오차는 다음과 같음을 보여라:

$$y(t_n+h)-y_{n+1}=-\frac{1}{6}h^3y(t_n)+\cdots$$

분명히 예측자-보정자 방법의 정확도는 함축적 공식으로 계산된 보정자의 정확도와는 다를 수 있다.

■ 연습문제 2.8

공식 (2.29)는 차수가 3임을 보여라. 표 2.4를 계산한 수치실험을 수행하여라.

■ 연습문제 2.9

안정성 영역을 더 잘 이해하기 위해서

- 후향 Euler 방법의 안정성 영역은 복소평면의 왼쪽 절반을 포함하고 있음을 보여라.
- 사다리꼴 규칙의 안정성 영역은 복소평면의 왼쪽 절반임을 보여라.
- Heun의 방법은 Euler 방법에 의한 예측과 사다리꼴 규칙에 의한 단일 보정으로 이루어지는 예측자-보정자로 볼 수 있다. Heun의 방법의 안정성 영역은 무한대임을 보여라.

■ 연습문제 2.10

다양한 종류의 방법들의 구조를 더 잘 인식하기 위하여 [0,1] 상에서 다음과 같은 방정식을 풀기 위한 간단한 MATLAB 프로그램을 작성하여라:

$$y'=\begin{pmatrix}0 & 1\\ -1 & 0\end{pmatrix}y, \qquad y(0)=\begin{pmatrix}0\\1\end{pmatrix}$$

h=0.1의 일정한 스텝 크기를 이용하고 해석적 해와 함께 수치해를 도시하여라.

- 주어진 IVP를 Heun의 방법으로 풀어라. 이를 위하여 `[tnp1,ynp1] = Heun(tn,yn,h,f)` 형태의 함수를 작성하여라. 이 함수는 입력으로서 현재의 해 (t_n, y_n), 스텝 크기 h, 그리고 ODE 계산을 위한 함수의 핸들 f를 받아들인다. 이 함수는 적분을 수행하여 (t_{n+1}, y_{n+1})를 계산한다. 독자들은 MATLAB이 다른 함수에 입력인수로서 전달되는 함수들을 계산하는 방법에 익숙하지 않을 수도 있다. 이는 다음에 Euler 방법으로 스텝을 취하는 함수로 예시한 바와

같이 내장함수 feval을 이용하여 수행된다:

```
function [tnp1,ynp1] = Euler(tn,yn,h,f)
yp = feval(f,tn,yn);
ynp1 = yn + h*yp;
tnp1 = tn + h;
```

- 주어진 IVP를 간단한 반복과정으로 계산되는 사다리꼴 규칙으로 풀어라. Heun의 방법은 Euler 방법에 의한 예측과 사다리꼴 규칙에 의한 단일 보정으로 이루어지는 예측자-보정자 쌍으로 볼 수 있다. 함수 Heun을 수정하여 종결시까지 반복되는 사다리꼴 규칙을 계산하는 함수 AM2si를 구하여라. 반복과정을 언제 멈출 것인지를 결정하는 것은 쉽지 않다. 이 연습문제의 경우 p가 현재 반복항이고 새로운 반복항이 c라면 `norm(c-p) < 1e-3*norm(c)`인 경우 새로운 반복항을 받아들이고 그렇지 않으면 반복과정을 계속한다. 10회의 반복에서 반복과정이 수렴하지 않으면 오차 메시지를 내보내고 수행을 종료한다.

- 위의 IVP는 경성이 아니지만 이를 사다리꼴 규칙으로 풀어서 경성 IVP의 풀이에 무엇이 포함되는지 알아보자. 함수 AM2si를 수정하여 `[tnp1,ynp1] = AM2ni(tn,yn,h,f,dfdy)`의 형태가 되도록 하여라. 여기에서 dfdy는 Jacobian $\frac{\partial f}{\partial y}(t,y)$를 계산하기 위한 함수 $df\ dy(t,y)$의 핸들이다. AM2ni의 요소로서 feval을 사용하여 (일정한) Jacobian J를 계산하고 반복행렬 $M = I - 0.5hJ$를 구성한 다음 이 행렬의 LU 분해를 계산한다. 이러한 인수화를 이용하여 반복항들을 계산한다. 본문에서 설명한 바와 같이 보정항 Δ_m을 구하고 새로운 반복항을 현재의 반복항 p와 보정의 합으로 계산할 수 있도록 반복과정을 프로그램하는 것이 중요하다. 간단한 반복과정에서와 유사하게 $\| \Delta_m \|$가 1e−3*norm(c)보다 작으면 새로운 반복항을 받아들이고 그렇지 않으면 반복과정을 계속한다. 10회의 반복에서 반복과정이 수렴하지 않으면 오차 메시지를 내보내고 수행을 종료한다. (이 ODE에 대하여 뉴턴의 방법은 즉시 수렴하지만 무엇이 포함되는지를 알기 위해서는 일반적인 ODE에 대한 코드를 작성해야 한다.)

■ 연습문제 2.11

본문에서는 $0 \le t \le 10$에서 AB1에 의한 경성 IVP

$$y' = -100y + 10, \quad y(0) = 1$$

의 풀이를 다루고 있다. 처음에는 경계층에서의 해를 위하여 작은 스텝 크기가 필요하지만 조금 뒤에는 해가 거의 일정해지므로 큰 스텝 크기가 사용될 수 있다. t_n에서의 국부적 반올림 오차의 선도항의 크기가 τ의 절대오차 허용한계보다 크지 않은 범위에서 가장 큰 스텝 크기 h를 구함으로써 앞의 주장을 정당화 시켜라.

■ 연습문제 2.12

단순함과 편리함을 위하여 후향 Euler 공식으로 적분하는 경우 응용 코드들은 종종 일정함 스텝 크기를 사용한다. 이 공식은 매우 우수한 안정성 성질을 갖지만 잘못 사용된다면 이러한 성질들은 정성적으로 옳지 않은 수치해에 도달하게 하여준다. 간단한 보기로서 IVP

$$y' = 10y, \quad y(0) = 1$$

를 스텝 크기 h=1과 후향 Euler 방법으로 적분하여라. 수치해는 해석적 해 $y(t) = e^{10t}$와 어떻게 비교되는가? 무엇이 이루어지고 있는가?

■ 연습문제 2.13

연습문제 2.12와 관련되는 어려움은 다음과 같은 IVP에 의하여 예시된다:

$$y' = -\frac{1}{\tau^2} + 10\left(y - \frac{1}{t}\right), \quad y(1) = 1$$

표 2.6: 후향 Euler 해.

t	y
2	0.472
3	0.330
4	0.248
5	0.199
6	0.166
7	0.142
8	0.124
9	0.110
10	0.099

해가 0으로 감쇄하는 물리적 근거를 기대한다면 이를 일정한 스텝 크기와 후향 Euler 방법을 사용하여 근사하는 것으로 만족할 수 있다. 이 문제의 해석적 해는 $y(t)=t^{-1}$이므로 해는 감쇄된다. 스텝 크기를 h=1로 하고 위의 IVP를 푼 결과는 표 2.6에 나타나 있으며 만족스러운 것으로 보인다.

이제 위의 IVP를 각각의 가변 스텝 크기 코드 ode45와 ode15s로 풀어라. 수치해는 끔찍하다. 이들은 고급 풀이기들이다. 그렇다면 무슨 일이 일어나고 있는 것일까? 이 수치해들은 위의 IVP에 대하여 무엇을 말하여 주고 있는가?

이 문제에서 예시된 어려움은 실제에서는 그렇게 뚜렷하지 않을 수 있다. 2.3.3절은 PDE의 해가 어떻게 ODE 시스템의 해로 근사될 수 있는지를 논의하고 있다. 여기에는 어떤 기법이 있다. 어떤 종류의 PDE들을 근사하기 위해 유한 차분을 이용하는 경우 ODE의 "명백한" 근사 시스템이 불안정할 수 있다. 후향 Euler 방법과 "큰" 스텝 크기를 이용함으로써 불안정성을 감쇄시킬 수 있지만 그럴 경우 수치해가 PDE의 해를 충실하게 따를 것인지의 여부는 불투명하다.

■ 연습문제 2.14

어떤 널리 이용되는 응용코드들에서 후향 Euler 방법은 다른 방식으로 잘못 이용되고 있다. 함축적 방법의 안정성이 요구되지만 −비용을 줄이기 위해서− 공식은 하나의 보정만이 이루어지는 예측자−보정자 과정에 따라 계산되는 것으로 인식되고 있다. 두 가지 다를 취할 수는 없다: 함축적 방법의 안정성을 원한다면 이를 적절하게 계산하는 비용을 감수해야 한다. 이에 대한 예를 살펴보기 위하여 전향 Euler 방법에 의한 예측과 후향 Euler 방법에 의한 하나의 보정으로 구성되는 예측자−보정자 쌍의 안정성 영역은 유한함을 보여라. 단일 보정의 정성적 효과는 (예를 들면) $z=h\lambda=-2$에 대해서 예측자−보정자 쌍은 불안정하지만 후향 Euler 방법은 복소평면의 왼쪽 절반의 모든 z에 대하여 안정함을 보임으로써 명백해진다.

■ 연습문제 2.15

이 문제는 이론과 실제적 측면에서의 경성도에 대한 이해에 도움이 될 것이다. O'Malley(1991)는 연소공정에서 반응물 y(t)의 농도를 ODE

$$y'=f(y)=y^2(1-y)$$

로 나타내고 있다. 이 ODE는 $[0,\ 2\epsilon^{-1}]$에서 초기조건 $y(0)=\epsilon$으로 적분된다.

그는 예비 인화상태로부터의 작은 교란 $\epsilon > 0$에 대한 해의 거동을 분석하기 위하여 교란방법을 이용하고 있다. 해석적인 작업이 계시적이지만 간단하게 하기 위해 위의 IVP를 $\epsilon = 10^{-4}$로 하여 BDF와 다음 프로그램에 근거하는 풀이기 ode15s로 수치적으로 풀어보라:

```
function ignition
epsilon = 1e-4;
options = odeset('Stats','on');
ode15s(@ode,[0, 2/epsilon],epsilon,options);

%=====================================
function dydt = ode(t,y)
dydt = y^2*(1 - y);
```

위의 프로그램은 해가 계산됨에 따라 이를 스크린에 나타내어 주며 수행이 종료되면 약간의 통계를 보여준다. 해는 초기값 ϵ으로부터 천천히 증가함을 알게 될 것이다. $O(\epsilon^{-1})$인 시점에서 반응물은 인화되고 농도는 거의 1까지 빠르게 증가한다. 이러한 증가는 $O(1)$인 구간에서 일어난다. 적분구간의 나머지 부분에서 해는 한계값인 1에 매우 근접한다. 이 프로그램을 수정하여 위의 IVP를 명시적 Runge-Kutta 쌍에 근거하는 풀이기 ode45로 풀어라: 여러분이 해야 할 일은 풀이기의 이름을 바꾸는 것뿐이다. 수치적분은 해가 거의 일정하게 된다는 사실에도 불구하고 인화 후에 멈추게 됨을 알게 될 것이다. 차이를 정량화하기 위하여 tic와 toc를 사용하여 전체 구간 및 구간의 첫 번째 절반에 걸쳐 두 풀이기들의 수행 시간들을 측정하여라. 이 때 해가 계산되는 대로 스크린에 나타나도록 하면 안 된다. 즉 ode15s의 호출문을 다음과 같이 변경해야 한다:

```
[t,y] = ode15s(@ode,[0, 2/epsilon],epsilon,options);
```

구간의 첫 번째 절반에서는 비경성 풀이기 ode45가 더 빠름을 알게 될 것인데 이는 하나의 미지수를 갖는 ODE로 인한 ode15s에서의 최소 선형대수 비용에도 불구하고 ode45 공식의 탁월한 정확도 때문이다. ode45의 명시적 Runge-Kutta 공식은 (구간의 마지막 절반에서 적분을 안정하게 유지시키기 위해) 작은 스텝 크기를 이용해야 하지만 ode15s의 BDF들은 그렇지 않기 때문에 경성 풀이기 ode15s는 전체 구간에 걸쳐 더 빠름을 알게 될 것이다. 통계에 따르면 Runge-Kutta 코드의 경우 적분의 두 번째 절반구간에서 실패한 스텝들이 많다. 이는 한정된 안정성 영역을 갖는 방법으로 경성문제를 풀 경우에 일어나는 대표적인 현상이다.

수치적 결과들을 이해하기 위하여 Jacobian $\frac{\partial f}{\partial y}$를 구하여라. 방정식이 하나이므로 유일한 고유치는 Jacobian 자신이다. $0 \le y \le 1$에 대하여 Lipschitz 상수를 구하여라. 이 값은 크지 않음을 알 것이다. 따라서 주어진 IVP는 긴 구간들 상에서만 경성일 수 있다. 적분의 첫 번째 부분에서 해는 양으로서 천천히 변하며 $O(\epsilon)$이다. 고유치의 부호를 사용하여 선형 안정성 분석에 따라 IVP는 불안정하며 따라서 이 부분의 적분에서는 경성이 아님을 보여라. 이러한 길이 $O(\epsilon^{-1})$의 구간에서는 적당히 불안정하므로 이 식을 정확하게 풀 것으로 기대할 수 있음을 밝혀라. $[0,\ 2\epsilon^{-1}]$ 상에서 도시할 경우 인화시점에서 해의 변화는 매우 급격하지만 zoom을 사용하면 대부분의 변화는 [9650, 9680]에서 일어난다는 것을 알게 될 것이다. 이와 같은 크기 O(1)의 구간에서 IVP는 경성이 아님을 보여라. 적분구간의 나머지 절반에서 해는 1에 근접하며 천천히 변화한다. 이 경우 고유치의 부호를 이용하여 IVP는 안정함으로 보이고 길이 $O(\epsilon^{-1})$인 이 구간에서 IVP는 경성임을 밝혀라.

■ 연습문제 2.16

선형 다중스텝 방법에 대한 안정성 영역의 경계는 *근 궤적 방법*에 의하여 계산될 수 있다. 스텝 크기 h를 일정하게 하여 테스트 방정식 $y' = \lambda y$에 적용한 LMM은 다음과 같은 형태를 갖는다:

$$\sum_{i=0}^{k} \alpha_i y_{n+1-i} - h \sum_{i=0}^{k} \beta_i (\lambda y_{n+1-i}) = \sum_{i=0}^{k} (\alpha_i - h\lambda\beta_i) y_{n+1-i} = 0$$

이는 계수가 상수이고 차수가 k인 선형 차분 방정식으로서 상수 계수들을 갖는 차수 k의 선형 ODE와 매우 유사하게 다루어질 수 있다. 특성 다항식

$$\sum_{i=0}^{k} (\alpha_i - h\lambda\beta_i) r^{k-i}$$

의 각 근 r은 $m = 0, 1, 2, \cdots$에 대하여 $y_m = r^m$ 형태인 차분 방정식의 해를 제공하여 준다. ODE에서와 같이 r이 중근인 경우 다른 종류의 해가 존재한다; 그러나 또한 ODE에서와 같이 주어진 $z = h\lambda$에 대하여 차분 방정식의 모든 해들은 한정되어 있으며 따라서 선형 다중스텝 방법은 특성 다항식의 모든 근들의 크기

가 1보다 작을 경우에 안정하다. 안정성 영역의 경계상의 점 z에 대하여 근 r의 크기는 1과 같다. 이러한 관찰을 토대로 r이 크기 1의 근인 모든 z를 도시함으로써 안정성 영역의 경계를 추적할 수 있다. 이를 위하여 다항식을 $\rho(r)-z\sigma(r)$로 쓰는 것이 편리하다. 여기에서

$$\rho(r)=\sum_{i=0}^{k}\alpha_i r^{k-i}, \quad \sigma(r)=\sum_{i=0}^{k}\beta_i r^{k-i}$$

이를 이용하면 안정성 영역의 경계는 곡선

$$z=\frac{\rho(r)}{\sigma(r)}$$

이다. 여기에서 $r=e^{i\theta}$이며 θ는 0에서 2π까지 변한다. 본문에서 논의된 선형 다중스텝 방법들 가운데 몇 가지 - 예를 들면 전향 Euler 방법(AB1), 후향 Euler 방법(AM1, BDF1), 사다리꼴 규칙(AM2), 그리고 BDF2 - 에 대한 안정성 영역의 경계를 도시하여라. 시도해 볼 만한 다른 선형 다중스텝 공식들은 AM3

$$y_{n+1}=y_n+h\left[\frac{5}{12}y_{n+1}{}'+\frac{8}{12}y_n{}'-\frac{1}{12}y_{n-1}{}'\right]$$

및 BDF3

$$y_{n+1}=\frac{18}{11}y_n-\frac{9}{11}y_{n-1}+\frac{2}{11}y_{n-2}+\frac{6}{11}h'y_{n+1}$$

이다. 근 궤적 방법은 안정성 영역의 경계만을 제공하여 준다. BDF의 안정성 영역은 한정되어 있지 않으므로 여러분이 도시하는 곡선 *바깥에서도* 안정하다. 사다리꼴 규칙은 약간 다른데 이는 연습문제 2.9에서 직접 증명할 것을 요구하고 있는 바와 같이 복소평면의 왼쪽 절반에서 안정하기 때문이다. 언급된 다른 공식들은 안정성 영역이 한정되어 있으므로 곡선 내부에서 안정하다.

2.3 MATLAB®을 이용한 IVP의 풀이

MATLAB® 풀이기들을 가장 간단히 이용하는 경우 우리가 해야 할 일은 어떤 IVP를 풀 것인가를 풀이기에게 알려주는 것 뿐이다. 즉 $f(t,y)$를 계산하는 함수,

적분구간, 그리고 초기조건 벡터를 제공하여 주어야 한다. MATLAB은 다양한 방법들을 수행하는 우수한 많은 풀이기들을 지니고 있지만 이들은 모두 *똑같이* 동일한 방법으로 사용될 수 있다. 문서에 따르면 문제가 경성이라는 의심이 가지 않는 한 먼저 ode45를 시도하고 경성 문제인 경우에는 ode15s를 시도해 보아야 한다. 이전의 절들에서 경성도가 무엇인지에 대하여 논의하였지만 실제적인 정의는 ode15s가 ode45보다 *더욱* 빠르게 IVP를 풀면 그 문제는 경성이라는 것이다. 많은 사람들은 IVP가 ode45와 같은 코드로는 힘들 경우 그 문제는 경성임이 틀림없다라는 인상을 지니고 있다. 이는 그렇지 않으며 풀기가 힘든 것에는 다른 이유가 있을 수 있고 이는 ode15s로도 힘들 수 있는 것이다. 한편 문제의 풀이가 ode45로는 힘들지만 ode15s로는 쉬울 경우 그 문제는 거의 확실하게 경성문제이다.

언급해 둘 만한 프로그램 관련사항이 있다. MATLAB 프로그램은 스크립트 파일이나 함수로 쓰여질 수 있다. 보조 함수들이 부함수들로서 제공될 수 있으므로 우리는 보기들을 함수로 쓰는 것을 선호해 왔다. ODE를 정의하는 함수를 주 프로그램과 동일한 파일에서 이용가능하도록 하는 것은 확실히 편리하다. 이벤트 위치와 같은 복잡성을 갖는 IVP를 풀 때처럼 몇 개의 함수들을 공급해야 하는 경우 이는 더욱 중요해진다. BVP와 DDE들을 풀 경우 다수의 보조 함수들을 공급하는 것이 언제나 필요하다.

보기 2.3.1

제 1장에서 우리는 간단한 방정식들의 해석적 해를 살펴보았다. (연습문제 2.17에서는 이들을 수치적으로 풀도록 하였다.) 그 문제들 가운데 하나는

$$y' = y^2 + t^2$$

이었다. 이에 대한 일반해는 부분 Bessel 함수들을 포함하는 약간 복잡한 식임을 알았다. 그래도 위 방정식은 매우 간단해서 $y(0) = 0$에 대한 해를 해석적으로 구할 수 있으며 다음의 명령어에 따라 이 해를 $0 \le t \le 1$에서 도시할 수 있다:

```
>> y = dsolve('Dy = y^2 + t^2','y(0)=0');
>> ezplot(y,[0,1])
```

ODE를 이러한 방법으로 부여하는 것은 매우 간단한 문제에서는 만족스럽지만 수치 풀이기들은 대규모의 복잡한 방정식 시스템들을 처리하는 것이 예상된다.

따라서 이들은 ODE가 (부)함수로 계산되는 것으로 예상한다. 이 문제의 경우 ODE는 다음과 같은 코드로 만들어 이를 f.m 파일에 저장할 수 있다:

```
function dydt = f(t,y)
dydt = y^2 + t^2;
```

IVP는 [0,1] 상에서 수치적으로 해결되며 해는 다음 명령어에 따라 도시된다:

```
[t,y] = ode45(@f,[0,1],0);
plot(t,y)
```

이는 스크립트 파일이나 함수로 만들 수 있다. 물론 명령어가 두 개 뿐이라면 명령어 라인에서 입력할 수도 있다. 첫 번째 입력인수는 ode45에게 ODE 계산을 위하여 어느 함수가 사용될 것인지를 말하여 준다. 이는 함수 핸들로 수행되는데 여기에서는 @f이다. 두 번째 입력인수는 적분구간 [a,b]이며 세 번째는 초기값이다. 풀이기는 풀이기가 선택하는 격자

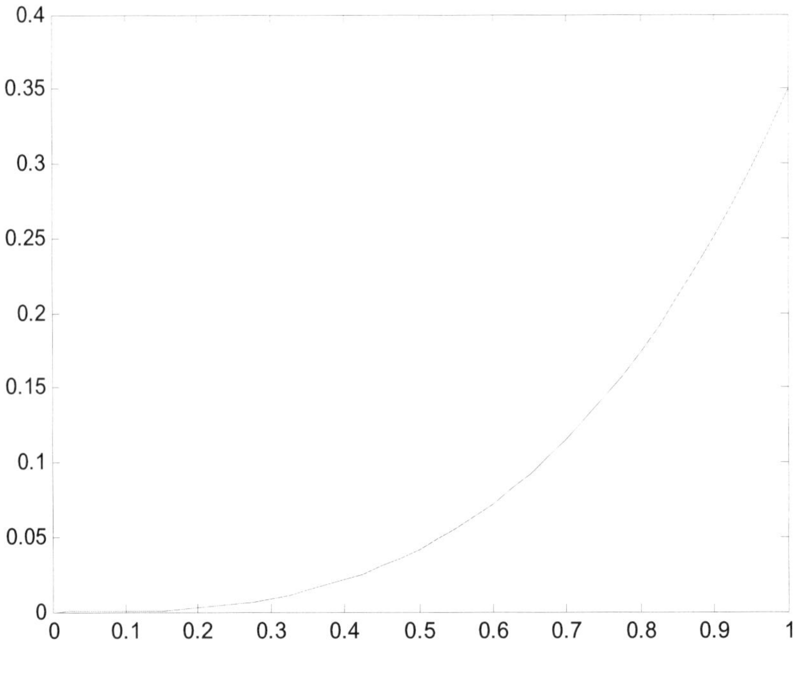

그림 2.1: 초기조건 $y(0)=0$에 따른 방정식 $y'=y^2+t^2$의 해.

$$a = t_0 < t_1 < \cdots < t_N = b$$

에서 근사 $y_n \approx y(t_n)$를 계산한다. 격자점들은 배열 t로 반환되며 이에 해당되는 근사해들은 배열 y로 반환된다. 이 출력은 그래프 그리기에 편리한 형태이다. 그림 2.1은 이 계산의 결과를 보인 것이다. 스크립트(혹은 명령어 라인)로 수행되면 격자 t와 이 격자에 대한 해 y에 접할 수 있으므로 예를 들면 시스템의 개별적인 성분들을 살펴보거나 로그 척도로 그래프를 그릴 수 있다.

모든 입력인수들은 IVP의 정의에서도 요구된다. 실제로 의문시될 만한 입력인수는 적분구간이다. 그러나 우리는 IVP의 안정성은 그의 수치해의 바탕이 되며 구간 길이와 적분방향 모두에 따라 좌우됨을 알았다. MATLAB 문제해결 환경과 풀이기의 고안으로 일반적인 과학계산에서 컴파일되는 계산을 위해 작성되는 대표적인 풀이기들에서의 긴 인수호출 목록을 피할 수 있다. 예를 들면 MATLAB은 컴파일되는 계산에서 요구되는 지루하고 오차를 유발하기 쉬운 저장 및 데이터 형식의 지정을 피할 수 있게 하여 준다. 이는 선택적 인수들에 대하여 내장값들을 많이 사용함으로써 가능하다.

MATLAB® PSE는 그 크기를 미리 정할 수 없는 해 배열들의 출력을 편리하게 하여 주며 그 데이터 배열들의 도시를 위한 편리한 도구들을 제공하여 준다. 일반적인 과학계산을 위한 대표적인 풀이기는 해를 원하는 모든 t_n을 사용자가 공급하게 한다. 여기에서 저장은 중요한 이유가 되지만 실제로는 지정된 점들에서 해를 원할 수도 있다. MATLAB IVP 풀이기들이 이러한 기능을 제공하는 한 가지 방법은 구간을 지정하는 인수를 겹쳐쓰는 것이다. 적분구간에 대하여 두 원소 이상의 배열 [t0 t1 ... tf]를 부여한다면 풀이기는 이를 해 값 $y(t0), y(t1), \cdots, y(tf)$들에 대한 근사를 반환하라는 지시로 해석한다. 이러한 방법으로 호출되면 출력배열 t는 입력배열과 동일하다. 지정된 출력점들의 수와 배치가 계산에 거의 영향을 미치지 않는다는 사실은 상당한 실제적 중요성을 갖는다. 출력점들은 순서대로, 즉 $a = t0 < t1 < \cdots < tf = b$ 이거나 $a = t0 > t1 > \cdots > tf = b$로 되어 있어야 한다. 알기 쉬운 예로서 구간 [0,1] 상의 간격이 같은 10개의 점에서 위 보기의 해에 대한 표를 만들고자 한다고 가정하자. 이는 다음과 같은 스크립트로 수행할 수 있다:

```
tout = linspace(0,1,10);
[t,y] = ode45(@f,tout,0);
```

IVP 풀이기들로부터 출력을 얻는 다른 방법이 있는데 이는 몇 가지 이점을 지니고 있다. 출력은 구조 형태를 가지며 어떤 이름도 취할 수 있지만 sol이라고 부르기로 한다. 여기에서 구문은 다음과 같은 형태를 갖는다:

```
sol = ode45(@f,[0,1],0);
```

이러한 방식의 풀이기 사용으로 통상적인 출력 [t,y]는 해 구조체 sol의 필드들이 된다. 특히 격자 t는 필드 sol.x로 반환되며 이 점들에서의 해는 필드 sol.y로 반환된다. 그러나 이는 이런 형태의 출력에서 중요한 것은 아니다. 풀이기들은 실제로는 모든 [a,b]에서 연속해 S(t)를 생성한다. 이들은 해 구조체 sol 내에 S(t)를 계산하는 데에 필요한 정보를 반환한다. 이는 보조함수 deval을 통하여 이루어진다. 이 함수는 해 구조체 및 해들의 근사를 원하는 점들의 배열과 같은 두 개의 입력인수를 가진다. 풀이기로 하여금 `tout = linspace(0,1,10)`에서 답을 계산하도록 하기보다는 해 구조체 sol을 반환하도록 한 다음 이 점들에서 다음과 같은 명령어에 따라 답을 계산하도록 할 수 있다:

```
Stout = deval(sol,tout);
```

출력을 이런 형태로 하면 IVP를 한 번만 풀면 된다. 해 구조체를 이용하면 원하는 곳 어디에서나 답을 계산할 수 있다. 사실 여러분은 해에 대한 함수를 가지고 있다. 실제로 이를 좀 더 함수처럼 만들기 위하여 deval은 그 인수들을 순서를 반대로 하여 받아들이기도 한다:

```
Stout = deval(tout,sol);
```

이러한 형태의 출력은 IVP 풀이기들에 대한 옵션이지만 MATLAB의 BVP 및 DDE 풀이기들에 대한 유일한 출력 형태이다.

어떤 ODE들은 어느 한계점 이후에서는 적분될 수 없다. 이러한 어려움이 어떻게 처리되는가는 풀이기에 따라 좌우된다. 코드가 어느 특정지점에서 그 지점까지 단계적으로 풀이를 수행함으로써 출력을 생성한다면 그러한 어려움은 쉽게 처리될 수 있다. 그 이유는 간단히 그 한계점 이후의 출력을 요구하지 않으면 되기 때문이다. 그러나 이는 비효율적인 방법이다. 최근의 풀이기들은 취할 수 있는 가장 큰 스텝 크기로 적분을 수행하며 출력 위치에서 해를 근사하기 위해 연속적인 확장을 계산한다. 따라서 이 풀이기들은 출력지점 바깥으로까지 스텝을 취하는 것이 허용되어야 한다. 그러므로 풀이기가 어떤 위치를 넘어설 수 없는 경우 어떻게 할 것인가? 일반적인 과학계산에서 많은 코드들은 사용자가 이러한 상대적으로 흔치 않은 상황을 알려주도록 하는 옵션을 갖는다. MATLAB 풀이기들은 이를 효과적인 방법으로 처리한다: 이들은 어떤 구간에서 설정된 문제들만을 받아들인다. 이들은 이 구간의 끝점을 지나서는 적분을 수행하지 않으며 구간 외부의 점들에서 ODE를 계산하지도 않는다. 따라서 이 보기에서는 ODE가 t>1에서 정의되는지조차 문제가 되지 않는다.

보기 2.3.2

보기 2.3.1은 IVP가 명령어 라인에서 해결되고 있다는 점에서 흔한 경우는 아니다. 프로그램 ch2ex1이 보다 대표적인 경우이다. 이 프로그램은 다음과 같은 ODE를 풀고 있다:

$$x_1' = -k_1 x_1 + k_2 y$$
$$x_2' = -k_4 x_2 + k_3 y$$
$$y' = k_1 x_1 + k_4 x_2 - (k_1 + k_3) y$$

초기조건은 구간 $0 \le t \le 8 \cdot 10^5$에서 다음과 같다:

$$x_1(0) = 0 \quad x_2(0) = 1 \quad y(0) = 0$$

계수들은 다음과 같이 주어진다:

$$k_1 = 8.4303270 \cdot 10^{-10}, \quad k_2 = 2.9002673 \cdot 10^{11},$$
$$k_3 = 2.4603642 \cdot 10^{10}, \quad k_4 = 8.7600580 \cdot 10^{-6}$$

주 프로그램을 함수로 작성함으로써 ODE의 계산을 부함수 odes가 수행하도록 만들 수 있다. 이 부함수의 출력은 열벡터이어야 하는데 이는 dydt를 0들의 열벡터로 초기화시킴으로써 이루어진다. $n = 1, 2, \cdots$에서 $y_i(t_n)$에 대한 근사는 y(:,i)로 반환된다. 프로그램은 이 출력을 이용하여 $x_1(t)$와 $x_2(t)$를 모두 t에 대한 선형 척도로 도시하며 y(t)는 별도로 t에 대한 로그척도로 나타낸다.

이는 1.4절에서 논의한 양자이동 문제로서 두 그래프들은 그림 1.6과 1.7과 같이 제공된다. 모든 해 성분들에 적용된 기본적인 절대오차 허용 한계값 10^{-6}은 y(t)에 대해서는 부적절함을 지적하였다. 이는 그림 1.7로부터 절대오차의 크기가 $3 \cdot 10^{-17}$보다 작음을 알 수 있기 때문이다. MATLAB IVP 풀이기들에 대한 모든 선택적인 지정사항들은 보조함수 odeset과 *키워드*들에 의하여 제공된다. 명령어 help odeset을 입력하면 다양한 옵션들에 대한 간략한 설명이 제공되며 odeset 자체는 나머지에 대한 것들을 알려준다. 오차 허용한계는 가장 흔한 선택적 입력이다. 이 IVP의 경우 절대오차 허용한계로서 10^{-20}이 보다 적절하다. 절대오차 허용한계가 스칼라 값으로 주어지면 이는 모든 해 성분들에 적용된다. 이 값이 벡터로 주어지면 절대오차 허용한계 벡터의 원소들은 해 벡터의 해당되는 원소들에 적용된다. 지정되지 않는 임의의 옵션은 기본값이 주어진다. 여기에서 우리는 상대오차 허용한계로서 기본값인 10^{-3}(이는 언제나 스칼라이다)을 사용하고 있지만 이 값으로 이를테면 10^{-4}를 이용하기를 원한다면 다음과 같이 설정할 수 있다:

```
options = odeset('AbsTol',1e-20,'RelTol',1e-4)
```

옵션들의 순서는 상관없으며 키워드들은 대/소문자를 구별하지 않는다. odeset으로 옵션 구조체가 구성되면 이는 풀이기의 4번째 선택적 입력인수로 제공된다. 여기에서 options은 옵션 구조체에 대한 자연스러운 이름이지만 원한다면 다른 이름을 사용할 수 있다.

```
function ch2ex1
% 변수: x_1=y(1), x_2=y(2), y=y(3)
options = odeset('AbsTol',1e-20);
[t,y] = ode15s(@prot,[0 8e5],[0; 1; 0],options);
plot(t,y(:,1),t,y(:,2),'.-')
legend('x_1','x_2')
figure
semilogx(t,y(:,3))

% 미분방정식
function dy = prot(t,y)
k = [8.4303270e-10 2.9002673e+11 2.4603642e+10 8.7600580e-06];
dy = zeros(3,1);
dy(1) = -k(1)*y(1) + k(2)*y(3);
dy(2) = -k(4)*y(2) + k(3)*y(3);
dy(3) =  k(1)*y(1) + k(4)*y(2) - (k(2) + k(3))*y(3);
```

주어진 IVP는 경성이므로 BDF 코드인 ode15s를 이용하여 이 문제를 해결하였다[1]. 가장 간단한 사용에 있어서 모든 IVP 풀이기들은 호환이 가능하다. Runge-Kutta 코드인 ode45를 대신 사용하려면 ch2ex1.m의 풀이기 이름을 바꾸기만

1) 역자 주: 프로그램 ch2ex1.m은 제 1장의 proton.m과 동일하다.

하면 된다. 연습문제 2.18에서는 이렇게 하여 봄으로써 경성 문제들에 대해서는 왜 특정 방법들이 필요한가를 스스로 알아볼 수 있도록 하였다.

보기 2.3.3

기본적으로 풀이기들은 적분과정 중에 모든 스텝들에서의 해들을 반환한다. 출력을 더 조절하기 위해서 *출력함수*를 작성하여 풀이기가 이를 각 스텝에서 바로 계산된 해와 함께 호출하도록 할 수 있다. 몇 가지 출력함수들이 풀이기들과 함께 제공된다. 사용자가 출력인수를 지정하지 않는다면 풀이기는 편의상 사용자가 출력함수 odeplot의 사용을 원하는 것으로 간주한다. 이 출력함수는 해들이 계산됨에 따라 해의 모든 성분들을 보여준다. 연습문제 2.15와 2.18은 이에 대한 보기들이다. 때로는 모든 성분들을 보기를 원치 않을 수도 있다. 어느 성분들이 나타나도록 하는가는 OutputSel 옵션으로 조절할 수 있다. 다른 출력함수들은 위상도로 나타나도록 하는 것을 편리하게 하여준다. 연습문제 2.21에서 이에 대한 실험을 하여볼 수 있다.

이 책의 보기 프로그램들 가운데 dfs.m이 있는데 이는 스칼라 ODE $y' = f(t,y)$에 대한 해를 계산하고 그래프로 나타내는 기능을 제공한다. 연습문제 1.4에서 이 프로그램을 사용하는 방법을 다루고 있지만 여기에서는 출력함수를 어떻게 작성하는가를 보여주기 위해 이 프로그램을 고려하여 보기로 한다. 어떤 풀이기에서는 사용자가 최소 스텝 크기 *hmin*을 지정할 수 있으며 이처럼 작은 스텝 크기가 필요한 것으로 보여지면 적분을 종료시킬 수 있도록 하고 있다. MATLAB 풀이기들은 최소 스텝 크기를 제공하지는 않지만 dfs.m은 출력함수에 의하여 이러한 기능을 얻는 방법을 보여주고 있다. 프로그램에서 관련되는 부분은 다음과 같다:

```
function dfs(fun,window,npts)
        .
        .
        .
hmin = 1e-4*(wR - wL);
        .
        .
        .
options = odeset('Events',@events,'OutputFcn',@outfcn,...
            'RelTol',1e-4,'AbsTol',1e-7*max(abs(wB),...
             abs(wT)));
        .
```

```
        .
        .
[t,y] = ode45(@F,[t0,wR],y0,options);
plot(t,y,'r')
[t,y] = ode45(@F,[t0,wL],y0,options);
plot(t,y,'r')
        .
        .
        .
function status = outfcn(t,y,flag)
global hmin
persistent previoust
status = 0;
switch flag
case 'init'
    previoust = t(1);
case ''
    h = t(end) - previoust;
    previoust = t(end);
    status = (abs(h) <= hmin);
case 'done'
    clear previoust
end
```

옵션 OutputFcn은 여기에서는 outfcn인 출력함수의 이름을 풀이기에 알려준다. 출력함수가 존재하면 풀이기는 이를 매 스텝에서 인수 t,y,flag와 함께 호출한다. 인수 t와 y들은 독립 및 종속변수들이며 문자열 flag는 호출의 상황을 알려준다. 출력함수는 변수 status를 반환한다. 적분을 계속하고 싶다면 0(거짓)을 반환하며 수행을 종료하고자 한다면 1(참)을 반환하도록 한다. 풀이기는 처음에 flag를 'init'와 같게 두고 호출함으로써 출력함수가 그 자체를 초기화할 수 있도록 하여준다. 예를 들어 출력을 파일에 기록하고 싶다면 이 시점에서 파일을 열 수 있다. 첫 번째 호출에서 풀이기는 출력함수에게 t에서의 적분구간 [a,b]와 y에서의 y(a)를 제공하여 준다. 현재의 보기에서 변수 previoust는 독립변수 t(1)의 초기값으로 초기화된다. 이는 persistent로 선언됨으로써 호출들 사이에서 그대로 유지된다. 각 적분단계 후에 풀이기는 flag를 ' '로 하여 출력함수를 호출한다. 일반적으로 t는 스텝의 끝에서 독립변수의 값이며 y는 그곳에서의 근사해이지만 적분이 ode45에 의하여 수행되기 때문에 이 보기에서는 문제가 복잡해진다. 풀이기들은 적분값이 주어질 수 있는 Refine이라는 옵션을 가지고 있어서 스텝 구간의 간격이 동일한 점들에서의 많은 근사해들을 반환할 수 있다. Refine의 기본값은 ode45를 제외한 모든 풀이기들에서는 1이며 ode45에서는 4이다. 출력함수의 이들 근사해를 가지고 원하는 어떤 일이든 할 수 있다. 예를 들어 파일에 t와 y중에서 선택된 성분들만을 기록할 수 있다. Refine이 1보다 크면 근사해들은 순서대로 나타나므로 t(end)를 이용하여 이 보기에서 현재의 스텝 크기를 계산하는 데에 필요한 스텝 끝점에서의 독립변수 값을 얻을 수 있다. 스텝 크기가 최소 스텝 크기보다 크지 않다면 status는 1로 설정되어 적분이 종료되도록 하여준다. 연습문제 2.29는 함수 dfs.m을 수정하여 다른 상황에서도 마찬가지로 수행을 종료하도록 요구하고 있다. 수행이 종료된 후에는 풀이기는 flag을 'done'으로 하고 출력함수를 호출함으로써 출력함수의 역할이 종료된다. 예를 들면 출력함수는 출력파일을 닫을 수 있다. 여기에서 상황을 예시하기 위해 previoust는 삭제된다.

■ 연습문제 2.17

제 1장에서는 다음 방정식들에 대하여 수치적으로 IVP들을 푸는 실질적인 차분은 없다고 주장하였다:

- $y' = y^2 + 1$
- $y' = y^2 + t$
- $y' = y^2 + t^2$

이 식들을 구간 [0,1]에서 초기조건을 y(0)=0으로 하여 이를테면 ode45를 이용하여 풀어 보고 해들의 그래프를 작성하여 봄으로써 이 주장을 확인하여라.

■ 연습문제 2.18

ch2ex1.m을 수정하여 근사해들이 계산되는 대로 나타나도록 하여라. 보기 2.3.3에서 설명한 바와 같이 이는 사용자가 어떤 출력인수도 지정하지 않을 때 일어나는 현상이다. ode15s가 주어진 IVP를 쉽게 해결함을 알게 될 것이다. 출발점에서는 ode45가 막혀버리는 것처럼 보일지라도 이는 사실상 문제를 풀고 있는 것이다. 이는 풀이기가 작업을 마칠 때까지 기다리기에 지친 끝에 사용자가 "정지" 버튼을 눌렀을 때 분명해질 것이다. 그 시점에서 수치해는 적분이 얼마나 진행되었는가를 보여주는 척도로 도시될 것이다. ode45가 IVP를 풀고 있지만 적분을 매우 느리게 수행하고 있는 것을 알게 될 것이다.

■ 연습문제 2.19

경성 IVP들에 대한 효과적인 코드들이 널리 이용되기 전에는 일부 경성 문제들은 아마도 비경성 IVP들에 대한 수치방법들과 결합되었을 특이 교란 방법들에 의하여 다루어졌다. 이러한 방법으로 Lapidus 등(1973)은 오존의 열분해에 관한 다음과 같은 문제를 풀었다:

$$\frac{dx}{dt} = -x - xy + \epsilon\kappa y$$
$$\epsilon\frac{dy}{dt} = x - xy - \epsilon\kappa y$$

여기에서 x는 환원된 오존 농도이고 y는 환원된 산소농도이며 파라미터는 $\epsilon = 1/98$ 및 $\kappa = 3$이다. (y'(t)는 작은 파라미터 ϵ으로 곱해짐을 유의하자.) 위의 IVP를 [0,240]에서 초기조건을 x(0)=1 및 y(0)=0으로 하여 풀고자 한다. Lapidus와 그의 동료들은 특이 교란 방법들이 위의 IVP에 대해서는 아주 정확하지는 않은 것임을 알았다. 이상스럽게도 이는 ϵ이 아주 작지 않기 때문인데 이는 위의 IVP가 매우 경성인 것은 아니라는 것을 말해준다. 오늘날 이러한 IVP의 수치해는 일상적인 것이다. 이를 ode15s로 풀고 y(t)를 semilogx와 axis([0.01 100 0 1])을 이용하여 그래프로 나타내어 Lapidus 등이 얻은 그림 3(1973)과 비교하여 보라. 위의 IVP를 ode45를 이용하여 쉽게 풀 수 있음을 보임으로써 이 IVP가 아주 경성인 것은 아님을 밝혀라. odeset을 이용하여 Stats 옵션을 on으로 설정하고 두 번 실행하여 이 증명에 도움이 될 통계자료를 계산하여라.

■ 연습문제 2.20

본문에 따르면 함축적 방법을 계산할 경우 반복 행렬은 IVP가 경성일 때 불량조건으로 된다. 직접 ch2ex1.m을 수정하여 적분과정에서 형성되는 각 반복행렬들에 대한 조건수가 나타나도록 하여라. 이를 위해서는 ode15s.m을 여러분의 작업 디렉토리에 복사한 다음 이름을 이를테면 mode15s.m과 같이 다시 붙여줄 필요가 있다. ode15s에 대한 소스 코드는 MATLAB이 설치된 디렉토리의 부 디렉토리인 /toolbox/matlab/funfun/에서 찾아볼 수 있다. 아울러 ode15s가 호출하는 보조함수들, 즉 ntrp15s.m, odearguments.m, odeevents.m, odejacobian.m, 그리고 odemass.m들의 복사본이 필요할 것이다. 이들은 /toolbox/matlab/funfun/private/에서 찾아볼 수 있다. 반복행렬에 대한 조건수를 계산하고 이를 주 프로

그램에서 인용하려면 mode15s.m을 탐색하여 다음 명령어를 찾는다:

```
[L,U] = lu(Miter);
```

이 명령어는 MATLAB 함수 lu를 이용하여 LU 인수화를 계산한다. 이는 두 번 이루어지는데 한번은 풀이기가 초기화될 때, 그리고 한번은 주 루프에서 이루어진다. 처음에는 다음과 같이 하여 명령어를 따른다:

```
global tcond cond
tcond = t;
cond = condest(Miter);
```

이는 반복행렬이 이루어지는 위치를 추적하는 한 쌍의 출력배열을 초기화시키며 MATLAB 함수 condest를 이용하여 1-놈(norm)에서 이의 조건수를 계산하고 이 정보를 풀이기 외부에서 얻을 수 있게 하여준다. 따라야 하는 두 번째 명령어는 다음과 같다:

```
tcond = [tcond t];
cond = [cond condest(Miter)];
```

이에 의하여 매번 반복행렬이 구성되고 인수화될 때마다 출력배열을 확장시킨다. 이러한 준비 후에 mode15s를 이용하여 IVP를 풀어감에 따라 반복행렬에 대한 조건수를 감지하는 것은 쉬운 일이다. ch2ex1.m을 이용하여 이를 수행하기 위해 해야 할 일은

```
global tcond cond
```

를 추가하여 정보에 대한 접근을 가능케 하고 다음과 같은 그래프에 따라 계산과정을 따르는 것이다:

```
figure
loglog(tcond,cond,'*-')
```

적분의 첫 번째 부분에서 조건수는 가능한 가장 작은 값인 1과 비교될 만함을 알게 될 것이다. 이 값은 점차 증가하여 가능한 가장 큰 값인 1/eps와 비교될 만하게 된다. 마지막 스텝에서 조건수는 다소 줄어든다. 다음과 같이 ch2ex1.m에 의하여 도시된 해 성분들의 모양과 스텝 크기의 그래프는 조건수가 왜 언급한 바와 같이 거동하게 되는 것으로 예상할 수 있는가에 대한 이유를 설명하여

준다:

```
figure
loglog(t(1:end-1),diff(t))
```

■ 연습문제 2.21

MATLAB® IVP 풀이기 odephas2와 odephas3를 수반하는 두 출력함수들은 해들이 계산됨에 따라 위상공간에 이들을 나타내어 준다. 다음과 같은 ODE들의 해는 위상공간에서 원환체(圓環體) 상에 존재한다:

$$y_1{}' = -y_2 - \frac{y_1 y_3}{r}$$
$$y_2{}' = y_1 - \frac{y_2 y_3}{r}$$
$$y_3{}' = \frac{y_1}{r}$$

위에서

$$r = \sqrt{y_1^2 + y_2^2}$$

이다. ode45를 사용하여 위의 식들을 구간 $0 \le t \le 10$에서 초기조건을

$$(y_1(0),\ y_2(0),\ y_3(0)) = (3,\ 0,\ 0)$$

으로 하여 푼 다음 해가 계산됨에 따라 OutputFcn을 @odephas3으로 설정하여 3차원 위상공간에 해를 나타내어라. 그래프 루틴들은 이어지는 출력점들 사이를 직선으로 연결하여 준다. 스텝 크기가 "클" 경우 출력점들은 서로 멀리 떨어져 있어서 그래프가 매끄럽지 못하게 된다. 이러한 현상은 위상공간에서 그래프를 그릴 때에 더 자주 나타날 수 있다. 이러한 현상이 발생할 경우 Refine 옵션을 사용하여 각 스텝 구간에서 연속 확장을 수행함으로써 풀이기가 추가의 출력점들을 계산하도록 할 수 있다. 이 효과를 분명하게 보려면 다음과 같이 그림을 두 개 계산하여 본다. 하나의 그림에서는 Refine을 1로 설정하여 스텝당 출력점이 하나가 되도록 한다. ode45의 경우 Refine의 기본값은 4이지만 그래프는 더 많은 출력점들에 따라 좋아지게 될 것이므로 두 번째 그림에서는 Refine을 10으로 설정한다. 보조함수 odeset에 의하여 옵션들을 변경함은 물론 이들을 설정

할 수 있다. 첫 번째 그림을

```
options = odeset('OutputFcn',@odephas3,'Refine',1);
```

으로 계산한다면 두 번째 그림에서는 Refine 값을

```
options = odeset(options,'Refine',10);
```

과 같이 재설정한다.

■ 연습문제 2.22

Raghothama와 Narayanan(2002)은 다음과 같은 ODE에 대한 파라미터 자극 효과를 고려하고 있다:

$$x''(t) = -2\zeta x'(t) - x - 1.5x^2(t) - 0.5x^3(t) + f_2\cos(\Omega_2 t) + f_3\cos(\Omega_3 t)$$

위에서 $f_2 = 0.05$, $\Omega_2 = 1$, $\Omega_3 = 2$, $\zeta = 0.1$이며 f_3는 분기(分岐) 파라미터로 처리된다. 연구자들은 f_3가 변함에 따라 위상곡선 $(x(t), x'(t))$ 들의 성질이 달라질 수 있음을 보여주고 있다. ode45를 사용하여 Raghothama와 Narayanan(2002)의 그림 9에 보인 경우들에 해당되는 4가지 경우들에 대해 위의 ODE를 풀어라. t=0에서 t=500까지 RelTol = 1e−8 및 AbsTol = 1e−8로 하여 적분을 수행하여라. 극한 거동을 나타내기 위하여 $400 \le t \le 500$에 대해서만 위상곡선을 구려보라. 적분 코드가 [t,x] = ode45… 와 같은 경우 이를 수행하려면 먼저 이 구간에서 ndx = find(t >= 400)에 의해 격자점들의 지수들을 찾아낸 다음 plot(x(ndx,1),x(ndx,2))로 그래프를 작성한다. 얻어지는 곡선들은 주기가 각각 1, 2, 4 및 8인 주기적 운동을 보여주어야 한다.

- $x(0) = 0,\ x'(0) = -0.60,\ f_3 = 0.50$
- $x(0) = 0,\ x'(0) = -0.80,\ f_3 = 0.92$
- $x(0) = 0,\ x'(0) = -0.59,\ f_3 = 0.99$
- $x(0) = 0,\ x'(0) = -0.80,\ f_3 = 1.005$

연구자들은 나아가 혼돈적 거동이 일어날 수 있음을 예증하고 있다. $x(0) = 0$, $x'(0) = 0$, $f_3 = 1.35$로 하여 같은 방법으로 IVP를 풀어라. 얻어지는 위상곡선은 (오른손잡이) 포수의 미트를 닮은 모양이어야 한다.

2.3.1 이벤트 위치규명

본문의 보기 프로그램들 가운데에는 스칼라 ODE $y' = f(t, y)$를 계산하고 해의 그래프를 제공하는 기능을 갖는 dfs.m 프로그램이 있다. 연습문제 1.4는 이 프로그램의 사용방법을 다루고 있는데 여기에서는 단지 약간의 세부적 사항만이 필요하다. 해들은 사용자가 배열 [wL, wR, wB, wT]로 지정하는 창에 그래프로 나타난다. 점 $(t_0,\ y_0)$를 클릭하면 프로그램은 초기값이 $y(t_0) = y_0$인 해 y(t)를 계산하고 이를 $wL \le t \le wR$, $wB \le y \le wT$에서 그래프로 나타낸다. 구간을 $[t_0,\ wR]$로 하여 ode45를 호출하면 프로그램은 초기점으로부터 그래프 창의 오른쪽 가장자리를 향해 y(t)를 계산해 간다. 다음에 프로그램은 구간 $[t_0,\ wL]$에서 풀이기를 호출하여 초기점으로부터 왼쪽 가장자리까지 y(t)를 계산해 간다. 그러나 해가 그래프 창의 바닥이나 상부를 벗어나 버리면 어떻게 할 것인가? 우리에게 필요한 것은 $y(t^*) = wB$이거나 $y(t^*) = wT$인 t^*가 존재할 때 적분을 중단시킬 수 있는 기능이다.

IVP에 대한 해를 근사하는 동안 우리는 종종 어떤 *이벤트 함수*

$$g_1(t,\ y(t)),\ g_2(t,\ y(t)),\ \cdots,\ g_k(t,\ y(t))$$

들이 소멸되는 점 t^*를 규명할 필요가 있다. 이 점들을 결정하는 것을 *이벤트 위치규명*이라고 부른다. 우리는 간혹 단지 t^*에서 이벤트의 해 $y(t^*)$만을 원하기도 한다. 다른 경우들에서는 t^*에서 적분을 중단하고 초기값과 ODE가 t^*와 $y(t^*)$에 따라 좌우되는 새로운 IVP를 풀 수 있다. 종종 이벤트 함수가 이벤트 시점에서 증가하거나 감소하는 것의 여부가 문제가 된다. dfs.m 프로그램에서는 두 이벤트 함수(wB−y 및 wT−y)들이 있으며 이벤트 시점에서 이벤트 함수가 증가하거나 감소하는 것에는 상관하지 않는다. 모든 MATLAB IVP 풀이기들은 강력한 이벤트 위치규명 능력을 지니고 있다. 일반적인 과학계산에서 사용되고 있는 대부분의 연속 모사 언어들과 일부 IVP 풀이기들은 어떤 종류이건 이벤트 위치규명 능력을 지니고 있다. 이벤트 위치규명은 불량조건일 수 있으며 사용되는 알고리듬 가운데 일부는 조악하다. 이 작업에서의 어려움은 종종 인식되지 못하고 있으므로 이 절의 목표 가운데 한 가지는 이벤트 위치규명 기능을 이용할 경우 약간의 주의를 심어주는 것이다. 이 주제에 대한 심도있는 논의는 Shampine, Gladwell 및 Brankin(1991)과 Shampine 및 Thompson(2000)에서 찾아볼 수 있다.

이벤트를 규명하는 대부분의 코드들은 하나의 스텝 구간에서 이벤트 함수의 부호가 변하는지를 감지한다. 만일 이를테면 $g_i(t_n,\ y_n)$과 $g_i(t_{n+1},\ y_{n+1})$의 부호가 서로 반대라면 풀이기는 표준적인 수치적 방법을 사용하여 구간 $[t_n,\ t_{n+1}]$에서 대수방정식 $g_i(t,\ y(t))=0$의 근을 구한다. 근을 구할 때 여러 위치의 t에서 이벤트 함수 g_i를 계산하는 것이 필요하다. 이 부분에서 연속 확장이 필요불가결하게 된다. 연속 확장이 없다면 g를 계산하는 구간 $[t_n,\ t_{n+1}]$에서의 각 t에 대하여 $g_i(t,\ y(t))$의 계산에서 필요로 하는 y(t)에 대한 근사를 구하기 위해 ODE 풀이기에서 t_n에서 t까지의 스텝을 취하여야 한다. 단순히 모든 구간 $[t_n,\ t_{n+1}]$에서 y(t)에 대한 정확한 다항식 근사 S(t)를 구하는 것이 훨씬 더 효과적이다. 이 경우 이벤트 규명은 방정식 $g_i(t,\ S(t))=0$의 근을 계산하는 것에 해당된다. 종종 다수의 이벤트 함수들이 존재한다. 이들은 동시적으로 처리되어야 하는데 그 이유는 하나의 이벤트 함수의 근을 찾는 과정에서 다른 이벤트 함수가 근을 가지며 이 근이 t_n에 더 근접함을 발견하는 것이 가능하기 때문이다. ODE의 정의가 그 위치에서 변할 수 있기 때문에 t_n에 가장 근접한 이벤트를 규명하여야 한다.

이벤트 규명에 대한 위와 같은 소개는 우리가 경각심을 갖기에 충분한 이유를 제공하여 주고 있다. 위의 접근방법으로는 부호의 변화가 없기 때문에 짝수차수의 근으로 특징지워지는 이벤트들을 찾을 수 있는 희망이 없다. 홀수차수의 근에서 충분히 부호의 변경을 감지하지 못할 수 있다. 이는 스텝 크기를 이벤트 함수의 변화가 아닌 해의 변화가 결정되도록 선택하기 때문이며 따라서 코드는 몇 개의 이벤트들을 건너뛸 수 있고 스텝의 끝에서는 부호변화가 생기지 않는다. 이와 연관되는 어려움은 응용에 있어서 우리는 t_n에 가장 근접한 첫 번째 근을 원한다는 점이며 일반적으로 우리가 이를 확실히 계산한다는 보장이 없다. 실제 문제에서 일어나는 이벤트 함수들 가운데 일부는 매끄럽지 않으며 이 때문에 근의 계산이 더 어려워진다. 실제로 비연속 이벤트 함수들은 드물지 않다. 임의의 대수방정식의 근을 계산할 때와 마찬가지로 이벤트 함수의 근은 불량조건일 수 있는데 이는 t^* 값이 이벤트 함수의 값들에 의하여 열악하게 결정됨을 의미한다. 근의 규명에 있어서 우리는 일반적으로 함수가 매우 정확하게 계산될 수 있다고 가정하지만 여기에서는 인수 y(t)를 단지 지정된 정확도까지만 계산하기 때문에 상황이 달라진다. 그렇다면 근본적인 문제는 우리가 함수 y(t)를 지정된 정확도까지 계산할 때 t^*가 얼마나 잘 결정될 수 있는가이다. 이는 문제를 구성할 때 고려되어야 하지만 근 풀이기에게도 중요한 문제, 즉 우리는 풀이기로 하여금 얼마나 정확하게 t^*를 계산하도록 해야 하는가 하는 문제를 던져준다. 어떤 코드들은 사용자에게 적분에 대한 오차 허용한계에 덧붙여 이벤트 위치규명에 대한 오차 허용한계를 제공하도록 요구한다. 의미있는 값들을 선택하는 것은 어려우므로 (MATLAB 코드들을 포함하는) 다른 코드들은 다른 접근방법을 취한다. 이들은 단순히 컴퓨터의 정밀도 내에서 가능한 한 정확하게 이벤트 위치를 규명한다. 이러한 방법이 실제적이려면 근을 구하는 알고리듬은 통상적인 매끄러운 이벤트 함수의 경우 빨라야 한다. 또한 이벤트 함수가 매끄럽지 않을 경우에도 적절히 빨라야 한다. Moler의 논문(1997)은 MATLAB의 알고리듬이 어떻게 강건하고 적절히 빠른 할선방법을 매끄러운 이벤트 함수에 대해서 빠르며 벡터화가 가능한 기법과 결합시키는지를 설명하여 주고 있다.

뒤에 이어지는 보기들은 MATLAB IVP 풀이기들을 이용한 이벤트 위치규명이 어렵지 않음을 보여주고 있다. 실제로 복잡한 문제는 단지 위치규명을 하고자 하는 이벤트의 종류를 지정하여야 하며 위치를 규명할 경우 풀이기가 무엇을 하기를 원하는가를 지정해야 한다는 것뿐이다. 그러나 위치규명을 수반하는 문제들은 이벤트가 일어난 후에 이루어지는 것 때문에 종종 더 복잡해진다. 보기 2.3.4의 경우 이는 단지 이벤트의 처리에 대한 문제일 따름이다. 연습문제 2.25 및 2.26은 이러한 종류의 문제를 다루고 있다. 보기 2.3.5가 복잡한 이유는 새로운 IVP가 구성되어야 하며 각 이벤트 후에 이를 풀어야 하기 때문이다; 연습문제 2.27과 2.28은 이 보기에 대한 변형을 다루고 있다. 이후 절들의 보기와 연습문제들은 ODE의 풀이에 대한 무언가 새로운 것이 있을 경우의 이벤트 위치규명을 예시하고 있다: 보기 2.3.7의 ODE들은 질량 행렬을 이용하여 구성된다. 연습문제 2.32는 이 보기의 확장이다. 연습문제 2.37의 ODE들은 초기점에서 특이(singular)하다.

이벤트 위치규명은 복잡할 필요가 없다는 것을 알아보기 위하여 dfs.m에서 관련 부분을 찾아보기로 한다. 이 파일에는 이벤트 함수를 계산하고 풀이기가 할 일이 무엇인지를 알려주는 함수 events가 있다. 이 함수에 대한 핸들은 옵션 Events의 값으로 제공된다. 입력값 t, y에 대한 두 이벤트 함수들의 값들은 출력인수 value에서 events에 의하여 반환된다. 벡터 isterminal은 이벤트들이 최종적인 것인지를 풀이기에게 알려준다. 여기에서 두 원소들은 1들로서 이는 모두가 최종적인 이벤트들임을 의미한다. 벡터 direction은 풀이기에게 이벤트 함수가 어떤 이벤트에서 감소하거나 증가하는 지의 여부가 문제가 되는지를 알려준다. 여기에서 두 원소들이 모두 0이면 방향이 문제가 되지 않음을 의미한다. 풀이기는 이벤트들이 존재할 경우 여분의 출력인수들을 가지지만 우리는 여기에서 다만 적분을 종료할 필요가 있을 뿐이며 따라서 이러한 선택적인 출력을 요구하지 않는다.

```
function dfs(fun,window,npts)
        .
        .
        .
options = odeset('Events',@events,...
        .
        .
        .
    [t,y] = ode45(@F,[t0,wR],y0,options);
    plot(t,y,'r')
    [t,y] = ode45(@F,[t0,wL],y0,options);
    plot(t,y,'r')
        .
        .
        .
    function [value,isterminal,direction] = events(t,y)
    global wB wT
    value = [wB; wT] - y;
    isterminal = [1; 1];
    direction = [0; 0];
```

연습문제 2.23의 이벤트 위치규명 문제를 푸는 것은 쉽지만 풀이기의 선택적인 출력 인수들을 이용하는 것이 편리하다. 이상은 단지 이벤트 위치규명에 대한 개요이다; 자세한 사항은 다음의 보기에서 찾아볼 수 있다.

보기 2.3.4

Poincare 사상(寫像)은 동적 시스템의 해석에 중요한 도구이다. 이들은 간격이 동일한 일련의 시간들에서 해의 값들을 그래프로 나타낸 것이 거의 대부분이다. 이 값들은 이 시간들에서 간단히 배열 tspan을 지정함으로써 쉽게 얻어진다. 그러나 때로는 해 값들의 선형 조합이 소멸되는 값들이 얻어지는데 이 값들을 얻는 데에는 이벤트 위치규명이 필요하다. Kocak는 Kocak(1989)의 제 13 및 14과의 PHASER 프로그램을 이용하여 이를 수행하고 있다. 그의 보기에서는 한 쌍의 조화 진동자를 나타내는 변수 $x_1(t)$, $x_2(t)$, $x_3(t)$ 및 $x_4(t)$에 대한 4개의 ODE들이 적분된다. 간단한 식과 초기조건들은 함수 ch2ex2.m에서 찾아볼 수 있다. $x_1(t)$, $x_2(t)$ 및 $x_3(t)$를 그래프로 그려보면 한정된 실린더 모양이 나타난다. 코드로 작성된 바대로 Rotate 3D 툴을 클릭하고 그림을 끌어서 얻은 해에 대한 이러한 투영을 잘 알아볼 수 있도록 한다. 한 가지 보기가 여기에 그림 2.2로 제공되어 있다.

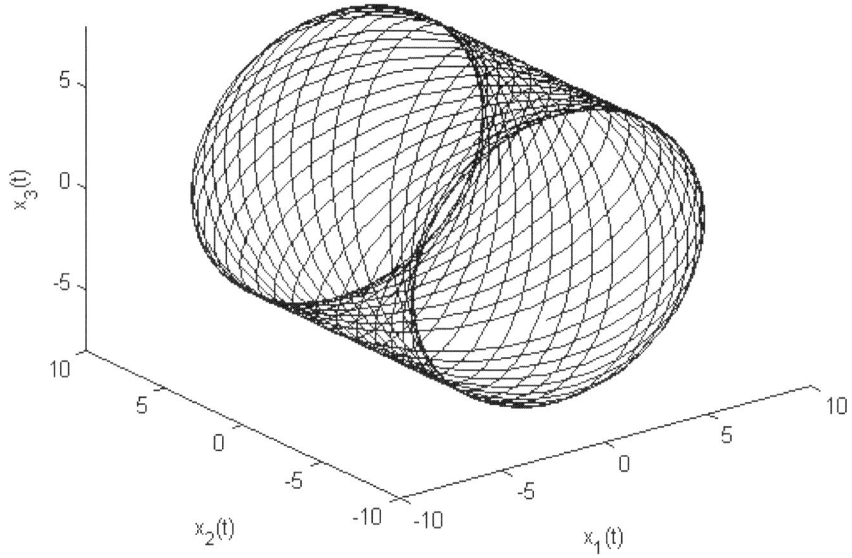

그림 2.2: 한 쌍의 조화 진동자에 대한 Lissajous 그림.

PHASER 프로그램은

$$Ax_1(t)+Bx_2(t)+Cx_3(t)+D=0$$

인 점들을 구하고 그래프로 나타낼 수 있는데 Kocak은 두 가지의 그러한 Poincare 사상을 계산하고 있다. 이들 가운데 하나는 $x_2(t^*)=0$이 되도록 하는 t^* 값들에 대한 좌표 $(x_1(t^*),\ x_3(t^*))$의 그래프이며, 다른 하나는 $x_3(t^*)=0$이 되도록 하는 t^* 값들에 대한 좌표 $(x_1(t^*),\ x_2(t^*))$의 그래프이다. 우리는 이를 달성하기 위해 여기에서 events로 불리는 부함수에서 계산하는 두 이벤트 함수 $g_1=x_2$ 및 $g_2=x_3$를 이용하고 있다. 다른 선택적 입력과 마찬가지로 옵션 Events를 이 함수의 핸들로 설정함으로써 이 함수에 대하여 풀이기에 알려줄 수 있다. 이벤트 함수는 입력으로서 인수 t, x를 가지며 출력으로서 이벤트 함수 $g_1(t,\ x)$와 $g_2(t,\ x)$의 값들의 열벡터 value를 반환한다. 이 함수는 코드가 무엇을 하기를 원하는가에 대한 약간의 정보를 반환하도록 작성되어야 한다. 어떤 문제들에 대해서는 어떤 이벤트가 발생할 경우 적분을 종료하기를 원할 것이다. 이벤트 함수의 두 번째 출력인수는 0과 1들의 열벡터 isterminal이다. $g_k(t,\ x)=0$일 때 적분을 마치기를 원한다면 isterminal(k)를 1로 설정하고 그렇지 않으면 0으로 설정한다. 이러한 측면에서 볼 때 우리가 최종적인 것으로 간주하기를 원하는 이벤트가 간혹 초기점에서 일어날 수 있기 때문에 이 초기점은 특별한 경우이다. 이러한 특별한 상황은 보기 2.3.5와 연습문제 2.24에서 예시되어 있다. 이러한 상황이 비정상적인 것은 아니므로 풀이기들은 초기점에서의 임의의 이벤트를 최종적인 것이 *아닌* 것으로 처리한다. 때로는 이벤트 함수가 어떤 이벤트에서 감소하는지, 혹은 증가하는지가 문제가 된다. 이벤트 함수의 세 번째 출력인수는 열벡터 direction이다. 만일 이벤트 함수 g_k가 감소하는 위치에서만 방정식 $g_k(t,\ x)=0$에 의하여 결정되는 이벤트들에 관심이 있다면 direction(k)를 −1로 설정한다. 또한 함수 g_k가 증가하는 경우에만 이벤트에 관심이 있다면 이를 +1로 설정한다. 이 함수에 대한 모든 이벤트들에 대하여 관심이 있다면 direction(k)를 0으로 설정한다. 현재의 보기에서 이벤트들은 최종적인 것들이 아니며 모든 이벤트들을 계산하고자 한다.

이벤트 위치규명 기능을 사용하는 경우 풀이기는 여기에서 [t,x,te,xe,ie] = ode45… 로 예시된 어떤 추가적인 양들을 반환한다. 배열 te는 이벤트가 발생하는 독립변수의 값들을 포함하며 배열 xe는 그곳에서의 해를 포함한다. 배열 ie는 해당되는 te의 원소에서 어느 이벤트 함수가 소멸되는지를 가리키는 정수를 포함한다. (만일 출력을 해 구조체 sol의 형태로 갖기를 선호한다면 이벤트에 대한 이러한 정보는 각각 sol.xe, sol.ye, 그리고 sol.ie 필드들로 반환된다.) 이벤트가 없다면 이 배열들은 모두 비어있게 되므로 이러한 가능성을 조사하는 편리한 방법은 isempty(ie)를 테스트하는 것이다. 이벤트 위치규명의 복잡성들 가운데 하나는 하나 이상의 이벤트 함수가 존재할 경우 다양한 종류의 이벤트들이 어떤 순서로 발생할 것인지를 모른다는 것이다. 이러한 복잡성은 이 보기에서 예시되는 바와 같이 find 함수를 이용하여 쉽게 해결된다. 예를 들면 명령어

```
event1 = find(ie == 1);
```

은 첫 번째 이벤트 함수에 해당하는 지수들을 event1에 반환한다. 이들은 다음에 그래프 작성을 위하여 xe로부터 해당되는 해 값들을 추출하는 데에 이용된다. 모든 MATLAB IVP 풀이기들은 이벤트 위치규명 기능을 지니고 있으며 모두 정확하게 똑같은 방법으로 이용된다. 여기에서 우리는 ode45를 사용하고 있으며 상당히 많은 주기들에 걸쳐 정확한 해를 필요로 하기 때문에 기본값보다 더욱 가혹한 오차허용 한계를 사용하고 있다. 그림 2.3은 이 프로그램에 의하여 생성된 두 Poincare 사상들 가운데 하나를 보인 것이다.

프로그램은 아울러 다음과 같은 결과를 제시한다:

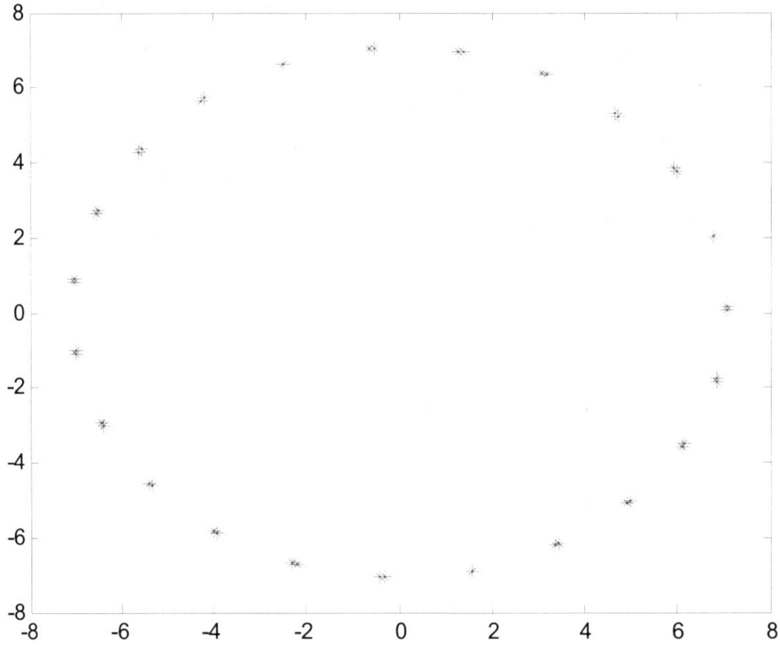

그림 2.3: 한 쌍의 조화 진동자에 대한 Poincare 사상.

```
이벤트 1이 43회 발생함.
이벤트 2가 65회 발생함.
```

함수 ch2ex2는 다음과 같다:

```
function ch2ex2
opts = odeset('Events',@events,'RelTol',1e-6,'AbsTol',1e-10);
[t,x,te,xe,ie] = ode45(@odes,[0 65],[5; 5; 5; 5],opts);
plot3(x(:,1),x(:,2),x(:,3));
xlabel('x_1(t)'), ylabel('x_2(t)'), zlabel('x_3(t)')
axis([-10 10 -10 10 -8 8])
if isempty(ie)
   fprintf('이벤트가 없음.\n');
else
   event1 = find(ie == 1);
   if isempty(event1)
      fprintf('이벤트 1은 발생하지 않음.\n');
   else
      fprintf('이벤트 1이 %i회 발생함.\n',length(event1));
      figure
```

```
        plot(xe(event1,1),xe(event1,3),'*');
    end
    event2 = find(ie == 2);
    if isempty(event2)
        fprintf('이벤트 2는 발생하지 않음.\n');
    else
        fprintf('이벤트 2가 %i회 발생함.\n',length(event2));
        figure
        plot(xe(event2,1),xe(event2,2),'*');
    end
end
%==========================================================
function dxdt = odes(t,x)
a = 3.12121212;
b = 2.11111111;
dxdt = [a*x(3); b*x(4); -a*x(1); -b*x(2)];

function [value,isterminal,direction] = events(t,x)
value = [x(2); x(3)];
isterminal = [0; 0];
direction = [0; 0];
```

보기 2.3.5

많은 이벤트 위치규명 문제들을 대표하는 한 가지 흥미로운 문제는 그림 2.4에 보인 바와 같이 공이 경사면을 튀어 내려오는 모델이다. 간단히 하기 위하여 경사면을 꼭지점이 (0, 0), (0, 1), 그리고 (1, 0)인 삼각형의 가장 긴 변이라 하기로 한다. 시간 t에서 공은 점 (x(t), y(t))에 위치하고 있다. 공은 정지상태에 있다가 경사의 끝점 위에서 낙하된다고 가정한다; 즉 $x(0)=0$, $y(0)>1$, $x'(0)=0$, 그리고 $y'(0)=0$에서 공이 떨어진다. 자유낙하에서 공의 운동은 방정식

$$x''=0, \quad y''=-g$$

로 나타내어진다. 여기에서 두 번째 식은 중력에 의한 가속도 운동을 나타내며 중력상수는 g=9.81이다. 이 식들을 1차 방정식들의 시스템으로 나타내어야 하는데 이를 위하여 다음과 같은 변수들을 도입하기로 한다:

$$y_1(t)=x(t), \quad y_2(t)=x'(t), \quad y_3(t)=y(t), \quad y_4(t)=y'(t)$$

이 식들은 시간 $t^* > 0$에서 볼이 경사면에 닿을 때까지 유효하다. 이 시점에서 공은 오른쪽으로 $x(t^*)$의 거리만큼 이동한 상태인데 이 때 경사면의 높이는 $1-x(t^*)$이다. (첫 번째 이벤트는 $x(t^*)=0$이다.) 공의 높이는 y(t)이므로 공이 경사면에 닿는 이벤트는

$$y(t^*) = 1 - x(t^*)$$

이다. 이로부터 이벤트 함수는

$$g_1 = y_3 - (1 - y_1)$$

임을 알 수 있다. 이 때 모델이 변경되므로 이 이벤트는 최종적인 것이 된다. 공의 이어지는 궤적을 올바르게 모델링하기 위해서는 이벤트 위치규명이 필수적인데 이는 방정식들 자체에는 튀어오른 시간 이벤트가 코드에서 간과되는 경우 공의 방향을 바꾸어 주는 것이 아무것도 없기 때문이다.

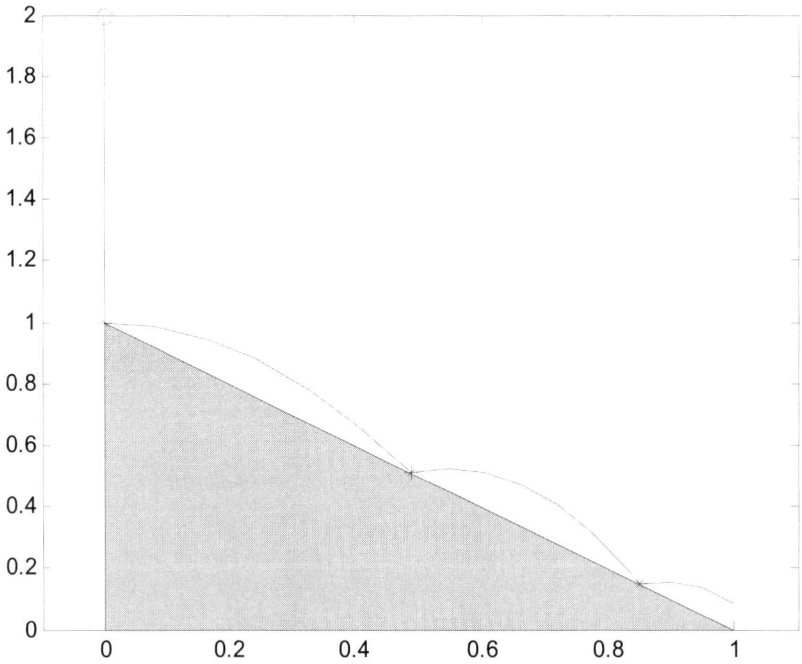

그림 2.4: 복원상수 k=0.35일 때의 공의 경로.

경사면에 닿은 후에는 공은 다시 튀어오르며 이어지는 운동은 동일한 ODE들에 대한 다른 IVP에 의하여 나타내어진다. 새로운 적분에서 공의 초기 위치는 이전 운동에서의 최종점과 같다. 튀어오름의 효과는 새로운 적분의 초기 속도에 나타나는데 이는 복원상수 k(0<k<1)에 의하여 축소된 크기와 경사면의 기하구조에 따라 t^*에서의 속도와 관련되는 방향을 갖는다. 자세하게 들여다보지는 않겠지만 결과로서 시간 t^*에서 시작하는 새로운 적분에 대한 초기조건은

$$(y_1(t^*),\ -ky_4(t^*),\ y_3(t^*),\ ky_2(t^*))$$

임을 얻는다. 다음번에 공이 경사면에 닿는 시간을 인식하는 데에 동일한 최종 이벤트 함수가 이용된다. 그러나 이 새로운 IVP의 초기점에서 공은 경사면에 접함으로 최종 이벤트 함수는 거기에서 소멸된다. 이는 우리가 왜 초기점을 최종 이벤트에 대한 특별한 경우로 처리하고자 하는지를 보여준다. 이러한 종류의 어려움을 처리하는 다른 방법으로서 여기에서 편리한 방법이 있다. direction을 0으로 설정하면 풀이기는 적분을 종료하는 이벤트 외에 초기점에서의 이벤트를 제시한다. direction을 −1로 설정하면 이를 피할 수 있다. 경사면으로부터의 공의 거리는 초기점에서는 증가하므로 이와 같은 설정으로부터 풀이기는 그곳에서의 0을 무시하고 경사면으로 떨어지는 공의 이벤트만을 보여준다. 공이 경사면을 내려감에 따라 튀어오름 사이의 공의 경로에 대한 이러한 계산을 반복한다.

공이 경사면의 끝에 도달하면, 즉 $x(t^*)=1$이면 계산이 완결된다. 이를 인식하기 위하여 최종 이벤트 함수 $g_2=y_1-1$을 이용한다. 어떤 k값들과 공의 어떤 초기높이들에 대해서는 공의 튀어오름이 밀집되고 공은 경사면의 끝에 결코 도달하지 못한다. 우리의 식들은 이 경우 실제로 무슨 일이 일어나는지 모델링을 할 수 없다 − 공의 튀어오름이 사라진 뒤에는 공은 경사면을 굴러 내려온다. 따라서 튀어오름들이 밀집되는 이유는 그래프에서의 밀집을 피하고 아울러 적분을 멈추기 위해서임을 인식해야 한다. 이는 프로그램에서 연이은 튀어오름이 1% 이내의 차이로 일어나는 시점에서 수행을 종료시킴으로써 이루어진다. 경사면의 끝부분 바로 근처에서 공이 튀어오를 때와 연관되는 어려움이 있다. 따라서 우리는 공이 끝으로부터 1% 이내의 위치에서 튀어오를 때 수행을 종료한다.

이 문제에 대하여 조금 생각해 보거나 약간의 실험을 해보면 어떤 일반성에 대한 어려움에 주의를 가지게 된다 − 즉 우리는 공이 경사면의 끝에 이르게 될 때까지 얼마나 오래 걸릴 것인지를 모른다는 것이다. 확실히 최종 시간은 초기 높이와 복원상수 k에 따라 좌우된다. 풀이기는 적분구간의 설정을 요구하므로

우리는 최종시간을 추측해야 한다. 이러한 추측이 충분히 크지 않다면 적분을 계속할 필요가 있다. 어떤 IVP 코드들은 *구간을 확장*시키는 기능을 지니고 있지만 MATLAB 풀이기들은 그렇지 않다. 대신 우리는 이전의 적분에서 얻은 최종 데이터로부터 취한 초기 데이터를 이용하여 새로운 IVP를 푼다. MATLAB 풀이기들은 스스로 효율적으로 시작하기 때문에 이는 허용할 만한 방법이며 우리의 추측이 전적으로 타당하기만 하다면 여러 번 다시 시작할 필요가 없을 것이다. 연습문제 2.27과 2.28은 다양한 공 튀어오름 문제들을 풀어 보도록 하고 있다.

프로그래밍 상의 몇 가지 문제들을 언급할 필요가 있다. 공의 경로는 몇 가지 부분들로 구성되는데 이는 공의 튀어오름 때문이거나 적분구간의 확장에 기인한다. 전체 경로를 프로그램에서 예시한 바와 같이 한 쌍의 배열로 축적하는 것이 편리하다. ODE들은 적분이 아주 쉽기 때문에 풀이기들이 충분한 스텝을 취하지 않아도 매끄러운 그래프에 이르게 된다. 이를 처리하기 위해 배열 tspan이 사용된다. 해를 매끄러운 곡선으로 나타내는 것 이외에 우리는 초기점을 "o"로 표시하고 경사면과의 접점을 "*"로 나타내었다.

```
function ch2ex3
% 공은 (x(t),y(t))에 위치한다.
% 여기에서 y(1) = x(t), y(2) = x'(t), y(3) = y(t), y(4) = y'(t).

% 처음 높이와 복원계수:
y0 = [0; 0; 2; 0];
k = 0.35;

% 초기 형상을 그래프로 작성:
fill([0 0 1],[0 1 0],[0.8 0.8 0.8]);
axis([-0.1 1.1 0 y0(3)])
hold on
plot(0,y0(3),'ro');  % 초기점을 표시.

options = odeset('Events',@events);
% 공의 경로를 xplot과 yplot에 축적.
xplot = [];
yplot = [];
tstar = 0;
while 1
   tspan = linspace(tstar,tstar+1,20);
   [t,y,te,ye,ie] = ode23(@odes,tspan,y0,options);
   % 경로를 축적.
   xplot = [xplot; y(:,1)];
```

```
      yplot = [yplot; y(:,3)];
      if isempty(ie)          % 구간을 확장.
         tstar = t(end);
         y0 = y(end,:);
      elseif ie(end) == 1     % 공이 튀어오름.
         plot(ye(end,1),ye(end,3),'r*'); % 튀어오른 위치를 표시.
         if (te(end) - tstar) < 0.01*tstar
            fprintf('x = %g에서 누적된 튀어오름.\n',ye(end,1))
            break
         end
         if abs(ye(end,1) - 1) < 0.01
            break
         end
         tstar = te(end);
         y0 = [ye(end,1); -k*ye(end,4); ye(end,3); k*ye(end,2)];
      elseif ie(end) == 2     % 경사면의 끝에 도달.
         break
      end
   end
   % 해를 그래프로 나타냄.
   plot(xplot,yplot);

   %=====================================================
   function dydt = odes(t,y)
   % g = 9.81.
   dydt = [y(2); 0; y(4); - 9.81];

   function [value,isterminal,direction] = events(t,y)
   value = [ y(3) - (1 - y(1))
               y(1) - 1     ];
   isterminal = [1; 1];
   direction  = [-1; 0];
```

■ 연습문제 2.23

Dormand(1996, p.114)는 발효성 액체를 담은 병의 코르크 마개가 빠져 튀어버리는 것에 대한 재미있는 보기를 제시하고 있다. x(t)를 시간 t에서의 코르크 마개의 이동거리라 하고 L을 코르크의 길이라고 하자. $x(t) \le L$인 동안은 (코르크는 여전히 병의 목 안에 있다) 이동거리는 다음을 만족한다:

$$\frac{d^2x}{dt^2} = g(1+q)\left[\left(1+\frac{x}{d}\right)^{-\gamma} + \frac{Rt}{100} - 1 + \frac{qx}{L(1+q)}\right]$$

여기에서 물리적 상수들은 $g=9.81$, $q=20$, $d=5, \gamma=1.4$이며 R=4이다. x(0)=0이고 x'(0)=0이며 (즉 코르크는 정지상태에서 출발한다) L=3.75인 경우 언제 $x(t^*)=L$이 되는지를 규명하여라. (즉 코르크가 언제 병 목을 떠나는지를 규명한다.) 아울러 $x'(t^*)$(코르크가 병 목을 떠날 때의 속력)은 얼마인가? 이는 간단한 이벤트 위치규명 문제이다. 최종 이벤트 $x(t^*)-L=0$이 일어날 때까지 IVP를 적분하고 t^*와 $x'(t^*)$를 프린트하여라. 유일한 어려움은 MATLAB 풀이기들에서 적분 구간의 지정을 필요로 한다는 점이다. 이를 수행하는 간단한 방법은 코르크가 이를테면 t=100에서 튀어나온다고 가정하고 코드로 하여금 [0, 100]에서 적분하도록 하는 것이다. 다음에 적분이 이벤트에 의하여 실제로 종료되었는지를 조사할 필요가 있다. 이는 적분이 구간의 끝점에 도달하였는지의 여부를 테스트하거나 배열 ie가 비어있는지의 여부를 조사함으로써 수행될 수 있다. 이벤트가 없다면 좀 더 긴 구간으로 다시 시도할 필요가 있을 것이다.

■ 연습문제 2.24

제 1장에서 우리는 대포에서 쏜 포탄의 평면운동을 논의한 바 있다. 이 운동은 다음과 같은 ODE에 의하여 표현된다:

$$\begin{aligned} y' &= \tan(\phi) \\ v' &= -\frac{g\sin(\phi)+\nu v^2}{v\cos(\phi)} \\ \phi' &= -\frac{g}{v^2} \end{aligned}$$

위에서 y는 대포수준 위로의 포탄의 높이이고 v는 포탄의 속도이며 ϕ는 포탄의 궤적이 수평면과 이루는 각도(라디안)이다. 독립변수 x는 대포로부터의 거리를 나타낸다. 상수 ν는 (마찰)저항을 나타내며 g=0.032는 척도가 적절히 조정된 중력상수이다. 당연한 질문은 포구속도 v(0)과 초기고도 $\phi(0)$가 주어졌을 때 포탄의 운동영역을 결정하는 것이 될 것이다. 초기높이는 y(0)=0이므로 우리는 y(x)가 사라지는 첫 번째 $x^*>0$을 원한다. 이는 최종 이벤트가 초기점에서 일어나는 이벤트 위치규명 문제가 된다. 제 1장은 BVP에 이르는 다른 자연스런 질문을 다루고 있다: 초기 각도 $\phi(0)$가 얼마일 때 대포는 주어진 사격범위를 갖는가?

그림 1.3은 포구속도 v(0)=0.5에 대하여 $\nu = 0.02$일 때 범위가 5가 되는 두 궤적들을 보여주고 있다. 이 그림의 계산에서 두 궤적들은 각각 $\phi(0) \approx 0.3782$ 및 $\phi(0) \approx 9.7456$임이 밝혀졌다. 이들 초기각도 각각에 대해 주어진 값의 v(0)와 ν를 이용하여 IVP를 풀고 이벤트 위치규명을 이용하여 범위는 대략 5가 됨을 보여라.

■ 연습문제 2.25

단진자 방정식

$$\theta'' + \sin(\theta) = 0$$

을 적분하여라. 적분구간은 $[0,\ 20\pi]$, 초기조건은 $\theta(0) = 0,\ \theta'(0) = 1$로 한다. 이 적분구간에서 해는 몇 번 진동하며 따라서 정확한 해를 계산하고 있다는 확신을 가지기 위하여 RelTol을 10^{-5}로 하고 AbsTol을 10^{-10}으로 설정한다. $\theta(t^*) = 0$이 되는 모든 t^*를 구하여라. $\theta(t)$와 이 이벤트들의 위치를 그래프로 나타내어라. $\theta(t)$의 이어지는 근들 사이의 간격을 계산하고 나타내 보여라. 이는 MATLAB에서 diff(te)를 이용하여 간격을 계산함으로써 편리하게 이루어진다. 해는 주기적이므로 정확하게 계산되었다면 이 간격들은 거의 일정할 것이다. "작은" 해 $\theta(t)$들의 경우 ODE는 종종 선형 ODE $x'' + x = 0$으로 근사된다. x(t)의 이어지는 근들 사이의 간격은 π이다. 이를 $\theta(t)$의 근들에 대하여 구한 간격과 비교하면 어떠한가? 초기 기울기를 $\theta'(0) = 0.1$로 축소함으로써 $\theta(t)$의 크기를 줄여보라. 그러면 근들 사이의 간격은 π에 좀 더 가까워지는가? 초기 기울기를 $\theta'(0) = 0.01$로 줄인다면 어떻게 되는가?

■ 연습문제 2.26

IVP들을 풀 경우 대체적으로 우리는 주어진 독립변수 값들에 대한 해들을 표로 만든다. 그러나 때로는 종속변수들 가운데 주어진 하나의 값에 대한 표를 필요로 하기도 한다. 이는 이벤트 위치규명에 의하여 이루어질 수 있다. Moler와 Solomon(1970)은 이에 대한 하나의 보기를 제공하고 있다. 이들은 매끄러운 함수 f(x)>0에 대하여 적분

$$t(x) = \int_{x_0}^{x} \frac{1}{\sqrt{f(s)}}\, ds$$

의 값들의 표를 어떻게 계산하는가를 다루고 있다. 이 적분을 계산하는 것은 다음과 같은 IVP를 푸는 것과 대등하다:

$$\frac{dt}{dx} = \frac{1}{\sqrt{f(x)}}, \quad t(x_0) = 0$$

x가 f(x)가 사라지는 점으로 접근함에 따라 이 ODE는 풀기가 어려워질 것이다. 이를 처리하기 위해서 Moler와 Solomon은 먼저 x(t)가 다음과 같은 IVP를 만족함을 주목하고 있다:

$$\frac{dx}{dt} = \sqrt{f(x)}, \quad x(0) = x_0$$

제곱근으로 인하여 이 방정식은 x(t)가 f(x(t)의 부호가 변하는 위치로 접근하거나 혹은 x'(t)가 소멸되는 위치로 접근함에 따라 어려움을 파생시킨다. 그러므로 이들은 이 식을 미분하여 다음과 같은 IVP를 얻었다:

$$x'' = 0.5f'(x), \quad x(0) = x_0, \quad x'(0) = \sqrt{f(x_0)}$$

x'(t)가 소멸되는 위치에서도 이 식을 적분하는 데에는 아무런 어려움이 없으므로 그러한 점은 최종 이벤트로서 쉽게 규명될 수 있다. x(t)가 주어진 값 x_i를 갖는 t_i를 알고자 한다; 즉 최종적이 아닌 이벤트들의 모음으로서 함수 $x(t) - x_i$가 소멸되는 위치를 규명하고자 한다. 주어진 x_i에 대하여 적분값들의 표를 생성하는 프로그램을 작성하여라. 여러분의 이벤트 함수에서 x_i 값들을 코드로 만들기에는 어려움이 있을 수 있겠지만 보다 유연한 접근방법은 주 프로그램에서 x_i의 배열 xvalues를 정의하고 이를 global 변수로서 여러분의 이벤트 함수로 보내는 것이다. $f(x) = x$일 때 $x_0 = 0$ 및 xvalues = 0.1:0.1:0.9에 대하여 적분값을 구하여 봄으로써 작성된 프로그램을 조사하여 보라. 여기에서는 ode45를 사용하여 구간 $0 \le t \le 2$에서 적분하여 본다. 적분은 $t(x) = 2\sqrt{x}$임을 해석적으로 입증하고 이를 이용하여 여러분이 계산한 값들을 실제 값들과 비교하여라. f(x)가 초기점에서 소멸된다는 사실은 수치적분을 복잡하게 만들지는 않지만 초기점에서 최종 이벤트가 존재함을 의미한다. 이는 이벤트 위치규명에 대한 특수한 경우임을 상기하자. 풀이기들은 그러한 이벤트를 보고하지만 적분을 종료시키지는 않는다. 이러한 방식으로 여러분의 프로그램을 조사한 후에 이를 수정하여 $f(x) = 1 - x$ 및 $f(x) = 1 - x^2$일 때 적분값들에 대한 표를 작성하여라.

■ 연습문제 2.27

프로그램 ch2ex3.m은 복원상수 k=0.35일 때 경사면을 튀어오르며 내려오는 공의 경로를 그래프로 보여준다. k를 바꾸어 가면서 나타나는 효과를 살펴보라. 특히 k를 충분히 감소시켜서 튀어오름이 결집되는 사례를 알아보라. 예를 들면 k=0.6 및 k=0.3을 시도해 볼 수 있다.

■ 연습문제 2.28

보기 2.3.5의 구조에서 경사면의 끝(즉 x(t)=1인 위치)에 수직 벽이 있다고 가정하자. ch2ex3.m을 수정하여 이 경우에 대한 공의 경로를 계산하여라. 벽을 나타내는 쉬운 방법은 axis 명령어를 axis([-0.1 1 0 y0(3)])으로 변경시킴으로써 벽을 그래프의 우변으로 만드는 것이다. 벽이 없다면 경로의 계산은 ie(end) == 2로 보고되는 바와 같이 공이 경사면의 끝에 이르게 될 때 종료된다. 경사면의 끝에 벽이 있는 경우 이 이벤트는 벽을 치는 것에 해당된다. 벽을 친 다음에는 다음과 같은 초기값으로 적분을 계속한다:

$$(y_1(t^*),\ -ky_2(t^*),\ y_3(t^*),\ y_4(t^*))$$

만일 공이 거의 구석에 위치한다면, 즉 이를테면 $y_3(t^*) \le 0.01$이라면 계산을 종료한다. k=0.35 및 k=0.7일 때 공의 경로를 구하여라.

■ 연습문제 2.29

dfs.m에서 이벤트 위치규명을 사용하여 y(t)가 그래프 창의 아래나 상부에 이르게 되면 적분을 종료시키는 것이 자연스럽지만 이것이 유일한 방법은 아니다. 그래프 루틴은 그래프 창 안에 있는 y(t) 부분만을 보여주므로 우리가 해야 할 것은 풀이기 스텝이 그래프 창을 넘어설 때 적분이 중지되도록 하는 것이다. 이는 출력함수 안에서 수행할 수 있다. dfs.m의 복사본을 만든 다음 다른 이름을 부여하여라. 이 프로그램으로부터 이벤트 함수를 제거하고 출력함수를 수정하여 y(end) < wB이거나 y(end) > wT일 때 수행이 종료되도록 하여라. 이는 y(t)가 그래프 창의 바닥이나 상부에 이르게 될 때의 시간 t^*를 정확하게 규명하는 것을 피하기 때문에 이벤트 위치규명보다 수월하다.

2.3.2 질량행렬을 포함하는 ODE

어떤 풀이기들은 $y' = f(t, y)$보다 더욱 일반적인 형태로 쓰여진 ODE 시스템들을 수용한다. 특히 MATLAB IVP 풀이기들은 다음과 같이 질량행렬 M(t, y)를 포함하는 형태의 문제들을 수용한다:

$$M(t, y)y' = f(t, y) \tag{2.37}$$

만일 M(t, y)가 특이하면 이 시스템은 미분대수 방정식(DAE) 시스템이 된다. 이는 ODE들과 밀접하게 관련되지만 중요한 측면에서 서로 다르다. 이 책에서 DAE의 풀이를 다루지는 않으며 다만 경성 ODE를 위한 MATLAB 코드들은 이러한 방법으로 야기되는 지수 1의 DAE들을 풀 수 있음을 언급하고자 한다 (Shampine, Reichelt, 그리고 Kierzenka, 1999). 2.3.3 절에서 우리는 아주 많은 미지수를 갖는 ODE 시스템에 이르는 PDE들의 수치적 풀이에 대한 접근방법을 논의하게 되는데 이 기법들 가운데 일부는 (2.37) 형태의 식들이 된다. 보기 2.3.11은 그러한 문제들의 풀이에 대한 보다 세부적인 사항들을 제공하고 있다.

가장 간단히 적용하는 경우 표준형태의 문제 대신 (2.37) 형태의 문제에 대하여 MATLAB IVP 풀이기를 사용할 경우의 유일한 차이점은 옵션 Mass를 이용하여 M(t, y)의 존재를 풀이기에 알려 주어야 한다는 점이다. 이 행렬이 상수행렬이면 행렬 자체를 이 옵션의 값으로 제공하여야 한다. 코드는 상수 질량행렬을 이용하므로 효율적일 뿐 아니라 편리하기도 하다. 가령 예를 들어 명시적 Runge-Kutta 방법을 선택한다고 하자. ODE들을 편리한 (2.37)의 형태로 제공하지만 풀이기는 실제로는 Runge-Kutta 방법을 다음과 같은 표준형태의 ODE에 적용한다:

$$y' = F(t, y) \equiv M^{-1}f(t, y)$$

코드가 스스로 초기화하면 M의 LU 인수화를 계산한다. F(t, y)를 계산할 필요가 있을 때마다 f(t, y)를 계산하고 M의 저장된 인수화를 사용하여 F에 대한 선형 시스템을 푼다. 이러한 방법으로 진행하는 풀이기의 경우 질량행렬을 허용하는 것은 주로 사용자에 대한 편의 때문이다. 그러나 다른 풀이기들은 방법들 자체를 수정하여 질량행렬이 포함되도록 한다. 자세히 들여다보지 않고도 BDF들에 대한 반복행렬이 $I - h\gamma J$로부터 $M - h\gamma J$로 바뀌어진다는 사실은 놀랄 일이 아니다. 반복행렬은 어떤 경우이든 인수화되어야 하므로 보다 일반적인 형태에서의 추가되는 계산비용은 중요한 것이 아니다. 질량행렬이 상수행렬이 아닐 경우 그 방법들에 대한 수정은 상당한 작업이 된다. 이 경우 질량행렬의 계산을 위한 (부)함수를 제공하여야 하며 그 이름을 Mass의 값으로 풀이기에 보내야 한다.

식 (2.37)과 같은 형태의 문제를 풀기 위해서 여러분이 해야 할 일은 ODE들을 정의하기 위해 필요한 질량행렬을 제공하는 것뿐이다. 풀이기는 질량행렬이 시작점에서 특이행렬인지의 여부를 알아낼 필요가 있다 – 즉 문제가 DAE인지의 여부를 판가름해야 한다. 옵션 MassSingular는 yes, no, 그리고 기본값으로 maybe의 값을 가진다. 기본값은 풀이기로 하여금 여러분이 ODE나 DAE를 풀고 있는지의 여부를 알고 있는 경우 피할 수 있는 특이성에 대한 수치적 테스트를 수행하도록 강요한다. 대규모 시스템의 경우 성김행렬의 이점을 취하는 것이 필수적이며 질량행렬 M(t, y)가 얼마나 강하게 y에 따라 좌우되는가에 대하여 풀이기에게 알려 주어야 한다. 이 문제는 보기 2.3.11에서 논의되고 있다.

보기 2.3.6

MATLAB® 6은 질량행렬의 사용을 보여주는 예시 코드인 batonode를 지니고 있다. 이것은 MATLAB 문서에서 다루고 있지 않는 흥미로운 문제이므로 여기에서 이를 살펴보기로 한다; 이 문제는 Wells(1967)의 보기 4.3A에 근거하고 있다. 하나의 배턴은 길이 L인 가볍고 곧은 막대의 양 끝에 질량 m_1과 m_2인 두 입자들이 고정되어 있는 것으로 모델링할 수 있다. 배턴의 운동은 수직 평면에서 중력의 작용에 따른다. 시간 t에서 첫 번째 입자의 좌표가 (X(t), Y(t))이고 배턴이 수평과 이루는 각도를 $\theta(t)$라고 하면 운동에 대한 Lagrange 방정식은 당연히 미지수 $\theta(t)$를 포함하는 질량행렬로 표현된다. ODE들은 벡터를 이용하여 다음과 같이 쓸 수 있다:

$$y = (X,\ X',\ Y,\ Y',\ \theta,\ \theta')^T$$

함수 f(t, y)와 M(t, y)는 뒤의 batonode 코드의 일부에 의하여 정의된다. (배턴의 운동 그래프와 관련되는 코멘트나 코딩을 보이지 않기로 한다.) 분명히 이러한 소규모의 비경성 문제는 이를 통상적인 표준 형태로 전환시키는 것보다는 질량행렬을 이용한 자연스러운 구성을 이용하여 푸는 것이 더욱 편리하다. 이 프로그램은 풀이기를 통하여 입력변수들의 목록의 마지막 인수로서 ODE를 구성하는 함수들과 질량행렬로 *파라미터 값들을 보내는* 기능을 이용하고 있다. 이러한 기능은 MATLAB의 함수들에서는 흔한 것이므로 이를 사용하는 보기에 스스로 만족할 수 있다. 옵션 MassSingular는 no로 설정될 수 있지만 6개 방정식들만의 경우 이에 대한 기본적인 테스트에는 비용이 들지 않는다. 식이 단지 6개만 있는 경우 성김 성질로부터 얻을 수 있는 이점은 없지만 이 프로그램에서 성김성을 이용하려면 M = zeros(6,6)을 M = sparse(6,6)으로 바꾸기만 하면 된다. 그림 2.5는 batonode 코드로부터 얻은 결과로서 그림에서 타이틀을 제거한 것이다. (연습문제 2.31은 batonode를 이용하여 더 실험을 수행하도록 하고 있다.)

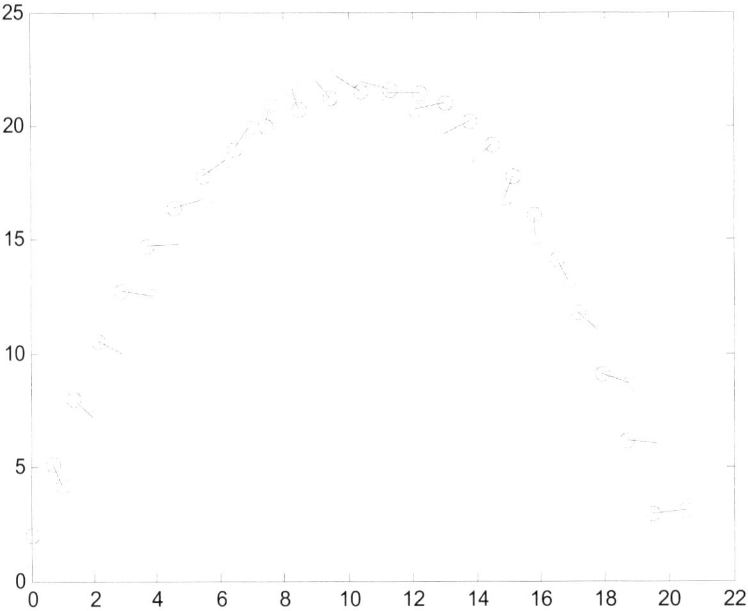

그림 2.5: 질량행렬이 M(t, y)인 위로 던져진 배턴 문제의 풀이.

```
function batonode
        .
        .
        .
m1 = 0.1;
m2 = 0.1;
L = 1;
g = 9.81;

tspan = linspace(0,4,25);
y0 = [0; 4; 2; 20; -pi/2; 2];
```

```
options = odeset('Mass',@mass);
[t y] = ode45(@f,tspan,y0,options,m1,m2,L,g);
          .
          .
          .
%-----------------------------------------
function dydt = f(t,y,m1,m2,L,g)
dydt = [
  y(2)
  m2*L*y(6)^2*cos(y(5))
  y(4)
  m2*L*y(6)^2*sin(y(5))-(m1+m2)*g
  y(6)
  -g*L*cos(y(5))
  ];

%-----------------------------------------
function M = mass(t,y,m1,m2,L,g)
M = zeros(6,6);
M(1,1) = 1;
M(2,2) = m1 + m2;
M(2,6) = -m2*L*sin(y(5));
M(3,3) = 1;
M(4,4) = m1 + m2;
M(4,6) = m2*L*cos(y(5));
M(5,5) = 1;
M(6,2) = -L*sin(y(5));
M(6,4) = L*cos(y(5));
M(6,6) = L^2;
```

보기 2.3.7

1차원에서 구간 길이 L에서의 시간에 따른 유체흐름에 대한 비압축성 Navier-Stokes 방정식은 PDE들의 시스템으로 구성할 수 있다:

$$\frac{\partial U}{\partial t} + A\frac{\partial U}{\partial z} = C$$

이 시스템을 $t \geq 0$에서 구간 $0 \leq z \leq L$ 상에서 풀어 보기로 한다. 벡터 $U = (\rho \ G \ T)^T$는 밀도 ρ, 유량 G, 그리고 온도 T의 세 미지수로 구성된다. 위의

PDE 시스템에서 벡터 C는

$$C = \begin{pmatrix} 0 \\ -KG\left|\dfrac{G}{\rho}\right| - \rho g_a \sin(\theta) \\ \dfrac{a^2 \Phi P_H \kappa}{C_p A_f} \end{pmatrix}$$

이며 행렬 A는

$$A = \begin{pmatrix} 0 & 1 & 0 \\ \dfrac{1}{\rho\kappa} - \dfrac{G^2}{\rho^2} & 2\dfrac{G}{\rho} & \dfrac{\beta}{\kappa} \\ -\dfrac{a^2 \beta \overline{T} G}{\rho^2 C_p} & \dfrac{a^2 \beta \overline{T}}{\rho C_p} & \dfrac{G}{\rho} \end{pmatrix}$$

로 주어진다. 관련되는 유체의 물성치들과 문제의 다른 파라미터들은 Thompson과 Tuttle(1986)에 나타나 있다. 우리는 ch2ex4.m에서 찾아볼 수 있는 상수값들을 사용하기로 하는데 이들은 아마도 $\sin(\theta)$를 나타내는 sinth를 제외하고는 이름으로부터 바로 알아볼 수 있을 것이다. 아울러 우리는 $\overline{T} = T + 273.15$의 관계와 경계조건

$$\rho(0,t) = \rho_0 = 795.5, \quad T(0,t) = T_0 = 255.0, \quad G(L,t) = G_0 = 270.9$$

를 사용하기로 한다. 우리는 이 방정식들의 정상상태 해를 계산하는 데에 관심이 있다. 정상상태에서는 $\rho_t = 0$이며 이는 전체 구간 $0<z<L$에서 $G(z)$는 상수 G_0이며 PDE들은 다음과 같은 ODE들로 됨을 의미한다:

$$\begin{pmatrix} \dfrac{1}{\rho\kappa} - \dfrac{G_0^2}{\rho^2} & \dfrac{\beta}{\kappa} \\ -\dfrac{a^2 \beta \overline{T} G_0}{\rho^2 C_p} & \dfrac{G_0}{\rho} \end{pmatrix} \begin{pmatrix} \dfrac{d\rho}{dz} \\ \dfrac{dT}{dz} \end{pmatrix} = \begin{pmatrix} -KG_0\left|\dfrac{G_0}{\rho}\right| - \rho g_a \sin(\theta) \\ \dfrac{a^2 \Phi P_H \kappa}{C_p A_f} \end{pmatrix}$$

이러한 방식으로 PDE 시스템을 ODE 시스템으로 전환시키는 것은 종종 *연속공간 이산시간*(CSDT) 풀이로 지칭된다. 그러한 풀이는 PDE들에 대한 경계조건들에 따라 ODE나 BVP 시스템에 대한 IVP로 귀결된다. 이 식들은 종종 동력시스템에서 3상 수증기 발생기의 과냉액체 부분을 모델링하는 데에 사용된다.

(포화 액체-수증기 및 순수한 수증기 영역에는 유사하지만 좀 더 복잡한 식들이 적용된다.) 그러한 모델에서 영역들 사이의 (이동하는) 경계조건들은 상태방정식의 성질들을 이용하여 결정된다. 예를 들면 ρ가 "액체 쪽" 포화밀도 $\rho_{sat}(T)$와 같아질 때까지 양의 z 방향에서 z=0으로부터 ODE들을 적분할 수 있다. 2.3.1절에서 논의한 바와 같이 이벤트 함수

$$g(z,\rho,T) = \rho(z) - \rho_{sat}(T(z))$$

를 이용하여 이러한 상황이 어디에서 일어나는지를 규명할 수 있다. 단순히 예시와 편의만을 위하여 의사 상태방정식

$$\rho_{sat}(T) = -3.3(T-290) + 738$$

을 사용하기로 한다. 이 모델을 상당히 단순화시켰음에도 불구하고 IVP를 구성하는 것은 다소 복잡하다. 그러나 일단 IVP를 구성하면 MATLAB IVP 풀이기들 가운데 하나를 이용하여 이를 푸는 것은 아주 쉬운 일이다. 이는 풀이기들이 질량행렬의 형태로 구성된 문제들을 수용하며 이벤트들을 규명하여 주기 때문이다. ch2ex4.m을 수행하면 스크린에 다음과 같은 출력이 나타나며 그림 2.6에 보인 바와 같은 그래프가 생성된다. 연습문제 2.32는 이 프로그램을 정상상태 CSDT 모델의 표준적인 응용으로 수정하고 있다.

```
function ch2ex4
% 물리적 상수들을 정의:
global kappa beta a Cp K ga sinth Phi Ph Af G0
kappa = 0.171446272015689e-8;
beta  = 0.213024626664637e-2;
a     = 0.108595374561510e+4;
Cp    = 0.496941623289027e+4;
K     = 10;
ga    = 9.80665;
sinth = 1;
Phi   = 1.1e+5;
Ph    = 797.318;
Af    = 3.82760;
G0    = 270.9;
options = odeset('Mass',@mass,'MassSingular','no',...
          'Events',@events);
[z,y,ze,ye,ie] = ode45(@odes,[0 5],[795.5; 255.0],options);
```

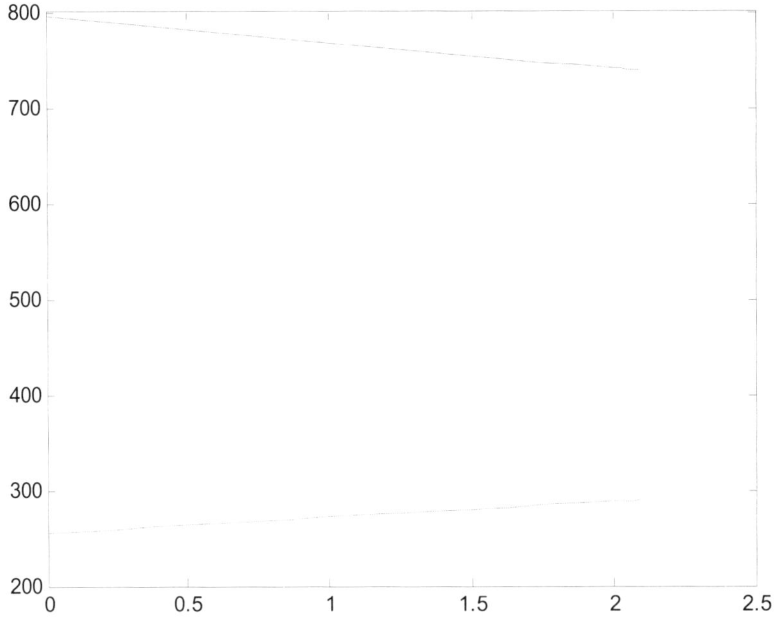

그림 2.6: 액체 영역의 위쪽 경계에 대한 정상상태 풀이.

```
if ~isempty(ie)
    fprintf('Upper boundary at z = %g.\n',ze(end));
end
plot(z,y);
%==========================================================
function dydz = odes(z,y)
global kappa beta a Cp K ga sinth Phi Ph Af G0
rho = y(1);
T = y(2);
dydz = [ (-K*G0*abs(G0/rho) - rho*ga*sinth)
       (a^2 *Phi*Ph*kappa)/(Cp*Af)      ];

function A = mass(z,y)
global kappa beta a Cp K ga sinth Phi Ph Af G0
rho = y(1);
T = y(2);
A = zeros(2);
A(1,1) = 1/(rho*kappa) - (G0/rho)^2;
A(1,2) = beta/kappa;
A(2,1) = -(a^2 *beta*(T + 273.15)*G0)/(Cp*rho^2);
A(2,2) = G0/rho;
```

```
function [value,isterminal,direction] = events(z,y)
isterminal = 1;
direction  = 0;
rho   = y(1);
T     = y(2);
rhosat  = -3.3*(T - 290.0) + 738.0;
value = rho - rhosat;
```

■ 연습문제 2.30

연습문제 2.19에서 제시된 오존 모델에 대한 ODE들은 특이 교란 방법에 적합한 형태로 보인다. 이 형태는 질량행렬 $M = \mathrm{diag}\{1, \epsilon\}$를 포함한다. 이제 질량행렬로 구성된 ODE를 이용하여 위의 문제를 풀어보라. 계산에 있어서는 M이 상수행렬이라는 이점을 활용하도록 한다.

■ 연습문제 2.31

MATLAB® 예시 프로그램 batonode에서 배턴의 길이는 1이고 질량은 모두 0.1이다. batonode를 복사하고 이를 수정하여 길이 L이 2로 증가하고 질량 가운데 하나, 이를테면 m2가 0.5로 커졌을 때의 운동을 계산하여라. 이 경우 axis의 설정을 삭제하거나 최소한 변경할 수 있다. 운동에서 관찰할 수 있는 정성적인 차이는 무엇인가?

■ 연습문제 2.32

보기 2.3.7의 정상상태 CSDT 모델의 표준적인 응용은 펌프 정지이다: 펌프가 정지되고 유입되는 흐름이 지수적으로 빠르게 감소한다. 시간 tD(i)에서 유입 흐름이

$$G_0 = 270.9(0.8 + 0.2e^{-tD(i)})$$

일 때 `tD = linspace(0,1,11)`에 대하여 CSDT 문제를 풀어라. 이를 위하여 프로그램 ch2ex4.m을 수정함으로써 루프에 위의 G_0를 유지한 채 액체영역의 상부경계 zU(i)에 대하여 풀도록 할 수 있다. 유량은 이미 ch2ex4.m에서 글로벌 변수이므로 ode45를 호출하기 바로 전에 루프 안에서 이를 정의할 수 있다. plot(tD,zU)를 이용하여 상부 경계의 위치를 시간의 함수로 나타내어라.

■ 연습문제 2.33

이중 단진자는 단진자에 단진자가 부착된 형태로 이루어진다. 위쪽 단진자가 수직과 이루는 각을 $\theta_1(t)$라 하고 아래쪽 단진자가 수직과 이루는 각을 $\theta_2(t)$라 하자. 이에 따른 추의 질량을 m_i이라 하고 단진자 팔의 길이를 L_i라고 하자. 이중 단진자에 작용하는 힘이 중력가속도가 g인 중력뿐인 경우 Borrelli와 Coleman (1999)은 다음과 같은 운동방정식을 유도하였다:

$$\begin{aligned}(m_1+m_2)L_1\theta_1'' + m_2L_2\cos(\theta_2-\theta_1)\theta_2''\\ - m_2L_2(\theta_2')^2\sin(\theta_2-\theta_1) + (m_1+m_2)g\sin(\theta_1) = 0\\ m_2L_2\theta_2'' + m_2L_1\cos(\theta_2-\theta_1)\theta_1'' + m_2L_1(\theta_1')^2\sin(\theta_2-\theta_1) + m_2g\sin(\theta_2) = 0\end{aligned}$$

흥미로운 연습으로서 Giordano와 Weir(1991)는 아래쪽에 매달린 두 화물판에 물자를 실어나르는 치누크 헬리콥터를 이중 단진자로 모델링하였다. 이들은 위쪽 화물판의 질량을 $m_1 = 937.5$슬러그, 아래쪽 화물판의 질량을 $m_2 = 312.5$슬러그로 하였다. 케이블의 길이는 $L_1 = L_2 = 16$피트이며 $g = 32\ ft/\sec^2$이다. 낮은 화물판을 지지하는 후크는 굽어져 있다. 만일 낮은 화물판이 후크의 열린 끝부분으로 $\pi/3$라디안이나 그 이상의 각을 이루는 진동을 보인다면 케이블은 후크에서 빠져 나오고 화물판은 상실될 것이다. 갑작스러운 조작의 결과로서 화물판이 다음과 같은 초기조건으로 움직임을 시작하였다:

$$\theta_1(0) = -0.5,\quad \theta_1'(0) = -1,\quad \theta_2(0) = 1,\quad \theta_2'(0) = 2$$

미분방정식은 자연스럽게 질량행렬을 이용하여 구성되므로 이들을 그 형태 그대로 기본적인 오차 허용한계를 이용하여 ode45로 푼다. t=0에서 $t = 2\pi$까지 적분하는데 이벤트 함수 $\theta_2(t) - \pi/3$이 소멸되면(즉 하부 화물판이 상실되면) 수행을 종료하고 보고한다.

Giordano와 Weir는 미분방정식을 다음과 같이 선형화하였다:

$$\begin{aligned}(m_1+m_2)L_1\theta_1'' + m_2L_2\theta_2'' + (m_1+m_2)g\theta_1 = 0\\ m_2L_2\theta_2'' + m_2L_1\theta_1'' + m_2g\theta_2 = 0\end{aligned}$$

이러한 선형모델을 해석적으로 푸는 것은 어렵지 않다. 주어진 파라미터 값들은 $g = 2L_1 = 2L_2$ 및 $m_1 = 3m_2$를 만족한다. 그러므로 해는 다음과 같은 간단한 형태를 갖는다:

$$\theta_1(t) = -\frac{1}{2}cos(2t) - \frac{1}{2}sin(2t)$$
$$\theta_2(t) = \cos(2t) + \sin(2t)$$

해석적 해는 어떤 통찰을 제공하지만 비선형 모델을 수치적으로 푸는 것은 선형 모델의 풀이만큼이나 쉽다. 선형 모델을 수치적으로 풀어보고 얻은 수치해를 위의 해석적 해와 비교하여라. 수치해-특히 하부 화물판이 상실되는 시점-를 비선형 모델로부터 얻은 결과와 비교하여라. 선형 모델의 결과는 비선형 모델의 결과와 매우 유사함을 알게 될 것이다.

2.3.3 대규모 시스템과 선분법

이제 대규모 방정식 시스템에 대한 IVP를 풀 때 중요한 주제들을 다루어 보기로 한다. MATLAB PSE는 일반적인 과학계산의 어떤 영역들에서 통상적으로 해결되는 매우 대규모의 시스템에 대해서는 적절하지 않지만 비교적 큰 시스템을 편리하게 풀 수 있다. *선분법*(MOL)은 PDE들을 ODE로 근사하는 하나의 방법이다. 이 방법에 따르면 경성일 수도 있는 방정식들의 대규모 시스템에 자연스럽게 이르게 된다. MOL은 PDE를 푸는 널리 이용되는 도구이지만 여기에서는 주로 ODE의 대규모 시스템의 근원으로 다루기로 한다. MATLAB 자체는 하나의 공간변수와 시간에서 포물선형 및 타원형 PDE의 소규모 시스템들을 해결하는 pdepe라고 불리는 MOL 코드를 지니고 있다. 아울러 MATLAB PDE 툴박스는 MOL을 이용하여 두 공간변수와 시간을 갖는 PDE들을 푼다.

MOL의 개념은 PDE의 변수들을 하나를 제외하고는 모두 이산화시켜서 ODE 시스템을 얻는 것이다. 이 접근방법은 *절반 이산화*라고 부른다. 대개 공간변수들이 이산화되고 시간은 연속변수로 사용된다. 공간변수를 이산화시키는 데에는 널리 이용되는 방법들이 몇 가지 있다. 여기에서는 Trefethen(2000)으로부터 취한 보기를 이용하여 두 가지가 예시될 것이다.

보기 2.3.8

일방파(대류나 이류(移流)라고도 알려져 있다) PDE

$$u_t + c(x)u_x = 0, \quad c(x) = \frac{1}{5} + \sin^2(x-1)$$

를 $0 \le x \le 2\pi$ 및 $0 \le t \le 8$에서 풀어보기로 한다. Trefethen(2000)은 초기조

건으로서 $u(x,0)=e^{-100(x-1)^2}$을, 주기적 경계조건으로서 $u(0,t)=u(2\pi,t)$를 고려하고 있다. 그의 언급에 따르면 초기조건 u(x,0)는 주기적이 아니지만 구간의 끝점 근처에서는 빠르게 감쇠되므로 주기적인 것으로 간주될 수 있다. 마찬가지로 이 PDE의 해는 오른쪽으로 이동하는 파동들이다. 그림 2.7에 보인 바와 같이 처음에 x=1에서 나타난 피크는 이 시간구간에서 영역의 경계에 도달하지 않는다. 이후의 사용을 위해 구간의 왼쪽 끝에서는 경계조건이 지정되어야 하지만 오른쪽에서는 그럴 필요가 없음을 지적하고자 한다. MOL에서 격자 $x_1 < x_2 < \cdots < x_N$은 구간 $[0,2\pi]$에서 선택되며 함수 $v_m(t)$는 $u(x_m,t)$ $(m=1,2,\cdots,N)$의 근사에 사용된다. 이 함수들은 다음과 같은 ODE 시스템으로부터 결정된다$(m=1,2,\cdots,N)$:

$$\frac{dv_m}{dt}=-c(x_m)(Dv)_m$$

초기값은

$$v_m(0)=u(x_m,0)$$

과 같다. 만일 $(Dv)_m \approx u_x(x_m,t)$이면 이는 명백히 PDE의 근사이다. Trefethen의 우아하고 작은 책은 스펙트럼 방법에 대한 책이다. 그의 접근방법에서 편미분은 (x_m,t)에서 함수값 $v_1(t)$, $v_2(t)$, $\cdots$, $v_N(t)$을 x의 삼각 다항식으로 안집작하고 이 다항식을 x에 대하여 미분한 다음 x_m에서 이 미분을 계산함으로써 근사된다. 미분들이 전체 구간으로부터의 데이터를 이용하여 근사된다는 점은 스펙트럼 방법의 특징이다. 격자점들의 간격이 동일하면 이러한 종류의 근사는 빠른 Fourier 변환(FFT)을 이용함으로써 실제적인 것이 된다. 이것이 어떻게 이루어지는가는 여기에서는 중요하지 않으며 자세한 내용은 Trefethen의 프로그램 p6에 대한 논의에서 찾아볼 수 있다. 여기에서의 프로그램 ch2ex5.m은 p6와 매우 유사하며 다만 ODE의 적분에 있어서 우리는 간단히 ode23을 사용하는 반면에 Trefethen은 메모리를 갖는 일정스텝 방법을 사용하는 것만이 다르다. 범용성 IVP 풀이기는 사용하는 데에 약간 더 비용이 들지만 메모리를 갖는 방법의 시작에 대한 논의를 피하게 하여주며 해에 대한 시간 스텝을 조절하여 주고 시간 적분의 오차를 제어하여 준다. 게다가 어느 누군가는 시간 적분을 수행하기 위한 고성능 프로그램의 작성에 갖은 고난을 겪었다!

```
function ch2ex5
global ixindices mc
```

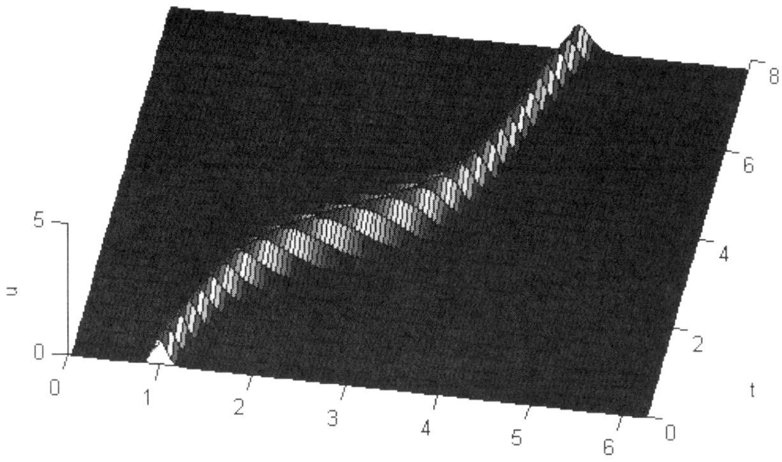

그림 2.7: MOL을 이용한 $u_t + c(x)u_x = 0$의 풀이.

```
% 구형 격자, 초기값:
N = 128;
x = (2*pi/N)*(1:N);
v0 = exp(-100*(x - 1) .^ 2);

% 값들은 글로벌 변수로 f(t,y)로 보내어진다:
ixindices = i * [0:N/2-1 0 -N/2+1:-1]';
mc = - (0.2 + sin(x - 1) .^ 2)';

% 적분을 수행하고 그래프를 작성:
t = 0:0.30:8;
[t,v] = ode23(@f,t,v0);
surf(x,t,v), view(10,70), axis([0 2*pi 0 8 0 5])
ylabel t, zlabel u, grid off

%===================================================
function dvdt = f(t,v)
global ixindices mc
dvdt = mc .* real(ifft(ixindices .* fft(v)));
```

Trefethen이 한 것과 같이 일정스텝 크기를 이용하는 경우 핵심 사항은 정확한 해를 계산하기에 충분한 정도의 시간 스텝을 선택하는 것이다. 이는 ode23과 같은 풀이기를 이용하는 경우에는 수용 가능한 그래프를 생성하여 주는 출력점들을 선택하는 것이 된다. 그 이유는 풀이기가 정확한 해를 제공하여 주는 시간 스텝을 선정하며 우리가 원할 때는 언제나 답을 반환하기 때문이다. 모든 스텝에서 기본적인 출력을 사용하는 것이 자연스럽겠지만 대규모 시스템의 경우 저장공간이 문제가 될 수 있다. 특정 지점들에서 해를 요구함으로써 소요되는 저장공간을 줄일 수 있다. 이와 달리 출력함수를 보기 2.2.3에 보인 것처럼 작성함으로써 출력의 양을 완전하게 제어할 수 있다. ch2ex5.m에서는 Trefethen의 경우에 비해 절반 정도의 출력점들을 지정하고 있는데 이 정도면 수용할 만한 그래프를 제공하기에 충분하며 출력파일의 크기가 상당히 줄어든다. 바로 이러한 이유 때문에 PDE 풀이기 pdepe에서는 사용자가 공간변수의 고정된 격자점뿐만 아니라 출력을 원하는 시점들을 지정할 것을 요구하고 있다. 이와 같은 상황에서는 출력을 해의 구조체 형태로 요구해서는 안 된다. 그 이유는 그러한 구조체가 모든 스텝에서의 해는 물론 연속확장의 계산에서 필요로 하는 상당히 더 많은 정보를 포함하기 때문이다.

통상적으로 MOL에서 야기되는, 미지수의 수가 적정규모에서 대규모인 임의의 ODE 시스템은 경성이라고 여겨지지만 문제는 그처럼 간단하지 않다. 이 파동방정식의 스펙트럼 이산화에서 얻어지는 128개 ODE 시스템은 기껏해야 약한 경성을 지닌다. 이는 비경성 풀이기 ode23 대신 경성 풀이기 ode15s를 사용하여 입증할 수 있다; 그 차이는 수행시간이 5배 이상 증가되는 것이다. 그 공식의 탁월한 안정성으로부터 얻어지는 실질적인 이득이 없다면 ode15s의 사용에는 종종(매우) 비경성 IVP들에 대한 풀이기들 가운데 어느 하나보다 더 많은 비용이 소요된다. 기본적으로 ode15s는 Jacobian 행렬을 수치적으로 근사한다. N 방정식 시스템의 경우 이를 위해 ODE 함수 $f(t,v)$를 N번 계산해야 하기 때문에 더 많은 계산비용이 소요되는 것이다(근사의 수준에 의심이 가는 경우에는 약간 더 소요된다). ode15s는 이를 대부분의 경성 풀이기들보다 더욱 효율적으로 처리한다는 것을 언급하고자 한다. 이는 ode15s가 Jacobian을 저장하여 두며 단지 함축적 공식의 효율적 계산을 위해서 필요하다고 여기는 경우에만 새로운 Jacobian을 구성하기 때문이다. 비경성 문제를 푸는 경우 스텝 크기는 일반적으로 충분히 작기 때문에 단지 몇 개의 Jacobian들만이 구성된다. 이를 알아보기 위해 옵션 Stats를 on으로 설정하여 ch2ex5.m를 수정한 ch2ex5_mod.m을 실행하여 보면 다음을 얻는다[2]:

---

[2] 역자 주: ch2ex5_mod.m은 ch2ex5.m의 적분부분만을 다음과 같이 수정한 것이다:

```
t = 0:0.30:8;
options = odeset('Stats','on');
[t,v] = ode15s(@f,t,v0, options);
```

```
>> ch2ex5_mod
1187 successful steps
11 failed attempts
1364 function evaluations
1 partial derivatives
36 LU decompositions
1234 solutions of linear systems
```

(*주의*: "LU decompositions"는 "LU 인수화"와 같다.) 함축적 공식의 수행에서는 매 스텝당 함수계산의 빈도가 매우 적다. 이 풀이기는 겨우 하나의 Jacobian (partial derivatives)만을 구성하였으며 이를 36회에 걸친 반복행렬의 구성과 인수화에 되풀이 사용하였다. 이에 따르면 ode15s는 비경성 IVP를 매우 효율적으로 풀고 있다. 실제로 ode23에서는 315개의 스텝과 946회의 함수계산이 이루어졌다. 그러나 ode15s는 128개의 선형 방정식들을 포함하는 많은 시스템들을 풀어야 하므로 수행시간이 더 느리다. 이들은 MATLAB에서 매우 능률적으로 풀어지지만 BDF 코드에 따른 추가적인 부담으로 이 문제의 경우 Runge-Kutta 코드보다 덜 효율적이다. 반면에 고차의 명시적 Runge-Kutta 코드인 ode45는 ode15s보다는 덜 효율적이다. ode45 공식의 안정성 영역이 더 작으므로 이 공식은 위 문제에 대해서는 ode23보다도 덜 효율적이다.

보기 2.3.9

보기 2.3.8에서의 u_x에 대한 스펙트럼 근사는 함수 $u(x,t)$가 매끄러울 경우 매우 정확하다. 유한차분 근사들은 더 보편적인 대안이다. 이들은 정확도의 차수가 (매우) 더 낮지만 성질상 국부적이며 따라서 요구하는 해의 매끄러움 정도가 (매우) 더 적다. 일방 파동 방정식이 공간변수에 불연속점들을 갖는 해들을 가질 수 있다는 점을 언급할 가치가 있다. 이 문제는 그러한 PDE들의 수치적 풀이에서 많은 주목을 받고 있다. 이 방정식에 대한 간단하지만 타당한 유한차분 기법은 공간미분에 대하여 1차의 역 차분 근사이다. 여기에서도 x 상에서 간격이 모두 h로 동일한 N개의 격자점들을 이용한다. c(x)>0이므로 파동은 오른쪽으로 이동하며 근사로부터 다음과 같은 결과를 얻는다:

$$\frac{dv_m}{dt} = -c(x_m)\left(\frac{v_m - v_{m-1}}{h}\right)$$

Trefethen은 주기적 경계조건을 가정하였는데 그렇게 하면 스펙트럼 근사의 사

용이 간편해지기 때문이다. 왼쪽 경계에서 이 가정에 따르면 다음을 얻는다:

$$\frac{dv_1}{dt} = -c(x_1)\left(\frac{v_1 - v_N}{h}\right) \tag{2.38}$$

우리는 이 문제로 되돌아올 것이지만 지금은 유한차분 기법의 적용을 단순하게 하기 위해 경계조건을 변경하여 보자. 주어진 초기 데이터에 따르면 $u_x(0,t)=0$의 경계조건을 이용하는 것도 타당하게 보인다. 이 경계조건은 $v_1'(t)=0$으로 근사된다. $u_x(x,t)$에 대한 1차 근사와 함께 우리는 그림 2.7에 보인 것과 비교될 만한 수치해를 얻기 위해 미세한 격자가 필요하다. 프로그램 ch2ex6.m은 N=1000을 취하여 이 그림을 근사하고 있다. 이러한 미세한 격자를 이용할 때 우리는 모든 격자점에서 해의 그래프를 작성하지는 않음을 주목하자.

유한차분 프로그램은 알기 쉽지만 많은 수(여기에서는 1000개)의 방정식들을 포함하는 문제를 풀 경우 새로운 문제가 떠오른다. 미세한 공간 이산화에 따른 MOL로부터 기인되는 문제들은 경성일 수 있다. 실제로 pdepe로 해결되는 포물선형 PDE들은 공간격자가 미세한 경우 경성이 된다. 이 보기에서의 IVP는 경성은 아니지만 아주 간단해서 이를 경성 문제로 처리하는 경우 어떻게 진행해 나가야 하는지를 분명하게 보여준다. 이 문제를 경성 문제용 코드로 푼다면 이 코드는 Jacobian 행렬들을 구성하여야 한다. 방정식의 수가 N이면 이 행렬은 N x N 행렬이 된다. 방정식의 수가 수천 개인 것은 흔한 경우인데 이로써 선형 방정식 풀이에 있어서의 효율성과 저장공간 모두에 대하여 방정식들의 성김 속성을 감안하여 주는 것이 중요하다. 성긴 행렬 기법은 MATLAB PSE에 완전하게 조합되어 있지만 일반적인 과학계산에서는 쉽게 접할 수가 없다. 사실 일반적인 과학계산에 대한 대표적인 경성문제 풀이기에서 성김 속성에 대한 유일한 조건은 *띠로 된 Jacobian*들이다. (띠행렬은 0이 아닌 모든 원소들이 주 대각선 주위의 띠대각 부분에 몰려있는 행렬이다.) 우리는 어떻게든 풀이기에게 Jacobian $J=\left(\frac{\partial f_m}{\partial v_k}\right)$에서의 근들을 알려 주어야 한다. 가장 간단한 방법은 해석적으로 Jacobian 행렬을 성긴 행렬로 제공하는 것이다. 이는 Jacobian이라고 불리는 옵션을 이용하여 질량행렬에서와 마찬가지로 이루어진다. Jacobian이 상수 행렬이면 이를 이 옵션의 값으로 제공하여야 한다. 이는 ch2ex6.m에서 다음과 같이 수행할 수 있다:

```
B = [ [-c_h(2:N); 0] [0; c_h(2:N)] ];
```

```
J = spdiags(B,-1:0,N,N);
options = odeset('Jacobian',J);
```

Jacobian이 일정하지 않을 경우에는 Jacobian을 구하고 그 값으로 성긴 행렬을 반환하는 함수를 제공하여 준다. 어느 경우이건 풀이기는 Jacobian이 성긴 행렬이라고 간주하고 이를 적절히 처리한다. Jacobian을 수치적으로 근사하는 것은 상대적으로 비용이 소요되며 어려운 작업이므로 Jacobian에 대한 해석적 표현을 구하는 것에 그리 큰 어려움이 없다면 그렇게 하는 것이 최선이다. 아울러 해석적인 Jacobian을 사용하는 경우 방법들은 일반적으로 좀 더 효율적이 된다. 여전히 MATLAB 풀이기들은 기본적으로 Jacobian들을 수치적으로 근사하는데 이는 그렇게 하는 것이 편리하기 때문이다. 대규모 문제들의 경우 풀이기에게 Jacobian의 구조를 알려주는 것이 대단히 중요하다. 방정식 m이 해의 성분 k와 무관할 경우 $J_{m,k}$는 0과 같다. 여러분은 Jacobian들이 0인 위치에서 0, 나머지 위치들에서는 1을 갖는 성긴 행렬 S를 생성함으로써 앞의 사실을 풀이기에게 알려준다. 이는 옵션 JPattern의 값으로 제공되며 ch2ex6.m에서 매우 알기 쉬운 방법으로 수행되고 있다. 이 보기는 좀 더 복잡한 패턴들에 대하여 어떻게 진행할 것인지를 보여주고 있지만 앞의 특정한 ODE들의 경우 0이 아닌 원소들이 대각부분에 존재함으로써 spdiags를 이용하여 패턴을 정의하는 것이 당연하다. 이는 ch2ex6.m에서 다음에 의하여 이루어지고 있다:

```
S = spdiags(ones(N,2),-1:0,N,N);
S(1,1) = 0;
```

연습문제 2.34는 이 IVP가 경성이 아님을 입증하도록 요구하고 있다. 그럼에도 불구하고 우리는 대규모 경성문제의 해결방법을 보여주기 위해 이를 ch2ex6.m에서 ode15s를 이용하여 풀고 있다. Jacobian은 유한편차로 근사되지만 이를 효율적으로 수행하기 위해 성김 패턴이 제공되고 있다. 일정한 Jacobian 행렬에 대하여 Jacobian 옵션의 값으로서 해석적 표현을 제공하는 것이 보다 능률적일 것이다.

```
function ch2ex6
global c_h

% 공간격자, 초기값들:
N = 1000;
h = 2*pi/N;
```

```
x = h*(1:N);
v0 = exp(-100*(x - 1) .^ 2);
c_h = - (0.2 + sin(x - 1) .^ 2)' / h;

% Jacobian에 대한 성김 패턴(Sparsity pattern):
S = sparse(N,N);
for m = 2:N
   S(m,m-1) = 1;
   S(m,m) = 1;
end
options = odeset('JPattern',S);

% 적분을 수행하고 그래프를 작성:
t = 0:0.30:8;
[t,v] = ode15s(@f,t,v0,options);
pltspace = ceil(N/128);
x = x(1:pltspace:end);
v = v(:,1:pltspace:end);
surf(x,t,v), view(10,70), axis([0 2*pi 0 8 0 5])
ylabel t, zlabel u, grid off

%=================================================
function dvdt = f(t,v)
global c_h
dvdt = c_h .* [0; diff(v)];
```

이제 우리는 경계조건의 역할을 더 잘 이해할 수 있게 되었다. 주기적 경계조건을 갖는 경우 이 보기는 첫 번째 식이 v_N에 따라 좌우되기 때문에 띠행렬 모양의 Jacobian을 갖지 못한다. 이 때문에 일반적인 과학계산에서의 경성 문제들을 다루는 대표적인 코드들은 이 IVP를 직접적으로 풀 수 없다. 이와 대조적으로 MATLAB의 경성 풀이기들을 이용하면 우리가 해야 할 일은 ch2ex6.m에서 다음의 두 문장으로 S의 정의를 따르는 것뿐이다:

```
S(1,1) = 1;
S(1,N) = 1;
```

연습문제 2.35는 주기적 경계조건의 경우에 대하여 이 IVP를 풀 것을 요구하고 있다.

성김에 대하여 아무런 주의도 기울이지 않는다면 유한차분에 의한 Jacobian의 근사는 행렬의 N 열들 각각에 대하여 ODE 함수 $f(t,v)$의 계산을 (적어도) 한

번 필요로 한다. MATLAB 풀이기들은 0으로 알려진 Jacobian의 원소들을 감안하여 줌으로써 이에 따른 비용을 상당히 줄일 수 있는 Curtis 등(1974)이 개발한 알고리듬을 이용한다. 예를 들면 만일 Jacobian이 띠행렬이며 D 대각들을 갖는다면 이 알고리듬은 *N이 얼마이던 간에* ODE 함수 $f(t,v)$를 단지 D번만 계산하여 Jacobian을 구한다. ch2ex6.m에서는 풀이기에 Jacobian의 구조를 알려줌으로써 이 구조가 무시되었을 경우 필요한 D=N=1000회의 계산 대신에 ODE 함수 $f(t,v)$를 단지 2번만 계산하여 Jacobian을 근사할 수 있도록 하고 있다. 이는 반복행렬을 포함하는 선형 시스템의 풀이에 대한 저장공간과 비용의 축소에 대한 중요성을 떠나 분명히 효율성의 중요성에 대한 문제이다.

보기 2.3.10

위에서 살펴보았듯이 Jacobian에 대한 수치적 근사를 빠르게 하는 한 가지 방법은 성김 속성을 이용하여 함수 계산의 횟수를 줄이는 것이다. 다른 방법은 함수를 좀 더 빠르게 계산하는 것이다. 벡터화는 MATLAB 프로그램의 수행을 빠르게 하는 가치있는 도구이며 흔히 프로그램을 벡터화하는 것은 그리 큰 일이 아니다. 풀이기들이 Jacobian을 근사하는 경우 이들은 동일한 t에서 몇 개의 벡터 y에 대하여 $f(t,y)$를 계산한다. 이는 함수를 코딩하여 수행할 수 있는데 인수를 (t,[y1 y2 ...])로 하여 호출한다면 [f(t,y1) f(t,y2) ...]가 계산되어 반환되도록 한다. 풀이기에게는 옵션 Vectorized를 on으로 설정함으로써 이를 수행하였다고 알려준다. MATLAB의 모든 내장함수들은 벡터화되어 있으므로 $f(t,y)$를 벡터화시키는 것은 y를 열벡터들의 배열로 처리하고 연산자들 앞에 마침표를 둠으로써 이들이 배열에 적용되도록 하는 정도의 작업이다. 브루셀레이터 문제는 결합된 한 쌍의 PDE들로서 Hairer와 Wanner(1991, pp.6~8)가 공간변수의 유한차분 이산화를 이용하는 MOL로 해결한 문제이다. MATLAB에 포함된 예시 프로그램들 가운데 하나가 또한 이 문제를 풀고 있다. brussode(N)으로 호출되면 이 프로그램은 2N ODE들의 시스템을 구성하고 적분한다. 파라미터 N의 기본값은 20이다. 여기에서 우리는 프로그램의 한 줄만을 고려하여 $f(t,y)$의 벡터화에 대한 논점을 부각시키고자 한다. dydt의 성분들 가운데 일부는 다음과 같이 작성되었을 것으로 보이는 i에 대한 루프 내에서 계산된다:

```
dydt(i) = 1 + y(i+1)*y(i)^2 - 4*y(i) +...
          c*(y(i-2) - 2*y(i) + y(i+2));
```

여기에서는 열벡터 y(:)가 처리된다. 벡터 버전은 배열 y(:,:)의 열들에 대하여

동일한 연산을 수행하여야 한다. 이는 brussode에서 다음과 같이 작성되어 있다:

```
dydt(i,:) = 1 + y(i+1,:).*y(i,:).^2 - 4*y(i,:) + ...
            c*(y(i-2,:) - 2*y(i,:) + y(i+2,:));
```

곱셈과 멱급수 연산자 앞의 마침표는 연산이 배열의 성분들에 적용되도록 하여 준다. 배열에 스칼라 1을 더하는 것은 이를 배열의 모든 원소들에 더하는 것으로 해석된다. 이는 매우 쉽지만 벡터화는 이 보기에서는 중요한 것이 아니다. Jacobian의 성김 구조는 각 Jacobian에 대하여 단지 몇 번만의 함수계산이 소요되도록 하기 위함이며 단지 소수의 Jacobian들만이 구성된다. 실제로 우리는 Stats 옵션을 on으로 둠으로써 전체 적분을 통하여 겨우 두 개의 Jacobian들만이 생성됨을 알았다. 벡터화가 도움이 되는지의 여부는 Jacobian의 성김 패턴과 함수 계산에 얼마나 비용이 드는가에 따라 좌우된다. BVP들을 bvp4c로 푸는 경우 그의 수치적 방법으로 인하여 유사한 벡터화가 보통 상당히 도움이 되므로 제 3장에서 이 문제를 다시 살펴볼 것이다.

그렇게 용이하지 않은 벡터화를 예시하기 위하여 이제 ch2ex5.m의 ode23을 ode15s로 대체하고 다음과 같이 벡터화한다고 가정하자:

```
dvdt = mc .* real(ifft(ixindices .* fft(v)));
```

빠른 Fourier 변환루틴은 벡터화되므로 fft(v)는 v의 열이 한 개 이상일 때 잘 작용한다. ixindices .* fft(v)를 구성할 때 문제에 부닥치게 되는데 이는 ixindices가 열벡터이며 배열 크기가 서로 맞지 않기 때문이다. fft(v)의 각 열들에 대하여 이러한 배열연산을 수행할 필요가 있는데 이는 루프에서 할 수 있다. 그러한 루프에서 풀이기는 일반적으로 N 개의 열들을 갖지만 때로는 한 개만 갖기도 하는 배열 v와 함께 함수를 호출한다는 사실을 감안하여야 한다. 미분을 계산하는 보다 효율적인 방법은 모두 똑같이 ixindices를 열이 N개인 행렬로 만드는 것이다. 이는 repmat를 이용하여 쉽게 수행할 수 있다:

```
temp1 = i * [0:N/2-1 0 -N/2+1:-1]';
ixindices = repmat(temp1,1,N);
```

ixindices와 fft(v)의 배열 곱셈을 위하여 차원을 적절히 맞추기 위해서는 size를 이용하여 v에 열이 몇 개나 있는지를 파악하고 이에 해당되는 수의 ixindices 열들을 곱셈에서 사용한다. 배열 mc에 대해서도 동일한 변경이 이루어져야 한다.

이 경우 dvdt의 계산은 다음과 같이 이루어진다:

```
nc = size(v,2);
dvdt = mc(:,1:nc) .* real(ifft(ixindices(:,1:nc) .* fft(v)));
```

이러한 특별한 IVP의 경우 문제가 경성이 아니며 ode15s는 단지 하나의 Jacobian 만을 구성하기 때문에 f(t,v)를 벡터화하는 것은 별 효과가 없다. 그러나 이 보기의 초점은 벡터화에서 어떻게 복잡한 일이 일어날 수 있는지를 보이려는 것이다.

보기 2.3.11

공간 이산화를 위하여 Galerkin 방법이 사용될 경우 자연스럽게 질량행렬들이 생겨난다. 이를 예시하고 대규모의 경성 시스템에 관련되는 문제들에 대한 논의를 도입하기 위하여 Fletcher(1984)의 보기를 고려해 보기로 한다. 그는 다음과 같은 열 방정식을 풀고 있다:

$$u_t = u_{xx}, \quad 0 \le x \le 1$$

초기값은

$$u(x,0) = x + \sin(\pi x)$$

이며 경계조건은

$$u(0,t) = 0, \quad u(1,t) = 1$$

과 같다. 근사해는 다음 형태를 갖는다.

$$v(x,t) = \sum_m S_m(x) v_m(t)$$

주어진 t 값에 대하여 이 근사는 PDE를 만족하며 잔류오차는 다음과 같다:

$$R(x,t) = v_t(x,t) - v_{xx}(x,t)$$

[0,1]에서 연속인 두 함수의 내적은

$$(f,g) = \int_0^1 f(x)g(x)dx$$

로 정의된다. Galerkin 방법은 근사의 잔류오차를 기저함수 $S_k(x)$에 수직이 되도록 함으로써 u(x,t)를 v(x,t) 형태의 함수 공간으로 투영시킨다. 즉 각 k에 대하여

$$(R, S_k) = (v_t, S_k) - (v_{xx}, S_k) = 0$$

만일 각 형상함수 $S_m(x)$가 구분적인 선형함수로서 $j \neq m$에 대하여 $S_m(x_m) = 1$ 및 $S_m(x_j) = 0$이면

$$v(x_m, t) = v_m(t) \approx u(x_m, t)$$

이 된다. 앞의 $v(x,t)$ 형태를 사용하고 부분적분을 수행하면 다음 식을 얻는다:

$$\sum_m (S_m,\ S_k) \frac{dv_m}{dt} + \sum_m \left(\frac{dS_m}{dx},\ \frac{dS_k}{dx} \right) v_m = 0$$

격자 간격 h를 일정하게 하고 내적을 수행하면 다음과 같은 ODE들을 얻는다 $(m = 1, 2, \cdots, N)$:

$$\frac{1}{6}\frac{dv_{m-1}}{dt} + \frac{4}{6}\frac{dv_m}{dt} + \frac{1}{6}\frac{dv_{m+1}}{dt} = \frac{v_{m-1} - 2v_m + v_{m+1}}{h^2}$$

경계조건들로부터

$$v_0(t) = 0, \quad v_{N+1}(t) = 1$$

이 양들은 첫 번째와 마지막 ODE들에서만 나타난다. 이 때문에 마지막 ODE는 비균질임을 주목하자. 초기조건으로부터 $m = 1, 2, \cdots, N$에 대하여 $v_m(0) = u(x_m, 0)$이다.

많은 문제들은 자연스럽게 질량행렬들로 구성된다. 만일 M(t,y)가 y에 강하게 좌우되지 않는다면 수치방법을 수정하여 이를 감안하는 것은 어렵지 않으며 질량행렬의 존재는 계산에 별 영향을 미치지 않는다. 대규모 시스템의 경우 Jacobian의 구조는 물론 질량행렬의 구조를 감안하여 주는 것이 필수적이다. 표준형태인 (2.37)을 이용하는 것이 편리하기도 하고 능률적이기도 하지만 일반적인 과학계산에서 보통의 범용 BDF 코드는 질량행렬을 제공하여 주지 않는다. 저장공간과 사용자 접속기는 이에 대한 중요한 이유들이 된다. 예를 들면 질량행렬이 일정

한 경우 BDF들에 대한 반복행렬은 $I-h\gamma J$로부터 $M-h\gamma J$로 바뀌게 된다. 이러한 변화는 M과 J의 구조들은 반복행렬의 구성에서 합쳐져야 하기 때문에 행렬의 지정과 저장공간의 운영을 복잡하게 한다. 이러한 복잡성은 MATLAB IVP 풀이기들에는 존재하지 않는다. 이는 행렬들이 일반적인 성긴 행렬들로 제공되며 PSE들이 자동적으로 저장공간 문제를 처리하기 때문이다.

질량행렬의 존재에 따른 알고리듬에 대한 수정은 그 형태에 따라 달라진다. y에 대한 M(t,y)의 의존성이 약할수록 더 좋다. 가장 바람직한 경우는 질량행렬이 일정할 때이다. 행렬을 Mass 옵션 값으로 제공함으로써 풀이기는 이에 대하여 인식하게 된다. 만일 질량행렬이 일정하지 않다면 MStateDependence 옵션을 이용하여 M(t,y)가 얼마나 강하게 y에 따라 좌우되는지를 풀이기에 알려준다. 이는 적정규모에서 대규모 시스템에만 해당되는 사항이다. 이 옵션에 대해서는 세 가지 값들이 가능하다. 가장 선호되는 것은 none로서 질량행렬이 t만의 함수임을 나타낸다 – 즉 행렬은 M(t)의 형태를 갖는다. 기본값은 weak이다. 이론과 실제에 있어서 가장 어려운 경우는 strong이다. 만일 M(t,y)가 y에 강하게 의존한다면 표준형태 (2.37)의 사용은 유리하지 못하며 계산은 다음과 같은 형태의 일반적인 함축적 시스템에 대하여 수행되어야 하는 것과 매우 비슷해진다:

$$F(t,\ y,\ y')=0 \tag{2.39}$$

질량행렬이 상태에 강하게 좌우될 경우 대규모 ODE 시스템을 효율적으로 푸는 것은 다소 복잡하며 기본적인 weak 상태 의존성은 대개의 경우 만족스러우므로 이 경우는 MATLAB 문서에 미루기로 한다.

일반적인 과학계산에서 (2.39) 형태의 문제를 수용하는 코드들이 여러 개 있으며(DASSL이 널리 이용된다; Brenan 등(1996)을 참조.) 향후 MATLAB 버전은 그러한 문제들에 대한 코드를 포함할 것이다. 이러한 일반적인 형태에는 미분 대수 방정식(DAE)들이 포함된다. 이들은 이론상으로나 실제적으로나 ODE 보다 더욱 어려워질 수 있다. 명백한 이론적 어려움은 초기값 $y(t_0)$가 해를 지정하기에는 충분하지 않을 수 있다는 점이다 – 식 (2.39)가 인수 t_0, $y(t_0)$ 및 $y'(t_0)$를 만족한다는 측면에서 일관성을 갖는 초기 기울기 $y'(t_0)$를 찾아야 한다. 방정식의 형태로부터 풀이기는 $\frac{\partial F}{\partial y}$는 물론 $\frac{\partial F}{\partial y'}$를 필요로 하며 따라서 사용자 접속기와 저장공간 운용을 더 복잡하게 한다는 사실은 아주 명백하다.

현재의 보기에서는 질량행렬과 Jacobian 행렬들이 모두 상수행렬이므로 이들을 직접 제공하여 주는 것이 편리하다. 실제로 Jacobian 행렬을 사용하여 ODE

를 계산하는 것이 편리하다. 그림 2.8은 ch2ex7.m의 수행결과를 보여주고 있는데 Rotate 3D 도구를 이용하여 다른 시각들에서 표면을 살펴봄으로써 해를 더 잘 이해할 수 있다.

```
function ch2ex7
global J h

N = 20;
h = 1/(N+1);
x = h*(1:N);
v0 = x + sin(pi*x);
e = ones(N,1);
M = spdiags([e  4*e e],-1:1,N,N)/6;
J = spdiags([e -2*e e],-1:1,N,N)/h^2;
options = odeset('Mass',M,'Jacobian',J);
[t,v] = ode15s(@f,[0 0.5],v0,options);

% 경계값들을 추가:
x = [0 x 1];
```

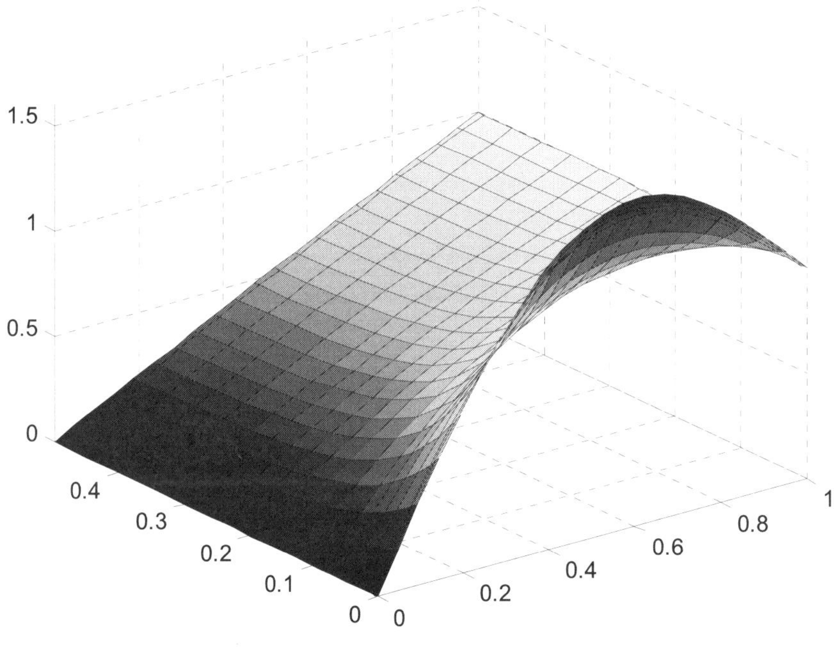

그림 2.8: 미분방정식 $u_t = u_{xx}$의 풀이.

```
npts = length(t);
v = [zeros(npts,1) v ones(npts,1)];
surf(x,t,v)
axis([0 1 0 0.5 0 1.6])

%========================================
function dvdt = f(t,v)
global J h
dvdt = J*v;
dvdt(end) = dvdt(end) + 1/h^2;
```

■ 연습문제 2.34

ode23을 사용하도록 ch2ex6.m을 수정하여라. tic와 toc를 이용하여 이러한 변경으로 수행시간이 얼마나 영향을 받으며 따라서 IVP가 얼마나 경성인 것으로 나타나는지를 측정하여 보라. ode23을 가지고 풀 수 있다면 이 문제는 아주 경성일 수는 없다.

■ 연습문제 2.35

보기 2.3.9는 ode15s가 일반적인 성긴 행렬들을 제공하여 주기 때문에 주기적인 경계조건들을 다루기가 쉬움을 보여주고 있다. 주기적인 경계조건들을 갖는 문제를 풀도록 ch2ex6.m을 수정하여 이를 확인하여 보라. 앞의 보기는 이 경우 성김 패선 S를 어떻게 구성하는지를 설명하여 주고 있다.

■ 연습문제 2.36

Laquer와 Wendroff(1981)의 "담금질" 문제는 뜨거운 금속막대 위에서 부풀어 오르는 냉각된 액체를 다음과 같은 PDE로 모델링하고 있다:

$$u_t = u_{xx} + g(u)$$

위에서 $0 \le x \le 1$, $0 < t$이며

$$g(u) = \begin{cases} -Au & : u \le u_c \\ 0 & : u_c < u \end{cases}$$

이고 $A = 2 \cdot 10^5$, $u_c = 0.5$이다. 경계조건들은 $u(0,t) = 0$, $u_x(1,t) = 0$와 같다.

한편 초기조건은 다음과 같이 주어진다:

$$u(x,0)=\begin{cases} 0 & : 0 \le x \le 0.1 \\ \dfrac{x-0.1}{0.15} & : 0.1 < x < 0.25 \\ 1 & : 0.25 \le x \le 1 \end{cases}$$

이 PDE의 해를 유한차분을 이용한 MOL로 근사하고자 한다. 관련 계산들은 경성의 이해에 도움이 될 것이다.

어떤 정수 N에 대하여 h=1/N이라 하고 $m=0,1,\cdots,N+1$에 대하여 격자 $x_m = mh$를 정의하자. $v_m(t) \approx u(x_m,t)$로 두고 공간에서 중앙차분으로 이산화시킴으로써 PDE를 근사하여 다음을 얻는다:

$$\frac{dv_m}{dt}=\frac{v_{m+1}-2v_m+v_{m-1}}{h^2}+g(v_m)$$

m=1일 경우 위 식은 $v_0(t)$를 필요로 한다. 경계조건 $u(0,t)=0$을 만족시키기 위하여 $v_0(t)=0$로 정의하고 이를 위의 식으로부터 소거시킨다. 마찬가지로 m=N인 경우에는 $v_{N+1}(t)$가 필요하다. x=1에서의 경계조건은 다음과 같이 중앙차분으로 근사한다:

$$0=u_x(1,t) \approx \frac{v_{N+1}-v_{N-1}}{2h}$$

마찬가지로 $v_{N+1}=v_{N-1}$로 두고 m=N일 때 이를 식으로부터 소거한다. ODE에 대한 초기값들은 $v_m(0)=u(x_m,0)$으로 제공된다. N=20일 때 $m=1,2,\cdots,N$에 대하여 이 IVP를 풀어라. 이 문제의 풀이에 있어서는 Jacobian J가 일정한 성긴 행렬이라는 사실을 활용한다. 여기에서는 $J_{N,N-1}=2h^{-2}$이지만 ch2ex7.m에서와 마찬가지로 수행할 수 있다. ODE들을 계산할 때에는 J를 이용하는 것이 편리하면서도 효율적이다. 또한 $g(v_m)$의 계산을 벡터화시킬수도 있다. 이 경우 w가 열벡터일 때 any(w <= 0.2)의 결과가 무엇인지 스스로에게 질문하여 보는 것이 도움이 됨을 알 수 있을 것이다. tspan = 0:0.001:0.006으로 취함으로써 출력을 조절하여라. 격자 x에 대하여 계산된 해 v를 그래프로 나타낸다면 해가 시간에 따라 어떻게 나타나는지를 보여주는 해 곡선들을 얻을 것이다. 앞의 IVP를 ode15s와 ode23 각각을 이용하여 풀어라. tic와 toc를 이용하여 적분 비용

을 계산하여라. 이 IVP는 경성이 아님을 알게 될 것이다 - ode23이 ode15s보다 훨씬 더 효율적이다. MOL에 익숙한 사람들은 아마도 이런 놀라운 사실을 발견할 수 있을 것이다. 그들이 무엇을 기대하고 있었을 것인가를 알기 위해서 ODE로부터 비균질 항 g(u)를 없앤 다음 tspan = 0:0.1:0.6으로 하여 풀어보라. 이 새로운 IVP는 (적당하게) 경성임을 알게 될 것이다.

무슨 일이 이루어지고 있는가? 비균질 항 g(u)는 매끄럽지 못하다. 이에 따라 값 u_c를 지나면서 매끄럽지 못하게 되는 해 성분 $v_m(t)$들이 얻어진다. 이는 이 문제의 경우 모든 m에 대하여 한 번만 발생한다. 풀이기는 이 점을 규명하여야 하며 이를 지나기 위해 작은 스텝 크기를 사용하여야 하지만 해가 매끄럽지 못한 고립점은 적분에 거의 영향을 미치지 않는다. 여기에서 곤란한 문제는 이러한 일이 다른 성분들에 대하여 다른 시간에 발생하며 성분들의 수가 많다는 점이다. IVP가 경성이려면 해는 매끄러워야 하며 명시적 방법의 스텝 크기는 안정성에 의하여 제한됨을 상기하자. 담금질 문제의 경우 안정성에 의하여 스텝 크기가 상당하게 제한되지는 않으므로 일정하고 해석적인 Jacobian일지라도 ode15s는 ode23보다 능률적이지 못하다.

2.3.4 특이성

IVP에 대한 표준적인 코드들은 어느 정도의 매끄러움을 기대하고 있으며 어떤 고립점에서 매끄럽지 못하다면 어떤 해석적인 작업의 결과를 코드에 제시하여 주어야 한다. 한 가지 방법은 특이점 근처에서 수열이나 점근적 팽창을 이용하여 관심있는 해를 근사하고 다른 위치들에서는 표준적인 IVP 풀이기로 이를 근사하는 것이다. "관심있는 해"라는 표현은 특이점에서 하나 이상의 해가 존재할 가능성을 암시하여 준다. 특이성은 BVP의 경우 더욱 보편적이다. 이는 부분적으로 문제들이 종종 무한구간에서 설정되기 때문이다. 따라서 우리는 여기에서 하나의 보기와 한 쌍의 연습문제들을 들어 어떻게 진행해 나가는가를 보여주고 후에 많은 보기들이 자세하게 다루어지고 있는 제 3장에서 이 문제로 다시 돌아오기로 한다.

보기 2.3.12

액체 내에서의 구형 동공의 붕괴에 대한 고전적인 해석(Lighthill 1986, pp.103ff)은 다음과 같은 IVP로 귀결된다:

$$(y')^2 = \frac{2}{3}(y^{-3} - 1), \quad y(0) = 1 \tag{2.40}$$

여기에서 비차원 변수들은 시간 x와 동공의 반경 y이다. 동공이 완전히 붕괴되어 y가 소멸되면 적분은 종료된다. 위의 ODE를 표준적인 형태로 다시 쓰면 다음과 같다:

$$\frac{dy}{dt} = -\sqrt{\frac{2}{3}(y^{-3} - 1)}$$

위에서 음의 부호를 취한 이유는 이 식이 동공의 *붕괴*를 나타내기 때문이다. 이 IVP에는 두 가지의 어려움이 존재한다. IVP에 대한 존재성과 일의성 결과에서는 $y' = f(x,y)$에서 ODE 함수 f는 초기점 (0,1)을 포함하는 영역에서 매끄러운 것으로 간주한다. 위에서 초기점은 f가 정의되는 영역의 경계에 존재하므로 이는 여기에서는 해당되지 않는다. 이에 따라 해가 하나 이상일 가능성이 있으며 실제로 우리가 물리적으로 기대하고 있는 감소해 이외에 명백한 해 $y(x) \equiv 1$이 존재한다. 확실히 우리는 "오른쪽" 해를 어떻게 계산할 것인가를 고려하여야 한다. 다른 또 하나의 어려움은 완전한 붕괴시간 x_c에서 $y(x_c) = 0$이며 ODE로부터 $y'(x_c) = -\infty$이라는 사실이다.

우리는 $0 \le x \le d$에서 해 y(x)를 Taylor 수열로 근사한다. 다음에 이러한 방법으로 계산된 $y_d \approx y(d)$를 이용하여 ODE가 특이하지 않은 $x \ge d$에서 수치적분을 시작한다. MATLAB의 기호처리 기능을 이용하면 수열을 얻는 것은 쉽다. 초기값을 감안하여 $y(x) = 1 + ax + bx^2 + \cdots$ 형태의 해를 구한다. 스크립트

```
syms y x a b res
y = 1 + a*x + b*x^2;
res = taylor(diff(y)^2 - (2/3)*(1/y^3 - 1),3)
```

는 이 형태를 ODE에 치환시키고 잔류오차에 대한 Taylor 팽창의 처음 세 항들을 계산한다. 이 계산의 결과는

```
res = a^2+(4*a*b+2*a)*x+(4*b^2+2*b-4*a^2)*x^2
```

이다. 가능한 한 ODE를 만족시키기 위하여 낮은 차수로부터 시작해서 될 수 있는 대로 많은 항들이 소거되도록 계수들을 선택하여야 한다. 잔류오차에서 상수항을 제거하기 위해서는 a=0을 취하여야 하는데 이는 또한 x 항도 소거시킨다.

x^2항을 소거시키려면 b=0과 b=−0.5의 두 가지를 선택할 수 있다. 따라서 이 IVP는 Taylor 수열로 팽창될 수 있는 정확하게 두 개의 해들을 갖는 것처럼 보인다. b에 대한 한 가지 선택은 해 $y(x)\equiv 1$에 해당되는데 이는 우리가 이미 인식한 바이다. 다른 해

$$y(x)=1-\frac{1}{2}x^2+\cdots$$

는 x가 작을 경우 감소한다. 따라서 기대하는 물리적 거동을 가진 유일한 해가 존재하는 것으로 보여진다. 이러한 방법을 계속하면

$$y(x)=1-\frac{1}{2}x^2-\frac{1}{6}x^4-\frac{19}{180}x^6+\cdots$$

임을 쉽게 확인할 수 있다. ch2ex8.m에서 우리는 y(x)를 이 수열의 처음 세 항들로 근사하고 근사 오차를 그다음 항으로 추정한다. 이러한 방법으로 우리는 y(d)에 대한 이 근사의 상대오차는 d=0.1인 경우 약 10^{-7}인 것으로 추정할 수 있다.

적분의 끝에서 수직 기울기를 계산하는 데 있어서의 어려움은 독립변수와 종속변수들을 교환하여 해결할 수 있다. 이는 ODE 이론에서 익숙한 기법으로서 수치적으로 매우 유용할 수 있다. 변수들의 교환이 허용된다는 사실에는 주의를 요한다. 초기점으로부터 멀리 떨어져 있는 경우 ODE는 y(x)가 엄밀하게 감소함을 보여주므로 y를 독립변수로 이용할 수 있다. x=0에서 y'(x)는 소멸되므로 초기점에서 y를 독립변수로 이용할 수 없다. 변수들을 교환한 뒤에는 수직 기울기에 대하여 동일한 문제에 닥치게 될 것이다. 이 때문에

$$\frac{dx}{dy}=-\sqrt{\frac{3y^3}{2(1-y^3)}}$$

을 초기값 x=d로 하여 $y=y_d$로부터 y=0까지 적분한다. 총체적 붕괴시간은 y=0에서의 x 값이다. 문제에 대한 이러한 해석적 준비를 마친 후에는 ch2ex8.m을 이용하여 쉽게 문제를 풀 수 있다. 전체 구간에 걸쳐 해를 그래프로 나타내려면 구간 [0,d]에서 수열을 계산함으로써 얻어지는 값들로 수치해를 키워 주어야 한다. 이러한 특별한 문제의 경우 하나의 값 y(0)=1 만을 더하여 줌으로써 매끄러운 그래프가 얻어진다. 초기점 d를 d=0.1보다 더 크거나 더 작게 하면 어떤

일이 일어날지 알아볼 수도 있을 것이다.

```
function ch2ex8
d = 0.1;
yd = 1 - (1/2)*d^2 - (1/6)*d^4;
erryd = (19/180)*d^6;
fprintf('d = %g에서 y(d)의 오차는 약 %5.1e이다.\n',d,erryd);

[y,x] = ode45(@ode,[yd 0],d);
fprintf('전체적 붕괴는 x = %g에서 일어난다.\n',x(end));

% 배열을 x = 0에서 y = 1 만큼 증대시킨다.
% 원래의 독립변수 x로 그래프를 작성한다.
y = [1; y];
x = [0; x];
plot(x,y)

%===============================================
function dxdy = ode(y,x)
dxdy = - sqrt(3*y^3/(2*(1 - y^3)));
```

이를 수행하면 그림 2.9와 아울러 다음과 같은 출력이 나타난다:

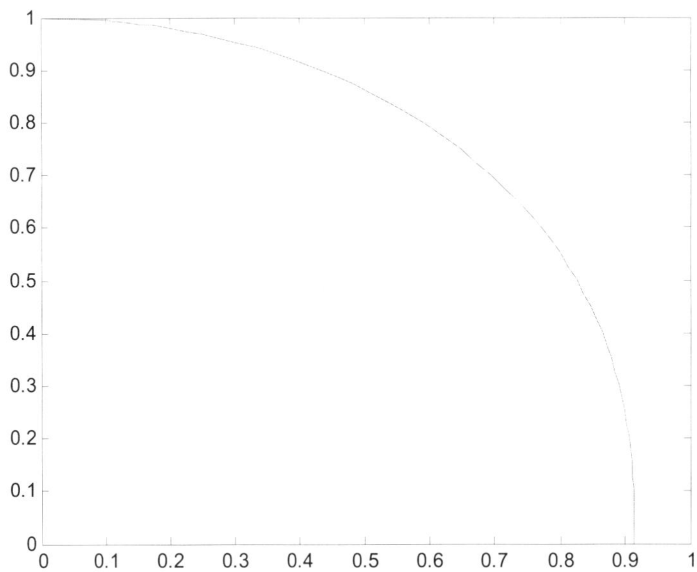

그림 2.9: 동공 붕괴문제의 해.

```
>> ch2ex8
d = 0.1에서 y(d)의 오차는 약 1.1e-007이다.
전체적 붕괴는 x = 0.914704에서 일어난다.
```

■ 연습문제 2.37

Davis(1962, pp.371ff)는 구형 가스구름의 열적 거동을 모델링하기 위하여 다음과 같은 Emden의 방정식을 사용하는 것을 다루고 있다:

$$\frac{d^2y}{dx^2}+\frac{2}{x}\frac{dy}{dx}+y^n=0$$

위에서 n은 물리적인 파라미터이다. 구형의 대칭성을 활용하여 열적 거동을 나타내는 PDE를 ODE로 줄이면 특이 계수가 발생한다. 대칭성이 의미하는 것은 초기값이 y'(0)=0이며 이들 무차원 변수들에서 y(0)=0이라는 것이다. 우리는 원점에서 경계지어지고 매끄러운 해를 기대하므로 해를 Taylor 수열로 팽창할 수 있다고 기대한다. Davis가 제시한 수열 해를 유도하여라:

$$y(x)=1-\frac{x^2}{3!}+n\frac{x^4}{5!}+(5n-8n^2)\frac{x^6}{3\cdot 7!}+\cdots$$

가스 구름이 별이라면 해의 첫 번째 근은 별의 반경을 나타낸다. Davis는 n=3을 이용하여 카펠라 별의 밝은 성분을 모델링하고 첫 번째 근은 약 x=6.9에서 나타남을 보고하고 있다. 이 결과를 확인하여 보라. 수열의 처음 세 항들을 사용하여 y(0.1)에 대한 근사를 계산한 다음 이 항들의 미분을 이용하여 y'(0.1)을 근사하여라. 이들 각 근사의 오차를 수열에서 무시한 첫 번째 항의 차수로 추정하여라. 초기값으로서 y(0.1) 및 y'(0.1)에 대한 해석적 근사를 사용하여 최종 이벤트 y(x)=0이 일어날 때까지 ode45를 이용하여 ODE를 적분하여라. 이벤트로 인한 적분의 종료를 확실히 조사하기 위하여 얼마나 멀리 적분해갈 것인가를 추정할 필요가 있을 것이다. x=0.1에서의 근사해는 매우 정확해서 기본값보다 더 가혹한 오차허용한계를 가지고 적분을 수행하는 것이 타당하며 이로써 y(x)의 첫 번째 근의 위치에 보다 확신을 가질 수 있다. 예를 들면 상대오차 허용한계로서 10^{-8}을, 그리고 절대오차 허용한계로서 10^{-10}을 이용할 수 있다.

■ 연습문제 2.38

Kamke(1971, p.598)는 다음과 같은 IVP가 실린더형 콘덴서의 공간전하 전류

를 나타낸다고 언급하고 있다:

$$y(y'')^2 = e^{2x}, \quad y(0) = 0, \quad y'(0) = 0$$

그는 해를 다음과 같은 수열의 형태로 근사하는 것을 제안하고 있다:

$$y(x) = x^p(a + bx + \cdots)$$

p와 a를 구하여라. 주어진 IVP는 이와 같은 형태의 해를 단지 하나만 가짐을 보여라. 이 시은 원점에서 특이하므로 작은 x에 대하여 이러한 해석적 근사를 이용하여 ODE를 수치적분해야 한다. 이를 위해

$$b = \frac{27}{40}a^{-2}$$

가 주어져 있다.

ODE를 한 쌍의 명시적 1차 시스템으로 구성하는 것을 묻는 연습문제 1.7을 해보지 않았다면 이를 지금 해 보아야 한다. 현재의 문제에서는 x=0 근처에서 y'가 증가하는 시스템을 수치적으로 풀어야 한다. 수열과 그 미분을 계산하여 $x_0 = 0.001$일 때 $y(x_0)$와 $y'(x_0)$를 구하여라. 기본 오차허용한계를 이용하여 $[x_0, 0.1]$에서 1차 시스템을 적분하여라. 계산한 해를 수열로부터 얻은 근사해와 함께 그래프로 나타내어라.

제 3 장

경계치 문제

3.1 서 론

상미분 방정식 시스템은 그 자체로 많은 해를 갖는다. 대개 관심있는 해는 하나의 점 x=a에서 모든 성분들의 값을 지정함으로써 결정된다. 이 점과 적분방향으로 초기치 문제가 정의된다. 많은 응용들에서 관심있는 해는 좀 더 복잡한 방법으로 결정된다. 경계치 문제는 종속변수 x의 범위 내의 한 점 이상에서 해 성분들의 값이나 식을 지정한다. 일반적으로 IVP는 일의적 해를 갖지만 BVP의 경우에는 그렇지 않다. 선형 대수방정식 시스템과 마찬가지로 BVP는 전혀 해를 갖지 않을 수 있거나 일의적 해를 가질 수 있으며 혹은 하나 이상의 해를 가질 수도 있다. 해가 하나 이상일 수 있기 때문에 BVP 풀이기들은 관심있는 해에 대한 추정치(가정값)를 필요로 한다. 종종 BVP가 해를 갖기 위해 결정되어야 할 파라미터들이 존재한다. 해와 관련하여 한 세트의 파라미터만이 있을 수 있고 한정된 수의 파라미터 세트들이 있을 수 있으며 가능한 세트들이 무한개일 수도 있다. 해 자체에 대해서 BVP 풀이기들은 관심있는 파라미터 집합에 대한 추정치를 필요로 한다. 가능성의 사례들은 제 1장에서 살펴보았으며 이 장에서는 다른 보기들을 이용하여 좀 더 깊이 살펴보고자 한다.

우리가 이 장에서 다루게 될 2점 BVP의 일반적인 형태는 ODE

$$y' = f(x, y, p) \tag{3.1}$$

과 일련의 경계조건

$$0 = g(y(a), y(b), p) \tag{3.2}$$

로 이루어지는 시스템이다. 여기에서 p는 미지 파라미터들의 벡터이다. 파라미터들은 모델링되는 물리적 문제에서 자연적으로 파생되거나 BVP를 푸는 과정의 일부로 도입될 수 있다. BVP의 계수들의 특이성 및 무한구간에 설정된 문제들은 드물지 않다. 이들을 다루는 한 가지 방법은 미지의 파라미터들을 도입하는 것을 포함한다. MATLAB BVP 풀이기 bvp4c는 미지 파라미터를 갖는 문제를 허용하지만 많은 풀이기들은 그렇지 않으며 따라서 미지 파라미터가 없도록 BVP를 구성하는 방법을 설명하고자 한다. 간단히 말하면 (3.1)이나 (3.2)를 작성할 때 일반적으로 p를 보이지 않는다.

IVP에 대한 고찰에서 우리는 ODE를 어떻게 1차방정식 시스템 (3.1)로 재구성하는지를 알았다. 어떤 IVP 풀이기들은 $y''=f(x,y)$ 형태의 방정식들을 받아들이는데 이는 그러한 식들이 어떤 분야에서 보편적이며 특수 형태의 이점을 취하는 방법들이 존재하기 때문이다. 마찬가지로 차수가 1보다 큰 방정식들을 직접 다루는 잘 알려진 BVP 풀이기들이 있다. 이는 유리할 수 있지만 사용자 접속부분이 복잡해진다. 이는 bvp4c가 1차 시스템을 요구하는 한 가지 이유이다. MATLAB의 모든 IVP 풀이기들이 1차 시스템을 필요로 한다는 것도 또하나의 이유가 된다.

미지 파라미터들이 없을 경우 식 (3.2) 각각이 단지 하나의 경계점을 포함한다면 경계조건들은 *분리되어 있다*고 말한다. 경계조건들 가운데 하나가 양쪽 경계점들에서 해 값들을 포함한다면 경계조건들은 *분리되어 있지 않다*고 말한다. 풀이기 bvp4c는 분리되지 않은 경계조건들을 허용하지만 많은 풀이기들은 그렇지 못하며 따라서 경계조건들을 분리하기 위해 BVP를 어떻게 재구성하는지에 대해서 설명할 것이다. 다중점 BVP는 두 점 이상에 적용되는 경계조건들을 갖는다. 어떤 풀이기들은 다중점 BVP를 받아들이지만 (bvp4c를 포함하는) 많은 풀이기들은 그렇지 못하며 따라서 그러한 BVP들을 2점 BVP로 재구성하는 방법에 대해서 다루게 될 것이다.

어떤 종류의 경계조건들이 적절하며 그들이 어디에 적용될 수 있는가는 언제나 뚜렷하지 못하다. 우리는 이 주제, 특히 무한범위와 관련되는 주제들에 대하여 논의할 것이다. 끝점에서 특이성을 갖는 BVP, 혹은 무한범위에서 설정된 BVP를 해결하기 위해서는 상당한 기교가 요구된다. 우리는 몇 가지 간단한 보기들을 통하여 가능성을 더 잘 이해하고 상대적으로 약간 어려운 문제들을 상세히 풀어봄으로써 어떻게 그러한 기교가 수행될 수 있는지를 보게 될 것이다.

BVP들은 IVP보다 풀기가 더욱 어려우며 해와 미지 파라미터들에 대한 우수한 추정치가 제공된다 하더라도 풀이기는 실패할 수 있다. 실제로 어떤 BVP 풀이기는 해가 없는 경우에도 풀이에 "성공할" 수도 있다. 3.4절에서 우리는 BVP

에 대한 잘 알려진 코드들에서 이용되는 수치적 방법들에 대하여 간략하게 논의할 것이다. 비록 MATLAB BVP 풀이기 bvp4c가 능률적이긴 하지만 모든 문제들에 대하여 가장 우수한 한 가지 방법은 없다. 특히 그 방법의 적정 차수와 MATLAB PSE의 목표는 엄격한 정확성을 요구하는 문제들이나 매우 급격한 변화를 보이는 해들을 갖는 문제들에는 부적합하다.

BVP를 위한 수치적 방법을 논의한 뒤에는 bvp4c를 이용하여 BVP를 푸는 보기들을 고려할 것이다. 이 보기들은 또한 이론을 도출하는 데에도 이용된다. 예를 들면 이들은 다른 풀이기들에 의한 해결을 위하여 문제를 어떻게 구성하는가를 보여준다. 이 보기들은 또한 끝점에서의 특이성 및 무한범위에서 설정된 문제들을 처리하는 방법을 보여준다. 연습문제들도 유사하게 이용되며 따라서 실제로 풀어보진 않는다 하더라도 이 문제들을 읽어보아야 한다.

3.2 경계치 문제

제 1장에 제시된 일부 보기들은 BVP에 대한 사실들은 IVP에 대한 사실들과는 매우 다르다는 것을 보여준다. 이 절에서는 다른 보기들을 이용하여 이에 대한 고찰을 더 해 볼 것이며 IVP를 이용하여 BVP를 해석하는 접근방법을 예시할 것이다.

만일 함수 $f(x,y,y')$가 충분히 매끄럽다면 방정식

$$y'' = f(x,y,y')$$

와 초기조건

$$y(a) = A, \quad y'(a) = s$$

로 이루어지는 IVP는 $x \geq a$에서 일의적 해 $y(x)$를 갖는다. 2점 BVP는 선형방정식

$$y'' + y = 0 \tag{3.3}$$

과 분리된 경계조건

$$y(a) = A, \quad y(b) = B$$

로 예시하여 볼 수 있다. 이러한 문제를 살펴보는 공통적이고 유용한 방법은 $y(x,s)$를 초기값이 $y(a,s)=A$ 및 $y'(a,s)=s$인 방정식 (3.3)의 해라고 간주하는 것이다. 파라미터 s의 각 값에 대하여 해 $y(x,s)$는 끝점 x=a에서 경계조건을 만족하며 x=a로부터 x=b까지 확장된다. 그렇다면 이런 질문을 할 수 있다: 어떤 s값에 대하여 $y(x,s)$는 x=b에서의 다른 경계조건을 만족하는가? 즉 어떤 s값에 대하여 $y(b,s)=B$인가? 이러한 대수방정식에 대한 해 s가 존재한다면 $y(x,s)$는 두 경계조건들을 만족하는 ODE의 해를 제공한다. 이는 곧 $y(x,s)$가 2점 BVP의 해임을 뜻한다. 선형성을 추구함으로써 가능성들을 쉽게 찾아낼 수 있다. u(x)를 초기조건 y(a)=A 및 y'(a)=0으로 정의되는 방정식 (3.3)의 해라고 하고 v(x)를 초기조건 y(a)=0 및 y'(a)=1로 정의되는 해라고 하자. 선형성이 의미하는 바는 방정식 (3.3)의 일반해가

$$y(x,s)=u(x)+sv(x)$$

라는 것이다. 경계조건

$$B=y(b,s)=u(b)+sv(b)$$

는 미지의 초기 기울기 s에 대한 선형 대수방정식에 해당한다. 선형 대수방정식의 해의 존재성과 일의성에 대한 익숙한 사실들로부터 $v(b)\neq 0$일 때 BVP에 대하여 정확히 하나의 해, 즉

$$s=\frac{B-u(b)}{v(b)}$$

인 IVP의 해가 존재한다는 것을 알 수 있다. 나아가 v(b)=0이라면 B=u(b)일 때 무한히 많은 해가 존재하며 $B\neq u(b)$이면 해가 전혀 존재하지 않는다. 이 BVP에 대한 해의 존재성과 일의성은 이론상 명백하지만 $v(b)\approx 0$일 경우 계산상의 어려움이 존재할 가능성이 있다는 것은 분명하다. 극단적인 경우 전혀 존재하지 않는 해를 계산할 위험이 있으며 해가 존재함에도 불구하고 존재하지 않는다고 결론을 내릴 위험까지도 있다.

고유치 문제 − 좀 더 구체적으로는 Sturm−Liouville 고유치 문제 − 는 ODE

$$y''+\lambda y=0 \tag{3.4}$$

와 분리되지 않은 주기적 경계조건

$$y(0)=y(\pi), \quad y'(0)=y'(\pi)$$

혹은 Dirichlet 경계조건

$$y(0)=0, \quad y(\pi)=0$$

으로 예시될 수 있다. 모든 값의 파라미터 λ에 대하여 함수 $y(x)\equiv 0$은 BVP의 해이지만 어떤 값의 λ에 대해서는 또한 자명하지 않은 해들이 존재한다. 이 값들은 *고유치*들이며 해당되는 자명하지 않은 해들은 *고유함수*들이다. Sturm-Liouville 문제는 고유치와 고유함수를 계산하는 문제이다. 미지의 파라미터 λ가 미지의 해 y(x)에 곱해지므로 이는 비선형 BVP가 된다. 만일 y(x)가 BVP의 해라면 임의의 상수 α에 대하여 $\alpha y(x)$ 역시 해가 됨을 쉽게 알 수 있다. 따라서 관심 있는 해를 지정하기 위해 조건을 정규화시킬 필요가 있다. 예를 들면 $y'(0)=1$이 되도록 요구할 수 있다. y'(0)=0은 자명한 해에 해당하며 만일 $y'(0)\neq 0$이라면 $y'(0)=1$이 되도록 y(x)를 조정할 수 있으므로 이러한 선택은 언제나 유효하다. 2차 ODE (3.4)의 해 y(x)를 결정하는 두 경계조건들에 추가하여 정규화 조건을 미지의 파라미터 λ를 결정하는 데에 필요한 또 다른 경계조건이라고 간주할 수 있다.

$\lambda>0$에 대하여 방정식 (3.4)와 초기조건 y(0)=0 및 y'(0)=1로 구성되는 IVP의 해는

$$y(x)=\frac{\sin(x\sqrt{\lambda})}{\sqrt{\lambda}}$$

이다. 만일 Dirichlet 경계조건을 갖는 BVP를 푼다면 조건 $y(\pi)=0$은 미지값 λ에 대한 비선형 대수방정식에 해당한다. 비선형 대수방정식의 해의 존재성과 일의성에 대한 문제는 대개 해결하기가 어렵다. 그러나 여기에서의 대수방정식은 쉽게 풀리며 BVP는 고유치가

$$\lambda=k^2, \quad k=1,2,\cdots$$

가운데 하나의 값을 취할 때에만 자명하지 않은 해를 가짐을 알 수 있다. 이 보기는 Sturm-Liouville 고유치 문제를 풀 경우 어느 고유치가 우리에게 관심있는지를 지정해야 함을 보여준다. BVP들은 중요하게 적용되고 매우 특별한 형태를 가지므로 Sturm-Liouville 고유치 문제에 대한 이론들이 매우 많다. Pryce

(1993)의 책은 이러한 이론들을 어떻게 수치적으로 활용해 볼 수 있는지를 설명하고 있다. 특별히 Sturm-Liouville 고유치 문제의 풀이를 위해 고안된 일부 효율적인 코드들 가운데에는 D02KDF(NAG, 2002), SL02F(Marletta & Pryce, 1995), SLEIGN(Bailey, Gordon & Shampine, 1978), 그리고 SLEDGE (Pruss, Fulton & Xie, 1992) 등이 있다. 이 문제와 이의 풀이에 대하여 이처럼 많이 알려져 있으므로 앞에서 언급한 풀이기들 가운데 하나를 이용할 때에는 무엇을 원하고 있는지를 정확하게 명시할 수 있다. 예를 들면 (고유치들이 증가한다면) 5번째 고유치와 이에 해당하는 고유함수를 원한다고 간단히 말할 수 있다. 또한 Sturm-Liouville 고유치 문제를 이 장에서 공부하는 BVP 풀이기로 풀 수도 있지만 이 경우에는 관심있는 고유치와 고유함수 모두에 대한 추측값을 제공해야 한다. 이론적인 결과 - 즉 이런 형태의 직접적인 문제에 대하여 k 번째 고유함수는 경계점 a와 b 사이에서 k번 진동한다 - 로부터 적절한 추측값을 취하는 데에 도움을 얻을 수 있지만 풀이기가 원하는 고유치와 해당되는 고유함수를 계산할 것이라고 확신할 수는 없다.

비선형성으로 인하여 다른 복잡한 문제들이 도입되는데 이는 Bailey, Shampine & Waltman(1968)로부터 취한 ODE

$$y'' + |y| = 0$$

과 분리된 경계조건

$$y(0) = 0, \quad y(b) = B$$

에 의하여 예시된다. 선형 BVP가 한 개 이상의 해를 갖는다면 무한히 많은 해가 존재하지만 비선형 BVP는 한정된 수의 해들만을 가질 수 있다. 선형의 보기를 가지고 계속 진행한다면 임의의 점 $b > \pi$에 대하여 각각의 값 $B < 0$에 따라 이 BVP에 대한 정확히 두 개의 해들이 존재한다. 하나의 해는 $y(x,s) = s \sinh(x)$의 형태를 갖는다. 이 해는 원점으로부터 음의 기울기 s로 출발하며 경계점 x=b에서의 값 B를 향해 단조적으로 감소한다. 다른 해는 양의 기울기로 출발하며 $y(x,s) = s \sin(x)$의 형태를 갖는다. 이 두 번째 해는 해의 형태가 변하는 $x = \pi$에서 축을 지난다. 그 이후에는 x=b에서의 값 B를 향해 단조적으로 감소한다. 그림 3.1은 이 b=4이고 B=-2일 때 이러한 거동의 예를 보여주고 있다. 고유치 문제를 풀 때와 마찬가지로 비선형 BVP를 풀 때에는 어느 해에 관심이 있는지를 명시해야 한다. 그림 3.1을 생성하는 MATLAB 예시 프로그램 twobvp는

관심있는 해에 대한 가정을 달리 해서 BVP를 두 번 푼다. 이 프로그램은 특히 $(0,4\pi]$에서 음인 해의 계산을 위해 추측값 $y(x)\equiv -1$을 이용하며 다른 해의 계산을 위해 추측값 $y(x)\equiv 1$을 이용하고 있다.

이 보기들은 이해하기 쉽도록 구성되었지만 이 장의 다른 보기들은 *물리적 상황을 모델링*하는 BVP들이 일의적 해를 갖지 않을 수도 있음을 보여준다. 물리적 파라미터를 포함하는 문제들은 어떤 범위의 파라미터 값들에 대해서만 해를 가질 수 있음을 보여주는 보기들도 있다. 이 보기들은 실제로 BVP를 푸는 것은 모델의 해의 존재성과 일의성을 탐구하는 것을 포함할 수 있음을 분명히 하고 있다. 이는 실제에 있어서 언제나 만족되는 약한 조건들에서 해의 국부적 존재성과 일의성이 언제나 보장되는 IVP의 풀이와는 확연히 다른 것이다.

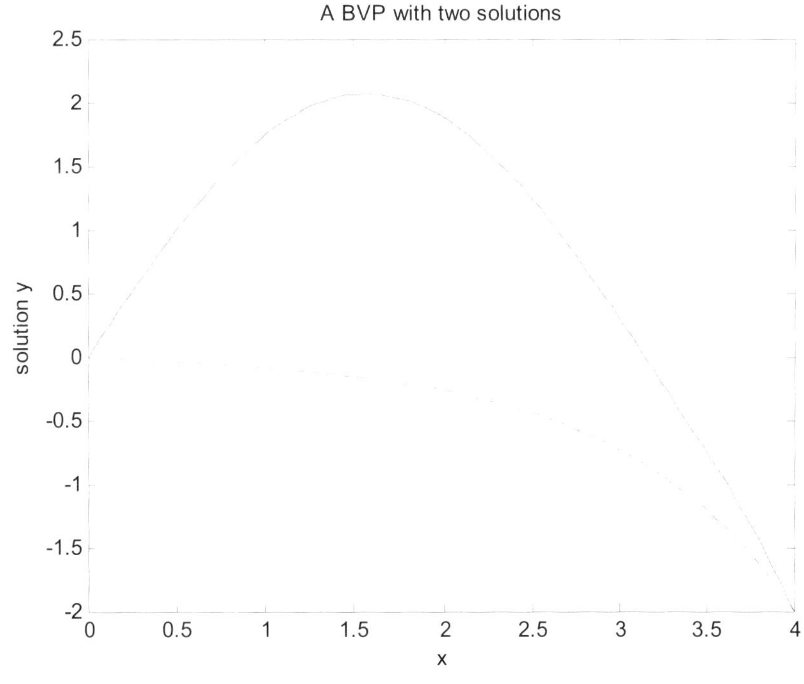

그림 3.1:정확하게 두 해를 갖는 비선형 BVP.

3.3 경계조건

BVP로 물리적 문제를 모델링할 때에는 어떤 종류의 경계조건들을 이용할 것이며 이들을 어디에 적용할 것인가가 뚜렷하지 않을 수 있다. 이 절에서는 이 문제를 간략히 논의한 다음에 특이성과 연관되는 사항으로 관심을 기울일 것이다. ODE가 하나의 끝점에서 특이하다거나 구간이 무한하다거나 혹은 이들 모두가 해당되는 경우에서 BVP가 특이하다는 사실이 전혀 드문 일은 아니다. 그러한 문제들에는 표준적인 이론이 적용되지 않으므로 이들을 풀고자 한다면 관련되는 물리적 문제와 수학문제의 분석으로부터 우리가 얻을 수 있는 모든 통찰을 동원하여야 한다. 3.3.1절과 3.3.2절에서는 중요한 논제의 일부를 드러내어 주는 보기들이 이용된다. 3.5절의 몇 가지 보기들은 어떤 실제적인 특이 문제들을 표준적인 코드를 이용하여 풀고자 할 때 준비해야 할 세부사항들을 보여주고 있으며 몇 가지 연습문제들은 다른 경우에 대해서는 어떻게 나아가야 하는지를 개괄하고 있다.

일반적으로 총 경계조건 수는 ODE의 차수와 미지 파라미터의 수를 합한 것과 같아야 한다. 이는 전적으로 IVP에서의 상황과 유사하다. 우리가 가장 관심을 가지는 1차 시스템의 경우 경계조건들의 수는 시스템의 ODE들의 수와 미지 파라미터들의 수를 합한 것과 같아야 한다. 충분한 경계조건들을 제공하지 않거나 너무 많이 제공하면 BVP 풀이기들은 실패할 것이다. 대개 경계조건들은 문제의 성질로부터 파생되며 이들의 형태와 어디에 이들을 적용할 것인가를 결정하는 것은 쉽다. 그러나 다음과 같은 경우들이 있다.

- 해에 대한 모든 직접적인 물리적 제약들이 부과되었음에도 여전히 경계조건이 충분하지 않기 때문에 하나, 혹은 그 이상의 경계조건들을 결정하는 것이 어려울 수 있다. 그러한 경우 ODE 시스템의 어떤 적분들은 보존되어야 한다는 요구조건으로부터 파생되는 추가적인 경계조건을 찾아야 한다.

- 경계조건들의 일부는 특별한 형태를 가질 수 있다. 예를 들면 해는 특이점에서 제한된 채로 남아있거나 또는 독립변수가 무한히 커짐에 따라 해는 감쇠하거나 특별한 방법으로 감쇠되어야 한다. 그러한 경우 대개 미지의 파라미터를 도입한다든가 하여 이 정보를 표준적인 경계조건으로 전환시킬 수 있다. 두 형태들에 대한 다수의 보기들이 이 절의 나머지 부분과 3.5절에서 논의되고 있다.

- 경계조건이 너무 많을 수 있다. 기본이 되는 문제에 대한 지식으로부터 BVP의 설정에 필요한 것 이상으로 해에 대하여 더 많이 "알게" 될 수 있다. 그러한 경우 다른 경계조건들과 ODE들로부터 얻어지는 경계조건들을 제거해야 한다. 대개 (그러나 항상 그런 것은 아니지만) 그러한 경계조건들은 해의 고차미

분을 포함한다.

3.3.1 특이점에서의 경계조건

이 절에서는 유한점에서의 특이성들을 다루고 있다. 이들은 종종 실린더, 혹은 구형 대칭에 의하여 PDE를 ODE로 환원시킬 때 발생한다. 예를 들면 Bratu 방정식

$$\Delta y + e^{y} = 0$$

은 순간적인 연소를 나타내는 데에 이용된다. 보기 3.5.1은 널판 대칭의 비특이 경우를 다루고 있지만 실린더 및 구대칭들이 물리적으로 더욱 흥미롭다. 이 경우들에서 구간은 [0, 1]이고 ODE는

$$y'' + k\frac{y'}{x} + e^{y} = 0 \tag{3.5}$$

와 같으며 실린더 대칭일 경우 k=1이고 구대칭일 경우 k=2이다.

식 (3.5)에서 뚜렷이 나타나는 어려움은 x=0 근처에서의 y'/x의 거동이다. 이 항은 좌표계로부터 파생된 것이기 때문에 이 BVP를 푸는 데에는 실제적인 어려움이 없을 것이라고 기대할 수 있으며 아울러 물리적 관점으로부터 그 위치에서의 해가 매끄러울 것이라고 예견할 수 있다. 실제로 대칭성으로 인하여 y'(0)=0이어야 하므로 이 항은 무한이 아니고 부정형이다. 널리 이용되는 모든 수치적 방법들에 대하여 수렴에 관한 표준 이론이 이와 같은 BVP로 확장되었다 (de Hoog & Weiss, 1976, 1978). x=0에서 ODE를 계산하지 않는 방법들의 경우 식 (3.5)와 같은 BVP를 푸는 것은 쉽다. 그러나 명백히 x=0에서 계산을 수행하는 bvp4c와 같은 방법들에서는 쉽지 않다. (MATLAB 버전 6.1의 bvp4c는 그러한 BVP를 직접 풀 수 없지만 버전 6.5에서는 풀 수 있다.) 그러나 어느 특정 풀이기가 이러한 BVP를 처리할 수 있는지의 여부는 이 보기의 논점이 아니다; 유한점들에서 특이성들을 어떻게 다루느냐를 보이는 것이 주된 관점이다.

방법은 먼저 해석적 방법에 의하여 특이점 근처에서 해를 근사하는 것이다. 이용되는 방법은 문제 및 물리적 관점에서 해로부터 무엇을 기대하는가에 따라 좌우된다. 흔히 일종의 수열, 혹은 점근적 근사가 이용된다. Bender & Orszag (1999)의 책을 강력하게 추천한다. 이 책은 이러한 과정을 수행하는 방법을 보여주는 많은 흥미로운 보기들을 수록하고 있다. IVP를 풀 경우 특이성은 그리

흔하지 않지만 같은 방법으로 처리되며 따라서 2.3.4절의 보기와 연습문제들은 특이점들을 다루는 추가의 보기들을 제공하고 있다.

지금의 보기에서는 Taylor 수열로 팽창시킬 수 있는 매끄러운 해를 기대한다. 대칭성을 감안한다면 이 수열은 다음과 같은 형태를 갖는다:

$$y(x) = y(0) + \frac{y''(0)}{2}x^2 + \frac{y^{(4)}(0)}{4!}x^4 + \cdots$$

가정된 해의 형태가 어떠한 것이든 이를 ODE에 대입한다. 다음에 x=0에서의 경계조건을 이용하여 $x \to 0$에 따라 가능한 한 높은 차수로 방정식을 만족시키도록 계수들을 결정한다. 예를 들면

$$(y''(0) + \cdots) + \frac{k}{x}(y''(0)x + \cdots) + e^{y(0) + \cdots} = 0$$

맨 앞의 항(상수항)을 0으로 두면

$$y''(0) = -\frac{e^{y(0)}}{k+1}$$

로 취해야 함을 알 수 있다. Taylor 수열의 고차 항들을 제거한다면 이는 작은 $\delta > 0$에 대하여 구간 $[0, \delta]$에서 해 y(x)에 대한 훌륭한 근사를 제공하기에 이미 충분하다. 이 근사의 미분은 y'(x)에 대한 근사를 제공한다. 이제 방정식이 특이하지 않은 구간 $[\delta, b]$에서 ODE들을 수치적으로 풀면 된다. $x = \delta$에서의 경계조건으로 무엇을 이용할 것인가? 분명히 우리는 $[0, \delta]$에서의 (해석적) 근사해가 $[\delta, b]$에서의 수치해와 일치하기를 원한다. 현재의 보기에서 이는

$$y(\delta) = p - \frac{e^p}{2(k+1)}\delta^2$$
$$y'(\delta) = -\frac{e^p}{k+1}\delta$$

와 같다. 여기에서는 p가 미지의 파라미터로서 BVP 풀이의 일부로서 결정되어야 함을 강조하기 위해 p=y(0)으로 나타내었다. 이 보기는 특이성을 처리하기 위하여 미지의 파라미터가 도입되는 대표적인 방법이다.

경계조건은 관심있는 해가 끝점에 다가감에 따라 어떻게 거동하는가를 말해준다. 이는 주어진 값에 접근하는 것만큼 언제나 간단한 것은 아니다. 좀 더 복잡

한 거동을 나타내기 위해서 $x \to x_0$에 따라

$$\lim_{x \to x_0} \frac{f(x)}{F(x)} = 1$$

를 의미하기 위해 표준적인 표기

$$f(x) \sim F(x)$$

를 이용하기로 한다. 이는 "x가 x_0로 접근함에 따라 f(x)는 F(x)로 점근한다"라고 읽는다. 경계조건 y'(0)=0이 의미하는 것은 Bratu 문제의 해가 $x \to 0$에 따라 일정한 값을 향한다는 것이다. 그러나 이 ODE에 대하여 다른 경계조건들 역시 가능하다. 이를 알아보기 위해 원점에서 경계지어지지 않은 해들을 살펴보자. k=1로 시작한다. $x \to 0$에 따라 해의 미분이 해 자체보다 더 빠르게 커진다고 가정하면 ODE를

$$0 = y'' + \frac{y'}{x} + e^y \sim y'' + \frac{y'}{x}$$

로 근사하고자 할 수 있다. 근사식을 풀면 상수 a와 b에 대하여

$$y(x) \sim b + a\log(x) = b + \log(x^a)$$

를 얻는다. 이러한 해석적 근사를 ODE에 대입하여 언제 이것이 유효한지 알아보자:

$$y'' + \frac{y'}{x} + e^y \sim -\frac{a}{x^2} + \frac{a}{x^2} + x^a e^b$$

ODE를 점근적으로 만족시키려면 a > 0이어야 한다. 예를 들어 원점에서 선 전하를 갖는 포텐셜 문제를 풀 경우 $x \to 0$에 따라 $y(x) \sim \log(x)$와 같은 경계조건이 생겨난다. 이제 우리는 ODE가 이러한 방식으로 거동하는 해를 가짐을 알았으므로 이는 정당한 경계조건이 된다. 마찬가지로 k=2이면

$$y(x) \sim b + ax^{-1}$$

이며 a < 0인 조건이 필요하다. 예를 들어 원점에서 점 전하를 갖는 포텐셜 문

제를 풀 경우 $y(x) \sim -x^{-1}$와 같은 경계조건이 생겨난다. 대칭조건보다 $y(x) \sim \log(x)$와 같은 경계조건을 갖는 Bratu 방정식을 푸는 것이 더 어려운 것은 아니다: 어떤 작은 δ에 대하여 $(0,\delta]$에서 해석적 근사 $y(x) \approx \log(x)$ 및 $y'(x) \approx x^{-1}$를 이용하고 경계조건 $y(\delta) = \log(\delta)$를 이용하여 $[\delta,1]$에서 ODE를 수치적으로 푼다. 이러한 특별한 경계조건을 이용하면 대칭조건에서와 같은 미지 파라미터 y(0)가 존재하지 않는다.

특이점에서 해의 거동을 정하는 것은 더욱 어려울 수 있다. Bender & Orszag (1999, pp.170~2)는 경계조건이 y(0)=0 및 y(1)=0인 ODE

$$yy'' = -1 \tag{3.6}$$

의 풀이에 대하여 논의하고 있다. x가 0 및 1로 접근함에 따라 $y(x) \to 0$이려면 ODE는 그곳에서 y''(x)가 경계지어져야 할 것을 요구한다. 분명히 우리는 y(x)에 대한 극한값 이상의 것들을 풀이기에 제공하여 주어야 한다. Bender & Orszag의 방법을 따라 y(x)에 대한 점근적 근사를 유도하기로 한다. 해는 대략 x=0.5 근처에서 대칭이므로 원점 부근에서의 해의 거동만을 조사할 필요가 있다. y(x)가 해라면 −y(x) 역시 해이기 때문에 우리는 (적어도) BVP의 두 해들을 기대해야 한다. 해는 원점에서 소멸되며 미분이 무한이므로 상수 a와 b에 대하여

$$y(x) \sim ax^b$$

와 같은 간단한 것을 시도하여 보자. 이를 ODE에 대입하면

$$-1 = y(x)y''(x) \sim (ax^b)(b(b-1)x^{b-2}) = ab(b-1)x^{2b-2}$$

멱급수 2b−2 < 0이라면 $x \to 0$일 때 우변은 극한을 갖지 않는다. 2b−2 > 0이면 극한이 존재하지만 이 값은 0이다. 2b−2 = 0이면 우변은 0이 된다. 따라서 ODE를 점근적으로라도 만족시킬 수 있는 선택의 여지가 없음을 알 수 있다. 이는 해에 대하여 우리가 가정한 형태가 틀렸음을 말해준다. 약간의 시도 후에

$$y(x) \sim ax(-\log(x))^b$$

와 같은 형태의 시도에 이를 수 있다. 이를 ODE에 대입하면

$$-1 = y(x)y''(x) \sim -a^2b(-\log(x))^{2b-1}[1-(b-1)(-\log(x))^{-1}]$$

를 얻는다. 만일 우변이 $x \to 0$일 때 극한을 갖는다면 2b−1=0, 즉 b=0.5이어야 한다. 이를 이용하여 극한을 살펴보면 $a = \pm\sqrt{2}$를 얻는다. 정확하게 두 개의 해가 존재하는 것으로 보인다. 양의 x에 대한 양의 해는 $y(x) \sim x\sqrt{-2\log(x)}$이다. 수치해를 위해 2차 방정식을 1차 시스템으로 나타냄에 있어서 우리는 y'(x)를 미지항으로 도입하였다. 이는 원점에서 무한이므로 BVP를 풀기 위해서는 이 항이 어떻게 거동해야 하는지를 알 필요가 있다. 한편 원점에서 소멸되는 ODE의 모든 양의 해들은 선도 차수와 동일한 방법으로 거동하므로 적정한 정도의 정확도에만 관심이 있다면 미지의 파라미터를 도입할 필요가 없다. 연습문제 3.4는 일단 특이점 근처에서 해가 어떻게 거동하는가에 대한 정보를 가지고 BVP를 구성한 이상 이를 쉽게 풀 수 있다는 것을 스스로 알아보도록 요구하고 있다.

물리적 근원을 갖는 다른 보기들을 위하여 해의 거동에 관한 아래 연습문제들의 일부를 읽어 보아야 한다. 특히 연습문제 3.2를 살펴보라. 보기 3.5.4와 연습문제 3.9는 원점에서 특이한 경계조건들을 취하지만 무한범위로 인하여 더 복잡해진다. MATLAB BVP 풀이기의 사용방법을 익힌 후에 연습문제들로 되돌아와서 BVP들을 수치적으로 풀 수 있다.

■ 연습문제 3.1

어떤 BVP의 해가 특이점에서 잘 거동한다면 그 점의 이웃에서 해석적 근사를 이용할 필요가 없다. 이를 보이기 위해 Latzko 방정식이라 불리는 Sturm-Liouville 고유치문제를 고려하여 보자:

$$\frac{d}{dt}\left((1-x^7)\frac{dy}{dx}\right) + \lambda x^7 y = 0$$

경계조건은 y(0)=0 및 y(1)은 유한이다. 물리적 중요성과 흥미로운 특이성으로 인하여 많은 연구자들이 이 방정식을 수치적으로 해결하였다. Scott(1973, p.153)는 처음 세 고유치들에 대한 근사들을 모으고 이들을 그의 근사치 8.728, 152.45 및 435.2와 비교하고 있다. 이 방정식을 1차 시스템으로 나타내려면 미지항 y(x)와 $v(x) = (1-x^7)y'(x)$를 이용하는 것이 편리하다. 이로부터

$$y' = \frac{v}{1-x^7}$$
$$v' = -\lambda x^7 y$$

를 얻는다. 이는 고유치 문제이며 따라서 해에 대한 비정규 조건(즉 y(1)=1)을

지정하여야 한다. 미분방정식은 x=1에서 특이하다. y'(1)가 유한인 해를 찾는다면 시스템의 첫 번째 방정식은 v(1)=0이어야 함을 말해주고 있다. 두 번째 방정식을 이용하면 L'Hopital 규칙으로부터

$$y'(1) = \lim_{x \to 1} \frac{v(x)}{1-x^7} = \lim_{x \to 1} \frac{v'(x)}{1-7x^6} = \lim_{x \to 1} \frac{-\lambda x^7 y(x)}{-7x^6} = \frac{\lambda}{7}$$

x=1에서 이들을 계산하기만 한다면 y(x)와 v(x)에 대하여 다음 경계조건에 따라 ODE를 풀 수 있다:

$$y(0) = 0, \quad y(1) = 1, \quad v(1) = 0$$

미지의 파라미터를 갖는 BVP를 풀 경우 bvp4c는 격자점 x와 y(x) 및 λ에 대한 현재의 근사를 이용하여 ODE를 계산하기 위한 함수를 호출한다. x=1이면 이 함수는 y'(1)에 대한 극한값을 반환해야 한다. 이 풀이기는 언제나 구간의 끝점들에서 ODE를 계산하므로 이에 대한 코드를 만들어야 한다. 해가 매끄럽다면 풀이기는 특이점 부근에서 y'(x)의 계산이 어려운 특이점에 가까운 점 x에서 ODE를 계산할 필요가 없을 것이다. 해석적 근사를 사용함으로써 다른 종류의 문제들을 위해 특이점 부근에서의 y'(x) 계산의 어려움은 피해야 한다. 물론 v(x)에 대한 추측은 x=1 근처에서 적절한 거동을 보여야 한다. 이는 y(x)에 대한 추측을 이용하여 v(x)에 대한 추측으로서 $(1-x^7)y'(x)$를 구성함으로써 쉽게 이루어진다.

이러한 분석을 수행하는 다른 방법은 $x \to 1$일 때 해 $y(x) \sim 1 + c(x-1)$을 찾아보는 것이다. 이러한 형태의 해가 존재한다면 $y'(x) \sim c$이다. 이런 형태의 해에서 y'(1)은 유한하므로 v(1)=0이다. y(x)에 대하여 이러한 가정된 형태를 ODE에 대입함으로써 상수 c를 구하여라. 여기에서 x=1 부근에서는 $(1-x^7) \sim 7(1-x)$ 임을 보이는 것이 도움이 될 것이다. ODE의 계산을 위한 함수가 적절하게 코드로 만들어진다면 bvp4c를 이용하여 이 고유치문제를 푸는 것은 충분히 쉬운 일이다. 특정 고유치와 고유함수들을 계산하는 것은 쉽지 않은 일이다. 이는 y(x) 및 λ에 대한 주어진 추측값들을 이용하여 어느 해를 계산할 것인지, 혹은 해를 과연 계산할 것인지가 분명하지 않기 때문이다. 이 책에서 언급된 바와 같이 그러한 문제들의 이론에 대한 깊은 이해를 위해 이를 처리하는 Sturm-Liouville 고유치문제를 위한 코드들이 있다. bvp4c를 이용하여 하나, 혹은 그 이상의 Scott 근사 고유치들을 확인하도록 시도하여 보라. $y(x) \approx x\sin(2.5\pi x)$

라고 가정하고 초기 격자를 linspace(0,1,10)으로 하면 추측값 $\lambda = 10$, 100, 500, 1000, 5000, 10000들에 대하여 각기 다른 고유치들에 대한 수렴을 얻게 됨을 알았다; 계산된 이 고유치들은 처음 3개를 포함한다. y(x)에 대한 다른 가정이나 초기 격자를 달리 하면 λ에 대한 이들 추측값들로부터 때로는 다른 고유치들을 얻지 못하기 때문에 이러한 거동은 다소 놀라운 것이다.

■ 연습문제 3.2

NAG 라이브러리(NAG 2002)의 BVP 코드 D02HBF에 대한 도움말의 첫 번째 보기는 특이문제

$$2xy'' + y' = y^3, \quad y(0) = \frac{1}{10}, \quad y(16) = \frac{1}{6}$$

이다. $x \to 0$에 따라

$$y(x) \sim \alpha + px^{\beta} + \gamma x$$

와 같이 거동하는 해를 찾아보라. 여기에서 $0 < \beta < 1$이라고 가정한다. ODE와 x=0에서의 경계조건으로부터 α, β, γ를 결정하여라. 계수 p는 미지의 파라미터이다. 이러한 방법으로 거동하는 해는 $x \to 0$에 따라 경계지어지지 않는 1차 미분을 갖는다. 이 BVP를 수치적으로 해결하라는 질문은 아니지만 이렇게 하기 위해서는 작은 d에 대하여 구간 (0,d]에서 y(x)와 y'(x)에 대한 이들 점근적 근사들을 이용하여 [d,16]에서 BVP를 수치적으로 풀게 될 것이다. 수치해가 d에서 점근적 해와 일치하도록 요구하는 것으로부터 BVP에 대한 경계조건이 제공된다. y(x)와 y'(x) 모두의 연속성을 요구함으로써 미지 파라미터 p를 결정하기 위해 충분한 조건들을 확보하는 것이 필요하다. [d,16]에서의 해에 대한 추측으로서 p에 대한 추측값과 함께 점근적 근사들을 이용하는 것이 타당할 것이다.

■ 연습문제 3.3

Keller(1992)의 6.2절은 Michaelis-Menten 반응식에 따른 효소촉매 반응에서의 기질의 농도에 대한 모델의 수치적 풀이를 논의하고 있다. 구형 영역이 고려되며 PDE는 대칭에 따라 ODE로 환원된다. 방정식

$$y'' + 2\frac{y'}{x} = \frac{y}{\epsilon(y+k)}$$

은 두 개의 물리적 파라미터 ϵ과 k를 포함한다. 경계조건들은 y(1)=1 및 대칭 조건 y'(0)=0이다. bvp4c의 사용방법을 일단 익혔다면 파라미터 값 ϵ=0.1 및 k=0.1에 대하여 이 문제를 풀어보라. 구간 [0,d]에서 y(x)를 몇 개 항의 Taylor 수열 팽창으로 근사하고 [d,1]에서 BVP를 수치적으로 푼다. [0,1]의 모든 점에서 해의 그래프를 그리려면 x=0에서의 값들을 미지 파라미터 p=y(0)으로 제공되도록 하고 초기 미분 y'(0)=0으로 하여 구간 [d,1]에서의 수치해를 크게 한다. d=0.001인 경우 y(x)에 대한 Taylor 수열의 두 항들과 y'(x)에 대한 수열의 한 개 항은 만족스럽다. ODE와 경계조건들의 계산을 위해 함수와 d 및 파라미터 ϵ과 k를 주고받는 것이 필요할 것이다. 직접 코드로 만들거나 global 변수로 제공하거나 혹은 bvp4c에 대한 선택적 인수로 제공할 수 있다. 마지막 방법을 선택한다면 이러한 선택적 인수들은 다양한 호출목록에서 미지 파라미터 p 다음에 와야 함을 염두에 두어야 한다. 아울러 옵션을 설정하지 않는다면 bvp4c의 호출목록에서 미지 파라미터들에 선행하는 인수들의 위치 지정자로서 []를 사용할 필요가 있을 것이다.

■ 연습문제 3.4

bvp4c의 사용방법을 익혔다면 BVP

$$yy'' = -1, \quad y(0) = 0, \quad y'(0.5) = 0$$

을 풀어보라. 책에 따르면 $x \to 0$일 때 $y(x) \sim x\sqrt{-2\log(x)}$이다. 근사 $v(x) = x\sqrt{-2\log(x)}$를 계산하는 부함수의 코드를 만드는 것이 편리할 것이다. y(d)=v(d)가 되도록 함으로써 경계조건을 원점에서의 특이점으로부터 이를테면 d=0.001로 이동시켜라. 기본적인 오차 허용한계와 $y(x) \approx x(1-x)$ 및 $y'(x) \approx 1-2x$의 가정을 사용하여 [d,0.5]에서 bvp4c를 이용하여 y(x)를 계산하여라. Bender & Orszag(1999)의 그림 4.11에 따라 axis([0 0.5 0 0.5])로 하여 y(x)와 v(x)의 그래프를 그려라. 여기에서 y(x)에 대한 배열을 y(0)=0으로, 배열 v(x)를 v(0)=0으로 키워야 한다.

3.3.2 무한에서의 경계조건

어떤 BVP가 우량설정되었는지의 여부는 ODE의 해들의 성격과 경계조건들에 따라 좌우된다. 적절한 경계조건은 물리적 관점으로부터 명백히 알 수 있지만 그렇지 않을 경우 이 주제에 대하여 알아둘 필요가 있다. 이 주제는 무한범위에서 설정된 문제들에 대하여 언제나 중요하지만 구간이 "클" 경우에도 마찬가지로 중요하다. 무한에서 어떤 종류의 경계조건들이 부여될 수 있는지에 대하여 더 잘 살펴본 후에 코드를 이용하는 풀이를 위하여 유한구간을 필요로 하는 문제들을 어떻게 구성하는지를 보여주는 약간의 보기들을 고려하여 볼 것이다. 이는 한정된 끝점에서 특이성을 처리하는 방법과 매우 유사하다.

방정식

$$y''' + 2y'' - y' - 2y = 0 \tag{3.7}$$

이 대표적인 예이다. 이의 일반해는

$$y(x) = Ae^{x} + Be^{-x} + Ce^{-2x}$$

이다. 해에는 3개의 성분들이 있으며 x가 증가함에 따라 두 개는 감쇠하고 하나는 증가함을 주목하자. 이 방정식을 구간 $[0,+\infty)$에서 경계조건으로

$$y(0) = 1,\ y'(0) = 1,\ y(+\infty) = 0$$

로 하여 푼다고 가정하자. 마지막 경계조건

$$y(\infty) = 0 = A\times\infty + B\times 0 + C\times 0$$

은 A = 0 임을 의미한다. 다른 두 경계조건

$$\begin{aligned} y(0) &= 1 = A\times 1 + B\times 1 + C\times 1 \\ y'(0) &= 1 = A\times 1 - B\times 1 - 2C\times 1 \end{aligned}$$

으로부터 B = 3, C = −2를 얻는다. 이로부터 이 BVP는 단지 하나의 해를 가짐을 알 수 있다. 한편 경계조건이

$$y(0) = 1,\ y(+\infty) = 0,\ y'(+\infty) = 0 \tag{3.8}$$

과 같다면 경계조건 $y(\infty) = 0$으로부터 A = 0을 얻지만 마지막 조건

$$y'(\infty) = 0 = A\times\infty - B\times 0 - 2C\times 0$$

은 계수에 대하여 아무런 제약을 부여하지 못한다. 나머지 경계조건

$$y(0)=1=A\times 1+B\times 1+C\times 1$$

으로부터 C = 1−B를 얻는다. 그러므로 B를 어떻게 취하여도 해를 얻는다; 즉 이 BVP는 무한히 많은 해들을 갖는다.

만일 어떤 BVP가 $b=+\infty$에서의 경계조건에 따라 우량설정되지 않는다면 한정된 점 $b\gg+1$에서 경계조건들이 부여되었을 때 당연히 수치적인 어려움을 예견할 수 있다. 방정식 (3.7)을 조건 (3.8)을 대체하는 다음과 같은 경계조건으로 푼다고 가정하자:

$$y(0)=1,\ y(b)=0,\ y'(b)=0$$

b가 아주 큰 경우 일반해에서 계수 A, B 및 C에 대한 선형방정식 시스템은 극히 불량조건이다. 실제로 20정도로 작은 b에 대해서도 행렬의 역을 구하고자 한다면 1) 행렬은 특이행렬에 가깝다는 MATLAB으로부터의 경고와 2) 이 조건수에 대하여 $5\cdot10^{17}$=1/RCOND의 추정치가 얻어진다. 문제의 핵심은 x가 증가함에 따라 지수적으로 빠르게 감쇠하는 ODE의 두 해들은 x=b에서의 값에 의하여 수치적으로 구별될 수 없다는 것이다; 따라서 BVP의 해들을 구성하는 선형 조합에서 이들의 계수들에 대한 선형시스템은 수치적으로 특이하다. 세 번째 해 e^x는 x가 감소함에 따라 지수적으로 빠르게 감쇠하여 b가 크고 x=0에서의 이 해의 값이 경계조건에 포함된다면 불량조건 시스템에 이르게 된다. 연습문제 3.5는 이와 관련되는 문제를 고려하고 있다.

위의 마지막 보기를 계수가 일정한 선형 ODE 시스템

$$y'=Jy+q \tag{3.9}$$

으로 일반화시키면 더 많은 통찰을 얻을 수 있다. 간단히 하기 위하여 Jacobian 행렬 J가 비특이 행렬이라고 하자. 이는 $p(x)=-J^{-1}q$가 ODE의 일정한 특이해임을 의미한다. 나아가 J가 완전한 고유벡터 집합 $\{v^j\}$ 및 해당되는 고유치 $\{\lambda_j\}$를 갖는다고 하자. 이는

$$y(a)-p(a)=\sum\alpha_j v^j$$

를 만족하는 상수 α_j가 존재함을 의미한다. 그렇다면 ODE 시스템의 일반해는

$$y(x) = p(x) + \sum \alpha_j e^{\lambda_j (x-a) v^j}$$

임을 쉽게 보일 수 있다. 이로부터 x=a에서의 경계조건이 모든 m에 대하여 $\mathrm{Re}(\lambda_m) > 0$일 때 $\alpha_m = 0$임을 의미할 때에만 y(x)는 [0,+ ∞)에서 유한함을 알 수 있다. 따라서 이 BVP는 x=a에서의 경계조건이 x가 증가함에 따라 지수적으로 빠르게 커지는 항을 배제할 때에만 $b \gg a$에 대하여 우량조건이다. 마찬가지로 팽창

$$y(b) - p(b) = \sum \beta_i v^j$$

를 이용하여 $b \gg a$이면 BVP가 우량조건인 경우 x=b에서 $\mathrm{Re}(\lambda_m) < 0$인 임의의 m 값에 대하여 $\beta_m = 0$을 의미하는 경계조건을 가져야 함을 알 수 있다. 개략적으로 말한다면 왼쪽에서 오른쪽으로 빠르게 감쇠하는 성분은 구간의 왼쪽 끝에서의 경계조건에 의하여 결정되어야 하며 이 방향으로 빠르게 증가하는 성분은 오른쪽 끝에서의 경계조건에 의하여 결정되어야 한다.

이러한 선형의 일정계수 문제들은 다소 특별한 경우이지만 그러나 가치있는 통찰을 제공하여 준다. 좀 더 일반적으로 우리는 경계조건들이 해가 가질 수 있는 다양한 종류의 거동들을 제한함을 인식하게 된다. x가 a에서 b로 증가함에 따라 서로 빠르게 접근하는 ODE의 해들이 존재한다면 $b \gg a$에 대하여 x=b에서의 경계조건을 적용할 때 코드는 해들을 수치적으로 구별할 수 없을 것이다. 이 때문에 이 해들은 x=b에서가 아닌 x=a에서의 경계조건에 의하여 구별되어야 한다. 경계조건의 배치에 반영되어야 할 ODE 해공간의 *두갈래*가 존재한다. 선형의 일정계수 ODE에 대해서는 이를 쉽게 구분할 수 있지만 좀 더 일반적인 ODE의 경우 어디에서 어떤 종류의 경계조건이 적합한가를 결정하려면 대개 약간의 사려깊은 물리적 논리가 필요하다. Ascher, Mattheij & Russell(1995)은 이 문제를 예시하여 주는 좀 더 세부적인 논의와 보기들을 제공하고 있다.

Fisher 방정식의 이동파 풀이는 흥미롭고도 유용한 보기가 된다. 이 풀이의 중요성과 문제에 대한 완전한 해석은 Murray(1993)의 11.2절에서 찾아볼 수 있다. 속력 c로 이동하는 파는 $u(x,t) = U(z)$의 형태를 갖는다. 여기에서 z=x−ct 이며 U(z)는 ODE

$$U'' + cU' + U(1-U) = 0 \tag{3.10}$$

를 만족한다. 분명히 이 방정식은 두 개의 자명한 정상상태 $U(z) \equiv 1$ 및 $U(z)$

$\equiv 0$을 갖는다. 대표적인 전면파 해는

$$U(-\infty)=1,\ \ U(+\infty)=0$$

이다. (이 경계조건들은 정상상태 해들을 배제한다.) 주어진 값의 파 속력 c에 대하여 BVP를 적절히 정의하는 데에 필요한 ODE와 경계조건들을 확보한 것처럼 보이지만 그렇지 않음을 쉽게 알 수 있다: U(z)가 이 BVP의 해라면 임의의 상수 γ에 대하여 $U(z+\gamma)$ 역시 해가 되기 때문에 무한한 수의 해들이 존재한다. 어떤 매우 큰 수 Z를 선택하고 경계조건 U(−Z)=1 및 U(Z)=0을 지정하여 $-\infty$와 $+\infty$에서의 해당되는 경계조건들을 대체한 다음 익숙한 BVP 풀이기를 호출하려 할 수도 있다. 위의 BVP는 무한한 해들을 가지며 특정한 해를 구별하는 어떠한 정보도 제공하지 않았으므로 이 접근방법으로는 성공하지 못할 것 같다. Murray는 이 BVP를 상평면 (U,U')에서 고찰하였다. 정상상태에 해당되는 두 특이점 (0,0)과 (1,0)이 존재한다. 선형 안정성 분석으로부터 $c \geq 2$이면 임계점 (0,0)은 안정한 점이며 임계점 (1,0)은 등마루점임을 보일 수 있다. 상평면에서의 궤적을 조사함으로써 Murray는 $c \geq 2$일 때 점 (0,0)에 접근함에 따라

$$U'(z) \sim \beta U(z), \quad \beta = \frac{-c+\sqrt{c^2-4}}{2},$$

그리고 점 (1,0)에 접근함에 따라

$$(U(z)-1)' \sim \alpha(U(z)-1), \qquad \alpha = \frac{-c+\sqrt{c^2+4}}{2}$$

와 같은 BVP의 해가 존재한다고 주장하였다.

상평면에서의 선형 안정성 분석은 방정식을 일정계수 ODE, 즉 (3.9) 형태의 ODE로 근사하는 것에 해당한다. 좀 더 직접적인 방법으로 전진할 수 있다. 변질된 경우들을 배제하는 가정하에 (3.9)의 해는 일정한 특별해와 지수항인 균질문제 해들의 선형 조합으로 구성됨을 알았다. 따라서 $z \to -\infty$에 따라 정상상태 (1,0)에 접근하는 이러한 형태의 해를 찾아보기로 한다. 특히

$$U(z) \sim 1 + pe^{\alpha z}$$

형태의 해와 이에 따른

$$U'(z) \sim \alpha p^{\alpha z}$$

를 찾는다. 점 (U(z),U'(z))가 이러한 정상상태에 접근한다면 $\mathrm{Re}(\alpha) > 0$이어야 한다. 이를 ODE에 대입하면

$$\begin{aligned} &U'' + cU' = (U-1)U \\ &\alpha^2 pe^{\alpha z} + c\alpha pe^{\alpha z} \sim pe^{\alpha z} + p^2 e^{2\alpha z} \end{aligned}$$

이어야 함을 알 수 있다. 0이 아닌 공통인수로 나누면 $z \to -\infty$일 때

$$\alpha^2 + c\alpha \sim 1 + pe^{\alpha z} \sim 1$$

이기 위한 α값이 필요하다. 이로부터 $\alpha = \dfrac{-c \pm \sqrt{c^2+4}}{2}$를 얻는다. 두 개의 값들은 이 정상상태가 상평면에서의 등마루점임을 반영한다. 양의 값 $\alpha = \dfrac{-c + \sqrt{c^2+4}}{2}$ 만이 우리가 요구하는 거동을 보여준다. 이제 $z \to -\infty$에 따라 올바른 종류의 거동을 부여하는 경계조건을 선택해야 한다. 감쇠비를 조사하였지만 p는 우리가 찾는 해를 지정하므로 인수 p를 알지 못한다. 우리는 p를 미지의 파라미터로 도입하거나 p가 나타나지 않도록 경계조건을 구성해야 한다. 이를 위한 간단한 방법은

$$\frac{U'(z)}{U(z)-1} \to \alpha$$

가 되도록 하는 것이다. 즉 어떤 수 $Z \gg 1$을 선택하고

$$\frac{U'(-Z)}{U(-Z)-1} - \alpha = 0$$

을 왼쪽 경계조건이 되도록 하는 것이다.

예시를 위하여 $z \to +\infty$에 따라 U(z)의 거동을 살펴봄에 있어서 약간 다르게 진행하기로 한다. U(z)는 0으로 다가감으로 z가 크면 U(z)(1−U(z))를 U(z)로 근사할 수 있다. 따라서 (3.10)을 ODE

$$U'' + cU' + U = 0$$

으로 근사할 수 있다. 이 ODE를 풀면

$$U(z) \sim qe^{\beta z}$$

를 얻는다. β는 $\beta^2+c\beta+1=0$의 근이다. 이 2차식의 두 근들은 음이며 어느 것을 선택해야 할 것인지는 바로 뚜렷하지 않다. Murray에 의한 좀 더 자세한 분석에 따르면 $\beta=\dfrac{-c+\sqrt{c^2-4}}{2}$ 를 사용해야 한다. 특히 우리는 좀 더 천천히 감쇠하는 해 성분을 다루고 있는데 이는 보다 빠르게 감쇠하는 성분이 경계점에서 소멸되는 것이 보장되기 때문이다. 다시 인수 q와 경계조건의 형태에 따른 문제가 존재한다. 만일 U(z)가 ODE의 해이면 $U(z+\gamma)$ 역시 해가 됨을 상기하자. 이를 다루려면 여기에서는 특정 해를 계산하기 위해서 q 값을 선택하는 것이 편리하다. Murray와 마찬가지로 q=1로 선택하고 오른쪽 경계조건

$$\frac{U(Z)}{e^{\beta z}}-1=0$$

을 부여하여 보자. 이 문제는 보기 3.5.5에서 다루어지고 있다; 아울러 연습문제 3.25와 3.26을 참조한다.

이 논의로부터 BVP가 무한 범위에서 설정되는 경우 해들은 언제나 지수비율로 감쇠한다는 인상을 받았을 수 있다. 그러나 실제로 드물지 않은 다른 종류의 거동들이 존재한다. 간단한 예로서 경계조건이 y(0)=1이며 $x\rightarrow\infty$에 따라 $y(x)\sim e^{-x^2}$인 방정식

$$y'=\lambda xy$$

를 고려하여 보자. 여기에서 λ는 미지의 파라미터로서 초기값 y(0)=1인 ODE를 해석적으로 푼 다음 무한에서 경계조건을 적용함으로써 얻어진다. 이러한 방법으로 해는

$$\lambda=-2, \quad y(x)=e^{-x^2}$$

임을 쉽게 알 수 있다. 무한범위에서 설정된 문제를 풀 경우 우리는 종종 무한에서의 경계조건을 어떤 큰 b에서의 경계조건으로 대체시킨다. 무한범위에서 설정된 많은 문제들은 지수적으로 빠르게 감쇠하는 해를 가지므로 이 보기에서와

같이 해가 실제로 매우 빠르게 감쇠하는 경우 경험에 따라 너무 큰 b값을 선택할 수 있다. 너무 큰 b 값을 선택하면 BVP 코드는 x=b에서의 다양한 종류의 해들을 수치적으로 구별할 수 없기 때문에 풀이에 실패할 수 있다.

다른 극단적인 경우는 지수적이 아닌 대수적으로 감쇠하는 해를 갖는 BVP들이다. 다른 관점을 보이기 위한 간단한 예로서 경계조건이 y(0)=1 및 $y(+\infty)=0$인 방정식

$$y' = -\lambda y^2$$

를 고려하여 보자. 여기에서 λ는 미지의 파라미터이다. y(0)=1을 만족하는 ODE의 해석적 해는

$$y(x) = \frac{1}{\lambda x + 1}$$

이다. 이 해는 임의의 $\lambda > 0$에 대하여 무한에서의 경계조건을 만족한다. 이는 곧 BVP가 무한히 많은 해를 가짐을 말하여 주는 것이다. 비록 인위적이긴 하지만 이 예는 우리가 잘 설정된 문제를 가지기 위해서는 특이문제의 해가 어떻게 거동하는지에 대한 정보를 제공할 필요가 있다는 점을 강조하고 있다. 여기에서 $x \to +\infty$에 따라 경계조건 $y(x) \sim x^{-1}$을 지정한 다음 $\lambda = 1$인 일의적 해가 존재함을 알 수 있다. 이와 같은 대수적 비율의 감쇠에 있어서 무한을 나타내기 위하여 일반적으로 매우 큰 b 값을 사용하는 것이 필요하다. 이를 알아보기 위하여 무한에서의 경계조건을 어떤 큰 b에 대하여 y(b)=1/b인 조건으로 대체한다고 가정하자. 이러한 유한구간에서의 해는

$$\lambda_b = 1 - \frac{1}{b}, \quad y_b(x) = \frac{1}{x + 1 - x/b}$$

임을 쉽게 알 수 있다. 분명히 구간 [0,b]에서의 해가 구간 $[0, \infty)$에서 설정된 문제의 해와 (적정한 정확도로) 일치하기 위해서는 아주 큰 b를 이용할 필요가 있을 것이다.

물리적 근원에서 유래된 다른 보기들을 보려면 해의 거동들에 관한 다음 연습문제들을 읽어 보아야 한다. MATLAB BVP 풀이기의 사용방법을 익힌 후에는 이 연습문제들로 되돌아 와서 BVP들을 수치적으로 풀 수 있다.

■ 연습문제 3.5

ODE

$$y''' - 2y'' - y' + 2y = 0$$

의 일반해는

$$y(x) = Ae^{x} + Be^{2x} + Ce^{-x}$$

임을 보여라. 경계조건이

$$y(0) = 1,\ y(+\infty) = 0,\ y'(+\infty) = 0$$

와 같다면 이 BVP에 대한 일의적 해가 존재함을 보여라. 경계조건이

$$y(0) = 1,\quad y'(0) = 1,\ y(+\infty) = 0$$

이라면 이 BVP는 해를 갖지 않음을 보여라. 경계조건이

$$y(0) = 1,\quad y'(0) = 1,\ y(20) = 0$$

일 때 상수 A, B 및 C를 결정하는 선형 시스템의 조건을 수치적으로 조사하여라.

■ 연습문제 3.6

Murphy(1965)는 층류의 비압축성 경계면 흐름에 대한 고전적인 Falkner-Skan 유사성 해들을 굴곡진 표면 위의 흐름으로 확장시키고 있다. 그는 ODE

$$f'''' + (\Omega + f)f''' + \Omega ff'' = \gamma[f'f'' + \Omega(f')^2]$$

와 경계조건

$$f(0) = 0,\quad f'(0) = 0$$

및 $x \to \infty$ 에 따라

$$f'(x) \sim e^{-\Omega x},\quad f''(x) \sim -\Omega e^{-\Omega x}$$

들로 구성되는 BVP를 유도하였다. 여기에서 Ω는 양의 굴곡률 파라미터이며 γ는 압력 기울기와 관련되는 상수이다. $x\to\infty$에 따라

$$f(x) \sim \delta + \rho e^{-\lambda x}$$

와 같이 거동하는 ODE의 해들을 찾아보라. 즉 $x\to\infty$에 따라 $\delta+\rho e^{-\lambda x}$가 ODE를 만족하도록 상수 δ, ρ 및 $\lambda>0$의 값들을 구하여 보라. $\lambda=\Omega$는 하나의 가능성임을 알 수 있을 것이다. 상수들을 적절히 선택함으로써 무한에서 경계조건들을 만족시키는 해들이 존재함을 보여라. 이로부터 Murphy가 지정한 경계조건들은 ODE의 해들의 거동과 일관성을 가짐을 알 수 있다. 여러분의 해석에 따른 부산물로서 무한에서의 두 경계조건들과 원점에서의 한 경계조건들을 만족하는 ODE의 *정확한* 해를 구하여라. 이 해는 BVP를 수치적으로 풀 때 추측치로서 유용할 것이다.

■ 연습문제 3.7

Ames & Lohner(1981)는 강에서 오염물의 이동, 반응 및 분산에 대한 모델을 연구하였다. 한 가지 모델로부터 단일공간변수 x와 시간 t에 의한 3개의 1차 PDE들로 이루어지는 시스템을 얻는다. 변수 z=x−t에만 의존하는 이동과 해를 찾는다면 PDE들은 ODE

$$f''=\beta gf,\quad g''=-\beta gh,\quad h''=\lambda\beta gh$$

로 환원된다. 여기에서 f는 오염물, g는 박테리아, 그리고 h는 탄소를 나타낸다; 물리적 파라미터 β와 λ는 상수들이다. g와 h에 대한 방정식들이

$$g(z)=E-\frac{h(z)}{\lambda}$$

를 의미함을 보인 후에는 이들은 ODE 시스템

$$h''=\lambda\beta\left(E-\frac{h}{\lambda}\right)h,\quad f''=\beta\left(E-\frac{h}{\lambda}\right)f$$

로 환원된다. 위에서 E는 $g(\infty)$에 대한 주어진 값이다. 이 방정식들을 경계조건

$$h(0)=1,\ f(0)=1,\ h(\infty)=0,\ f(\infty)=0$$

에 따라 풀고자 한다. Ames와 Lohner는 여러 가지 파라미터들을 고려하고 있다. $\beta = 10$, $\lambda = 10$, 그리고 E=1에 대하여 이들은 f(0.1)에 대한 상한으로 0.730과 하한으로 0.729를 유도하였다. 이러한 파라미터 값들에 대하여 h(z)는 e^{-10z}의 점근적 배수이며 f(z)는 $e^{-\sqrt{10}z}$의 배수임을 논하여라. 이러한 거동의 관점에서 무한에서의 경계조건을 적정크기의 어떤 유한한 Z 값에 대한 경계조건 h(Z)=0 및 f(Z)=0으로 대체하여 BVP를 풀어라. 얻은 해에 대한 확신을 얻기 위하여 여러 가지 값들(예를 들면 Z = 2, 3 및 4)을 시도하여 볼 수 있을 것이다. 무한구간에서의 BVP를 풀 때 따르는 공통적인 방법은 Z 값을 추측하는 것이다. BVP를 풀 수 없다면 해를 조사하여 구간의 끝에 이르기 전에 해가 원하는 거동을 잘 보여주는지를 알아보라. 그렇지 않다면 Z를 증가시키고 다시 시도하여 보라. 이 문제의 경우 첫 번째 구간에 대한 추측치로서 h(z)와 f(z)에 대한 점근적 표현을 이용할 수 있지만 간단한 상수 추측치가 만족스러움을 알게 될 것이다. Ames와 Lohner가 유도한 한계값들에 대하여 여러분이 얻은 f(z)에 대한 수치해를 조사하여라.

■ 연습문제 3.8

Bailey 등(1968)의 보기 7.3은 처음에 압력이 균일한 기체로 채워진 반무한 다공성 매체를 통하는 기체의 비정상상태 흐름에 대한 유사성 해를 고려하고 있다. BVP는

$$w''(z) + \frac{2z}{\sqrt{1-\alpha w(z)}} w'(z) = 0$$

이며 경계조건은

$$w(0) = 1, \quad w(+\infty) = 0$$

이다. Bailey 등(1968)의 보기 8.4에서 이 문제를 수치적으로 풀 때 파라미터 값의 범위로서 $0 < \alpha < 1$이 고려되었다. 이 문제를 $\alpha = 0.8$에 대하여 풀어라. 이 장의 보기들이 비록 특이점 근처에서의 해의 거동에 대한 분석을 강조하고 있지만 무한 구간의 문제는 흔히 쉬운 방법으로 풀 수 있다. 무한에서의 경계조건을 어떤 한정된 Z값에 대한 경계조건 $w(Z) = 0$으로 대체하여 이 문제를 풀어라. 풀이에 대한 확신을 얻기 위하여 몇 가지 값들(예를 들면 Z=2, 3 및 4)을 시도하여 볼 수 있다. w(Z)에 대한 추측값은 $0 \le w \le 1$이라는 물리적 요구조건을 반

영하여야 한다. 그렇다면 ODE에서 제곱근을 구성하는 데에는 어려움이 없을 것이다.

무엇이 이루어지고 있는지를 더 잘 이해하기 위하여 먼저 $w(\infty)=0$이므로 z가 클 경우 ODE는 근사적으로 $w''(z)+2zw'(z)=0$와 같이 되는 경우를 살펴보자. 이 근사식을 풀면

$$w'(z) \sim \beta e^{-z^2}$$

를 얻는다. 이를 적분하고 무한에서의 경계조건을 적용하면

$$w(z) \sim -\beta \int_z^\infty e^{-t^2} dt = \left(-\frac{\beta\sqrt{\pi}}{2}\right) erfc(z)$$

를 얻는다. 오차함수의 표준적인 근사표현

$$erfc(z) \sim \frac{e^{z^{-2}}}{z\sqrt{\pi}}$$

는 w(z)가 그의 경계값 $w(\infty)=0$에 매우 빠르게 접근함을 보여준다. 이는 우리가 매우 작은 것처럼 보이는 Z 값에서 수치적 경계조건 w(Z)=0을 적용할 수 있는 이유가 된다. 사실 z가 클 경우 풀이기는 w(z)를 ODE의 0인 해와 구별할 수 없기 때문에 작은 값의 Z를 이용하여야 한다. 때로는 어쨌던 수치해를 구하고자 하는 경우 특이점 근처에서 해가 어떻게 거동하는가에 대한 더 많은 정보를 제공하여야 한다. 위의 BVP의 경우 이는 상수 β를 미지의 파라미터로 처리하고 w(Z)=0 대신 두 경계조건

$$w'(Z) = \beta e^{Z^2}, \quad w(Z) = \left(-\frac{\beta\sqrt{\pi}}{2}\right) erfc(Z)$$

를 적용함으로써 이루어질 수 있다. w(z) 및 w'(z)에 대한 해석적 근사는 z가 클 때에만 정확하지만 모든 z에 대하여 풀이기에 적절한 추측값을 제공하여 준다.

■ 연습문제 3.9

Thomas-Fermi 방정식

$$y'' = x^{-1/2} y^{3/2}$$

를 경계조건

$$y(0)=1, \quad y(+\infty)=0$$

에 따라 풀어보자. 이 BVP는 원자번호가 큰 원자들의 전하밀도에 대한 반고전적인 표현에서 나타난다. 양 끝점들에서 어려움이 존재한다; 이 어려움은 Davis (1962)와 Bender & Orszag(1999)에서 자세히 논의되고 있다. Davis는 $x\to0$일 때 y(x)에 대한 수열해를 다루고 있다. 이 수열에는 명백히 분수 멱급수가 존재한다. 그 이유는 y(0)=1일 때 ODE는 $x\to0$에 따라 $y''\sim x^{-1/2}$일 것을 요구하며 따라서 y(x)에 대한 수열에는 $\frac{4}{3}x^{3/2}$ 항이 존재해야 하기 때문이다. 물론 x=0에서의 경계조건을 만족하기 위한 저차항들도 존재하여야 한다. 그렇다면 다음과 같은 형태의 해를 시도하는 것이 당연하다:

$$y(x)=1+px+\frac{4}{3}x^{3/2}+bx^2+cx^{5/2}+\cdots$$

방정식을

$$x(y'')^2=y^3$$

과 같이 쓴다면 처리하기가 더 쉬울 것이다. 이러한 팽창의 경우 p는 자유 파라미터이며 b = 0이고 c = 2p/5 임을 보여라. Bender와 Orszag는 $x\to\infty$일 때의 y(x)의 점근적 거동을 다루고 있다. $y(x)\sim ax^\alpha$ 형태의 해를 시도하면 무한에서 경계조건을 만족하는 ODE의 정확한 해로서 $y_0(x)=144x^{-3}$을 얻게 됨을 보여라. 이러한 특별해 부근에서 일반해의 거동을 조사하려면 먼저 $y(x)=y_0(x)+\epsilon(x)$로 쓴다. $y_0(x)$에 비하여 작은 함수 $\epsilon(x)$에 대하여

$$y^{3/2}(x)\approx y_0^{3/2}+\frac{3}{2}y_0^{1/2}(x)\epsilon(x)$$

임을 보여라. 다음에 보정항 $\epsilon(x)$는 $\epsilon''(x)=18x^{-2}\epsilon(x)$의 해로서 근사적으로 얻어짐을 보여라. 해 $\epsilon(x)$로서 cx^γ의 형태를 찾아보라. $x\to\infty$일 때 0으로 향하지 않는 해들을 제거하여 $y_0(x)$ 부근에 존재하며 무한에서의 경계조건을 만족하는 ODE의 해들은 $y(x)\sim144x^{-3}+cx^\gamma$의 형태를 가진다는 결론을 도출하여라. $\gamma=(1-\sqrt{73})/2\approx-3.772$ 이며 c는 임의의 상수이다.

y(d)와 y'(d)를 수열근사를 이용하여 계산한 값들과 일치시키고 p를 미지의 파라미터로 처리함으로써 경계조건을 원점으로부터 작은 값의 d>0으로 이동시켜 보라. y(D)를 $y_0(D)$와 일치시킴으로써 무한에서의 경계조건을 큰 값의 D로 이동시켜 보라. 해는 단지 대수적 비율로 감쇠하므로 상대적으로 큰 값의 D가 필요하다. 기본적인 오차 허용한계와 여러 가지 값의 d 및 D들을 이용하여 BVP를 풀어라. 구간으로서 예를 들면 [1, 20], [0.1, 40] 및 [0.01, 60]을 사용할 수 있다. [d, D]상에서의 해에 대한 추측으로서 $x \in [d, 1]$일 때

$$y(x) \approx 1, \quad y'(x) \approx 0$$

과 $x \in (1, D]$일 때

$$y(x) \approx 144x^{-3}, \quad y'(x) \approx -432x^{-4}$$

를 이용할 수 있다. 어느 한 가지의 [d, D]에 대하여 문제를 푼 다음에는 하나의 구간에서 해의 바깥짐작을 수행하는 bvpinit의 기능을 이용하여 더 긴 구간에 대한 추측을 구성할 수 있다. y(x)에 대한 중간근사는 음이 되어 분수 멱급수를 갖는 복소수에 이를 수 있으므로 코드에서는 $x^{-1/2}y^{3/2}$를

```
max(y(1),0)^(3/2) / sqrt(x)
```

와 같이 나타내어야 한다. 서로 다른 구간들에서 계산된 해들을 함께 그래프로 나타내어 마지막 구간으로부터 허용 가능한 해를 얻는다는 확신을 구체화시켜라. Bender & Orszag(1999)의 그림 4.10은 사격법에 의한 BVP 풀이의 일부 결과를 보여주고 있다. 마지막 해를 y(0)=1로 증가시키고 axis[0 15 0 1]을 이용하여 그래프로 나타냄으로써 이 그림을 확인하여라. 파라미터 p=y'(0)에 따라 계산한 p 값을 Bender & Orszag(1999) 및 Davis(1962)가 얻은 값 p=−1.588과 비교하여라.

3.4 BVP를 위한 수치적 방법

3.2절에서의 BVP에 대한 이론적 접근은 IVP와 비선형 대수방정식의 풀이에 근거하고 있다. 이들 모두에 대한 효율적인 프로그램들이 존재하므로 이들을 결합하여 BVP의 풀이를 위한 프로그램을 얻고자 하는 것은 당연하다. 이러한 종류

의 방법을 *사격법*(shooting method)이라고 부른다. 사격법에 따른 BVP의 풀이를 위하여 정교한 수치적 도구들을 이용하는 것은 간단하므로 대부분의 널리 이용되는 풀이기들이 사격법 코드가 아니라는 사실은 놀랄만하다. 사격법에 있어서 기본적인 어려움은 잘 설정된 BVP가 불안정한 IVP의 적분을 필요로 할 수 있다는 점이다. 즉 BVP의 해는 경계치의 변화에 둔감할 수 있지만 BVP의 풀이를 위한 사격법에서 얻어지는 IVP의 해들은 초기치들의 변화에 민감하다. 간단한 보기로서 경계조건이 y(0)=1 및 y(10)=B인 방정식

$$y'' - 100y = 0$$

가 이 점을 잘 예시하여 준다. (왼쪽에서 오른쪽으로의) 사격은 초기값 y(0)=1 및 y'(0)=s에 따른 JVP의 풀이를 포함한다. 이 IVP의 해석적 해는

$$y(x,s) = \cosh(10x) + 0.1s\sinh(10x)$$

이다. 구간 [0, 10]에서 편미분 $\frac{\partial y}{\partial s} = 0.1\sinh(10x)$는 $0.1\sinh(100) \approx 1.3 \cdot 10^{42}$ 정도로 커질 수 있다. x=10에서의 경계조건이 만족되기 위한 기울기는

$$s = \frac{10(B - \cosh(100))}{\sinh(100)}$$

이다. 이 s 값을 IVP의 일반해에 대입하여 BVP의 해 y(x)를 구하면

$$\left|\frac{\partial y}{\partial B}\right| = \left|\frac{\sinh(10x)}{\sinh(100)}\right| \leq 1$$

임을 알 수 있다. 명백히 IVP의 해는 BVP의 해가 경계조건 y(10)=B의 변화에 대하여 보이는 민감함보다 초기 기울기 y'(0)=s의 변화에 대하여 상당히 더 민감하다. IVP들이 너무 불안정하지 않다면 사격법은 매우 효과적일 수 있다. 구간의 끝점에 이르기 전에 적분이 "발산"하므로 불안정한 IVP에서는 사격법 코드가 실패할 수 있다. 비록 IVP 풀이기는 보다 흔히 구간의 끝점에 도달하지만 그곳에서 정확한 결과를 계산하는 것은 불가능하다. 비선형 대수방정식들을 정확하게 풀 수는 없으므로 비선형 방정식 풀이기는 BVP의 해를 결정하는 데에 필요한 초기값들을 정확하게 구할 수 없다. 이 장에서 예시한 바와 같이 특이점들과 무한구간들을 적절히 구성함으로써 일반적으로 인식되는 것보다 많은 문제들

에 간단한 사격법 코드를 적용할 수 있다. 그럼에도 불구하고 이들은 적절히 안정한 문제들에 국한되며 따라서 널리 이용되는 것은 매우 드물다. NAG 라이브러리 코드 D02SAF(Gladwell, 1987)와 이의 유도 코드는 예외적으로 큰 BVP 클래스들을 편리하게 처리하므로 유용할 수 있다. 보기 3.5.3은 이를 보여주고 있다.

사격시에 일어나는 IVP의 불안정성에 기인하는 어려움을 극복하는 한 가지 방법은 적분 범위를 다수의 부분들로 나누는 것이다. 이 기법의 잠재력을 알아보기 위해 상수 L이 인수 $e^{L(b-a)}$를 포함하는 Lipschitz 조건을 만족하는 함수 f(t,y)에 따른 IVP의 안정성에 대하여 제 2장에서 고려한 경계를 상기하자. 적어도 이 *경계*에 관한 한 적분구간의 길이를 줄이는 것은 IVP의 안정성에 지수적 향상을 가져다준다. 적분 구간을 나눈 다음에는 ODE들은 다양한 부분들에서 독립적으로 적분된다. 인접한 부구간들에서의 해들은 공통으로 갖는 분지점에서 같은 값을 갖는 것이 필요하다. 이에 따라 다양한 부분들에서의 근사해들은 전체 구간에서의 연속적인 근사를 구성한다. 경계조건과 연속성 조건들은 (N+1)d 개의 미지수를 갖는 비선형 대수방정식 집합을 이룬다. 여기에서 d는 1차 ODE의 수이며 N은 분지점들의 수이다. 이러한 접근방법은 *복수 사격법*이라고 불린다. IVP에 대한 함축적 방법을 계산할 때에 마찬가지로 대수 방정식들은 Newton 방법의 변형으로 풀 수 있다. 각 반복과정에서 고도의 구조를 갖는 선형 방정식 시스템이 풀린다. 시스템은 규모가 클 수 있으므로 구조를 인식하고 이용하는 것이 중요하다. IVP들이 충분히 불안정하여 복수 사격을 보장할 수 없다면 선형 방정식들을 안정하게 풀기 위하여 어떤 형태의 피버팅이 필요할 수 있다. 복수 사격에 해당하는 구조를 갖는 대규모 선형 시스템의 안정한 풀이를 위한 상당한 양의 연구가 진행되어 왔다. 분지점들을 주의깊게 선택하고 선형 시스템들이 적절히 다루어진다면 복수 사격법이 매우 효율적일 수 있다. 복수 사격법 코드를 구성함에 있어서의 주된 도전은 분지점들의 초기 집합을 선택하고 이들을 이동시키며 이들을 더하거나 삭제하는 것을 위한 알고리듬의 개발이다. 복수 사격법에 근거하는 비선형 BVP를 위한 소프트웨어의 보기로는 Mattheij & Staarink (1984a,b)에 의한 MUSN과 England & Reid(H2KL)에 의한 DD04를 들 수 있다.

이러한 관점의 복수 사격법에 따르면 각 부구간에서의 IVP들은 정교한 IVP 코드에 의하여 해결된다. IVP 풀이기는 스텝 크기를 변화시키므로 각 부구간에서 풀이기가 얼마나 많은 격자점들을 이용할 것인가는 물론 이 점들을 어디에 위치시킬 것인가를 미리 알지는 못한다. 유한차분 방법들은 서로 다른 많은 형태들을 갖는다. 매우 널리 이용되는 한 가지 형태는 분지점들 사이에 극단적으로 하나만의 스텝을 취하는 1-스텝 방법에 의한 복수 사격법으로 간주될 수 있다. 보다 구체적으로 이 유한차분 방법들은 격자 $a = x_0 < x_1 < \cdots < x_N = b$의 각각의 부구간 $[x_i, x_{i+1}]$에서 1-스텝 방법으로 계산된 해 $y_0, y_1, \cdots, y_n$들로 ODE (3.1)을 근사한다. 경계조건 (3.2)는 $g(y_0, y_N) = 0$으로 된다. 사다리꼴 규칙은 $i = 0, 1, \cdots, N-1$에 대하여 ODE를

$$y_{i+1} - y_i = \frac{h_i}{2}[f(x_i, y_i) + f(x_{i+1}, y_{i+1})]$$

로 근사하는 간단하고도 중요한 보기이다. 이들 N 개의 방정식들과 경계조건에 대한 하나의 식은 $y_i \approx y(x_i)$ 값들을 위한 비선형 대수방정식 시스템을 구성한다. 이 접근방법에서는 Euler 방법

$$y_{i+1} - y_i = h_i f(x_i, y_i)$$

와 같은 명시적 1-스텝 IVP 방법이 사용되는 경우에도 해는 함축적으로 정의된다. 이는 IVP와 BVP 간의 근본적인 차이에 따른 결과이다. IVP의 해를 지정하는 모든 정보는 하나의 점에서 주어지며 해는 그 점에서 관심있는 방향으로 출현한다. 정보는 BVP에 대한 두 개, 혹은 그 이상의 점들에서 주어지므로 "방향"은 아무것도 없으며 해를 계산할 때 모든 점들에서의 정보를 감안하는 것이 필요하다. 명시적 1-스텝 IVP 공식들은 BVP의 풀이에 사용될 경우 명시적이지 않기 때문에 IVP를 풀 때처럼 매력적이지는 않다. BVP를 풀 경우 우리는 함축적인 1-스텝 방법의 계산의 실제적인 어려움에 대해서는 그렇게 관심이 없으므로 그들의 우수한 정확성과 안정성이 갖는 이점을 취할 수 있다. 특히 사다리꼴 공식은 두 방향들을 서로 같게 처리하는 안정성이 우수한 2차 공식이다.

복수 사격법에서와 마찬가지로 사다리꼴 규칙을 사용하는 경우 (N+1)d 개의 비선형 방정식이 있지만 N은 매우 더 크며 방법이 실제적이라면 방정식들의 형태에 깊은 주의를 기울여야 한다. 실제로 비선형 방정식들은 변형된 형태의 Newton 방법에 의하여 해결된다. Newton 방법의 각 반복과정에서 풀어야 하는 선형 시스템의 구조는 방정식들과 경계조건들이 선형, 즉

$$y' = J(x)y + q(x) \tag{3.11}$$

$$B_a y(a) + B_b y(b) = \beta \tag{3.12}$$

라고 가정하면 더욱 명백해진다. 이 경우 $[x_i, x_{i+1}]$에서 사다리꼴 규칙은

$$\left[-I-\frac{h_i}{2}J(x_i)\right]y_i+\left[I-\frac{h_i}{2}J(x_{i+1})\right]y_{i+1}=\frac{h_i}{2}[q(x_i)+q(x_{i+1})] \qquad (3.13)$$

와 같이 된다. 식들을 조정하면 다음과 같은 행렬 형태로 쓸 수 있다:

$$\begin{pmatrix} S_0 & R_0 & & & \\ & S_1 & R_1 & & \\ & & \ddots & \ddots & \\ & & & S_{N-1} & R_{N-1} \\ B_a & & & & B_b \end{pmatrix}\begin{pmatrix} y_0 \\ y_1 \\ \vdots \\ y_{N-1} \\ y_N \end{pmatrix}=\begin{pmatrix} v_0 \\ v_1 \\ \vdots \\ v_{N-1} \\ \beta \end{pmatrix} \qquad (3.14)$$

여기에서 $i=0,1,\cdots,N-1$에 대하여

$$S_i=-\frac{2}{h_i}I-J(x_i), \quad R_i=\frac{2}{h_i}I-J(x_{i+1}), \quad v_i=q(x_i)+q(x_{i+1})$$

이다. 이 행렬의 구조를 규명하는 한가지 방법은 이를 일반적인 성긴 행렬로 처리하는 것이다. 이는 MATLAB에서 쉽게 할 수 있으며 풀이기 bvp4c에서 수행하고 있는 방법이다. 대부분의 풀이기들은 다르게 진행한다. 이들은 분리된 경계조건을 갖는 문제들만 해결한다:

$$B_a y(a)=\beta_a, \quad B_b y(b)=\beta_b$$

그 이유는 이로부터 얻어지는 선형 시스템의 구조를 다루기가 더 쉽기 때문이다.

경계조건들이 분리되어 있으면 방정식들은

$$\begin{pmatrix} B_a & & & & \\ S_0 & R_0 & & & \\ & S_1 & R_1 & & \\ & & \ddots & \ddots & \\ & & & S_{N-1} & R_{N-1} \\ & & & & B_b \end{pmatrix}\begin{pmatrix} y_0 \\ y_1 \\ y_2 \\ \vdots \\ y_{N-1} \\ y_N \end{pmatrix}=\begin{pmatrix} \beta_a \\ v_0 \\ v_1 \\ \vdots \\ v_{N-1} \\ \beta_b \end{pmatrix}$$

와 같이 쓸 수 있다. 이 행렬을 띠행렬로 저장하는 것이 쉽고도 적절히 효율적이다. 행 피버팅을 이용한 가우스 소거는 띠 형태의 선형 시스템을 푸는 효율적인 방법이다. 그러한 행렬들을 처리하는 보다 정교하고 능률적인 기법들은 *거의*

*블록인 대각구조*를 감안하여 주며 열과 행 피버팅을 이용하여 저장공간을 최소화하고 계산의 안정성을 보존한다. 이러한 기법들에 대한 검토는 Amodio 등(2000)에서 찾아볼 수 있다. 부행렬 B_a와 B_b들은 d 행들을 갖지 않으므로(이들은 사각행렬이다) 이들은 겉으로 보이는 것보다 덜 정규적이다. 그 이유는 경계조건들이 분리되어 있으면 부행렬 B_a의 행의 수는 끝점 a에서 지정된 경계조건들의 수에 해당하며 B_b에 대해서도 마찬가지이기 때문이다; 이들 두 부행렬들은 모두 경계조건들에 해당하는 d 개의 0이 아닌 행들을 갖는다. 널리 이용되는 풀이기들에서 이러한 보다 제한적인 구조들이 선호되는 한 가지 이유는 해당되는 선형 시스템의 안정한 해에 대한 소요 저장공간을 미리 정할 수 있기 때문인데 이는 일반적인 성긴 시스템의 안정한 해에 대해서는 해당되지 않는다.

1-스텝 방법으로서 사다리꼴 규칙의 차수는 2이며 이는 해 y(x)가 공식 (3.13)을 x_i에서의 국부적 반올림 오차 τ_i, 즉 $O(h_i^3)$로 만족함을 의미한다. 오차를 $e_i = y(x_i) - y_i$로 정의하고 y_i에 의하여 만족되는 식 (3.14)를 $y(x_i)$에 의하여 만족되는 식으로부터 빼면

$$\begin{pmatrix} S_0 & R_0 & & & \\ & S_1 & R_1 & & \\ & & \ddots & \ddots & \\ & & & S_{N-1} & R_{N-1} \\ B_a & & & & B_b \end{pmatrix} \begin{pmatrix} e_0 \\ e_1 \\ \vdots \\ e_{N-1} \\ e_N \end{pmatrix} = \begin{pmatrix} \sigma_0 \\ \sigma_1 \\ \vdots \\ \sigma_{N-1} \\ 0 \end{pmatrix} \tag{3.15}$$

를 얻는다. 여기에서 σ_i는 조정된 반올림 오차 $(2/h_i)\tau_i$이며 경계조건에는 반올림 오차가 없다. 이로부터 격자점들에서의 오차의 벡터는 역행렬에 조정된 반올림 오차를 곱한 것과 같음을 알 수 있다. 유한차분 방법은 이 역행렬의 놈(norm)에 *균일한 경계*가 존재하는 경우 *안정하다*고 말한다. $h = \max_i h_i$인 경우 조정된 반올림 오차는 $O(h^2)$이며 사다리꼴 규칙에 근거하는 유한차분 방법은 안정할 경우 2차의 수렴성을 갖는다고 결론지을 수 있다. 수렴성을 보임에 있어서 어려운 점은 유한차분 방법이 안정함을 입증하는 것이다. ODE (3.11)과 경계조건 (3.12)로 이루어지는 BVP가 일의적 해를 가지며 ODE들이 충분히 매끄럽다면 유한차분 기법의 안정성은 IVP에 대한 1-스텝 방법의 안정성을 따름을 보일 수 있다. 나아가 BVP에 대하여 유한차분 기법은 1-스텝 방법이 IVP에서 수렴하는 것과 같은 속도의 수렴을 보인다. 이러한 일반적 결과에 대한 증명은 다소 기교적이며 우리가 여기에서 관심있는 것은 증명보다는 결과이므로 자세한 내용은 Ascher 등(1995) 및 Keller(1992)와 같은 좀 더 고급의 책들을 참조한다.

마찬가지로 우리는 선형 방정식과 선형 경계조건들을 갖는 BVP들만을 논의해왔다. 이들은 무엇이 진행되어가고 있는지를 보여준다. 비선형 문제들을 처리하기 위해서 증명들이 어떻게 수정되는지를 알기 위해서는 좀 더 고급의 참고서적들을 참조한다.

대부분의 문제들은 2차의 사다리꼴 규칙보다 고차의 방법들에 의하여 효율적으로 해결된다. x_i로부터 크기 h_i인 스텝에서 s 단계의 Runge-Kutta 방법은 점 $x_{i,j}=x_i+\alpha_j h_i$에서 s 개의 중간값 $y_{i,j}\approx y(x_{i,j})$들을 형성한다. 제 2장에서 우리는 이 단계들이 연속적으로 계산되는 명시적 RK 방법에 가장 관심이 있었지만 일반적으로 이들은 s 개의 비선형 대수방정식 시스템

$$y_{i,j}=y_i+h_i\sum_{k=1}^{s}\beta_{j,k}f(x_{i,k},\ y_{i,k}) \tag{3.16}$$

을 동시에 풀어 결정한다. 이 경우 새로운 근사해는

$$y_{i+1}=y_i+h_i\sum_{j=1}^{s}\gamma_k f(x_{i,j},\ y_{i,j})$$

가 된다. 이 경우 구적문제 y'=f(x)를 풀 때 가우스 사각규칙으로 환원되는 함축적 Runge-Kutta(IRK) 공식이 널리 이용되는데 이는 그들이 우수한 안정성을 가지며 s 단계를 갖는 방법에 대하여 가능한 최고차, 이를테면 2s를 달성하기 때문이다. 좀 더 간단한 공식들의 일부에 대한 논의에서 $[x_i, x_{i+1}]$의 중간점을 $x_{i+1/2}$로 나타내고 이곳에서의 근사값을 $y_{i+1/2}$로 나타내는 것이 편리하다. 이를 이용하면 가우스 형태의 공식들 가운데 최저차 보기는 차수가 2인 중간치 규칙

$$y_{i+1}-y_i=h_i f(x_{i+1/2},\ y_{i+1/2})$$

이다. 가우스 공식들은 부구간의 끝점들에서 계산되지 않는다. 이는 끝점에서 특이점을 갖는 문제를 풀 때 도움이 될 수 있음을 3.3.1절에서 지적한 바 있다.

IRK 공식들의 또다른 매력적인 부류는 y'=f(x)에 적용되는 Lobatto 사각규칙들로 환원된다. 최저차의 보기는 사다리꼴 규칙이다. 그 다음 고차의 Lobatto 공식은 Simpson 사각규칙으로 환원되므로 Simpson 공식이라고 불린다. 표 3.1에 제시된 일반적인 형태는 첫 번째 단계가 y_i와 같으며 마지막 단계는 y_{i+1}과

같음을 주목하면 무엇이 계산되어야 하는가를 보다 뚜렷하게 보여주는 방식으로 언급될 수 있다. 중간치에 대하여 도입된 기호를 이용하면 공식은

$$y_{i+1/2} = y_i + h_i\left[\frac{5}{24}f(x_i, y_i) + \frac{1}{3}f(x_{i+1/2}, y_{i+1/2}) - \frac{1}{24}f(x_{i+1}, y_{i+1})\right]$$

$$y_{i+1} = y_i + h_i\left[\frac{1}{6}f(x_i, y_i) + \frac{2}{3}f(x_{i+1/2}, y_{i+1/2}) + \frac{1}{6}f(x_{i+1}, y_{i+1})\right]$$

와 같다.

표 3.1 차수가 4인 Simpson 공식

0	0	0	0
$\frac{1}{2}$	$\frac{5}{24}$	$\frac{1}{3}$	$-\frac{1}{24}$
1	$\frac{1}{6}$	$\frac{2}{3}$	$\frac{1}{6}$
	$\frac{1}{6}$	$\frac{2}{3}$	$\frac{1}{6}$

개략적으로 말한다면 사다리꼴 규칙에 대하여 우리가 수행한 모든 것들은 Runge-Kutta 공식에 근거하는 유한차분 방법들에도 마찬가지로 적용된다. 그러나 그러한 공식의 수행에서 발생하는 중요한 사안들이 있다. 고차 공식들의 효율적인 수행에 대한 *지연보정*으로 불리는 한 가지 방법에서는 이 공식들을 좀 더 쉽게 계산되는 공식들에 대한 보정으로 계산한다. 지연보정에 근거하는 BVP에 대한 최초의 강건한 소프트웨어는 Lentini & Pereyra(1974)의 PASVA3 코드이다. 이 코드의 기본 공식은 사다리꼴 규칙이다. 고차 공식들은 사다리꼴 규칙의 반올림 오차의 팽창에서 연속적인 근사항들에 의하여 계산된다. Cash와 그의 동료들은 기본적인 (함축적) Runge-Kutta 공식 및 고차공식들과 일치하는 지연보정에 근거하는 -예를 들면 TWPBVP(Cash & Wright, 1991)- 다수의 효율적인 풀이기들을 개발하였다. TWPBVP의 기본 공식은 Simpson 규칙이다.

다른 널리 이용되는 풀이기들은 차수가 2보다 큰 IRK 방법들과 직접적으로 작용한다. 핵심 논제는 중간근사 $y_{i,j}$의 계산이다. 이들의 정의 자체로부터 이들을 y_i와 y_{i+1}로 풀 수 있어야 한다는 것은 명백하다. 중간근사들을 소거하는 것

을 *응축*이라고 부른다. 이에 따라 전체적 시스템의 규모가 상당히 줄어들게 되므로 이는 실제에 있어서 중요하다. Simpson 규칙의 경우 응축은 해석적으로 수행될 수 있다:

$$y_{i+1} = y_i + \frac{h_i}{6}\left[f(x_i, y_i) + f(x_{i+1}, y_{i+1}) + 4f\left(x_{i+1/2}, \ \frac{y_{i+1} - y_i}{2} + \frac{h_i}{8}[f(x_i, y_i) - f(x_{i+1}, y_{i+1})]\right)\right] \tag{3.17}$$

Simpson 규칙은 해석적 응축에 따라 bvp4c에 설치되어 있다. 일반적으로 응축은 수치적으로 수행된다. 식 (3.16)에서 f(x,y)에 대하여 선형 ODE 함수 J(x)y+g(x)를 대입하면 무슨 일이 일어나는지 알 수 있다. y_i와 y_{i+1}에만 결합되어 있는 중간단계 $y_{i,j}$에 대한 선형 방정식 시스템이 존재한다. 이 부시스템을 풀어서 전체 시스템의 미지수들을 줄일 수 있다. 1차 시스템에 적용되는 경우 풀이기 COLSYS(Ascher, Christiansen & Russell, 1979, 1981) 및 COLNEW(Ascher 등, 1995; Bader & Ascher, 1987)는 가우스 형태의 IRK 방법들을 수행하는 것으로 볼 수 있다. 이들은 격자점들에서의 값들에 대하여 풀 경우 중간값들을 수치적으로 소거한다.

유한차분 방법들은 격자점들에서만 해를 제공하여 준다. 다른 점들에서 근사해를 얻는 문제는 이전에 명시적 Runge–Kutta 방법에 의하여 IVP를 풀 때 나타난 바 있다. 그때 어떤 Runge–Kutta 공식들에 대하여 전 스텝을 통하여 정확한 해를 제공하여 주는 연속적인 확장이 도출됨을 알았다. s 단계의 IRK 방법에 대한 자연스러운 연속적 확장으로부터 $j = 1,2,\cdots,s$에 대하여 안짐작 조건 $S(x_i) = y_i$및 $S'(x_{i,j}) = f(x_{i,j},\ y_{i,j})$에 의해 다항식 S(x)가 정의된다. 가우스 형태의 사각공식들에 근거한 방법들을 포함하는 IRK 방법들의 경우 이 다항식은 $S(x_{i+1}) = y_{i+1}$을 만족함을 보이는 것은 어렵지 않다. 이는 자연스러운 연속적 확장이 연속임을 의미한다; 즉 $S(x) \in C[a,b]$이다. 아울러 $S(x_{i,j}) = y_{i,j}$임을 보일 수 있다. 안짐작 조건에 따라 이는 각 중간점에서 S(x)가 ODE들을 만족함을 말해준다: $S'(x_{i,j}) = f(x_{i,j},\ S(x_{i,j}))$. 이 성질은 *병치*(竝置, collocation)라고 불린다. 이러한 자연스러운 연속 확장들은 공식과 같은 차수의 정확성을 갖지 않기 때문에 제 2장에서는 이들을 깊게 다루지 않았다. 실제로 가우스 형태의 공식의 경우 이들은 기본 공식의 절반의 차수만 갖는다. 중간치 규칙은 간단한 예를 보여준다. 부구간 $[x_i, x_{i+1}]$에서 연속적인 확장 S(x)는 $S(x_i) = y_i$ 및 $S'(x_{i+1/2}) =$

$f(x_{i+1/2},\ y_{i+1/2})$인 선형 다항식이다. 중간치 규칙의 정의로부터

$$f(x_{i+1/2},\ y_{i+1/2}) = \frac{y_{i+1} - y_i}{h_i}$$

임을 알 수 있다. 선형 다항식 S(x)는 기울기가 일정하므로 중간점에서의 기울기에 대한 이 식으로부터 S(x)는 구간의 양 끝점들에서 수치해를 안집작하는 직선이라는 사실이 명백하다. 이러한 연속적인 확장 S(x)는 $C[a,b]$이지만 명백히 $C^1[a,b]$는 아니다. 이는 격자점들 사이에서만 1차의 정확도를 갖는다.

일반적으로 자연스러운 연속적 확장은 단지 $C[a,b]$이지만 Lobatto 형태의 공식들은 각 부구간의 양 끝점에 병치된다; 즉

$$S'(x_i) = f(x_i, S(x_i)) = f(x_i, y_i),\ \ S'(x_{i+1}) = f(x_{i+1}, S(x_{i+1})) = f(x_{i+1}, y_{i+1})$$

이로부터 이 공식들에 대하여 $S(x) \in C^1[a,b]$임을 알 수 있다. Simpson 공식의 자연스러운 연속적 확장은 공식 자체의 차수를 보존한다. Simpson 공식은 MATLAB에서 BVP의 풀이를 위한 매력적인 방법이다. 이는 $C^1[a,b]$이고 균일하게 4차의 정확도를 갖는 수치해는 그래프를 통한 해의 탐구에 매우 적합하기 때문이다. 이 기법은 다른 장점들도 지닌다. 그 하나는 MATLAB으로 공식을 계산함에 있어서 해석적 응축은 효율적인 방법이라는 점이다.

BVP의 풀이에 대한 고전적인 접근방법은 근사해 S(x)에 대한 형태로서 S(x)가 경계조건을 만족하도록 요구하고 충분히 많은 위치에 ODE들을 병치시킴으로써 결정되는 파라미터들을 포함하는 형태를 선택하는 것이다. 일부 중요한 부류의 유한차분 공식들은 연속적인 구분적 다항식 함수 S(x)와의 병치로부터 얻어지는 것으로 간주될 수 있음을 알았다. 이는 널리 이용되는 풀이기들에서 취하여지는 관점이다; 이는 특히 bvp4c가 병치 코드로 언급되는 이유가 된다. 이러한 관점에서 bvp4c는 격자 $a = x_0 < x_1 < \cdots < x_N = b$의 각각의 부구간 $[x_i, x_{i+1}]$에서 3차 다항식인 연속함수 S(x)를 계산함으로써 (3.1)과 (3.2) 형태의 BVP를 푼다. 이 함수를 구성하는 3차 다항식의 계수들은 S(x)가 [a,b]에서 연속이며 경계조건

$$g(S(a),\ S(b)) = 0$$

을 만족하고 각 부구간의 양 끝점들과 중간점에서

$$S'(x_i) = f(x_i,\ S(x_i))$$
$$S'(x_{i+1/2}) = f(x_{i+1/2},\ S(x_{i+1/2}))$$
$$S'(x_{i+1}) = f(x_{i+1},\ S(x_{i+1}))$$

와 같이 ODE들을 만족하도록 요구함으로써 결정된다. 이전에 지적한 바와 같이 부구간의 끝점들에서의 병치조건은 $S(x) \in C^1[a,b]$을 의미한다. 이 조건들 모두로부터 S(x)를 이루는 3차 다항식의 계수들에 대한 비선형 대수방정식들의 시스템이 얻어진다. 세부 사항들이 규명되면 이러한 함수 S(x)는 Simpson 공식의 자연스러운 연속적 확장임을 알 수 있다. 따라서 이 방법을 병치방법, 혹은 연속적 확장에 따른 유한차분방법으로 간주할 수 있다. Enright & Muir(1996)는 Fortran 코드 MIRKDC에서 연속적 확장에 따른 IRK 공식 부류들을 수행하고 있다. 이들 가운데 하나는 Simpson 공식에 해당되지만 이의 연속적인 확장은 bvp4c에서 이용되는 공식보다 정확도가 높고 보다 고차인 다항식이다. 분명히 병치 방법은 1차 ODE에 시스템에 국한되는 것은 아니며 보다 고차의 ODE들을 직접 처리하는 데에는 약간의 이점들이 있다. 유한차분 방법과 관련하여 앞에서 인용하였던 코드 COLSYS와 COLNEW들은 고차의 ODE들을 직접 처리하기 때문에 독특한 코드들이다. 이 방법들이 가우스 형태의 IRK 방법에 바탕을 둔 유한차분 기법과 대등한 것으로 간주될 수 있는 것은 이 방법들이 1차 ODE 시스템에 적용될 때 뿐이다.

하나의 BVP는 해가 하나 이상일 수 있기 때문에 관심있는 해를 인식하는 추정을 코드에 부여하는 것이 필요하다. 널리 이용되는 모든 코드들에서 비선형 BVP의 수치해는 직접적으로 얻어지거나 선형화에 의하여 간접적으로 얻어진다. 코드들은 수렴속도를 향상시키기 위한 장치를 이용하지만 수렴을 얻기 위해서는 우수한 추측값이 필요할 수 있다. 추측에는 해의 거동을 드러내는 격자와 격자상에서 가정한 해의 값이나 이들을 계산하는 함수를 모두 제공하는 것이 포함된다. 이 격자에 대하여 수렴이 이루어진 후에 코드는 격자를 조정하여 적정한 격자점 수에 따른 정확한 수치해를 얻는다. 어떤 측면에서는 이는 IVP를 푸는 것보다 훨씬 더 어렵다. IVP의 경우 스텝 크기 조정에서 가장 어려운 부분은 첫 번째 스텝에서 척도를 취하는 것이다. 이는 뒤이어지는 스텝들은 한 번에 하나씩 조정되며 단지 느린 변동만이 허용되기 때문이다. BVP의 경우 가장 어려운 부분은 해에 대하여 초기 근사를 제공하는 일이다. 이런 부담은 대부분 사용자에게 지워지는데 사용자는 수렴에 이르게 될 해와 격자에 대한 추측들을 제공하여야 한다. 이제 풀이기들이 어떻게 오차를 추정하고 조절하는지를 간략하게 논의하여 보기로 한다.

오차의 제어에 대한 자연스러운 접근방법은 반올림 오차를 추정하고 이에 따라 격자를 조정하는 것이다. 부구간 $[x_i, x_{i+1}]$에 대한 반올림 오차를 해의 미분항들로 나타낼 수 있는 경우 이러한 미분은 (이웃 구간으로부터의 약간의 근사는 물론) y_i와 y_{i+1}값들의 안짐작과 보간항의 미분에 의하여 근사될 수 있다. 제 2장에서 1차 BDF 공식의 반올림 오차를 근사하기 위해 이와 유사한 작업을 수행하였음을 상기하자. BVP를 풀 경우 중요한 차이점은 부구간의 양쪽에서 값들을 사용할 수 있다는 것이다. 사다리꼴 규칙의 반올림 오차는 이러한 형태를 가지며 Lentini와 Pereyra는 이를 PASVA3에서 앞의 방식으로 추정하고 있다. 실제로 이러한 지연보정 코드의 고차 공식에 대해서도 같은 과정이 이루어진다. 가우스 IRK 공식의 반올림 오차 역시 이러한 형태를 가지며 오차를 추정하는 이러한 방법은 COLSYS 및 COLNEW 코드들에서 사용되고 있다. 제 2장에서 다루었던 반올림 오차를 추정하는 다른 방법은 한 공식의 결과를 고차 공식의 결과와 비교하는 것이다. 이는 각 공식이 보정으로서 낮은 차수의 결과로 계산되기 때문에 Cash와 Wright가 TWPBVP 코드에서 지연보정을 이용하는 방법에서는 당연한 것이다.

반올림 오차에 대한 추정치와 함께 스텝 크기는 IVP를 풀 때와 같이 조정될 수 있다. 분명한 차이는 BVP를 풀 때에는 전체 격자가 변경되는 데에 반하여 IVP를 풀 때에는 한 번에 하나의 스텝만이 변경된다는 점이다. BVP는 성격상 광역이므로 반올림 오차가 큰 영역에서의 격자는 구간 전체에 걸친 수치해에 영향을 미친다. 수치해는 하나의 영역에서는 향상될 수 있지만 다른 부분에서는 악화될 수 있다. $[x_i, x_{i+1}]$에서의 반올림 오차가 이 부구간에서의 해의 미분에 따라 좌우되는 방법들의 경우 격자의 국부적 변화의 영향은 (적어도 최고차에 대해서) 국부적이며 따라서 어떤 영역에서 반올림 오차를 줄이기 위해 격자를 변경하는 것은 사실상 전체적인 해를 향상시켜 주는 것이다.

BVP 풀이기들이 지니는 심각한 어려움은 반올림 오차를 근사하고 격자를 조정하는 기법들이 충분히 미세한 격자에 따라 좌우된다는 점이다. 그렇다면 격자가 너무 거칠거나 해의 거동에 잘 적응하지 못할 경우에 그렇듯이 반올림 오차의 추정치가 매우 열악한 경우에도 풀이기가 그럴듯한 방법으로 격자를 조정하는 것이 중요하다. 신뢰성을 향상시키기 위해서 COLSYS 및 COLNEW 코드들은 반올림 오차의 제어에 있어서 오차에 대한 다른 평가를 보충하고 있다. 적절한 정확도의 반올림 오차로 해가 얻어진 것 같으면 격자가 반으로 나누어지고 다른 해가 계산된다. 이로부터 얻은 두 번째 해의 오차는 다음과 같이 진행되는 *바깥짐작*으로 불리는 과정에 의하여 추정된다. 파라미터 h를 포함하는 함수

F(x;h)를 계산할 수 있으며 $h \to 0$에 따른 극한 F(x;0)을 원한다고 가정하자. $h \to 0$에 따라 오차 $e(x;h) = F(x;h) - F(x;0)$이 $\phi(x)h^p$와 같이 거동하는 것을 알고 있다면 좀 더 정확한 결과의 오차를 추정하기 위하여 특정한 h 및 h/2에 대하여 계산된 근사치 F(x;h)와 F(x;h/2)들을 이용할 수 있다. 오차가 h에 따라 어떻게 좌우되는가에 대한 가정은

$$e\left(x;\frac{h}{2}\right) \sim \phi(x)h^p 2^{-p}$$

이며 따라서

$$F(x;h) - F\left(x;\frac{h}{2}\right) = e(x;h) - e\left(x;\frac{h}{2}\right) \sim \phi(x)h^p[1-2^{-p}]$$

임을 말해준다. $\phi(x)h^p$에 대한 이러한 관계식을 풀면 좀 더 정확한 결과의 오차에 대한 계산 가능한 추정치가 제공된다:

$$e\left(x;\frac{h}{2}\right) \sim \frac{1}{2^p - 1}\left[F(x;h) - F\left(x;\frac{h}{2}\right)\right] \tag{3.18}$$

이 원리를 BVP에 적용함에 있어서 h는 최대 스텝 크기이며 p는 방법의 차수이다. ODE를 정의하는 함수 f(x,y)가 충분히 매끄러우며 오차의 팽창에서 선도항이 지배하기에 충분할 정도로 격자가 미세하다면 바깥짐작은 오차를 추정하고 따라서 수치해가 원하는 정확도를 가짐을 확실하게 하여주는 방법을 제공하여 준다.

Enright와 Muir의 MIRKDC 풀이기와 MATLAB의 bvp4c 풀이기는 격자와 해에 대한 열악한 추측을 좀 더 강건하게 다루기 위해 오차의 제어를 위한 독특한 방법을 취하고 있다. 이들은 근사해 $S(x) \in C^1[a,b]$를 생성한다. 그러한 근사에 대한 ODE의 잔류오차는

$$r(x) = S'(x) - f(x, S(x))$$

와 같이 정의된다. 마찬가지로 경계조건에서의 잔류오차는 $\delta = g(S(a), S(b))$이다. 달리 말한다면 근사 S(x)는 BVP

$$Y' = f(x, Y) + r(x), \quad g(Y(a), Y(b)) - \delta = 0$$

의 *정확한* 해이다. *후향오차분석*의 관점으로 본다면 S(x)가 주어진 것에 "근접한" BVP의 정확한 해로서 교란 r(x)와 δ가 "작은" 경우 S(x)는 정확한 해이다. BVP가 적절히 우량조건이라면 문제에 대한 작은 변화에 따라 해에 작은 변화가 야기됨으로써 후향오차분석의 관점에 따라 정확한 해는 실제 해에 근접한 근사해의 통상적인 관점에서도 역시 정확해야 한다. MIRKDC와 bvp4c는 모두 이러한 잔류오차들의 크기들을 제어하고 있다. 이 방법들에 대한 잔류오차들은 격자가 얼마나 거친가에 관계없이 잘 정의되어 있기 때문에 이 접근방법은 매력적이다. 나아가 잔류오차 r(x)는 우리가 원하는 임의의 점 x에서 계산될 수 있으므로 그 크기를 우리가 원하는 만큼 (그리고 기꺼이 그 비용을 감당하고자 할 때) 정확하게 근사할 수 있다. 강건성을 위하여 bvp4c는 각 부구간 $[x_i, x_{i+1}]$에서의 잔류오차의 크기를 적분

$$\int_{x_i}^{x_{i+1}} \| r(x) \|^2 dx$$

에 의하여 측정한다. 이 적분은 5점 Lobatto 사각공식으로 근사된다. 잔류오차가 구간의 양 끝점과 중간점에서 소멸된다는 사실을 이용하면 이 사각공식은 r(x) 및 f(x,S(x))에 대한 단지 두 번의 추가적인 계산만을 필요로 한다. 이로부터 임의의 격자에 대한 잔류오차 크기의 적절한 추정치가 얻어지며 이는 $h_i \to 0$에 따라 점근적으로 정확하다. 자연적인 연속적 확장에 따른 Simpson 공식의 유용한 성질 가운데 하나는 격자에 대한 국부적 변화가 잔류오차에 미치는 영향은 적어도 선도차수에 대해서는 국부적이라는 것이다. 이러한 기술적인 사항들에 대한 증명들은 Kierzenka(1998) 및 Kierzenka & Shampine(2001)에서 찾아볼 수 있다.

내친 걸음에 간단한 사격법 코드는 또한 잔류오차를 제어하는 것으로 언급될 수도 있음을 지적하고자 한다. 각 스텝에서 IVP 풀이기는 국부적 오차를 제어하는데 이는 수치적 방법의 적절한 자연적 연속확장의 잔류오차 크기를 제어하는 것과 대등하다. 사격법의 비선형 대수방정식들은 경계조건들이 만족되는 경우에 대하여 초기값들이 규명되어야 함을 말하여 준다. 따라서 비선형 방정식 풀이기는 수치해가 경계조건들에서 작은 잔류오차를 갖는 초기값들을 찾는다. 이 경우 IVP 풀이기와 사격법 코드의 비선형 방정식 풀이기는 작은 잔류오차로 경계조건과 ODE들을 만족하는 수치해를 생성한다. 복수 사격법에 대해서도 유사한 것들을 애기할 수 있다.

■ **연습문제 3.10**

경계조건이 y(0)=1 및 y(10)=B인 BVP

$$y'' + 100y = 0$$

은 B 값의 작은 변화에는 둔감함을 보여라.

■ **연습문제 3.11**

Tayler 수열팽창에 의하여 방정식 (3.15)의 조정된 반올림 오차에 대한 $\sigma_i = Kh^p y^{(p+1)}(\eta_i)$ 형태의 식을 구하여라. 즉 정수 p와 상수 K를 구하여라.

■ **연습문제 3.12**

식 (3.17)로 주어진 Simpson 공식의 응축된 버전에 대한 표현을 입증하여라.

■ **연습문제 3.13**

선형 ODE (3.11)과 경계조건 (3.12)로 이루어지는 BVP의 풀이를 위한 응축된 Simpson 공식 (3.17)을 이용할 때 얻어지는 선형 대수방정식 시스템을 써보라.

■ **연습문제 3.14**

BVP 풀이기 bvp4c와 연관되는 함수 S(x)는 구간 [a,b]에서 연속적으로 미분가능함을 보여라. 즉 $S(x) \in C^1[a,b]$임을 보여라.

3.5 MATLAB®을 이용한 BVP의 풀이

이 절에서는 문헌에서 취한 다양한 보기들을 이용하여 MATLAB 풀이기 bvp4c를 이용한 BVP의 수치적 풀이를 예시하고 있다. BVP들은 다양한 형태를 지니는데 많은 것들은 표준적인 소프트웨어로 풀기 위해서 약간의 사전준비를 필요로 하며 일부는 상당한 작업을 필요로 한다. 몇 가지 보기들은 대부분의 공통적인 형태 및 가장 널리 이용되는 BVP 풀이기들에 대하여 이러한 작업이 어떻게 이루어지는가를 예시하고 있다. 다른 보기들은 bvp4c를 이용한 BVP의 풀이를 어떻게 상당히 가속화시킬 수 있는지를 보여준다. 지침과 실습을 위하여 연습문제들이 제공되어 있다.

보기 3.5.1

Bratu 방정식은 순간연소 모델로부터 얻어지며 반해석적 방법(Davis, 1962)으로 풀기에 충분할 정도로 간단한 분기(分岐)의 예로서 수학적으로 흥미롭다. 미분방정식은

$$y'' + \lambda e^{y} = 0$$

이며 경계조건은 y(0)=0=y(1)이다. Bratu는 $0 \le \lambda < \lambda^{*} = 3.51383 \cdots$인 λ값들에 대하여 두 개의 해가 존재함을 보였다. 두 해들은 포물선 형태이며 아래로 오목하다. 이 해들은 $\lambda \to \lambda^{*}$에 따라 서로 근접해지며 $\lambda = \lambda^{*}$이면 하나로 합해져서 일의적 해가 얻어진다. $\lambda > \lambda^{*}$이면 해가 존재하지 않는다. bvp4c의 사용방법을 보이기 위하여 $\lambda = 1$일 때 이 BVP를 풀어보기로 한다. 이는 하나의 IVP를 푸는 것과 매우 유사하므로 프로그램을 언급한 다음 차이점을 논의하기로 한다.

```
function sol = ch3ex1
solinit = bvpinit(linspace(0,1,5),@guess);
sol = bvp4c(@odes,@bcs,solinit);
plot(sol.x,sol.y(1,:));
figure
xint = linspace(0,1,100);
Sxint = deval(sol,xint);
plot(xint,Sxint(1,:));

%======================================
function v = guess(x)
v = [ x*(1-x); 1-2*x ];

function dydx = odes(x,y)
dydx = [ y(2); -exp(y(1)) ];

function res = bcs(ya,yb)
res = [ ya(1); yb(1) ];
```

가장 간단히 사용되는 경우 bvp4c는 ODE 계산을 위한 함수 odes, 경계조건에서의 잔류오차 계산을 위한 함수 bcs, 그리고 격자에 대한 추측과 이 격자에서의 해에 대한 추측값을 제공하는 구조체 solinit의 세 가지 인수들만을 갖는다.

ODE들은 MATLAB IVP 풀이기에서와 똑같이 처리되며 따라서 여기에서 따로 논의할 필요는 없다. 경계조건 g(y(a),y(b))=0은 함수 bcs에 현재의 근사 $ya \approx y(a)$와 $yb \approx y(b)$가 주어진 경우 이를 계산하여 잔류오차 g(ya,yb)를 열벡터로 반환하도록 코드화 시킨다.

BVP를 풀 경우 관심있는 해를 인식하고 풀이기가 이 해를 계산하는 데에 도움이 되도록 해에 대한 추측값을 제공하여야 한다. 추측값은 보조함수 bvpinit에 의하여 형성되는 구조체로서 bvp4c에 제공된다. bvpinit의 첫 번째 인수는 해의 거동을 드러내는 격자에 대한 추측치이다. 여기에서 우리는 [0, 1]에서 간격이 동일한 5개 점들을 시도하고 있다. 두 번째 인수는 지정된 격자에서의 해에 대한 추측치이다. 여기에서 해는 두 개의 성분 y(x)와 y'(x)를 갖는다. 이 추측치는 두 가지 방법으로 제공될 수 있다. 여기에서는 이들이 함수 guess에 의하여 제공됨을 알 수 있다. y(x)에 대한 추측치 x(1−x)는 올바른 모양을 가지며 경계조건들을 만족한다. y(x)에 대한 이 추측치의 미분은 y'(x)에 대한 추측치로 이용된다. 이와 달리 모든 추정된 해 성분들을 일정한 것으로 취한다면 이 상수들의 벡터를 직접 제공할 수 있다. 이는 편리하며 때로는 작용한다. 여기에서는 이를테면 함수 guess 대신에 벡터 [0.5; 0]을 bvpinit에 제공함으로써 BVP를 풀 수 있다.

bvp4c 코드는 여기에서 sol로 불리는 해 구조체를 반환한다. 이는 IVP 풀이기에서는 옵션이지만 bvp4c로부터의 출력이 취하는 유일한 형태이다. IVP 풀이기에서와 마찬가지로 필드 sol.x는 풀이기에서 구해진 격자를 포함하며 필드 sol.y는 이 격자상에서의 해를 포함한다. 그림 3.2는 이 필드들로 반환된 데이터의 그래프를 보여주고 있다. BVP 풀이비용은 격자점들의 수에 따라 크게 좌우되므로 bvp4c는 필요 이상의 점들을 사용하지 않는다. Bratu 방정식에 대한 이 BVP는 아주 쉬워서 풀이기는 추측치의 5개 격자점들만을 이용하여 정확한 해를 계산한다. 그래프로 나타낸 값들은 정확하므로 매끄러운 그래프를 얻기 위해서는 더 많은 점들에서 해를 근사할 필요가 있다. 풀이기 bvp4c는 해 $S(x) \in C^1[0,1]$을 생성하며 이러한 매끄러운 근사해를 계산하는 데에 필요한 모든 정보를 sol로 반환한다. IVP 풀이기에서와 마찬가지로 이는 보조함수 deval에 의하여 이루어진다. deval의 첫 번째 인수는 해 구조체이며 두 번째 인수는 해를 원하는 점들의 배열임을 상기하자. 여기에서 우리는 간격이 동일한 100개의 점에서 근사해 S(x)를 계산하여 그림 3.3에 보인 매끄러운 그래프를 얻는다. 함수 deval은 구분적 3차 함수를 계산하고 벡터화되므로 그래프를 위하여 매우 많은 해 값들을 얻는 데에도 비용이 크지 않다.

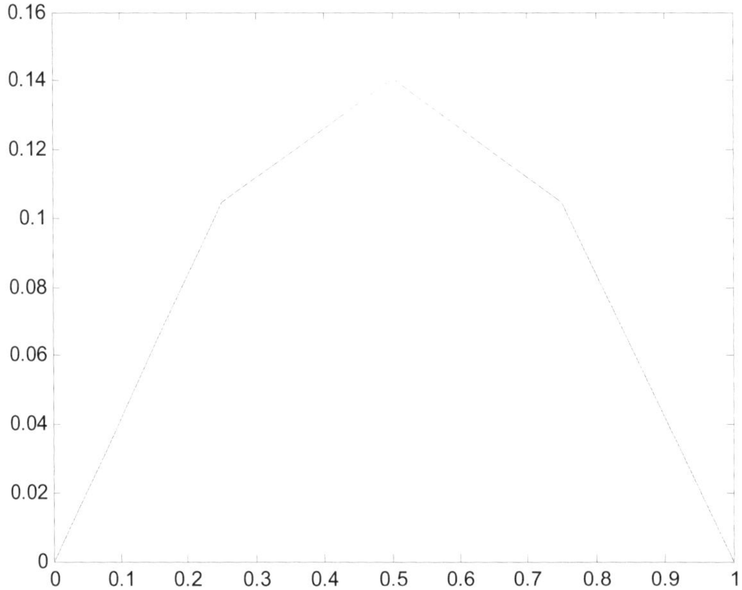

그림 3.2: 격자점에서만 나타낸 Bratu 문제의 해.

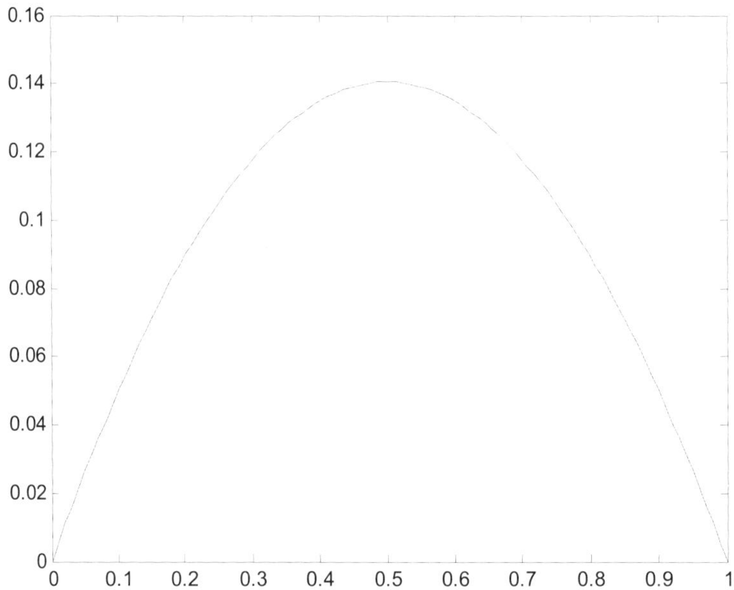

그림 3.3: 간격이 동일한 100개의 점에서 나타낸 Bratu 문제의 해.

Bratu 방정식에 대한 이 BVP는 두 개의 해를 갖는다. ch3ex1.m에 코드로 만들어진 해에 대한 추측치와 이의 미분에 5만큼 곱하면 제시된 해를 다시 계산하게 될 것이다. 이들에 20을 곱하면 다른 해를 구하게 될 것이다. 이 해는 그래프로 나타낸 해보다 다소 크며 최대값이 약 4.1이다. 해에 대한 추측치와 이의 미분에 100을 곱한다면 풀이기는 수렴에 실패할 것이다. 이는 여러분이 계산하는 해 - 혹은 어쨌던 하나의 해를 계산할 때에도 - 는 초기 추측치에 따라 크게 좌우된다는 사실을 예시하여 준다. 연습문제 3.15는 이 문제의 해가 만족하는 보존법칙을 탐구하도록 요구하고 있다. 연습문제 3.16의 대포문제는 이 BVP와 매우 유사하다.

보기 3.5.2

Keller(1992, 6.1절)가 해결한 윤활이론의 비선형 고유치 문제는 단지 하나의 1차 ODE

$$\epsilon y' = \sin^2(x) - \lambda \frac{\sin^4(x)}{y} \tag{3.19}$$

만을 포함한다. 여기에서 ϵ은 알려진 파라미터이며 두 개의 경계조건

$$y\left(-\frac{\pi}{2}\right) = 1, \quad y\left(\frac{\pi}{2}\right) = 1 \tag{3.20}$$

을 만족하는 ODE의 해가 존재하는 미지의 파라미터 λ값을 계산한다. 이 경계조건들은 1차 ODE에 대한 것과 미지 파라미터에 대한 것의 두 방정식들로 간주할 수 있다. 미지 파라미터들은 전혀 흔치 않은 것은 아니다. 이들은 때로는 물리적 모델에서 나타난다; 이들은 간혹 어려운 상황에서 해를 쉽게 계산하기 위해 도입된다. 비록 bvp4c는 미지 파라미터를 포함하는 BVP를 쉽게 풀지만 대부분의 풀이기들은 그렇지 못하므로 bvp4c의 사용을 예시한 후에 미지 파라미터들을 제공하지 않는 풀이기들을 어떻게 이용할 것인가를 알아보고자 한다.

해와 마찬가지로 미지 파라미터가 존재할 경우 관심있는 특정 파라미터를 인식하고 이들의 계산에 있어서 풀이기를 돕기 위하여 이들에 대한 추정치를 제공하여야 한다. 추정치들은 bvpinit의 세 번째 인수로서 벡터로 제공된다. 따라서 ODE 및 경계조건에서의 잔류오차 계산을 위한 함수에 세 번째 인수로서 미지 파라미터들의 벡터를 포함시켜야 한다. 비록 미지 파라미터를 사용하지 않는다 하더라도 각 함수에 대하여 이를 수행하여야 한다. 미지 파라미터가 존재할 경

우 해 구조체는 풀이기에서 계산되는 파라미터 벡터를 포함하는 parameters라는 이름의 필드를 지닌다. 프로그램 ch3ex2.m는 ϵ=0.1에 대하여 (3.19)로 정의되는 ODE와 (3.20)으로 정의되는 경계조건에 따른 BVP를 푼다. λ는 대략 1이라고 가정하며 $y(x) \approx 0.5$의 편리한 상수 추정치를 사용한다. 비록 이용되지는 않지만 lambda는 bcs의 입력인수임을 주목하자. 프로그램으로부터 스크린에 $\lambda \approx 1.0186$이 얻어지며 그림 3.4의 그래프가 생성된다.

```
function sol = ch3ex2
solinit = bvpinit(linspace(-pi/2,pi/2,20),0.5,1);
sol = bvp4c(@ode,@bcs,solinit);
fprintf('lambda = %g.\n',sol.parameters)
plot(sol.x,sol.y(1,:));
axis([-pi/2 pi/2 0 1.1]);

%==================================================
function dydx = ode(x,y,lambda)
epsilon = 0.1;
dydx = (sin(x)^2 - lambda*sin(x)^4/y)/epsilon;

function res = bcs(ya,yb,lambda)
res = [ ya-1; yb-1 ];
```

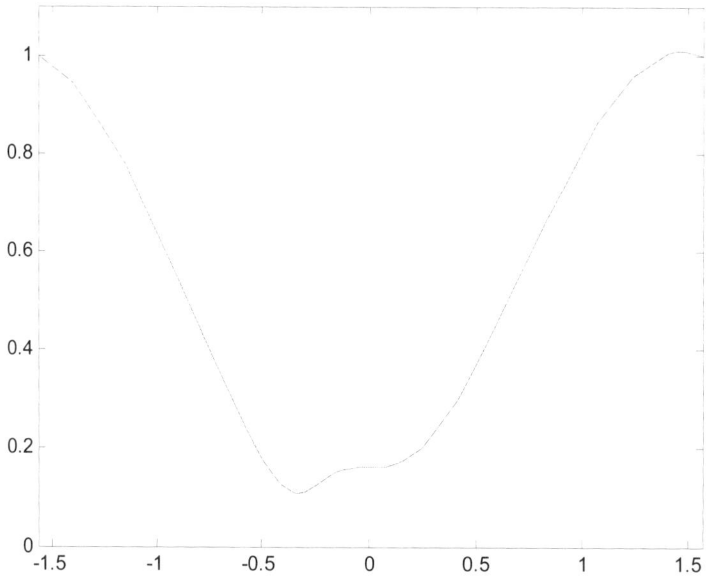

그림 3.4: ϵ=0.1에 따른 윤활문제의 해.

대부분의 풀이기들은 미지 파라미터를 제공하지 않지만 이 풀이기들이 사용될 수 있도록 풀이기들을 갖는 문제를 구성하는 것은 쉽다. 지금의 문제에는 미지 함수 $y_1(x) = y(x)$와 미지 파라미터 λ가 있다. 기본 전략은 제 2의 미지함수 $y_2(x) = y(x)$를 도입한 다음 이 새로운 함수가 일정함을 알려주는 자명한 ODE를 추가하는 것이다. 이 방법으로부터 ODE 시스템

$$y_1{}' = \epsilon^{-1}\left[\sin^2(x) - y_2\frac{\sin^4(x)}{y_1}\right]$$
$$y_2{}' = 0$$

이 얻어지는데 이는 두 경계조건 (3.20)과 함께 미지 파라미터가 없는 BVP가 된다. 많은 풀이기들은 ODE들에 대한 해석적 편미분과 해에 대한 경계조건들을 제공하기를 요구한다. 그러한 풀이기들의 경우 미지 파라미터에 대한 새로운 변수를 도입하는 것은 문제구성의 끝이 아니다; ODE 및 새로운 변수들에 대한(즉 파라미터들에 대한) 경계조건들의 해석적 편미분들을 아울러 제공하여야 한다.

보기 3.5.3

sydel(1988)에서 신경자극의 전진은 ODE 시스템

$$y_1{}' = 3\left(y_1 + y_2 - \frac{y_1^3}{3} - 1.3\right)$$
$$y_2{}' = -\frac{1}{3}(y_1 - 0.7 + 0.8y_2)$$

및 주기적 경계조건

$$y_1(0) = y_1(T), \quad y_2(0) = y_2(T)$$

로 나타내어진다. 특정 주기 T에 대한 해를 원한다면 이들 두 경계조건들로 충분하다. 연습문제 3.30은 이에 대한 예이다. 그러나 주기를 지정하지 않는다면 주기 T의 해에 따른 미지 파라미터 T를 구해야 하며 이를 위해 다른 경계조건이 필요하게 된다. 이를 더 잘 이해하려면 만일 $(y_1(t), y_2(t))$가 이들 자율적 미분방정식들의 주기적 해라면 임의의 상수 γ에 대하여 $(u_1(t), u_2(t)) = (y_1(t+\gamma), y_2(t+\gamma))$ 역시 그러함을 주목하자. 한 가지 가능한 경계조건은 하나의 해 성분에 대하여 이를테면 $y_1(0) = 0$과 같이 어떤 값을 지정하는 것이다. 이 경계조건에 따라 주

기적 경계조건 $y_1(0)=y_1(T)$를 $y_1(T)=0$로 대체할 수 있을 것이다. 이는 이들이 서로 대등하고 분리되어 있기 때문이다. 따라서 경계조건

$$y_1(0)=0,\quad y_1(T)=0,\quad y_2(0)=y_2(T)$$

에 따른 ODE를 푼다. 경계조건들 가운데 하나는 분리되어 있지 않다.

bvp4c 코드는 분리되지 않은 경계조건을 허용하지만 대부분의 풀이기들은 경계조건이 분리될 것을 요구한다. bvp4c로 이 BVP를 푼 후에 분리되지 않은 경계조건들을 갖는 문제가 어떻게 다른 코드에 의한 풀이를 위해 구성될 수 있는지를 논의하기로 한다. 이 보기의 복잡성은 구간 [0, T]의 길이가 알려져 있지 않다는 점이다. 사격법 코드 D02SAF(NAG 2002)는 구간의 양 끝점, 경계치, 그리고 임의의 파라미터들을 포함하는 모든 미지수들을 미지의 파라미터들로 처리하므로 이 문제를 직접 풀 수 있다. D02SAF는 유일하게 이러한 기능을 갖는 널리 이용되는 풀이기이므로 문제를 고정된 구간상에서 구성되는 문제로 전환시킴으로써 (bvp4c를 포함하는) 대부분의 풀이기에 맞도록 문제를 구성하여야 한다.

독립변수를 t로부터 x=t/T로 변경시킨다면 ODE는

$$\frac{dy_1}{dt}=3T\left(y_1+y_2-\frac{y_1^3}{3}-1.3\right)$$
$$\frac{dy_2}{dt}=-\frac{T}{3}(y_1-0.7+0.8y_2)$$

와 같이 된다. 새로운 문제는 구간 [0,1]에서 설정되며 새로운 경계조건은

$$y_1(0)=0,\quad y_1(1)=0,\quad y_2(0)=y_2(1)$$

과 같다. 이렇게 구성한 후에 BVP는 프로그램 ch3ex3.m으로 쉽게 풀 수 있다.

```
function sol = ch3ex3
solinit = bvpinit(linspace(0,1,5),@guess,2*pi);
sol = bvp4c(@ode,@bc,solinit);
T = sol.parameters;
fprintf('계산된 주기 T = %g.\n',T);
plot(T*sol.x,sol.y(1,:),T*solinit.x,solinit.y(1,:),'ro')
legend('Computed solution','Guessed solution');
axis([0 T -2.2 2]);

%=================================================
```

```
function v = guess(x)
v = [ sin(2*pi*x); cos(2*pi*x)];

function dydt = ode(x,y,T);
dydt = [ 3*T*(y(1) + y(2) - (y(1)^3)/3 - 1.3)
       -(T/3)*(y(1) - 0.7 + 0.8*y(2)) ];

function res = bc(ya,yb,T)
res = [ ya(1); yb(1); (ya(2) - yb(2)) ];
```

여기에서 $T=2\pi$, $y_1(x)\approx\sin(2\pi x)$, $y_2(x)\approx\cos(2\pi x)$로 가정하고 있다. 해를 계산한 후에는 그림 3.5에 보인 그래프 작성을 위하여 독립변수 x는 원래의 독립변수 t=Tx로 재조정된다. 초기 추측치의 그래프는 이것이 아주 정확하지는 않음을 보여준다. 프로그램은 스크린에 $T\approx 10.7106$을 보여주므로 2π는 주기 T에 대한 아주 우수한 추측치는 아닌 것이다. 이 문제는 충분히 쉬운 문제이므로 수렴을 위해서 해와 주기의 정확한 추정치는 필요하지 않다.

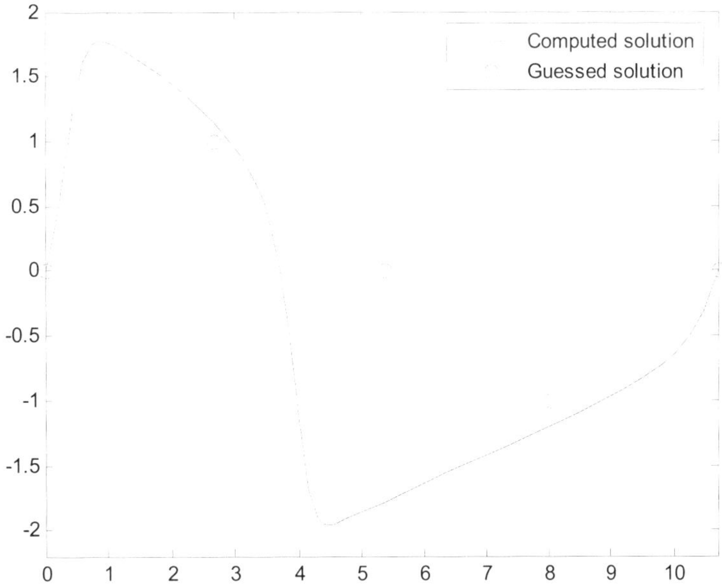

그림 3.5: 신경자극 모델의 주기적 해.

BVP 풀이기에서 제공되지 않을 경우 경계조건 $y_2(0)=y_2(T)$가 분리되지 않은 경계조건들을 어떻게 다루는가를 보이는 데에 이용될 것이다. 기본 개념은 새로운 미지항 $y_3(t) \equiv y_2(T)$를 도입하는 것이다. 이 함수는 일정하므로 ODE 시스템에 $y_3{}' = 0$을 추가한다. $y_3(t)$는 일정하므로 경계조건 $y_2(0) = y_2(T)$는 경계조건 $y_2(0) = y_3(0)$와 대등하며 정의에 의하여 다른 경계조건 $y_2(T) = y_3(T)$를 갖게 된다. 이러한 방법으로 분리되지 않은 경계조건은 새로운 해 성분을 포함하는 두 개의 분리된 경계조건으로 대체되며 추가의 ODE가 존재한다. 최종 ODE 집합과 (분리된) 경계조건들은

$$\frac{dy_1}{dx} = 3\left(y_1 + y_2 - \frac{y_1^3}{3} - 1.3\right)$$
$$\frac{dy_2}{dx} = -\frac{1}{3}(y_1 - 0.7 + 0.8y_2)$$
$$\frac{dy_3}{dx} = 0$$

및

$$y_1(0) = 0,\ \ y_1(T) = 0,\ \ y_2(0) = y_3(0),\ \ y_2(T) = y_3(T)$$

와 같다. 일반적으로 각각의 분리되지 않은 경계조건으로 새로운 해 성분, 추가적인 경계조건, 그리고 자명한 ODE에 이르게 된다. 연습문제 3.30은 다른 예를 보여준다.

보기 3.5.4

Gladwell(1979a)의 보기를 이용하여 (사소한 오류를 수정하여) 특이성을 지니는 BVP를 풀 때 미지의 파라미터들이 어떻게 발생하며 무한구간에서 설정된 어떤 문제들을 어떻게 처리하는가를 보이고자 한다. 이 보기는 유체의 흐름을 나타내는 어떤 편미분 방정식의 유사해를 생성하였다. 분석과정이 다소 길지만 비슷한 작업을 스스로 수행할 필요가 있을 경우 이 보기의 세부 내용들이 도움이 됨을 알게 될 것이다. ODE 시스템은

$$3yy'' = 2(y' - z), \quad z'' = -yz' \tag{3.21}$$

와 같으며 경계조건은

$$y(0) = 0, \quad z(0) = 1 \tag{3.22}$$

및

$$y'(+\infty)=0, \quad z'(+\infty)=0 \tag{3.23}$$

과 같다.

y(0)=0이므로 첫 번째 방정식은 원점에서 특이하다. 이를 처리하기 위해 먼저 어떤 작은 $\delta>0$에 대하여 구간 $[0,\delta]$에서 정확한 해 성분 y(x)와 z(x)에 대한 해석적 근사를 구한다. 2개의 2차 방정식과 원점에서 2개만의 경계조건들과 함께 이 근사들은 미지의 경계치 y'(0) 및 z'(0)들을 효과적으로 대체하는 두 개의 자유 파라미터들을 포함하게 될 것이다. 다음에 동일한 ODE (3.21) 및 무한에서의 동일한 경계조건 (3.23)으로 $[\delta,\infty)$에서 BVP를 푼다. 이 구간에서 방정식들은 특이하지 않다. 이 새로운 문제에서 원점에서의 경계조건 (3.22)는 δ에서의 수치해가 그곳에서의 해석적 근사와 일치해야 한다는 요구조건으로 대체된다. 해석적 근사에서의 자유 파라미터들은 수치적으로 해결되는 BVP에서 미지 파라미터로서 나타난다. BVP 풀이의 일부로서 이 파라미터들을 결정한 다음에는 모든 범위 $[0,\infty)$에서 y(x)와 z(x)를 근사할 수 있다.

비선형 미분방정식에서 특이점 근처에서 해가 어떻게 거동하는가는 언제나 명백하지는 않다. 일반적으로 물리적 문제의 이해로부터 가치있는 지침을 얻을 수 있다. 이러한 종류의 지침이 없다 하여도 낙관할 수 있으며 해석적 근사를 Taylor 수열의 형태로 구할 수 있다. 컴퓨터에 의한 약간의 도움으로 이는 충분히 쉬운 작업이며 어떤 통찰을 제공하여 준다. MATLAB 기호 툴박스를 능률적으로 활용함으로써 다음의 스크립트를 이용하여 Taylor 수열 팽창의 몇 개 항들을 식 (3.21)에 대입한다.

```
syms x y z A B C D E F eqn1 eqn2
y = 0 + A*x + B*x^2 + C*x^3;
z = 1 + D*x + E*x^2 + F*x^3;
eqn1 = collect(3*y*diff(y,2,'x') - 2*(diff(y,'x') - z))
eqn2 = collect(diff(z,2,'x') + y*diff(z,'x'))
```

경계조건 (3.22)를 이미 감안하였음을 유의하자. 이 스크립트는 다음과 같은 출력을 생성한다:

```
eqn1 =
   18*C^2*x^4+(24*B*C+2*F)*x^3+(-6*C+18*A*C+6*B^2+2*E)*x^2+
   (-4*B+6*A*B+2*D)*x-2*A+2
```

```
eqn2 =
   3*C*F*x^5+(3*B*F+2*C*E)*x^4+(3*A*F+2*B*E+C*D)*x^3+
   (2*A*E+B*D)*x^2+(6*F+A*D)*x+2*E
```

우리는 $x \to 0$에 따른 거동에 관심이 있으므로 x의 멱급수가 높아짐에 따라 이 팽창들에 미치는 영향은 적어진다. 우리의 목적은 가능한 한 방정식을 잘 만족시키는 것이므로 가장 낮은 멱급수부터 시작하여 가급적 많은 연속항들을 0으로 만드는 계수들을 선택하고자 한다. 상수항을 소거하려면 팽창으로부터 A=1 및 E=0으로 취해야 함을 알 수 있다. 다음에 x 항을 소거하려면 D=−B 및 F=−D/6으로 두어야 한다. Taylor 수열에서 더 많은 항들을 포함시키지 않고 x^2 항들을 소거시킬 수 없다. 따라서 작은 값의 x에 대하여 $y(x) = x + Bx^2 + \cdots$ 이며 $z(x) = 1 - Bx + (B/6)x^3 + \cdots$ 이다. 이들 팽창에서 계수 B는 자유 파라미터이다.

이로써 잘 진행되어 온 것 같지만 이 수열들은 우리가 필요로 하는 근사가 될 수 없다! 무엇보다도 근사들은 두 개의 자유 파리미터를 가져야 하는데 이 수열들은 단지 하나만을 지닌다. 보다 고차의 멱급수에서 다른 자유 파라미터가 나타나는 것이 가능하지만 해가 Taylor 수열로 팽창될 수 있다고 가정할 때 실수를 범한 것이라고 보는 것이 더 타당하다. 해들을 멱급수가 반드시 정수는 아닌 x의 급수로 팽창시켜 보자. 이는 좀 더 어려우므로 정수가 아닌 급수가 나타날 것으로 보이는 소수의 항들로 시작하기로 한다:

$$
\begin{aligned}
y(x) &= ax^{\alpha} + bx^{\beta} + \cdots \\
z(x) &= 1 + cx^{\gamma} + dx^{\delta} + \cdots
\end{aligned}
$$

필요한 가정들로서 $0 < \alpha < \beta$ 및 $0 < \gamma < \delta$라 하면 이 수열들은 경계조건 (3.22)를 만족한다. 이들을 (3.21)의 첫 번째 미분방정식에 대입하면 다음과 같은 방정식을 얻는다:

$$
\begin{aligned}
0 = {} & 3[ax^{\alpha} + bx^{\beta} + \cdots][\alpha(\alpha-1)ax^{\alpha-2} + \beta(\beta-1)bx^{\beta-2} + \cdots] \\
& - 2[(\alpha ax^{\alpha-1} + \beta bx^{\beta-1} + \cdots) - (1 + cx^{\gamma} + dx^{\delta} + \cdots)]
\end{aligned}
$$

$\alpha < 1$이라면 최저차 항은 $3\alpha(\alpha-1)a^2x^{2\alpha-2}$이다. a=0 및 $\alpha = 0$일 가능성은 배재되기 때문에 이 항은 소거될 수 없다. 한편 $\alpha = 1$이라고 가정하면 최저차 항이 두 개, 즉 $-2[(ax^0) - (1)]$로서 이들은 a=1을 취함으로써 제거될 수 있다. 두 번째 식으로 눈을 돌린다면

$$0 = \gamma(\gamma-1)cx^{\gamma-2} + \delta(\delta-1)dx^{\delta-2} + \cdots$$
$$+ (x + bx^{\beta} + \cdots)(\gamma cx^{\gamma-1} + \delta dx^{\delta-1} + \cdots)$$

와 같다. 최저차 항은 $\gamma(\gamma-1)cx^{\gamma-2}$암을 알 수 있다. 이를 제거하려면 $\gamma=1$로 취해야 한다. 그러면 방정식은

$$0 = \delta(\delta-1)dx^{\delta-2} + \cdots + cx + \cdots$$

로 된다. $x^{\delta-2}$항을 제거하려면 멱급수가 "다음" 항의 멱급수와 같도록 δ를 선택해야 한다; 즉 이 항을 다른 항과 "균형이 맞도록" 해야 한다. $\delta=3$으로 취하면 이 항은 x의 항과 균형이 맞아진다. 그렇다면 c를 자유 파라미터로 하고 d=−c/6으로 취하여 최저차인 두 항들을 제거한다. 이제 첫 번째 식의 팽창으로 되돌아가서 지금까지 얻은 모든 정보를 대입하여 보자:

$$3[x + bx^{\beta} + \cdots][\beta(\beta-1)bx^{\beta-2} + \cdots] = 2[(\beta bx^{\beta-1} + \cdots) - (cx - \frac{c}{6}x^{\delta} + \cdots)]$$

$\beta < 2$라면 가장 작은 멱급수는 $\beta-1$이다. $x^{\beta-1}$의 계수들을 같게 두어 이 항들을 제거하면

$$3b\beta(\beta-1) = 2b\beta$$

임을 알 수 있으며 따라서 $\beta=5/3$과 b는 자유 파라미터이다.

팽창을 유도함에 있어서 어려운 부분은 이제 끝났다. Taylor 급수 접근방법에서 빠진 것은 y(x)에 대한 팽창에서의 $bx^{5/3}$ 항이다. 여기에서 b는 자유 파라미터로서 Taylor 수열 방법에서 얻은 자유 파라미터 B 외에 추가로 소요되는 것이다. $x^{1/3}$의 급수로서의 수열을 구해야 한다는 사실을 인식하는 것이 중요하다. 이를 안다면 더 많은 항들을 계산하는 것은 쉽다. 예를 들면 뒤의 두 항들을 계산하기 위해 다음과 같은 스크립트를 이용할 수 있다:

```
syms x y z b c d e eqn1 eqn2
y = x + b*x^(5/3) + d*x^2;
z = 1 + c*x - (c/6)*x^3 + e*x^(10/3);
eqn1 = collect(3*y*diff(y,2,'x') - 2*(diff(y,'x') - z))
eqn2 = collect(diff(z,2,'x') + y*diff(z,'x'))
```

최저차 항만을 보여주도록 편집된 출력은 다음과 같다:

```
eqn1 = …+10/3*b^2*x^(4/3)+(2*d+2*c)*x
eqn2 = …+b*c*x^(5/3)+70/9*e*x^(4/3)
```

최저차 항을 제거하려면 d=−c 및 e=0으로 두어야 한다. 이로부터

$$y(x) = x + bx^{5/3} - cx^2 - \frac{5b^2}{7}x^{7/3} + \frac{7bc}{6}x^{8/3} + \left(\frac{95b^3}{126} - \frac{c^2}{2}\right)x^3 + \cdots$$
$$z(x) = 1 + cx - \frac{c}{6}x^3 - \frac{9bv}{88}x^{11/3} + \frac{c^2}{12}x^4 + \frac{9b^2c}{182}x^{13/3} - \frac{3bc^2}{44}x^{14/3} + \cdots$$

를 얻는다.

무한에서의 경계조건을 어떤 큰 Δ에 대한 $y'(\Delta)=0$ 및 $z'(\Delta)=0$으로 근사하는 것이 자연스럽다. 이러한 종류의 접근방법은 종종 작용하지만 이를 프로그램 ch3ex4.m에서 시도한다면 계산이 실패하게 됨을 알 것이다. 분명히 무한에서 해가 어떻게 거동하는가에 대한 더 많은 정보를 풀이기에 제공할 필요가 있다. 이를 위해 무한에서의 경계조건을 만족하는 ODE의 상수해, 즉 임의의 α에 대하여 $y(x) \equiv \alpha$ 및 $z(x) \equiv 0$가 존재함을 먼저 살펴본다. ($\alpha = \delta \approx y(\delta)$인 경우 이러한 종류의 해는 ch3ex4.m에서 추측값으로 이용된다.) 그러한 해에 근접한 ODE의 해의 거동을 살펴보기 위해 $(\alpha,0)$에 대한 방정식을 선형화시키거나 혹은 이와 대등하게 $x \to \infty$일 때

$$y(x) \sim \alpha + \beta e^{\gamma x}, \quad z(x) \sim 0 + \delta e^{\epsilon x}$$

의 형태를 갖는 해를 찾아본다. 이러한 형태의 y(x)에 대하여

$$y'(x) \sim \gamma\beta e^{\gamma x}$$

이다. 경계조건 $y'(\infty)=0$을 만족하는 자명하지 않은 해를 갖기 위해서는 $\gamma < 0$이어야 한다. 마찬가지로 (무한에서의) 다른 경계조건은 $\epsilon < 0$을 필요로 한다. 이제 가정한 형태의 해들을 두 번째 미분방정식에 대입하여 보자:

$$\epsilon^2 \delta e^{\epsilon x} \sim -(\alpha + \beta e^{\gamma x})\epsilon\delta e^{\epsilon x}$$

공통인수로 나누면

$$\epsilon \sim -(\alpha + \beta e^{\gamma x}) \sim -\alpha$$

를 얻는다. $\epsilon < 0$이므로 $\alpha > 0$이어야 한다. 이제 가정한 형태를 첫 번째 식에 대입하여 보자:

$$3(\alpha + \beta e^{\gamma x})\gamma^2 \beta e^{\gamma x} \sim 2(\gamma\beta e^{\gamma x} - \delta e^{-\alpha x})$$

이를 $e^{\gamma x}$로 나누면

$$3(\alpha + \beta e^{\gamma x})\gamma^2 \beta \sim 2(\gamma\beta - \delta e^{-(\alpha+\gamma)x}) \tag{3.24}$$

를 얻는다. 아울러 $x \to \infty$일 때의 거동을 고려하면 $(\alpha + \gamma) \geq 0$이어야 함을 알 수 있다. 만일 $(\alpha + \gamma) > 0$이면 (3.24)의 극한을 취하여

$$3\alpha\gamma^2\beta = 2\gamma\beta$$

이며 따라서 $3\alpha\gamma = 2$임을 알 수 있다. 그러나 $\alpha > 0$이고 $\gamma < 0$이므로 이는 가능하지 않다. 따라서 $(\alpha + \gamma) = 0$, 즉 $\gamma = -\alpha$라고 결론을 내릴 수 있다. 이 가정에 따라 다시 (3.24)의 극한을 취하여

$$3\alpha\gamma^2\beta = 2(\gamma\beta - \delta)$$

임을 알 수 있다. 이는

$$\delta = -\alpha\beta - \frac{3}{2}\alpha^3\beta$$

로 취하면 만족된다. 그러므로 우리는 최종적으로 무한에서의 경계조건들을 만족하는 두 자유 파라미터 α와 β를 갖는 ODE의 점근적 해를 구한 셈이다:

$$y(x) \sim \alpha + \beta e^{-\alpha x}, \quad z(x) \sim -\left(\alpha\beta + \frac{3}{2}\alpha^3\beta\right)e^{-\alpha x}$$

프로그램 ch3ex4.m에서는 $O(x^{8/3})$에 따른 급수의 항들을 이용하여 작은 x에 대한 해 성분 y(x)를 근사하며 $O(x^{11/3})$에 따른 급수의 항들을 이용하여 해 성분 z(x)를 근사한다. 미분방정식의 팽창에서의 선도항들은 모두 $O(x^2)$이다. 원점에서의 경계조건들은 수치해들이 $x = \delta$에서의 이들 근사수열들과 일치해야 한다는 요구조건으로 대체된다. 여기에서 수열의 계수 b와 c는 벡터 P의 성분들로 제시되는 미지의 파라미터들이다. 1차 시스템으로 나타낼 경우 미지수는 4개이

다. 다른 미지수들인 y'(x)와 z'(x)는 y(x)와 z(x)에 대한 수열의 미분들로 근사된다. 미지수들의 벡터에 대한 수열 근사는 부함수 series에 코드로 만들어져 있다. 경계조건에서의 잔류오차 계산에 이용되는 것 이외에도 이 함수는 $[0,\delta]$ 내의 임의의 곳에서의 해를 구하는 데에 이용될 수 있다. 원점에서의 특이성에 대하여 작은 δ에서의 수열을 사용하는 것과 마찬가지로 어떤 큰 Δ에서 미지 파라미터들을 갖는 점근적 해를 사용할 수 있다. 그러나 미지 파라미터들을 제공하지 않는 코드들에서 공통적으로 사용되는 기법을 예시하기 위하여 먼저 점근해들이

$$y(x) \sim \alpha, \quad z'(x) \sim -\alpha z(x)$$

를 만족함을 주목하자. 이로부터 미지 파라미터를 포함하지 않는 경계조건

$$z'(x) \sim -y(x)z(x)$$

를 얻는다. 무한에서 y(x)의 선도항의 거동은 역시 미지 파라미터를 포함하지 않는 경계조건 $y'(\infty)=0$으로 나타난다. 비록 이 BVP를 풀고자 하는 경우 무한에서의 해의 거동에 대한 더 많은 정보를 제공할 필요가 있을지도 모른다는 가능성을 염두에 두어야 한다고 할지라도 프로그램 ch3ex4.m에서는 적정한 값의 Δ에 대하여 만족스러운 것으로 입증된 경계조건

$$y'(\Delta)=0, \quad z'(\Delta)=-y(\Delta)z(\Delta)$$

를 부여하고 있다. 연습문제 3.9는 원점과 무한에서 특이성을 갖는 유사한 문제를 고려하고 있다.

$[\delta, \Delta]$에서 설정된 BVP를 푸는 것은 쉽다. 그러나 양 끝점들의 위치를 변경하여 이들이 적절하게 선택되었다는 사실에 대한 어떤 확신을 얻도록 하는 것은 언제나 사려깊은 일이다. 특이점에 근접하고 무한에서 큰 끝점들을 선택하는 것이 당연하지만 이로 인하여 우리의 분석에서 피하고자 하는 문제, 즉 풀이기는 ODE의 다양한 종류의 해들을 구별할 수 없을지도 모른다는 문제에 부닥칠 수 있다. 프로그램 ch3ex4.m은 세 구간들에서 BVP를 풀어 해들을 제시함으로써 해들의 일관성을 조사할 수 있도록 하고 있다. 이 프로그램은 이러한 상황들에서 매우 편리한 함수 bvpinit의 기능을 활용하고 있다. 하나의 구간에서 문제를 푼 다음에는 이 해가 단지 약간 더 긴 구간에 대한 우수한 추측치가 될 것으로 기대할 수 있다. 여기에 보인 바와 같이 새로운 구간에 대한 추측 구조체를 형

성하기 위하여 해 구조체와 더 긴 구간을 bvpinit에 제공할 수 있다. 이 방법에서 해는 바깥짐작에 의하여 자동적으로 더 긴 구간으로 확장된다. 이 방법에서 얼마나 멀리 해를 확장시킬 수 있는가는 이것이 얼마나 빠르게 변화하는가에 따라 좌우되지만 또한 다항식 팽창에 있어서의 잘 알려진 위험에 의해서도 제한된다. 그림 3.6에 제시된 해들의 일관성은 최종 경계점들이 특이점들에 충분히 근접함으로써 근사적인 경계조건들이 허용될 수 있음을 말하여 준다.

```
function ch3ex4
% y(1) = y(x), y(2) = z(x), y(3) = y'(x), y(4) = z'(x)
global d
hold on
for i = 1:3
   D = 4*i; d = 1/D;
   if i == 1
      P = [-1; 0.5];  % Guess parameters P = [b; c]:
      solinit = bvpinit(linspace(d,D,5),[d; 0; 0; 0],P);
   else
```

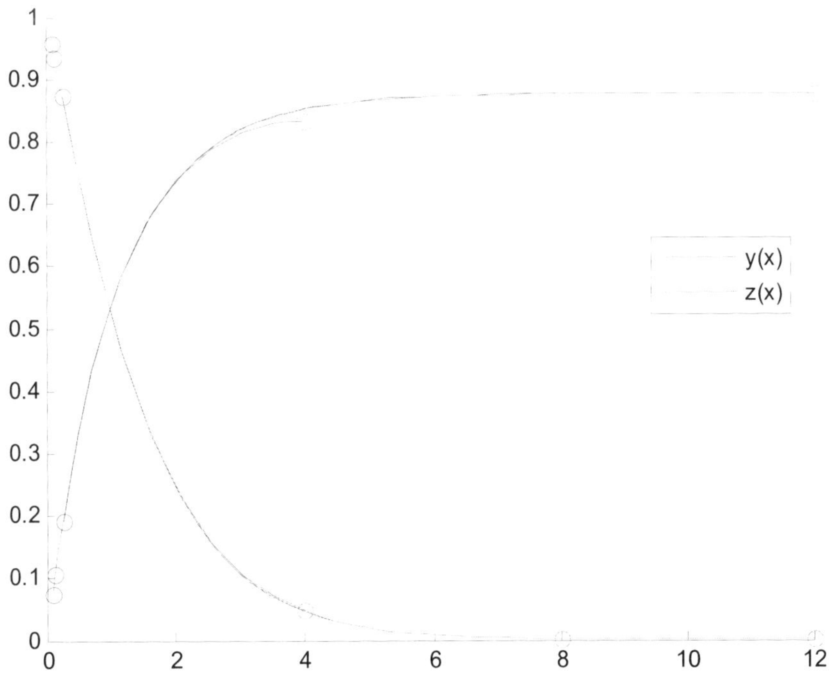

그림 3.6: 원점과 무한 범위에서 특이성을 갖는 BVP의 풀이.

```
        solinit = bvpinit(sol,[d,D]);
    end
    sol = bvp4c(@odes,@bcs,solinit);
    plot(sol.x,sol.y(1:2,:),sol.x(end),sol.y(1:2,end),...
         'ro',sol.x(1),sol.y(1:2,1),'ko');
    legend('y(x)','z(x)',0);
    axis([0 12 0 1]);
    drawnow
end
hold off

%==================================================================
function dydx = odes(x,y,P)
dydx = [ y(3); y(4); 2*(y(3) - y(2))/(3*y(1)); -y(1)*y(4) ];

function res = bcs(ya,yb,P)
global d
res = zeros(6,1);
res(1:4) = ya - series(d,P);
res(5:6) = [ yb(3); (yb(4) - (- yb(1)*yb(2))) ];

function y = series(x,P)
b = P(1);
c = P(2);
yx  = x + b*x^(5/3) - c*x^2 - (5/7)*b^2*x^(7/3) ...
        + (7/6)*b*c*x^(8/3);
ypx = 1 + (5/3)*b*x^(2/3) - 2*c*x - (5/3)*b^2*x^(4/3)...
        + (28/9)*b*c*x^(5/3);
zx  = 1 + c*x - (1/6)*c*x^3 - (9/88)*b*c*x^(11/3);
zpx = c - (1/2)*c*x^2 - (3/8)*b*c*x^(8/3);
y = [ yx; zx; ypx; zpx];
```

흔히 BVP 풀이에서 가장 힘든 부분은 수렴을 보이기에 충분한 해의 초기 추정치를 구하는 일이다. 여기에서는 몇 가지 구간들에서의 BVP의 풀이를 해에 대한 확신을 얻는 하나의 방법으로 언급하였다. 이는 또한 *연속성*의 한 가지 예로 작용한다. 연속성 방법은 일반적으로 어느 BVP의 해는 파라미터가 약간 상이한 다른 BVP의 해에 대한 우수한 추측치가 된다는 사실을 이용한다. 프로그램 ch3ex4.m은 구간의 길이에 대한 연속성의 한 가지 예이다. 관심있는 구간에 대한 수렴을 이루기에 충분할 정도로 우수한 해에 대한 추측치를 구하는 데에 어려움이 있다면 좀 더 짧은 구간에서 문제를 푸는 것이 더 쉬운 경우가 흔하다. 기본 개념은 하나의 구간에서의 해를 좀 더 긴 구간에서 설정된 문제에 대한 해의 추측치로 이용하는 일련의 BVP들을 푸는 것이다. 모든 것이 잘 이루어진다면 수렴을 이루기에 충분할 정도로 우수한 추측치를 갖는 구간에 이르게 될 것이다. 물론 이 기법을 이용하여 구간을 무한히 확장시킬 수 없다; 추측치가 아무리 우수하다고 해도 궁극적으로 풀이기는 서로 다른 종류의 해들을 구별할 수 없을 것이다. 나아가 연속성은 길이가 거의 같은 구간에서의 해와 매우 유사한 한 구간에 대한 해에 따라 좌우되지만 어떤 BVP의 경우 이는 사실이 아니다. 특히 구간의 길이를 연속성 파라미터로 이용하는 연속성 방법은 구간 길이의 작은 차이가 때로는 잘 정의된 해를 갖는 BVP의 풀이로부터 해를 갖지 않거나 하나 이상의 해를 갖는 BVP의 풀이를 시도하는 상황으로 변화시킬 수 있기 때문에 이 방법은 실패할 수 있다.

보기 3.5.5

3.3.2절에서는 Fisher BVP를 이용하여 무한에서의 경계조건에 대한 분석을 예시하였다. ODE는

$$U'' + cU' + U(1-U) = 0$$

과 같으며 해는 경계조건

$$U(-\infty) = 1, \quad U(\infty) = 0$$

을 만족하여야 한다. 이 경계조건들에 따르면 해는 일의적이지 않음을 알았다. 약간의 분석 후에 우리는 "큰" 수 Z를 선택하고 다음과 같은 조건을 요구함으로써 일의적 해를 인식하는 경계조건들을 지정하였다:

$$\alpha = \frac{-c+\sqrt{c^2+4}}{2} \text{에 대하여 } \frac{U'(-Z)}{U(-Z)-1} - \alpha = 0$$

$$\beta = \frac{-c+\sqrt{c^2-4}}{2} \text{에 대하여 } \frac{U(Z)}{e^{\beta Z}} - 1 = 0$$

프로그램 ch3ex5.m에서는 Z에 대하여 `infty`, 그리고 α와 β에 대하여 각각 `alpha`와 `beta`를 변수로 사용하고 있다. 두 미지수 $y_1(z) = U(z)$ 및 $y_2(z) = U'(z)$를 갖는 1차 시스템에 대하여 경계조건들은 쉽게 코드로 만들어진다. 일단 경계조건들이 적절히 구성된다면 이 BVP를 푸는 것은 어렵지 않다. 이 문제를 이용

하여 풀이기가 실패할 경우 무슨 일이 일어나는지를 보여주는 어떤 실험을 제시하기로 한다. 아울러 어떤 범위의 파동 속도 c에 대하여 BVP를 풀기로 한다. 이러한 종류의 탐구는 계산을 어떻게 가속화시킬 것인가에 대한 논의를 야기시켜 준다.

MATLAB®에서 수행시간을 측정하는 것은 다소 기교적이며 당연히 컴퓨터와 그 구조에 따라 크게 좌우된다. 우리가 여기에서 이루고자 하는 것은 다양한 옵션들의 상대적인 효과에 대한 일반적인 개념을 얻는 것이다. 우리가 말하는 시간은 단일 사용자 컴퓨터에서

```
>>tic, ch3ex5; toc
```

를 두 번째 호출할 때 제시되는 경과시간으로 얻어진 것이다. `options = []`로 지정되는 기본적인 옵션에 따르면 이 보기의 말미에 주어진 프로그램 ch3ex5.m의 수행시간은 5.76초이다.

경성 IVP를 풀기 위한 MATLAB 프로그램과 마찬가지로 bvp4c는 기본적으로 유한차분을 사용하여 Jacobian을 생성한다. 때로는 주어진 값의 x와 벡터 y의 배열에 대하여 ODE 함수 f(x,y)의 계산을 벡터화시키는 것은 쉽다. 이는 수행시간을 상당히 줄여줄 수 있으므로 경성 IVP 풀이기들은 이에 대한 옵션을 가지고 있다. 이는 BVP에 대해서도 당연히 옵션이지만 함수가 x 값에 대해서도 벡터화될 수 있다면 중요한 추가적인 이득이 가능하다. 그 이유는 BVP에서 ODE를 이산화시킴에 있어서 모든 인수값들은 사전에 알려져 있기 때문이다. IVP에 대하여 행하여지는 것을 일반화함에 있어서 사용자가 함수 f(x,y)를 코드로 만드는 것에 대한 옵션이 있으므로 벡터 $x=[x_1,x_2,\cdots]$ 및 이에 해당하는 열벡터 $y=[y_1,y_2,\cdots]$가 주어진 경우 열 벡터들의 배열 $[f(x_1,y_1),f(x_2,y_2),\cdots]$이 반환된다. 이러한 방법으로 ODE 함수를 벡터화시키는 것은 수행시간을 크게 단축시킬 수 있다. 프로그램 ch3ex5.m에서 코멘트 기호를 제거하여 `Vectorized`가 `on`으로 설정되면 수행시간은 3.40초로 단축된다. 이는 상대적으로 상당한 단축으로서 벡터화가 매우 유익할 수 있음을 보여준다. 그렇지만 절대 수행시간은 아주 짧아서 거의 문제될 소지가 없다. 여전히 이들 ODE에 대하여 벡터화는 거의 문제가 안된다. 스칼라 계산의 경우 ODE를 다음과 같이 코드로 만들 수 있다:

```
dydz = [ y(2); -(c*y(2) + y(1)*(1 - y(1))) ];
```

이는 프로그램 ch3ex5.m에 보인 바와 같이 벡터를 배열로 바꾸고 곱셈을 배열

곱셈으로 변경시킴으로써 벡터화된다.

대부분의 BVP 풀이기들은 해석적인 편미분을 제공하도록 요구한다. 이는 일반적으로 MATLAB으로 해결되는 대표적인 문제의 경우 불편하기도 하며 불필요하기도 하다. 따라서 bvp4c는 이를 요구하지 않는다. 해석적인 편미분을 제공하는 번거로움을 감수하는 것에는 그럴만한 이유가 있을 수 있다. 그 하나는 이것이 사실 큰 문제가 되지 않을 수 있다는 것이다. 예를 들면 선형 ODE는

$$y'(x) = J(x)y(x) + q(x)$$

로 쓸 수 있으며 Jacobian J(x)의 계산을 위한 함수를 제공하는 것이 일반적으로 편리하다. 다른 이유는 해석적 편미분을 이용하면 BVP들이 일반적으로 훨씬 빠르게 해결된다는 점이다. 비록 편미분을 수치적으로 근사하기 위해서 bvp4c가 사용하는 numjac 함수가 매우 효율적이긴 하지만 어려운 작업이며 따라서 해석적 미분은 풀이기의 강건성을 높여준다. 어떤 어려운 BVP들의 경우 해석적 편미분을 제공하는 것은 성공과 실패 사이의 차이이다.

코드 bvp4c에서는 ODE나 경계조건, 혹은 이들 모두에 해석적 편미분을 제공하는 것이 허용된다. 경계조건보다는 ODE에 대한 편미분을 제공하는 것이 훨씬 더 중요하다. $\dfrac{\partial f}{\partial y}$를 구하는 함수의 핸들을 FJacobian 옵션의 값으로 제공함으로써 이 함수를 작성하였음을 풀이기에 알려준다. 마찬가지로 옵션 BCJacobian을 이용하여 경계조건의 해석적 편미분을 계산하는 함수를 풀이기에 알려준다. 경계조건에서의 잔류오차 g(ya, yb)를 구하는 함수는 구간의 두 끝점들에서의 근사해값 ya와 yb의 두 벡터들을 포함한다. 따라서 경계조건의 편미분을 구하기 위해서 작성하는 함수는 두 행렬 $\dfrac{\partial g}{\partial ya}$ 및 $\dfrac{\partial g}{\partial yb}$를 계산하여 반환하여야 한다.

Jacobian

$$J = \frac{\partial f}{\partial y} = \left(\frac{\partial f_i}{\partial y_j} \right)$$

의 구성과 이를 함수로 코딩하는 것에 대한 약간의 코멘트가 도움이 될 수 있다. 방정식이 d 개 있다고 가정하자. J가 성긴 행렬이라면 `J = sparse(d,d)`를 이용하여 이를 0들의 성긴 행렬로 초기화시켜야 한다. 다음에 각각의 $i = 1, 2, \cdots, d$에 대하여 성분 y_j의 존재에 따른 f_i를 조사할 수 있다. 존재하는 각 성분에 대하여 y_j에 대한 f_i의 편미분을 구한 다음 이를 계산하는 함수를 `J(i,j)`로 코딩

한다. 물론 J의 성분들은 편리한대로 임의의 순서에 따라 계산할 수 있다. 이는 J를 농축행렬로 처리할 때에도 작업을 진행하는 적절한 방법이다. 유일한 차이는 행렬을 `J = zeros(d,d)`(혹은 단순히 `J = zeros(d)`)로 초기화해야 하는 것뿐이다. f(x,y)에 대하여 작성하는 함수는 열벡터 f를 반환해야 한다. 성긴 행렬이 아닌 경우 편미분을 구하는 조직적인 방법은 한 번에 하나의 열을 처리해 나가는 것이다. 즉 $j = 1, 2, \cdots, d$에 대하여 편미분

$$J(:,\ j) = \frac{\partial f}{\partial y_j} = \left(\frac{\partial f_i}{\partial y_j} \right)$$

를 구하는 것이다. 일단 모든 편미분들에 대한 식을 구하였다면 이들을 임의의 편리한 순서에 따라 계산할 수 있다. MATLAB 기호 툴박스는 복잡한 함수에 대한 편미분을 구할 때 매우 도움이 될 수 있는 함수 jacobian을 지니고 있다. 이 보기의 경계조건 함수의 편미분에 대한 스크립트를 이용하여 이 함수의 사용을 예시하기로 한다. 해석적 편미분을 제공하는 경우 어느 편미분이 계산되는지를 상기시키기 위해 dBCdya와 같은 이름을 사용하는 것이 편리함을 알게 된다. jacobian에 대한 도움말과 선택한 변수 이름들을 이용하면 프로그램을 따라가는 것은 쉽다:

```
syms res ya1 ya2 yb1 yb2 alpha beta infty
res = [ya2/(ya1-1) - alpha
       yb1/exp(beta*infty) - 1];
dBCdya = jacobian(res,[ya1; ya2])
dBCdyb = jacobian(res,[yb1; yb2])
```

이 프로그램으로부터 다음이 얻어진다:

```
dBCdya =
          [ -ya2/(ya1-1)^2,       1/(ya1-1)]
          [              0,               0]
dBCdyb =
          [                   0,                   0]
          [ 1/exp(beta*infty),                   0]
```

텍스트 편집기로 조금 작업하면 이 출력을 프로그램 ch3ex5.m의 부함수 bcJac로 만들 수 있다.

FJacobian에 대한 옵션을 제외한 모든 옵션들에 대하여 기본값을 이용하여

프로그램 ch3ex5.m을 수행하면 BVP가 4.72초 만에 풀어지는데 이는 이 옵션을 이용하지 않은 경우의 5.76초보다 상당히 향상된 것이다. BCJacobian이 아울러 제공되면 BVP는 4.56초만에 해결된다. 때로는 벡터화가 해석적 Jacobian을 제공하는 경우보다도 더 수행시간을 줄여준다. 옵션들은 독립적이므로 무엇이 편리한가에 따라 어느 하나, 혹은 다른 것을 수행할 수 있으며 나아가 이들 모두를 수행할 수도 있다. 이 경우 ODE 함수를 벡터화시키고 ODE 함수와 경계조건들에 대하여 해석적 편미분을 제공하면 수행시간이 2.31초로 줄어든다. 풀이기에 더 많은 정보를 제공하는 수고를 들일만한 가치가 있다면 분명히 수행시간을 상당히 줄일 수 있다. 아울러 처음에 보이는 것보다는 수고를 들일만한 가치가 있는 경우가 더 흔하다. 이 보기에서와 같이 파라미터의 선택을 달리 하여 문제를 반복적으로 푸는 것을 기대한다면 개개의 해 계산에 걸리는 시간이 단지 몇 초 뿐이라 하더라도 노력해 볼 만한 가치가 있을 것이다.

이제 BVP를 효율적으로 풀게 되었으므로 풀이과정을 가지고 실험을 하여보자. 프로그램 ch3ex5.m에서 파동속도 c에 따라 좌우되는 infty 값을 지정함을 주목하자. 고려되는 모든 값의 c에 대하여 BVP를 풀기에 충분할 만큼 큰 값을 이용하는 것이 당연히 간단한 것으로 보인다. 그러나 만일 (이를테면) `infty = 250`으로 둔다면 계산은 실패하고 다음과 같은 메시지가 나타날 것이다:

```
?? Error using ==> bvp4c
Unable to refine the mesh any further --
the Jacobian of the collocation equations is singular
```

보다 작은 c 값의 경우 해는 극한값에 빠르게 접근한다 – 너무나 빨라서 기본적인 오차허용한계를 이용하면 풀이기는 Z=250에서 적절한 거동을 인식할 수 없게 된다. 예를 들면 c=5인 경우

$$U(250) \approx e^{250\beta} \approx 2.1846 \cdot 10^{-23}$$

이다. 이는 기본적인 오차허용한계에 비하여 볼 때 매우 작지만 대신 `infty = 10*c`로 선택함으로써

$$U(50) \approx 2.9368 \cdot 10^{-5}$$

를 얻는다. 이 값은 크기에 있어서 기본적인 오차허용한계와 비교할 만한 값이다. 이산화된 문제에서 다양한 종류의 해의 거동이 구별될 수 없다면 선형 시스

템은 특이하다. 이러한 종류의 오류 메시지에 접하게 되면 특히 BVP에 특이성이 존재하는 경우 경계조건을 적절히 설정하였는지를 고려해 볼 필요가 있다. 점근적 경계조건의 분석에 대한 한 가지 이유는 수치적 근사가 어려운 해를 해석적으로 처리하려는 것이다. 여기에서 우리는 infty를 충분히 크게 취하여 점근적 경계조건이 해를 적절히 나타내도록 하며 또한 너무 크지 않아서 점근적 근사의 목적이 훼손되지 않도록 해야 한다.

보기 3.5.4에 비추어 본다면 하나의 파동 속도에 대한 풀이를 다음번 풀이에 대한 추측치로 이용하는 것이 자연스러워 보인다. 그러나 이를

```
if i == 1
   solinit = bvpinit(linspace(-infty,infty,20),@guess);
else
    solinit = bvpinit(sol,[-infty,infty]);
```

와 같이 수행한다면 수행시간이 10.60초로 증가함을 알게 될 것이다. 파동 속도에서의 연속성이 잘못된 개념이라는 것은 아니다; 어떤 무한구간에서 해를 계산하는 유일한 "간단한" 방법은 구간의 길이를 적절히 증가시켜 가면서 문제를 반복적으로 푸는 것이다. 여기에서 일어나는 일은 구간의 한쪽 끝에서 올바른 점근적 거동을 가지며 다른 끝에서 올바른 정성적 거동을 지니는 추측치를 가진다는 점이다. 다른 파동 수와 다른 구간에 따른 해를 추정치로 이용하는 경우 그 해를 보다 긴 구간으로 바깥짐작한다. 이 경우 길이에서의 지정된 증가는 허용되지만 현재의 파동 속도에서의 점근적 표현들을 이용하는 것이 더 나을 것이다. 그 이유는 이들이 다른 파동 속도에 대한 수치해의 자동 다항식 바깥짐작보다 더 나은 해 추정치를 제공하기 때문이다.

해와 격자 모두에 대하여 추정치들이 제공된다. 구간 내의 모든 곳에서 해를 근사하는 함수가 제공되는 경우에도 풀이기는 초기 격자에서만 이 값들을 이용한다는 사실을 인지하는 것이 중요하다. 그림 3.7은 이 점을 보여준다. 프로그램 ch3ex5.m에서 코딩된 추정치는 구간의 양 끝점에서 원하는 해의 거동을 반영하지만 중간지점에서는 매우 열악한 근사이다: 원점의 왼쪽에서는 0이고 오른쪽에서는 1이다! 다수의 격자점들을 가지고 실험하여 보는 것은 흥미롭다. 단지 5개의 점들만을 갖는 초기격자를 지정하였다면 점근적 거동은 그처럼 소수의 점들에 따른 격자에서는 드러나지 않으므로 풀이기는 계산에 실패한다. 간격이 동일한 200개의 점들을 지정하였다면 풀이기는 성공적으로 계산을 수행하지만 수행시간은 2.31초로부터 5.77초로 증가한다. 소요비용은 격자점들의 수에 따라

크게 좌우되므로 bvp4c는 가급적 적은 수의 점들을 이용한다. 그럼에도 불구하고 목표는 문제를 푸는 것이며 단순히 가능한 한 적은 수의 점들을 가지고 푸는 것은 아니므로 강건성을 위하여 bvp4c는 격자점들의 폐기에 대하여 신중하다. 실제로 초기 격자 및 이 격자에서의 해에 대한 추측치가 만족스럽다면 어떤 점도 폐기하지 않을 것이다. 초기 추측에서 간격이 동일한 격자점 수의 선택이 수행시간에 미치는 영향을 실험하여 볼 수 있다. 이 실험에서 다양한 값의 파동속도 c에 대하여 격자점들의 수(`length(sol.x)`)를 살펴보는 것이 도움이 될 것이다. 대부분의 c 값들에 대하여 풀이기는 200 격자점과 같은 것은 필요로 하지 않음을 알게 될 것이다. 해에 대한 이러한 특별한 추측에 따른 또 다른 사안은 초기 격자에서 간격이 동일한 점들의 수를 증가시킴에 따라 원점 근처에 더 많은 점들을 배치하게 되고 따라서 이 영역에서 해에 대한 열악한 근사는 계산에 보다 큰 영향을 미친다는 점이다. 연습문제 3.26은 구간 전체에 걸쳐 우수한 추정치를 제공하는 (Murray에 따른) 점근적 근사의 사용을 탐구해 보도록 요구하고 있다. 연습문제 3.25, 3.27 및 3.28은 벡터화와 해석적 편미분을 이용하여 실험할 것을 요구하고 있다.

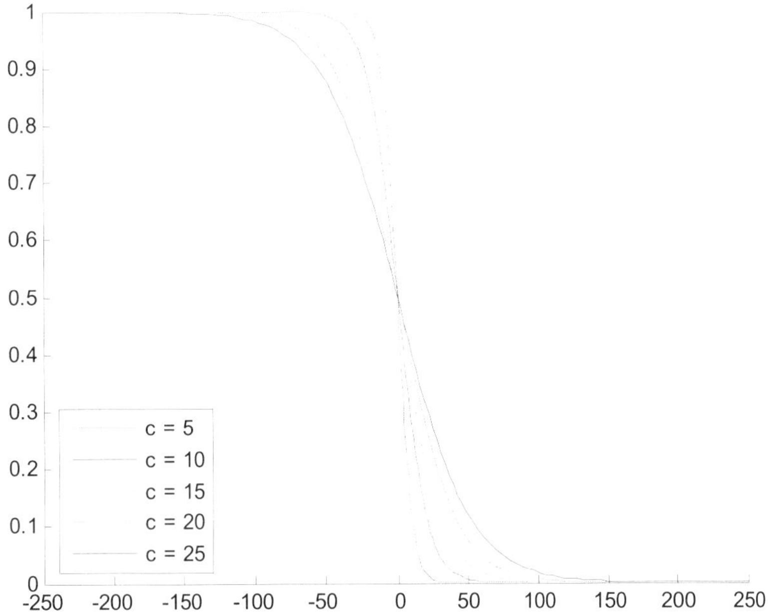

그림 3.7: 다양한 파동속도 c에 대한 Fisher BVP의 해.

```
function ch3ex5
global c alpha beta infty
options = [];
options = bvpset(options,'Vectorized','on');
options = bvpset(options,'FJacobian',@odeJac);
options = bvpset(options,'BCJacobian',@bcJac);
color = [ 'r', 'b', 'g', 'm', 'k' ];
wave_speed = [5, 10, 15, 20, 25];
hold on
for i = 1:5
   c = wave_speed(i);
   alpha = (-c + sqrt(c^2 + 4))/2;
   beta  = (-c + sqrt(c^2 - 4))/2;
   infty = 10*c;
   solinit = bvpinit(linspace(-infty,infty,20),@guess);
   sol = bvp4c(@ode,@bc,solinit,options);
   plot(sol.x,sol.y(1,:),color(i));
   axis([-250 250 0 1]);
   drawnow
end
legend('c = 5', 'c = 10', 'c = 15', 'c = 20', 'c = 25',3);
hold off

%=====================================================
function v = guess(z)
global c alpha beta infty
if z > 0
   v = [exp(beta*z); beta*exp(beta*z)];
else
   v = [(1 - exp(alpha*z)); -alpha*exp(alpha*z)];
end

function dydz = ode(z,y)
global c alpha beta infty
dydz =  [ y(2,:); -(c*y(2,:) + y(1,:).*(1 - y(1,:))) ];

function dFdy = odeJac(z,y)
global c alpha beta infty
dFdy = [       0,           1
        (-1 + 2*y(1)),   - c ];

function res = bc(ya,yb)
global c alpha beta infty
```

```
res = [ ya(2)/(ya(1) - 1) - alpha
        yb(1)/exp(beta*infty) - 1 ];

function [dBCdya, dBCdyb] = bcJac(ya,yb)
global c alpha beta infty
dBCdya = [ -ya(2)/(ya(1) - 1)^2, 1/(ya(1) - 1)
                  0                  0        ];
dBCdyb = [          0           0
           1/exp(beta*infty), 0 ];
```

보기 3.5.6

Ascher 등(1995)의 보기 1.4는 한 쪽측면을 통하여 유체가 주입되는 긴 수직 통로를 따르는 유체의 흐름을 나타내고 있다. ODE들은 다음과 같다:

$$
\begin{aligned}
& f''' - R[(f')^2 - ff''] + RA = 0 \\
& h'' + Rfh' + 1 = 0 \\
& \theta'' + P_e f\theta' = 0
\end{aligned}
$$

여기에서 R은 Reynolds 수이며 Peclet 수 $P_e = 0.7R$이다. 미지 파라미터 A로 인하여 총 차수가 7인 이 시스템에는 8개의 경계조건이 부여된다:

$$
\begin{aligned}
& f(0) = f'(0) = 0, \quad f(1) = f'(1) = 1 \\
& h(0) = h(1) = 0, \quad \theta(0) = 0, \quad \theta(1) = 1
\end{aligned}
$$

파라미터가 변함에 따라 해가 어떻게 거동하는가를 살펴보는 것은 매우 보편적인 일이다. 파라미터가 조금 변하는 경우 하나의 파라미터 집합에 대한 격자와 수치해들(및 존재하는 경우 미지 파라미터들)은 다음 집합에 대한 우수한 추측치가 될 것이다. 코드 bvp4c는 해 구조체를 추측 구조체로 받아들임으로써 이러한 이점을 취하고 있다. 이는 단순히 어느 범위의 파라미터 값들에 대한 BVP의 해를 구하는 능률적인 방법인 것만은 아니며 계산에 의한 어려운 BVP의 풀이에 대한 접근방법의 예이기도 하다. "어려운" 문제라는 것은 여기에서는 근사해로 수렴하기에 충분할 정도로 우수한 추측치를 구하는 것이 어려운 BVP를 의미한다. 이러한 특별한 BVP는 또한 R이 클 경우 해결하는 데에 많은 격자점들을 필요로 하는 경계층이 존재한다는 측면에서도 어렵다. 따라서 Reynolds 수 R=10,000이 아닌 R=100에 대한 일정 추측치로부터 수렴을 달성하는 것은 쉬운 일이다. 연속성은 R이 변함에 따라 해가 어떻게 거동하는가를 보여주며 상대적으로 큰 R 값들에 대하여 BVP를 풀 수 있게 하여 준다. 어려운 BVP를 풀 경우 때로는 흔히 많은 반복과정을 수반하는 다수의 수행이 소요되므로 수행시간을 줄이기 위한 노력을 기울일 가치가 있을 것이다. 미지 파라미터들이 존재하는 경우 무엇이 달라지는가를 보임으로써 보기 3.5.5에서의 이 문제에 대한 논의를 보충하고자 한다.

하나의 2파라미터 집합에 대하여 계산된 해 구조체가 다른 집합에 대한 추측 구조체로 이용될 수 있다는 것을 이해하는 이상 여러 가지 값들의 Reynolds 수 R에 대하여 BVP를 푸는 것은 쉬운 일이다. R=100인 경우 해의 모든 성분들이 1로서 일정하며 함수 bvpinit에 의하여 정의되는 추측 구조체에서 미지 파라미터 A=1이라고 가정한다. 이후부터는 한 가지 값의 R에 대한 해는 다음 값의 R에 대한 해의 추측치로 이용된다. 프로그램 ch3ex6.m은 계산되는 해들의 그래프를 그려주며 결과는 그림 3.8에 보인 바와 같다. 또한 A의 값들은 스크린에

```
For R =   100, A = 2.76.
For R =  1000, A = 2.55.
For R = 10000, A = 2.49.
```

와 같이 제시된다. 이 버전의 프로그램은 벡터화와 해석적 편미분들을 모두 포함한다.

```
function ch3ex6
global R
color = [ 'k', 'r', 'b' ];
options = bvpset('FJacobian',@Jac,'BCJacobian',@BCJac,...
                 'Vectorized','on');
R = 100;
sol = bvpinit(linspace(0,1,10),ones(7,1),1);
hold on
for i = 1:3
    sol = bvp4c(@ode,@bc,sol,options);
    fprintf('For R = %5i, A = %4.2f.\n',R,sol.parameters);
    plot(sol.x,sol.y(2,:),color(i));
    axis([-0.1 1.1 0 1.7]);
    drawnow
    R = 10*R;
end
legend('R =   100','R =  1000','R = 10000',1);
hold off
```

```
%============================================================
function dydx = ode(x,y,A);
global R
P = 0.7*R;
dydx = [ y(2,:); y(3,:); R*(y(2,:).^2- y(1,:).*y(3,:)-A);...
         y(5,:); -R*y(1,:).*y(5,:)-1; y(7,:);...
         -P*y(1,:).*y(7,:) ];

function [dFdy,dFdA] = Jac(x,y,A)
global R
dFdy = [    0,        1,        0,     0,     0,     0,        0
            0,        0,        1,     0,     0,     0,        0
         -R*y(3), 2*R*y(2), -R*y(1), 0,     0,     0,        0
            0,        0,        0,     0,     1,     0,        0
         -R*y(5),     0,        0,     0, -R*y(1), 0,        0
            0,        0,        0,     0,     0,     0,        1
      -7/10*R*y(7), 0,        0,     0,     0,     0, -7/10*R*y(1) ];

dFdA = [ 0; 0; -R; 0; 0; 0; 0];

function res = bc(ya,yb,A)
res = [ ya(1); ya(2); yb(1)-1; yb(2);...
       ya(4); yb(4); ya(6); yb(6)-1 ];

function [dBCdya,dBCdyb,dBCdA] = BCJac(ya,yb,A)
dBCdya = [ 1, 0, 0, 0, 0, 0, 0
           0, 1, 0, 0, 0, 0, 0
           0, 0, 0, 0, 0, 0, 0
           0, 0, 0, 0, 0, 0, 0
           0, 0, 0, 1, 0, 0, 0
           0, 0, 0, 0, 0, 0, 0
           0, 0, 0, 0, 0, 1, 0
           0, 0, 0, 0, 0, 0, 0 ];

dBCdyb = [ 0, 0, 0, 0, 0, 0, 0
           0, 0, 0, 0, 0, 0, 0
           1, 0, 0, 0, 0, 0, 0
           0, 1, 0, 0, 0, 0, 0
           0, 0, 0, 0, 0, 0, 0
           0, 0, 0, 1, 0, 0, 0
           0, 0, 0, 0, 0, 0, 0
           0, 0, 0, 0, 0, 1, 0 ];

dBCdA = zeros(8,1);
```

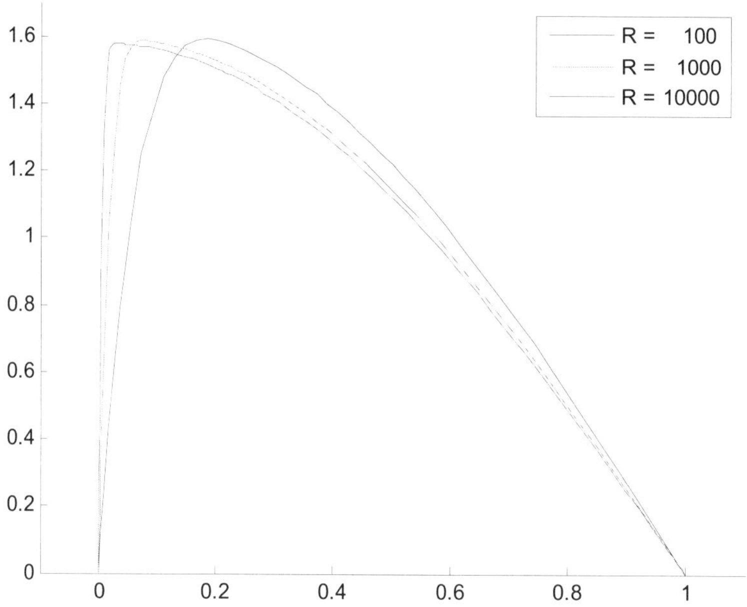

그림 3.8: 연속성에 의하여 얻어진 유체주입 문제의 해.

이 BVP의 경우 해석적 편미분을 제공하는 것은 보기 3.5.5의 경우보다 더욱 복잡하다. 그 이유는 미지 파라미터들이 존재하는 경우 이 파라미터들에 대한 편미분도 제공하여야 하기 때문이다. 프로그램 ch3ex6.m에서는 부함수 Jac가 반환하는 것이 무엇인가를 암시하여 주도록 변수들의 이름을 정하였다. 배열 dFdy는 여기에서는 7×7 행렬인 ODE의 통상적인 Jacobian 행렬이다. 미지 파라미터들이 존재하는 경우 이들에 대한 ODE의 편미분의 행렬인 두 번째 출력인 수가 존재한다. 여기에서는 7개의 ODE와 하나의 미지 파라미터 A가 존재하므로 배열 dFdA는 7×1 벡터이다. 일반적으로 d 개의 방정식들과 m 개의 미지 파라미터 p_j가 존재한다면 파라미터들에 대한 편미분 행렬은 d×m이다. 이들을 직접 구하는 조직적인 방법은 행렬의 j 열을 파라미터 p_j에 대한 f의 편미분으로 구성하는 것이다. 보기 3.5.5에서 살펴 보았듯이 MATLAB 기호 툴박스는 편미분 행렬들의 생성을 도와줄 수 있는 함수 jacobian을 지니고 있다. 예를 들면

```
syms y y1 y2 y3 y4 y5 y6 y7 R A P F
y = [y1; y2; y3; y4; y5; y6; y7];
P = 0.7*R;
F = [y2; y3; R*(y2^2-y1*y3-A); y5; -R*y1*y5-1; y7; -P*y1*y7];
dFdy = jacobian(F,y)
```

```
dFdA = jacobian(F,A)
```

을 이용하고 출력을 조금 편집하여 부함수 Jac를 얻을 수 있다. 경계조건들도 유사하게 처리된다. 배열 dBCdya는 인수 ya에 대한 잔류오차 벡터 g(ya,yb)의 편미분을 포함한다. 여기에서는 8개의 잔류오차가 있으며 ya는 7개의 성분을 가지므로 배열 dBCdya는 8×7 행렬이 되고 이는 yb에 해당하는 배열 dBCdyb에 대해서도 똑같다. 일반적으로 d 개의 식과 m 개의 파라미터가 있다면 이 행렬들은 (d+m)×d 이다. 세 번째의 출력인수가 있는데 이는 미지 파라미터들에 대한 잔류오차의 편미분 행렬이다. 여기에서는 하나의 미지 파라미터만 존재하므로 배열 dBCdA는 8×1이다. 일반적으로 이 행렬은 (d+m)×m이다. 해석적 편미분을 이용하는 BVP의 풀이에 있어서 때로는 bvp4c 내부의 어떤 배열의 차원들이 적절히 일치되지 않는다는 내용의 오류 메시지가 나타날 수 있다. 이는 일반적으로 편미분 행렬들 가운데 어느 하나의 크기가 잘못되었음을 의미한다. 계산하고 있는 배열들의 크기를 방금 언급한 일반적 표현들과 비교하여 보라. 이 보기의 경우 편미분의 다양한 행렬들의 대부분의 원소들은 0이므로 이들을 직접 코드로 만든다면 행렬들을 0으로 초기화시킨 다음 0이 아닌 원소들만을 구한다. 그러나 우리는 기호 툴박스를 이용하여 이 보기에 대한 행렬들을 생성하였으며 많은 0들을 갖는 출력을 편집하여 ch3ex6.m의 부함수를 얻었다.

보기 3.5.5에서와 같이 수행시간을 측정함으로써 기본적인 옵션들을 이용하면 프로그램 ch3ex6.m의 수행시간은 13.35초였다. ODE의 계산을 벡터화하는 것은 매우 쉽다. 보기 3.5.5에서의 경우와 마찬가지로 이는 y(1)과 같은 스칼라 양을 y(1,:)과 같은 배열로 변경시키고 *와 ^를 각각 .*와 .^로 대체시킴으로써 스칼라 연산으로부터 배열 연산으로 변경시키는 정도의 문제이다. ODE를 벡터화시킴으로써 수행시간이 8.02초로 줄어들었다. `Vectorized`를 `off`로 설정하고 해석적 편미분을 사용하는 경우 BVP는 6.64초만에 해결되었다. `Vectorized`를 `on`으로 설정하고 해석적 편미분을 사용하는 경우 수행시간은 4.01초로 줄어들었다.

Reynolds 수 R=1,000,000을 이용하여 계속하면 풀이기 bvp4c는 다음과 같은 경고문을 제시한다:

```
Warning: Unable to meet the tolerance without using more
than 142 mesh points.
```

일반적으로 저장문제에는 사용자 자신이 관심을 가질 필요가 없지만 풀이기는 격자점들의 수에 한계를 갖는다. 이는 기본적으로 `floor(1000/d)`로 설정되는데

d는 ODE들의 수이다. 값은 다소 임의적이며 이 경고를 접한다면 옵션 Nmax를 사용하여 이를 증가시킬 수 있다. 격자와 해에 대한 추측치가 충분히 우수하지 못하며 풀이기는 격자점들의 수를 증가시킴으로써 수렴에 도달하는 데에 실패했기 때문에 이러한 경고가 생성될 수 있다. 또는 해를 근사하기가 어려우며 풀이기는 이를 지정된 정확도로 나타내기 위해서 단지 더 많은 수의 격자점들을 필요로 한다. 혹은 해가 전혀 존재하지 않을 수도 있다! 여기에서 Nmax를 500까지 증가시키면 코드는 BVP를 풀 수 있다. 이는 bvp4c에게는 어려운 문제이다. 기본적인 오차허용한계를 이용하여도 해를 근사하는 데에 437 개의 격자점들이 소요되었다. 벡터화와 해석적 편미분들을 이용한다 하더라도 계산에는 22.69초가 소요된다.

보기 3.5.7

BVP의 실제적 풀이에 있어서 연속성은 극히 중요하다. 우리는 구간의 길이에 있어서의 연속성에 대한 보기들을 살펴보았다. 무한구간에서 문제를 풀 경우 이는 확실히 당연하지만 구간이 한정된 경우에도 이는 유용할 수 있다. 물리적 파라미터들에서의 연속성에 대한 보기를 살펴본 바 있다. 하나 이상의 파라미터 집합에 대한 해에 관심이 있는 경우 이는 때로는 당연하지만 한 가지 값의 양에 대하여 BVP를 쉽게 풀 수 있는 경우 간혹 그 양을 변경시키는 것은 유용하다. 이는 지금의 보기에서 취하고 있는 인위적 파라미터에서의 연속성의 일반적인 형태와 밀접하게 관련되어 있다. 풀이기에서 수렴을 얻기에 충분할 만큼 우수한 추측값을 구할 수 없기 때문에 BVP

$$y' = f(x,y), \quad 0 = g(y(a),\ y(b))$$

를 푸는 데에 어려움을 겪고 있다고 가정하자. 단순화된 모델 BVP

$$y' = F(x,\ y), \quad 0 = G(y(a),\ y(b))$$

가 아무 어려움 없이, 아마도 해석적으로까지도 풀릴 수 있는 경우는 드물지 않다. 때로는 주어진 문제를 선형 문제로 근사하는 것이 유용한데 이는 그러한 문제의 경우 bvp4c와 같은 풀이기에서는 반복과정이 없기 때문이다. 기본 전략은 쉬운 문제의 해로부터 풀고자 하는 문제의 해로 계속 진행하는 것이다. 이를 위한 한 가지 방법은 인위적인 파라미터 μ를 도입하고 0부터 1까지의 μ에 대하여 BVP

$$y' = \mu f(x,y) + (1-\mu)F(x,y)$$
$$0 = \mu g(y(a),y(b)) + (1-\mu)G(y(a),y(b))$$

를 푸는 것이다. 어려운 BVP를 풀기 위한 이러한 유망한 접근방법은 실제에 있어서 매우 유용하지만 언제나 성공적인 것은 아니다. 원래 문제의 거동을 취하는 쉬운 문제를 찾는 것은 성공을 위해 핵심적인 일이 될 수 있다. 해당되는 BVP가 단순히 해를 갖지 않는 μ 값이 존재하기 때문에 연속성이 실패할 수 있다는 가능성이 이와 관련된다. 연습문제 3.30은 하나의 예를 보여준다. 연속성 과정에서의 각 스텝에서 μ를 얼마나 많이 변경시킬 수 있는가 하는 것은 성공과 실패 사이의 차이를 의미할 수 있다.

Roberts & Shipman(1972)의 제 7장은 연속성에 할애되어 있다. 관련기법을 예시하기 위하여 그 장의 보기 1과 5에 있는 BVP에 대한 그들의 논의를 따르기로 한다. ODE들은

$$\begin{aligned}
y_1' &= y_2 \\
y_2' &= y_3 \\
y_3' &= -\left(\frac{3-n}{2}\right)y_1y_3 - ny_2^2 + 1 - y_4^2 + sy_2 \\
y_4' &= y_5 \\
y_5' &= -\left(\frac{3-n}{2}\right)y_1y_3 - (n-1)y_2y_4 + s(y_4 - 1)
\end{aligned}$$

여기에서 파라미터 n=−0.1 및 s=0.2이다. 이 ODE들을 다음과 같은 경계조건으로 [0,b]에서 풀고자 한다:

$$y_1(0) = 0, \quad y_2(0) = 0, \quad y_4(0) = 0, \quad y_2(b) = 0, \quad y_4(b) = 1$$

b=11.3으로 한다. ODE들을 그들의 선형 항들과 $\delta = 1$을 곱한 비선형 항들의 합으로 나타내어 보자:

$$y' = \begin{pmatrix} y_2 \\ y_3 \\ 1 + sy_2 \\ y_5 \\ s(y_4 - 1) \end{pmatrix} + \delta \begin{pmatrix} 0 \\ 0 \\ -\left(\frac{3-n}{2}\right)y_1y_3 - ny_2^2 - y_4^2 \\ 0 \\ -\left(\frac{3-n}{2}\right)y_1y_3 - (n-1)y_2y_4 \end{pmatrix}$$

이들 ODE에서 주어진 경계조건들과 $\delta = 0$을 이용하여 적절한 추측값으로 풀 수

있는 근사적 선형 BVP를 가진 셈이다. 다음에 보다 큰 값의 δ에 대하여 풀 때에는 하나의 δ 값에 대한 해를 추측값으로 사용한다. $\delta=1$에 도달하고 우리가 관심있는 BVP 해를 얻게 될 때까지 이러한 방법을 계속한다. 프로그램 ch3ex7.m은 세부적인 사항을 보여주고 있다.

```
function sol = ch3ex7
global delta

sol = bvpinit(linspace(0,11.3,5),ones(5,1));
for delta = [0 0.1 0.5 1]
   sol = bvp4c(@odes,@bcs,sol);
%  plot(sol.x,sol.y)
%  drawnow
%  pause
end
plot(sol.x,sol.y(1,:),sol.x,sol.y(2,:),':',...
     sol.x,sol.y(3,:),'.'),sol.x,sol.y(4,:),'*',...
     sol.x,sol.y(5,:),'.-')
axis([0 11.3 -2 1.5])
fprintf('Reference values: y_3(0) = -0.96631,...
        y_5(0) =  0.65291\n')
fprintf('Computed values:  y_3(0) = %8.5f,...
        y_5(0) = %8.5f\n',sol.y(3,1),sol.y(5,1))

%==============================================================
function dydt = odes(t,y)
global delta
n = -0.1;
s = 0.2;
c = -(3 - n)/2;
linear = [ y(2); y(3); 1+s*y(2); y(5); s*(y(4) - 1) ];
nonlinear = [ 0; 0; (c*y(1)*y(3) - n*y(2)^2 - y(4)^2); ...
           0; (c*y(1)*y(5) - (n-1)*y(2)*y(4))    ];
dydt = linear + delta*nonlinear;

function res = bcs(ya,yb)
res = [ ya(1); ya(2); ya(4); yb(2); yb(4)-1 ];
```

이 프로그램은 Roberts & Shipman(1972)가 제시한 값과 계산된 해의 두 값들에 대한 비교를 보여주고 있다.

```
>> sol = ch3ex7;
Reference values: y_3(0) = -0.96631, y_5(0) =  0.65291
Computed values:  y_3(0) = -0.96629, y_5(0) =  0.65293
```

계산에 이용된 기본적인 오차허용한계에 대하여 위의 일치는 만족스럽다. 프로그램은 아울러 그림 3.9에 보인 바와 같이 모든 해 성분들을 보여준다. ch3ex7.m에 코멘트된 줄들은 BVP의 해가 δ에 따라 어떻게 달라지는가를 알려준다. 밝혀진 바와 같이 $\delta = 0$인 선형 근사 BVP는 $\delta = 1$일 때의 해에 대한 아주 우수한 근사를 제공하여 주지는 않지만 연속화 과정의 각 스텝에서 상대적으로 큰 δ의 변화에 따라 수렴이 얻어질 정도로 충분히 좋다.

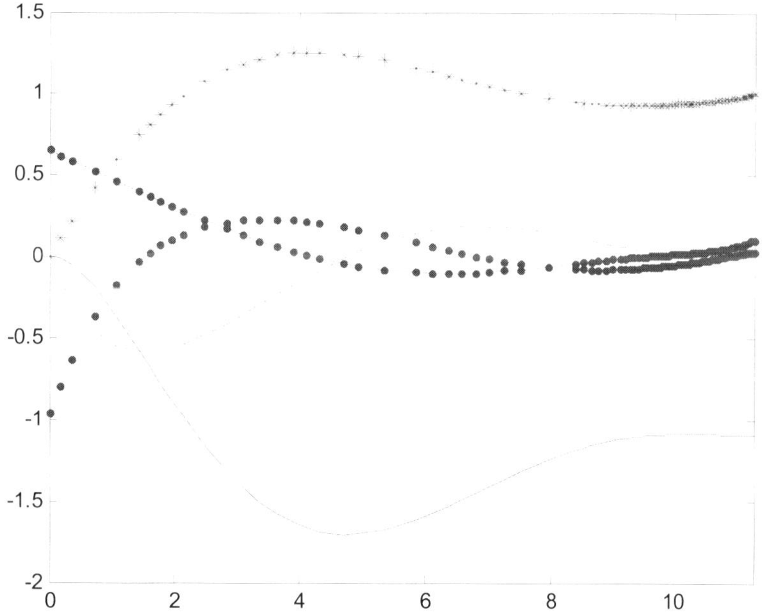

그림 3.9: 연속화에 의한 BVP의 풀이.

보기 3.5.8

어떤 풀이기들은 두 지점 이상에서 지정된 분리된 경계조건들, 즉 분리된 다중점 경계조건들을 제공한다. 이 풀이기들 가운데에는 COLNEW(Bader & Ascher, 1987) 및 COLSYS(Ascher 등, 1995)의 사용자 접속기를 채택한 것들이 있다. (bvp4c를 포함하는) 많은 풀이기들은 그렇지 않으므로 여기에서 그러한 코드들을 이용한 풀이를 위해 다중점 BVP를 구성하는 한 가지 방법을 예시하고자 한다.

이를 수행하는 다른 방법들과 다중점 BVP의 예들은 Ascher & Russell(1981) 및 Ascher 등(1995, 제 11장)에서 찾아볼 수 있다.

Lin & Segel(1988)의 제 8장은 생리적 유동문제의 연구에 할애되어 있다. 상당한 작업 끝에 Lin과 Segel은 $0 \le x \le \lambda$에 대하여 다음과 같이 쓸 수 있는 방정식에 도달하였다:

$$v' = \frac{C-1}{n}$$
$$C' = \frac{vC - \min(x,1)}{\eta}$$

여기에서 n과 η는 (알려진) 무차원 파라미터이며 $\lambda > 1$이다. 경계조건은

$$v(0) = 0, \quad C(\lambda) = 1$$

와 같다. 가장 흥미로운 양은

$$O_s = \frac{1}{v(\lambda)}$$

와 같이 정의되는 무차원 응급 삼투성이다. Lin과 Segel은 n이 작을 경우 교란 방법을 이용하여 이를

$$O_s \approx \frac{1}{1-K}$$

로 근사하였다. 여기에서

$$K = \frac{\lambda \sinh(\kappa/\lambda)}{\kappa \cosh(\kappa)}$$

이며 파라미터 κ는

$$\eta = \frac{\lambda^2}{n\kappa^2}$$

를 만족한다. 미분 C'(x)에 대한 식에서 min(x,1) 항은 x=1에서 매끄럽지 않다. 실제로 Lin과 Segel은 이 BVP를 두 개의 문제로 나타내고 있는데 하나는 구간 [0,1], 다른 하나는 구간 [1,λ]에서 설정되며 이들은 해 성분 v(x)와 C(x)

가 x=1에서 연속이어야 한다는 조건에 의하여 연결된다. ODE들, 따라서 이들의 해들이 매끄럽지 않을 경우 수치적 방법들은 통상적인 차수 이하의 수렴을 보인다. 이러한 사실에도 불구하고 bvp4c는 충분히 강건하여서 Lin과 Segel이 제안한 방법으로 구성된 문제를 어려움없이 풀 수 있다. 이는 확실히 여기에서 다루는 바와 같은 특수한 문제를 푸는 보다 쉬운 방법이지만 이 문제가 다중점 BVP라는 사실을 인식하는 것이 더 실제적이다. 특히 이 문제는 이전의 보기들에서 보았던 바와 같은 두 지점이 아닌 세 지점들에서의 경계조건들을 포함하기 때문에 3점 BVP이다. 이러한 다중점 BVP를 2점 BVP로 재구성하는 표준적인 방법은 먼저 구간 $0 \le x \le 1$에 대하여 미지수 $y_1(x) = v(x)$ 및 $y_2(x) = C(x)$를 도입하는 것이다. 이에 따라 다음과 같은 미분방정식들이 얻어진다:

$$\begin{aligned} \frac{dy_1}{dx} &= \frac{y_2 - 1}{n} \\ \frac{dy_2}{dx} &= \frac{y_1 y_2 - x}{\eta} \end{aligned} \tag{3.25}$$

경계조건들 가운데 하나는 $y_1(0) = 0$이 된다. 다음에 구간 $1 \le x \le \lambda$에 대하여 미지수 $y_3(x) = v(x)$ 및 $y_4(x) = C(x)$를 도입하여 다음 방정식을 얻는다:

$$\begin{aligned} \frac{dy_3}{dx} &= \frac{y_4 - 1}{n} \\ \frac{dy_4}{dx} &= \frac{y_3 y_4 - 1}{\eta} \end{aligned}$$

다른 경계조건은 $y_4(\lambda) = 1$이 된다. 이 새로운 변수들을 이용하면 해 성분 v와 C에 대한 연속성 조건은 $y_1(1) = y_3(1)$ 및 $y_2(1) = y_4(1)$가 된다. 이는 모두 충분히 쉽지만 4개의 미분방정식을 동시에 푸는 것이 기본 전략이다. 이의 수행을 위해 구간 $1 \le x \le \lambda$에 대하여 새로운 독립변수

$$\tau = \frac{x-1}{\lambda - 1}$$

을 정의한다. 첫 번째 구간의 독립변수 x와 마찬가지로 이 독립변수는 두 번째 구간에서 0부터 1까지 변한다. 이 새로운 독립변수를 이용하면 두 번째 구간에서의 미분방정식은

$$\frac{dy_3}{d\tau} = \frac{(\lambda-1)(y_4-1)}{n} \qquad (3.26)$$
$$\frac{dy_4}{d\tau} = \frac{(\lambda-1)(y_3 y_4-1)}{\eta}$$

경계조건 $y_4(x=\lambda)=1$은 $y_4(\tau=1)=1$이 된다. 연속성 조건 $y_1(x=1)=y_3(x=1)$은 $y_1(x=1)=y_3(\tau=0)$로 된다. 마찬가지로 다른 연속성 조건은 $y_2(x=1)=y_4(\tau=0)$이 된다. 4개의 미지수들에 대한 미분방정식들은 경계조건들을 통해서만 연결되며 두 시스템들을 0에서 1에 걸치는 독립변수에 대하여 풀어야 하기 때문에 (3.25)와 (3.26)의 ODE들을 구간 $0 \le t \le 1$에서 풀어야 하는 하나의 시스템으로 결합할 수 있다. 통상적인 독립변수 t에서 경계조건들은

$$y_1(0)=0, \quad y_4(1)=1, \quad y_1(1)=y_3(0), \quad y_2(1)=y_4(0)$$

과 같다. bvp4c를 이용하는 경우 연속성 조건으로부터 파생되는 경계조건들이 분리되어 있지 않다는 사실은 문제가 되지 않지만 원래의 다중점 형태로의 문제나 분리되지 않은 경계조건들을 허용하지 않는 풀이기들에서는 경계조건들의 분리를 위하여 문제의 추가적인 구성을 필요로 할 것이다(보기 3.5.3 참조).

프로그램 ch3ex8.m은 파라미터 $n=5 \cdot 10^{-2}$ 및 $\lambda=2$인 경우 $\kappa=2$, 3, 4 및 5에 대하여 3점 BVP를 풀고 있다. 하나의 κ 값에 대한 해는 다음 값에 대한 추측치로 이용된다 - 이는 물리적 파라미터에서 연속화의 또 다른 보기이다. 각각의 κ 값에 대하여 계산된 삼투성 O_s는 Lin과 Segel이 제시한 근사치와 비교된다. 알고 있는 파라미터 값들은 bvp4c에 추가의 인수들로 제공된다. 기본 옵션들을 이용하여 위의 BVP를 풀기 때문에 위치지정자로서 []가 사용된다. 유일하게 남아있는 복잡성은 해의 그래프를 얻기 위하여 두 번째 구간에서 변수의 변화를 해제하고 전체 구간 $[0,\lambda]$에 대하여 해를 구성해야 한다는 것이다. 프로그램 ch3ex8.m은

```
kappa     계산된 Os    근사적인 Os
  2        1.462        1.454
  3        1.172        1.164
  4        1.078        1.071
  5        1.039        1.034
```

와 같은 결과를 제시하고 $\kappa=5$에 대하여 그림 3.10에 보인 바와 같이 해 성분 v(x)와 C(x)의 그래프를 보여준다.

```
function ch3ex8
sol = bvpinit(linspace(0,1,5),[1 1 1 1]);
n = 5e-2;
lambda = 2;
fprintf(' kappa    계산된 Os   근사적인 Os \n')
for kappa = 2:5
  eta = lambda^2/(n*kappa^2);
  sol = bvp4c(@odes,@bcs,sol,[],n,lambda,eta);
  K2 = lambda*sinh(kappa/lambda)/(kappa*cosh(kappa));
  approx = 1/(1 - K2);
  computed = 1/sol.y(3,end);
  fprintf('  %2i    %10.3f    %10.3f \n',kappa,computed,approx);
end

% v와 C는 0 <= x <= 1 및 1 <= x <= lambda에서 별도로 계산된다.
% 두 번째 구간에 대하여 독립변수의 변경이 이용된다.
% 먼저 x의 해당되는 격자를 얻기 위해 해제되어야 하며 다음에
% 모든 0 <= x <= lambda에 대하여 해가 구성되어야 한다.
x = [sol.x sol.x*(lambda-1)+1];
y = [sol.y(1:2,:) sol.y(3:4,:)];
plot(x,y(1,:),x,y(2,:),':')
```

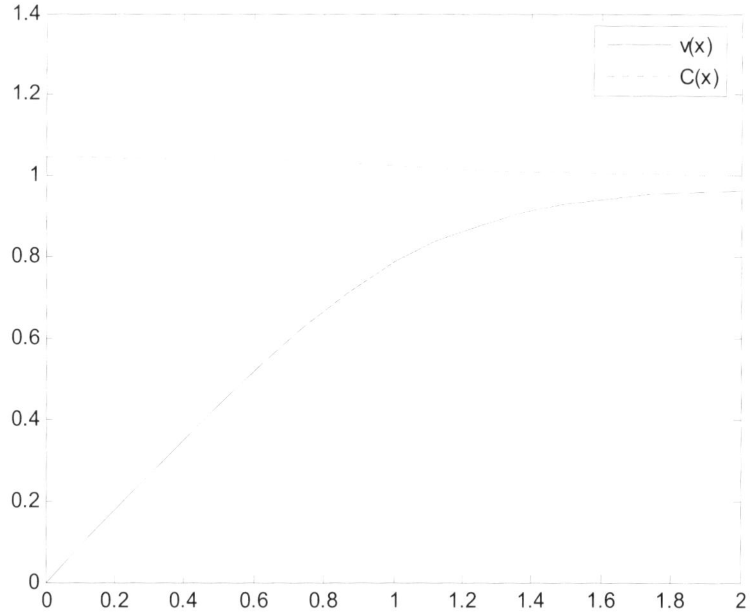

그림 3.10: 3점 BVP의 풀이.

```
legend('v(x)','C(x)')

%=================================================================
function dydx = odes(x,y,n,lambda,eta)
dydx = [ (y(2) - 1)/n
        (y(1)*y(2) - x)/eta
        (lambda - 1)*(y(4) - 1)/n
        (lambda - 1)*(y(3)*y(4) - 1)/eta ];

function res = bcs(ya,yb,n,lambda,eta)
res = [ ya(1); yb(4)-1; yb(1)-ya(3); yb(2)-ya(4)];
```

■ 연습문제 3.15

ODE

$$y'' + \lambda e^{y} = 0$$

과 경계조건 y(0)=0=y(1)로 구성되는 BVP는 첫 번째 적분(보존법칙)

$$(y'(x))^2 + 2\lambda(e^{y(x)} - 1) = (y'(0))^2$$

을 가짐을 보여라.

힌트: ODE에 2y'(x)를 곱하고 적분한다. 수치해를 입증하는 데에 첫 번째 적분을 이용할 수 있다. 1.5절에서 논의한 바와 같이 이는 주의깊게 해석되어야 한다: 수치해가 보존법칙을 잘 만족시키지 못한다면 이는 BVP에 대한 아주 정확한 해가 되지는 않는다는 것을 확신할 수 있다. 반면에 수치해가 보존법칙을 잘 만족시킨다 하더라도 이것이 정확한 해라고 결론지을 수 있다 - 그럴 가능성은 있지만 보존법칙이 잘 만족되도록 상관되어 있는 큰 오차를 가질 수 있다. $\lambda = 1$로 선택한 경우 프로그램 ch3ex1.m은 xint의 x 값에서 해 y(x)에 대한 근사 Sxint(1,:) 및 y'(x)에 대한 근사 Sxint(2,:)을 계산한다. 벡터 연산을 이용하여 수치해를 보존법칙에 대입하여 얻어지는 잔류오차를 구하고 이의 그래프를 그려라. 잔류오차의 크기는 기본적인 오차허용한계를 사용할 때 기대되는 정도인가?

■ 연습문제 3.16

그림 1.3에 보인 두 개의 해를 갖는 BVP가 제 1장에서 논의되었다. 대포 탄환의 운동에 대한 다음 미분방정식들을 풀어서 이 그림을 다시 생성하여라:

$$y' = \tan(\phi)$$
$$v' = -\frac{g\sin(\phi) + \nu v^2}{v\cos(\phi)}$$
$$\phi' = -\frac{g}{v^2}$$

그림에서 파라미터 $g = 0.032$, $\nu = 0.02$로 하고 구간은 [0, 5]로, 포구 속도 $v(0) = 0.5$로 한다. 포탄이 지면에서 날아가 지면으로 낙하하므로 다른 두 경계조건들은 y(0)=0=y(5)가 된다. 두 해에 대하여 일정한 추측치를 이용하여라. 함수 deval을 사용하여 점 linspace(0,5)에서 해들을 구함으로써 매끄러운 그래프가 얻어지도록 하여라.

■ 연습문제 3.17

이 문제는 축 방향의 분산이 이루어지는 관형 반응기를 모델링하는 문제로서 Finlayson(1972, 5.4절)이 연구하였다. 차수 n인 등온 비가역 반응으로부터 ODE

$$y'' = P_e(y' + Ry'')$$

를 얻는다. 여기에서 P_e는 축방향 Peclet 수이며 R은 반응속도그룹이다. 경계조건은

$$y'(0) = P_e(y(0) - 1), \quad y'(1) = 0$$

과 같다. Finlayson은 직교병치 방법을 이용하여 $P_e = 1$, $R = 2$, 그리고 n=2일 때 y(0)=0.63678 및 y(1)=0.45759의 결과를 얻었다. 이 값들은 유한차분 방법을 이용한 다른 연구자들의 결과들과 일관성을 보이고 있다. 구간에서 간격이 동일한 10개의 초기점들을 선택하고 y(x)에 대하여 0.5, 그리고 y'(x)에 대하여 0의 일정한 추측치들을 이용하여 이 문제를 풀어라. 수치해의 그래프를 그리고 x=0과 x=1에서의 값들을 Finlayson이 얻은 값들과 비교하여라.

■ 연습문제 3.18

Bailey 등(1968)의 보기 5.3은 길이가 L이고 굴곡강도가 B이며 끝부분에 집중된 수직부하 P가 부과된 길고 가는 외팔보(cantilever) 빔을 다루고 있다. 빔의 변위는 호 길이 s와 빔이 수평과 이루는 각 $\phi(s)$로 나타낼 수 있다. 이 각은 미분방정식

$$\frac{d^2\phi}{ds} + \frac{P}{B}cos(\phi) = 0$$

과 경계조건

$$\phi(0) = 0, \quad \phi'(L) = 0$$

으로부터 결정된다. Bailey 등(1968)은 이 BVP의 해를 이용하여 관심있는 물리량을 얻고 있으나 여기에서는 변형된 빔의 그래프를 그리고자 한다. 이를 위해서는 방정식

$$\frac{dx}{ds} = \cos(\phi), \quad \frac{dy}{ds} = -\sin(\phi)$$

및 경계조건

$$x(0) = 0, \quad y(0) = 1$$

을 추가할 필요가 있을 것이다. L=10 및 P/B=0.001에 대하여 이 BVP를 풀고 (x(s),y(s))의 그래프를 그려라. 이 문제는 미지수들에 대하여 일정한 추측치를 이용하여 풀 수 있는 쉬운 문제이다.

■ 연습문제 3.19

연습문제 1.9는 Caughy(1970)가 사용한 BVP를 표준 형태로 구성하여 탄성줄의 진폭이 큰 회돌이를 나타내는 방법을 다루고 있다. 여기에서는 이 BVP를 수치적으로 푸는 방법을 고려하고자 한다. Holmes(1995, pp.32~3)는 해 $\mu(x)$를 $\epsilon y(x)$로 쓴 다음 교란이론을 이용하여 "작은" ϵ에 대하여 y(x)를 근사하였다. 함수 y(x)는 ODE

$$y'' + w^2\left(\frac{1-\alpha^2}{H}\frac{1}{\sqrt{1+\epsilon^2 y^2}} + \alpha^2\right)y = 0$$

과 경계조건

$$y'(0) = 0, \quad y'(1) = 0$$

을 만족한다. 여기에서 α는 물리적 상수로서 $0 < \alpha < 1$이다. BVP 풀이의 일부로서 회돌이 진동수 w를 결정해야 하므로 다른 경계조건

$$y(0) = 1$$

이 존재한다. 이 문제의 독특한 점은 상수 H가 구간 전체에 걸친 해 y(x)로 정의된다는 점이다:

$$H = \frac{1}{\alpha^2}\left[1 - (1-\alpha^2)\int_0^1 \frac{dx}{\sqrt{1+\epsilon^2 y^2(x)}}\right]$$

연습문제 1.9에서의 제안에 따라 이 BVP를 표준형태로 구성하여라. $\alpha = 0.5$, $\epsilon = 1$에 대하여 이 문제를 수치적으로 풀어라. $\epsilon = 0$이면 해 $y(x) = \cos(\pi x)$가 존재하며 $w = \pi$가 됨을 해석적으로 보여라. 이 해와 유도된 양들을 $\epsilon > 0$인 경우의 수치해에 대한 추측치들로 사용하여라. 이것이 더 어려운 BVP가 된다면 파라미터 ϵ에 대한 연속성을 이용하여 $\epsilon = 1$인 경우의 문제를 풀 필요가 있을 것이지만 $\epsilon = 0$에 대한 해에 의하여 제공되는 추측치들은 $\epsilon = 1$인 경우에 대한 수렴을 제공하기에 충분할 만큼 좋은 값들임을 알게 될 것이다. y(x)의 그래프를 그리고 w 값을 제시하여라. Caughy는 y(0.5)=0이고 y(1)=−1임을 해석적으로 보이고 있다. 이 점들에서 얻은 수치해 값은 얼마인가?

■ 연습문제 3.20

Kubicek, Hlavacek & Holodnick(1979)의 보기 6은 재순환 관형 반응기에서의 농도와 온도를 ODE

$$y' = D_a(1-y)\exp\left(\frac{\gamma\theta}{\gamma+\theta}\right)$$
$$\theta' = BD_a(1-y)\exp\left(\frac{\gamma\theta}{\gamma+\theta}\right) - \beta(\theta - \theta_c)$$

및 분리되지 않은 경계조건

$$y(0)=(1-\lambda)y(1), \quad \theta(0)=(1-\lambda)\theta(1)$$

로 나타내고 있다. 파라미터 값들이

$$\beta=0, \quad \gamma=20, \quad \lambda=0.5, \quad \theta_c=1, \quad B=6, \quad D_a=0.05$$

인 경우 Kubicek 등은 초기값 $(y(0),\theta(0))\approx(0.1,0.6)$을 보고하고 있다. 이를 확인하고 해의 그래프를 그려라. (y,θ)에 대하여 [1;1]의 추측치를 시도할 수 있다.) 그들은 또한 만일 파라미터 D_a가 0.053으로 변하고 다른 파라미터 값들은 그대로 유지된다면 초기값 $(y(0),\theta(0))$가 근사적으로 (0.1,0.7), (0.3,1.8) 및 (0.44,2.6)과 같은 3개의 해들이 존재한다고 보고하였다. 다중해의 계산에 대한 경험을 얻기 위하여 3개의 해 모두를 구하도록 시도하여 보라. (해 성분들에 대하여 일정한 추측치들을 이용하여 이 문제 모두를 풀 수 있다.)

■ 연습문제 3.21

Edwards(1997)은 Mathematica를 사용하여 "탄성 입자들로 이루어지는 '드문 매체'를 통하는 빠른 운동에 대한 최소 저항을 경험하는 회전고체의 형상에 관한" Newton의 *Principia Mathematica*에 수록되어 있는 문제를 다루고 있다. 그 형상에 대한 BVP는 변동 미적분을 이용하여 얻어지며 Mathematica PSE의 수치적 IVP 풀이기인 NDSolve를 이용한 사격법으로 풀 수 있다. ODE는

$$y''(t)=\frac{y'(t)[1+(y'(t))^2]}{t[3(y'(t))^2-1]}$$

이며 경계조건은

$$y(t_0)=0, \quad y'(t_0)=1, \quad y(1)=1$$

이다. $t_0\in[0,1]$은 미지의 파라미터이므로 3개의 경계조건들이 존재한다. Edwards는 $t_0\approx 0.3509$임을 알았다. 코 원뿔은 수직축에 대한 회전 실린더이므로 $t_0>0$에서 원뿔의 끝은 평평하며 반경 t_0인 원판이다. 아울러 Edwards는 환원된 저항계수

$$k = t_0^2 + \int_{t_0}^{1} \frac{2\tau}{(y'(\tau))^2 + 1} d\tau$$

은 약 0.3748임을 알았다. bvp4c를 이용하여 이 BVP를 풀어서 위의 두 수치적 결과들을 확인하고자 한다. 변수 $y_1(t) = y(t)$ 및 $y_2(t) = y'(t)$를 이용하여 BVP를 1차 시스템으로 구성하는 것으로부터 시작한다. 1.3절에 보인 바와 같이 k의 계산을 위하여 변수 $y_3(t)$를 도입하여라. $y_3(1) = 1$로 하고 t와 $y_2(t)$만을 포함하는 $y_3(t)$에 대한 간단한 ODE를 구성하는 것이 자연스러운 선택이다. 이와 같이 선택하면 BVP를 푼 후에 $k = y_3(t_0)$를 얻는다. 보기 3.5.3에서와 같이 독립변수를 변경하여 고정된 구간을 가질 필요가 있다. t가 t_0로부터 1까지 변함에 따라 x를 0에서 1까지 변하는 독립변수라고 하자. 이러한 새로운 독립변수를 이용하여 미지의 파라미터 t_0를 포함하는 구간 [0,1]에서 정의되는 BVP를 구성한다. 기본적인 허용한계들을 이용하여 이 BVP를 풀어라. Edwards는 $t_0 \approx 0.5$로 가정하였다. $y(x) \approx x$로 가정하는 것이 좋을 것이다. BVP를 푼 후에 [0,1]에서 y(t)의 그래프를 그려서 코 원뿔의 형상을 살펴보라. 원뿔을 하나의 표면으로 나타내는 것을 즐기게 될 것이다.

■ 연습문제 3.22

제 1장에서 단진자 운동을 논의할 때 방정식 $\theta'' + \sin(\theta) = 0$(즉 식 (1.6))과 경계조건 $\theta(0) = 0$ 및 $\theta(+\infty) = \pi$로 이루어지는 BVP가 생성되었다. 이 BVP의 해는 그림 1.2의 점선이다. 무한에서의 경계조건을 $\theta(T) = \pi$로 대체하여 이 BVP를 직접 풀어라. 여러 가지의 T 값(즉 T=5, 10 및 15)들에 대하여 이 BVP를 풀어서 해에 대한 신뢰를 확인하여라. 제 1장에서는 해석적 방법에 의하여 초기 기울기 $\theta'(0) = 2$임이 밝혀졌다. 이 값을 여러분이 계산한 초기 기울기 값과 비교하여 여러분의 수치해의 정확성을 확인하여라.

■ 연습문제 3.23

Cebeci & Keller(1971)는 평판 위에서의 점성 비압축성 층류의 유사해로부터 파생되는 Falkner-Skan 문제를 사격법을 이용하여 풀고 있다. ODE

$$f''' + ff'' + \beta(1 - (f')^2) = 0$$

을 경계조건

$$f(0)=0,\quad f'(0)=0,\ f'(+\infty)=1$$

에서 풀고자 한다. $-0.19884 \le \beta \le 2$에 대해서만 물리적으로 타당한 해가 존재하는 것으로 보인다. Cebeci와 Keller는 유한점에 경계조건을 부과함으로써 무한에서의 경계조건을 처리하고 있다. $\beta > 0$의 범위에서는 비록 어떤 파라미터 값들에 대한 해를 계산하기 위해 β의 연속성이 요구되기는 하지만 이 BVP는 쉽게 풀릴 수 있다. $\beta = 0.5$의 값은 그들의 사격법 코드에서 상대적으로 어렵지만 이 값의 β와 경계조건 $f'(6)=1$에 따른 BVP는 bvp4c에서는 어렵지 않음을 알게 될 것이다. 구간의 마지막 부분에서 $f'(x) \approx 1$임을 고려하면 $f(x) \approx x$ 및 $f''(x) \approx 0$이라고 가정하는 것은 타당할 것이다. 얻은 해의 그래프로부터 x가 증가함에 따라 빠르게 $f'(x) \to 1$로 됨으로써 x=6은 경계조건에서 무한으로서의 기능을 수행하기에 충분히 크다는 사실을 정당화시켜주고 있음을 보여라. f''(0)에 대하여 계산한 값을 Cebeci와 Keller가 제시한 값 0.92768과 비교하여라.

■ 연습문제 3.24

반 무한체를 지나는 점성 비압축성 흐름에 대한 논의에서 Cole(1968, p.159)은 BVP

$$\begin{aligned} &G' - xF' = 0, \quad G(0) = F(0) = 0 \\ &F'' + 2(xF - G)F' + 2(1 - F^2) = 0, \quad F(+\infty) = 1 \end{aligned}$$

을 고려하고 있다. 무한에서의 경계조건을 어떤 한정된 X 값에 대한 경계조건 F(X)=0으로 대체하여 이 문제를 풀어라. 예를 들어 X = 2, 3 및 4와 같은 몇 가지 값들을 시도하여 얻은 해에 대한 확신을 얻도록 하여보라. 물리적으로 가장 관심있는 양(표면마찰)은 F'(0)의 곱이므로 F'(0)에 대하여 계산한 값들을 제시하여라.

이 BVP는 연습문제 3.8에서와 아주 유사하게 처리할 수 있다. $x \to \infty$일 때 G(x)가 극한을 갖거나 적어도 한계지어진다고 가정하면 경계조건 $F(\infty)=1$을 이용하여 $xF - G \sim x$라고 결론지을 수 있다. 이 근사를 이용하고 x가 클 때 작은 값을 갖는 항 $(1-F^2)$을 무시하면 $F'' + 2xF' = 0$에 따른 2차 ODE의 근사에 이른다. 이 ODE를 풀면 일정한 β에 대하여

$$F'(x) \sim \beta e^{-x^2}$$

를 얻는다. 이를 적분하고 무한에서의 경계조건을 부여하면

$$F(x) \sim 1 - \beta \int_{x}^{\infty} e^{-t^2} dt = 1 - \frac{\beta\sqrt{\pi}}{2} erfc(x)$$

를 얻는다. 상보 오차함수에 대한 표준적인 점근적 표현

$$erfc(x) \sim \frac{e^{-x^2}}{x\sqrt{\pi}}$$

을 이용하면 x가 증가함에 따라 매우 빠르게 $F(x) \to 1$이 됨을 알 수 있다. 첫 번째 ODE로 돌아가면

$$G'(x) = xF'(x) \sim \frac{\beta}{2}(2xe^{-x^2})$$

를 얻고 이를 적분하여

$$G(x) \sim G(\infty) - \frac{\beta}{2} e^{-x^2}$$

를 얻는다. G(x)는 $x \to \infty$일 때 극한을 가짐은 물론 그 극한에 매우 빠르게 접근한다. 두 미지함수들은 x가 증가함에 따라 매우 빠르게 극한에 접근하므로 매우 작은 X 값으로 보이는 위치에서 수치적 경계조건 F(X)=1을 부과할 수 있다. (사실 부과해야 한다.) 이 BVP는 수치적으로 쉽게 풀 수 있지만 어려움에 부닥친다면 이러한 분석을 이용하여 보다 유익한 경계조건을 제공할 수 있다. 이러한 해석적 근사들은 x가 클 때에만 정확하지만 모든 x에 대하여 이들을 풀이기에 추측치로 사용할 수 있다. 이를 위해서는 경계조건 G(0)=0 및 F(0)=0을 부과하여 β와 $G(\infty)$를 결정하는 것이 당연할 것이다.

■ 연습문제 3.25

보기 3.5.5에 보인 바와 같이 프로그램 ch3ex5.m으로 실험하여 보라. 특히 옵션을 다양하게 선택하는 것이 여러분의 컴퓨터 수행시간에 얼마나 영향을 미치는가를 살펴보라. 오류 메시지를 생성하는 것은 확실히 어렵지는 않지만 이를 우연히 해보지 않았다면 풀이기가 실패결과를 어떻게 제시하는가를 보기 위해 고안된 몇 가지 실험을 시도해 보아야 한다.

■ **연습문제 3.26**

Fisher의 BVP의 해 U(z)를 근사하기 위하여 Murray(1993)는 변수 $\xi = z/c$와 $q(\xi) = U(z)$들을 도입하였다. ODE는

$$c^{-2}q'' + q' + q(1-q) = 0$$

과 같이 되며 경계조건은

$$q(-\infty) = 1, \quad q(\infty) = 0$$

으로 된다. "큰" c에 대하여 해 $q(\xi)$는 외부해, 즉

$$q_0' + q_0(1-q_0) = 0$$

의 해 $q_0(\xi)$로 근사된다. 일반적으로 그러한 해는 두 경계조건들을 만족시킬 수 없지만 이 경우에서는 해

$$q_0(\xi) = \frac{1}{1+e^{\xi}}$$

가 이들을 만족시킨다. 원래의 독립변수들로 되돌아가면 외부해는

$$U(z) \approx \frac{1}{1+e^{z/c}}$$

가 된다. 이 근사해를 수치해와 비교함으로써 Murray가 발견하였듯이 이는 놀랍도록 우수한 근사이다. 이를 더 잘 이해하기 위하여 이 근사는 양 끝점들 근처에서 올바른 정성적 거동을 나타냄을 보여라. 3.3.2절에서 (1) $z \to +\infty$에 따라 $\beta = (-c + \sqrt{c^2-4})/2$일 때 해 $U(z) \sim e^{\beta z}$이며 (2) $z \to -\infty$에 따라 $\alpha = (-c + \sqrt{c^2+4})/2$일 때 해는 $U'(z) \sim \alpha(U(z)-1)$을 만족함을 알았다. 시작하려면 먼저 $z \to +\infty$에 따라 $q_0 \sim e^{-z/c}$임을 주목한다. 다음에 "큰" c에 대하여 $\beta \approx -1/c$임을 보인다. 여기에서 이항수열로부터의 근사

$$\sqrt{c^2-4} = c\sqrt{1-4/c^2} \approx c(1-2/c^2)$$

가 필요하게 될 것이다. 프로그램 ch3ex5.m을 수정하여 추측치로서 이 근사해

(및 이의 미분)를 이용하도록 하라. 이를 이용하면 계산이 눈에 띠게 빨라지는가? 몇 가지 c 값에 대하여 근사해 및 수치해 모두의 그래프를 그려서 근사에 따른 추측치가 얼마나 좋은지를 확인하여 보라.

■ 연습문제 3.27

ch3ex4.m에서 ODE의 계산을 벡터화시키고 수정된 프로그램의 이름을 mch3ex4.m으로 붙여라. 옵션 Vectorized를 on으로, 다음에 off로 설정하고 두 번째 호출

```
>>tic, mch3ex4, toc
```

로부터의 결과를 비교함으로써 수행시간에 미치는 벡터화의 영향을 측정하여라. (두 번째 및 그 이후의 호출은 첫 번째 호출과는 상당히 다른 수행시간을 보인다.)

■ 연습문제 3.28

보기 3.5.6의 BVP를 가지고 실험하여라. 벡터화와 해석적 편미분을 이용하는 것이 여러분의 컴퓨터에서의 수행시간에 어떻게 영향을 미치는지를 스스로 알아보라. ch3ex6.m을 수정하여 Reynolds 수 R=1,000,000에 대하여 BVP를 풀어보라. 풀이기가 충분히 큰 수의 격자점들을 갖는 것이 허용되지 않을 경우 어떤 일이 일어나는지를 살펴보라. (length(sol.x)를 이용하여) 연속경로 상에서 다양한 값의 R에 대하여 문제를 풀기 위해 풀이기가 이용하는 격자점들의 수를 감지하여라.

■ 연습문제 3.29

$\epsilon=0.1$에 대하여 보기 3.5.2의 BVP를 풀었지만 Keller(1962)는 어떤 범위의 ϵ에 대한 해에 관심이 있었다. 연속화 과정에서 한 가지 값의 ϵ에 대한 해를 다음 단계에 대한 추측치로 이용함으로써 이러한 연속화를 수행하는 것이 효율적이다. 파라미터 $\epsilon \to 0$에 따라 방정식의 차수가 줄어들어서 여기에서는 대수 방정식으로 되기 때문에 ODE는 특이하다. 대체적으로 이와 같은 특이교란 문제는 ϵ이 작을 경우 하나, 혹은 두 끝점들 근처에서 해가 급격하게 변하기 때문에 풀기가 어렵다. 이러한 일이 일어나는 것은 $\epsilon=0$에 대한 ODE의 해는 보다 저차인 ODE의 해이며 따라서 모든 경계조건들을 동시에 만족시킬 수 없기 때문이다. $\epsilon=0$에 대한 해가

$$y(x) = \sin^2(x), \quad \lambda = 1$$

이며 이는 두 경계조건들을 사실상 만족한다는 면에서 윤활문제는 독특하다. 따라서 경계층은 없는 셈이다. 이러한 (외부) 해가 추측값으로 사용된다면 bvp4c는 작은 값의 ϵ에 대하여 어려움없이 윤활문제를 해결한다. 그러나 몇 가지 값의 파라미터들에 대하여 해를 어떻게 효율적으로 계산하는가에 대한 통찰을 얻고 연속성을 연습하여 보기 위해 $\epsilon = 0.01$인 경우의 BVP를 연속성에 의하여 풀어보라. 해의 그래프를 그리고 미지의 파라미터 λ에 대하여 계산한 값을 반환하여라. $\epsilon = \frac{1}{10}, \frac{1}{20}, \cdots, \frac{1}{100}$에 대하여 BVP를 연속적으로 풀도록 프로그램 ch3ex2.m을 수정함으로써 이를 수행하여라. ODE와 경계조건들은 간단하므로 해석적 편미분을 제공하는 것은 쉽다. 해석적 편미분을 제공하여 보고 이에 따라 수행시간이 얼마나 단축되는지 살펴보라. 프로그램 ch3ex2.m에서 ODE의 스칼라 형태는

```
dydx = (sin(x)^2 - lambda*sin(x)^4/y)/epsilon;
```

이다. BVP 풀이기에 대하여 y는 물론 x에 대해서도 벡터화시켜야 함을 상기하라. 이는

```
dydx = (sin(x) .^2 - lambda*sin(x) .^4 ./ y(1,:))/epsilon;
```

에 의하여 이루어질 수 있다.

■ 연습문제 3.30

Ascher 등(1995)의 보기 1.10은 분리되지 않은 경계조건들을 처리하는 방법을 보여주기 위해 이용되는 질병확산 모델이다. [0, 1]에서 ODE

$$y_1{}' = \mu - \beta(t) y_1 y_3$$
$$y_2{}' = \beta(t) y_1 y_3 - \frac{y_2}{\lambda}$$
$$y_3{}' = \frac{y_2}{\lambda} - \frac{y_3}{\eta}$$

를 풀어 주기해를 얻는다. 즉 해 벡터는

$$y(1) = y(0)$$

을 만족해야 한다. 이 BVP를 bvp4c를 이용하여 풀어보라. 그러나 풀이기가 분리되지 않은 경계조건들을 제공하지 않는다면 Ascher 등(1995)이 제안한 바와 같이 이들을 분리할 수 있다; c(t)를 3성분 벡터라 하고 y(t)에 대한 ODE에 이 성분들을 일정하게 만들어주는 자명한 방정식 c'=0을 추가한다. 이들은 일정하므로 주기성 조건은 분리된 경계조건 y(0)=c(0) 및 y(1)=c(1)으로 대체될 수 있다.

$\mu = 0.02$, $\lambda = 0.0279, \eta = 0.01$ 및 $\beta(t) = \beta_0(1 + \cos 2\pi t)$에 대하여 이 BVP를 풀어보라. 여기에서 $\beta_0 = 1575$이다. 이 BVP는 일정한 추측값을 이용하여 쉽게 풀 수 있지만 적당한 추측값을 찾는 데에 곤란을 겪을 수 있다. 분리되지 않은 경계조건에 대한 경험을 얻기 위해 이 문제를 푸는 것이라면 1e−3*ones(3,1) 같은 것을 시도하여 보라. BVP의 해를 계산하기 위해 어떻게 연속성을 사용할 것인가에 관심이 있다면 계속 읽어본다. 보기 3.5.7에 비추어 볼 때 ODE들을 이들의 선형 부분으로 근사하는 것이 자연스러울 것이다. 이에 따른 어려움은 이로부터 얻어지는 ODE들이 주기적인 해를 갖지 않는다는 것이다! 이는 첫 번째 방정식 $y_1{}' = \mu$에 대한 선형 근사로부터 쉽게 알 수 있다. 해는 기울기가 양인 직선이므로 주기적인 것이 될 수 없다. 비선형 항을 무시할 수 없는 것으로 보인다. 반면에 비선형성을 약화시켜서 풀기가 보다 쉬운 BVP를 얻을 수 있다. 이를 위한 자연스러운 방법은 β_0를 파라미터로 간주하는 것이다. $\beta_0 = 10$이면 비선형성은 강하지 않으며 BVP는 ones(3,1)의 추측값으로 쉽게 풀린다. 이 BVP의 해를 추측값으로 이용하여 (이를테면) $\beta_0 = 100$인 BVP를 풀 수 있으며 그 이후도 마찬가지이다. 수열 $\beta_0 = 10$, $100, 500$, 1000, 및 1575에 대하여 어려움없이 주어진 문제의 해를 계산하였다. 지금까지 언급한 바에 따라 스스로 무언가를 시도하여 보라. 보기 3.5.7에서와 같이 각 연속성 단계에서 해가 어떻게 변하는가를 살펴보는 것은 흥미로운 일이므로 각 β_0에 대한 해의 그래프를 그려보라. 해의 그래프에서는 $y_2(t)$와 $y_3(t)$에 100을 곱하는 것이 편리하다.

제 4 장

지연 미분방정식

4.1 서 론

상미분 방정식 시스템

$$y'(t) = f(t, y(t)) \tag{4.1}$$

에서 해의 미분은 현재시간 t에서의 해에 따라 좌우된다. 지연 미분방정식 시스템에서 미분들 역시 이전 시간들에서의 해에 따라 좌우된다. 이 장에서는 지연(지체) τ_j가 양의 상수로서

$$0 < \tau_1 < \tau_2 < \cdots < \tau_k$$

인 다음과 같은 형태의 DDE들을 살펴보고자 한다:

$$y'(t) = f(t, y(t), y(t-\tau_1), y(t-\tau_2), \cdots, y(t-\tau_k)) \tag{4.2}$$

가장 짧은 지연을 τ, 가장 긴 지연을 T로 표시하는 것이 편리할 것이다. Baker, Paul & Wille(1995a)의 조사에서 예시되었듯이 DDE들은 전반적인 과학분야의 모델들에서 나타나지만 이들은 특히 생물학적 모델에서 널리 이용됨이 보기들에서 명백해질 것이다. 지연이 일정한 DDE들은 매우 크고 중요한 클래스이다. 실제로 Baker와 그의 동료들(1995a)은 DDE들을 포함하는 광범위한 응용 사례들을 정리하였으며 "모델링 관련 문헌들에서 가장 빈번하게 나타나는 지연함수들은 상수들"임을 지적하였다(Baker, Paul & Wille, 1995b). 나아가 일정한 지연을 갖는 문제들로 관심을 제한시킴으로써 보다 일반적인 문제에 대한 소프트웨어보다 더 효율적이고 동시에 아마도 더 신뢰할 수 있는 소프트웨어의 개발이

가능하다. 일반적으로 ODE의 풀이에 이용된 방법들을 확장시켜 DDE의 풀이에 이용할 수 있다. 특히 우리가 여기에서 다루게 될 MATLAB 풀이기 dde23은 MATLAB IVP 풀이기 ode23에서 사용되는 방법에 근거하고 있다. dde23의 사용자 접속기는 ode23과 매우 흡사하지만 DDE와 ODE 간의 차이로 인하여 MATLAB BVP 풀이기 bvp4c와도 유사하다.

DDE와 ODE는 4.2절에서 논의되는 중요한 방법들에서 차이가 있다. 4.3절은 IVP를 위해 제 2장에서 개발된 수치적 방법들이 어떻게 일정한 지연을 갖는 DDE의 풀이에 이용될 수 있는가에 대하여 다루고 있다. 4.4절의 보기들은 dde23을 이용하여 어떻게 DDE를 푸는가를 보이고 있다; 여기에서는 또한 DDE와 ODE 사이의 차이점들을 강조하고 있다. 마지막 절에서는 다른 종류의 DDE들을 간략하게 언급하고 있다. 이들은 추가적인 어려움을 나타내므로 이들을 풀기 위한 방법과 소프트웨어들은 별로 개발되어 있지 않다. 그렇지만 우리가 간단히 언급하는 문제들을 위한 몇 가지 유용한 (Fortran 77) 코드들이 있다.

4.2 지연 미분방정식

DDE와 ODE에 대한 IVP들 간의 일부 중요한 차이점들을 언급하는 것으로 시작하기로 한다. 가장 명백한 차이는 초기 데이터이다. ODE 시스템 (4.1)의 해는 초기점 t=a에서의 값으로 결정된다. (4.2)의 DDE 계산에 있어서 $y(t-\tau_i)$와 같은 항들은 초기점 이전의 점들에서의 해의 값을 나타낼 수 있다. 특히 점 t=a에서 DDE를 계산할 경우 $y(a-T)$의 값을 알고 있어야 한다. 이로부터 DDE의 경우 주어진 초기 데이터는 y(a)뿐만 아니라 "과거"를 포함해야 함을 알 수 있다: 여기에서 과거란 구간 $[a-T,a]$의 모든 t에 대한 y(t) 값들을 말한다. 수치해는 S(t)로 나타내어지며 따라서 $t \le a$에서는 이를 이용하여 주어진 과거 데이터를 나타낼 것이다.

ODE 및 DDE 모두에 대한 IVP를 위한 수치적 방법들은 다수의 연속적인 미분들을 지니는 해를 갖는 문제들을 위한 것들이므로 저차 미분들에서의 불연속성은 특별한 주의를 필요로 한다. 그러한 불연속성들은 ODE의 경우 드물지 않지만 DDE의 경우에는 거의 언제나 존재한다. 이는 과거 함수의 1차 미분은 초기점에서의 해의 1차 미분과는 거의 언제나 다르기 때문이다. 즉 거의 언제나 다음 관계가 성립한다:

$$y'(a-) = S'(a-) \neq y'(a+) = f(a, S(a-\tau_1), S(a-\tau_2), \cdots, S(a-\tau_k))$$

저차 미분들에서의 불연속성들이 흔히 발생하는 다른 방법들이 있다. 어떤 문제들은 저차 미분들에서 불연속성이 존재하는 과거를 지닌다. 예를 들면 연습문제 4.8에서 우리는 Marchuk에 의한 면역모델의 해를 고려하고 있다. $t \le 0$에 대한 그 과거의 한 가지 성분은 $\max(0, t+10^{-6})$이므로 $t=-10^{-6}$에서 이 성분의 1차 미분에 불연속성이 존재한다. ODE에서와 같이 모델의 변화는 재시작에 해당하므로 변화를 통하여 해가 연속이라 하더라도 1차 미분에서 불연속성이 도입된다. 이는 미리 알려진 시점이나 이벤트 배치에 의하여 결정되어야 하는 시점에서 발생할 수 있다. 연습문제 4.7에서는 감염 확산에 대한 (Hoppensteadt 및 Wattman에 의한) 모델의 해를 다루고 있다. 이 문제는 구간 [0, 10]에서 설정되어 있다. 감염 확산의 다른 위상을 나타내는 데에 다른 미분방정식들이 사용되므로 미리 알려진 시점에서 해의 1차 미분에서의 불연속성들이 도입된다. 보기 4.4.5는 이벤트가 발생할 때 달라지므로 미리 알 수 없는 시점들에서의 미분방정식들을 보이고 있다.

불연속성들은 전진하기 때문에 ODE보다는 DDE에서 훨씬 더 심각한 문제가 된다. 이에 대한 형식적 증명은 궁색하지만 무슨 일이 일어나는지를 이해하는 것은 쉽다. 매끄러운 함수 f의 경우 식 (4.2)는 현재시간 t에서 미분 y'의 매끄러움이 과거 시간 $t-\tau_j$에서 해 y의 매끄러움에 따라 좌우된다는 것을 보여준다. 식을 미분하면 고차미분에서도 마찬가지임을 알 수 있다. 우리가 잠시 뒤에 해석적으로 풀게 될 다음과 같은 하나의 보기를 염두에 두는 것이 도움이 될 것이다:

$$y'(t) = y(t-1) \tag{4.3}$$

이 방정식의 경우 분명히 $y^{(k+1)}(t) = y^{(k)}(t-1)$이다. 일반적으로 시간 t^*에서 차수 k인 불연속성이 존재함으로써 $t=t^*$에서 $y^{(k)}$가 점프한다면 변수 t가 $t^*+\tau_j$를 지나 움직임에 따라 식 (4.2)의 항 $y(t-\tau_j)$로 인하여 $y^{(k+1)}$에 불연속성이 존재하게 된다. 다수의 지연이 있는 경우 시간 t^*에서의 불연속성은 시간

$$t^*+\tau_1,\ t^*+\tau_2,\ \cdots,\ t^*+\tau_k$$

에 따라 전진하며 이번에는 이들 각각의 불연속성이 전진된다. 시간 t^*에서 차수 k인 불연속성이 존재한다면 각각의 시간 $t^*+\tau_j$에서의 불연속성은 차수가 적어도 k+1이며 이하 마찬가지이다. 지연의 영향은 보다 고차의 미분에서 나타나므로 적분을 수행함에 따라 해는 점점 더 매끄러워진다. 이러한 "매끄러워짐"은

DDE의 수치적 풀이에 매우 중요한 것으로 밝혀져 있다. 불연속성의 전진은 연습문제 4.1에서 다루어지고 있다. 불연속성들을 포함하는 문제들은 연습문제 4.7, 4.8, 4.10 및 4.14에서 풀이되고 있다.

*스텝 방법*은 DDE들을 일련의 ODE들로 환원시킴으로써 이들을 푸는 기법이다. 이 기법이 어떻게 이루어지고 아울러 불연속성의 전진을 어떻게 예시하여 주는가를 보이기 위하여 $t \leq 0$에서 $S(t)=1$의 과거를 갖는 식 (4.3)을 풀어보기로 한다. 구간 $0 \leq t \leq 1$에서는 $t-1 \leq 0$이므로 (4.3)의 함수 y(t−1)은 $S(t-1)=1$의 알려진 값을 갖는다. 이 구간에서의 DDE는 초기값이 y(0)=S(0)=1인 ODE y'(t)=1로 환원된다. 이 IVP를 풀면 $0 \leq t \leq 1$에서 y(t)=t+1을 얻는다. 이 DDE의 해는 1차 미분값이 원점의 왼쪽에서는 0이고 오른쪽에서는 1이므로 t=0에서의 1차 미분이 대표적인 불연속성을 나타낸다. 이제 $t \leq 1$에 대한 해를 알고 있으므로 구간 $1 \leq t \leq 2$에서의 DDE를 초기값이 y(1)=2인 ODE y'=(t−1)+1=t로 환원시키고 이 IVP를 풀어 이 구간에서 $y(t)=0.5t^2+1.5$를 얻는다. t=1에서 1차 미분은 연속이지만 2차 미분에서 불연속성이 나타난다. 구간 [k,k+1]에서 DDE의 해는 차수가 k+1인 다항식이며 이 해는 시간 t=k에서 차수 k+1인 불연속성을 가짐을 아는 것은 어렵지 않다. 일반적인 방정식 (4.2)에 대해서도 똑같은 방법으로 진행할 수 있다. $t \leq a$에 대하여 정의된 과거함수 S(t)를 이용하면 DDE는 구간 $[a, a+\tau]$에서 ODE로 환원된다. 이는 각 j에 대하여 인수 $t-\tau_j \leq t-\tau \leq a$ 및 $y(t-\tau_j)$는 알고 있는 값 $S(t-\tau_j)$를 갖기 때문이다. 따라서 ODE 시스템에 대하여 초기값이 y(a)=S(a)인 IVP를 갖게 된다. $[a, a+\tau]$에서 이 문제를 풀고 S(t)를 이 IVP의 해로 취함으로써 S(t)의 정의를 이 구간까지 확장한다. 이제 $t \leq a+\tau$에 대한 해를 알게 되었으므로 구간 $[a+\tau, a+2\tau]$로 이동할 수 있으며 그 이후도 마찬가지이다. 이러한 방법으로 ODE들에 대한 일련의 IVP를 해결함으로써 관심있는 구간 전체에서 DDE를 풀 수 있다. 비록 지연이 일정한 문제에 주로 관심을 두고 있지만 스텝 방법은 분명히 지연이 t와 y(t) 모두에 따라 좌우되는 DDE들에 대해서도 적용할 수 있다. 주된 요구조건은 간단히 지연들이 모두 상수 $\tau > 0$ 이하로 제한되어야 한다는 것이다.

■ 연습문제 4.1

다음 문제는 미분 불연속성의 전진과 스텝 방법에 대한 여러분의 이해를 측정하려는 문제이다. MATLAB의 Maple 커널이나 Maple 자체와 같은 컴퓨터 대수 계산 패키지는 이들 계산에 가장 도움이 될 것이다.

- $1 \le t \le 3$에서 DDE $y'(t) = [1 + y(t)]y(t-1)$을 풀어라. 과거 데이터는 $0 \le t \le 1$에서 $y(t) = 1$이다. t=1과 t=2에서 미분 불연속성을 입증하여라.

- $1 \le t \le 4$에서 DDE $y'(t) = [1 + y(t)]y(t/2)$를 풀어라. 과거 데이터는 $\frac{1}{2} \le t \le 1$에서 $y(t) = 1$이다. t=1과 t=2에서 미분 불연속성을 입증하여라. 풀이를 계속한다면 이후의 어느 시점에서 미분 불연속성이 나타나는가?

- $1 \le t \le 2$에서 DDE $y'(t) = [1 + y^2(t)]y(t-1)$을 풀어라. 과거 데이터는 $0 \le t \le 1$에서 $y(t) = 1$이다. 해는 t=2까지 확장되는가?

- ODE에서 어떤 항의 효과에 작은 지연을 추가하는 것은 해의 정성적 거동을 변화시킬 수 있다. 이에 대한 보기로서 먼저 초기값이 y(0)=1인 ODE $y'(t)$의 해가 $t \ge t^*$에서 정의되지 않는 한정된 점 $t^* > 0$가 존재함을 보인다. 다음에 $t \le 0$에서 과거 데이터가 y(t)=1인 DDE $y'(t) = y(t)y(t-\tau)$의 해는 *지연 $\tau > 0$가 아무리 작다 하더라도* 모든 $t \ge 0$에서 정의됨을 확인한다. 이를 수행하기 위해 $y_k(t)$를 $[k\tau,\ (k+1)\tau]$에서 DDE의 해라고 하자. 먼저 $y_0(t)$가 존재하며 모든 $[0,\ \tau]$에서 연속임을 보인다. 다음에 만일 $y_k(t)$가 존재하며 모든 $[k\tau,\ (k+1)\tau]$에서 연속이라면 $y_{k+1}(t)$가 존재하며 모든 $[(k+1)\tau, (k+2)\tau]$에서 연속임을 보인다. 그렇다면 귀납법에 따라서 모든 $t \ge 0$에서 DDE의 해가 존재한다는 사실이 성립된다.

- ODE $y'(t) = -y(t)$의 모든 해들은 감쇠하는 지수함수이다. DDE $y'(t) = -y\left(t - \frac{\pi}{2}\right)$는 $y(t) = A\sin(t) + B\cos(t)$ 형태의 해를 가짐을 보임으로써 지연의 영향으로 다른 종류의 해가 얻어질 수 있음을 보여라.

4.3 DDE에 대한 수치적 방법

스텝 방법은 ODE에 대한 일련의 IVP들을 해결함으로써 일정한 지연들을 갖는 DDE들을 풀 수 있음을 보여준다. IVP의 풀이방법에 대해서는 많은 것들이 알려져 있으므로 이는 DDE를 해석적 및 계산적으로 풀이하기 위한 유용한 접근방법이었다. 적분이 진행됨에 따라 해는 매끄러워지므로 가장 짧은 지연 τ가 적분구간의 길이에 비하여 작다면 상당히 많은 IVP들이 존재할 수 있으며 이들 각각은 흔히 단지 몇 스텝만으로 풀 수 있다. 이러한 상황에서는 명시적 Runge-Kutta 방법들이 효율적이면서 편리하다. 이 때문에 대부분의 풀이기들은 명시적 Runge-Kutta 방법에 바탕을 두고 있다; 특히 MATLAB DDE 풀이기인 dde23은 ODE 풀이기 ode23에서 이용되는 BS(2,3) 쌍에 근거하고 있다. 이하에서 우리는 방법을 어떻게 실제적인 것으로 만드는가에 대하여 고려하며 dde23을 이용하여 요점들을 예시하고 있다. dde23에 대한 보다 이론적이고 실제적인 세부내용은 Shampine & Thompson(2001)에서 찾아볼 수 있다.

여기에서는 4.2절에서 스텝 방법을 설명하기 위해 이용된 보기를 사용하여 몇 가지 논점들을 밝혀볼 것이다. 구간 $0 \le t \le 1$에서 식 (4.3)의 풀이에서 DDE는 ODE로 환원되며 y(0)=1이고 y(t−1)은 주어진 과거 S(t−1)과 같게 둔다. 명시적 Runge-Kutta 방법을 이용하여 이 IVP를 푸는 것은 매우 쉽다. 다음 구간으로 이동할 때 심각한 복잡성이 대두된다. 이 구간에서의 ODE는 이전 구간에서의 해에 따라 좌우된다. 그러나 이 해의 계산을 위해 고전적 형태의 Runge-Kutta 방법을 이용한다면 구간 [0,1]에서의 격자에서만 해를 근사하는 것이다. 최초로 널리 이용된 DDE 풀이기 DMRODE(Neves, 1975)는 3차 Hermite 안짐작을 이용하여 구간의 다른 점들에서 필요로 하는 근사해들을 얻는다. 정확한 안짐작을 위한 정확한 적분을 위해 선택한 구간 크기가 너무 클 수 있기 때문에 이 방법이 전적으로 만족스러운 것은 아니다. 여기에서 우리가 필요한 것은 Runge-Kutta 방법의 연속적인 확장이다. ode23 코드에서 이용되는 BS(2,3) Runge-Kutta 방법은 우연히 3차 Hermite 안짐작에 근거하는 정확한 연속적 확장에 따라 유도되었다.

현재시간 t에 도달함에 따라 뒤의 $t-T$시점까지 근사해 S(t)를 구할 수 있어야 한다. 이는 구분적 다항식 함수 S(t)의 계산에 필요한 정보를 저장해야 함을 의미한다. BS(2,3) 쌍의 연속적 확장은 격자점들 사이의 3차 Hermite 안짐작에 해당하므로 각 격자점에서 근사해의 기울기와 값은 물론 격자를 유지하는 것으로 충분하다. dde23 코드는 해를 임의의 이름을 취할 수 있는 구조체로 반환하는데 그 이름을 sol이라고 부르기로 하자. 격자는 필드 sol.x로 반환된다. 격자점에서의 해와 기울기는 각각 sol.y 및 sol.yp로 반환된다. 이러한 형태의 출력은 ode23에 대해서는 옵션이지만 dde23으로부터의 출력이 갖는 유일한 형태이다. IVP 풀이기들에서와 같이 해 구조체와 보조함수 deval을 이용하여 연속확장을 계산한다. 적분구간의 임의의 위치에서 해를 계산할 수 있는 것이 때로는 유용하지만 IVP 풀이기에서의 상황과는 달리 여기에서는 문제의 풀이를 위해 이 기능이 필요하다.

해를 구조체로 나타내는 것은 사용자 접속기를 간단하게 하여준다. DDE를 푸는 경우 안짐작에서 필요로 하는 정보 외에도 특정 문제에 따라 좌우되는 다른 정보를 확보하여야 한다. 이 정보를 해 구조체의 필드로 유지하는 것은 편리하면서도 돌출되지 않는다. 초기의 모든 DDE 풀이기들은 동적인 저장공간 할당이 없는 Fortran 버전으로 작성되었다. 이는 사용자 접속기를 상당히 복잡하게 하여주며 불충분한 저장공간을 할당할 실제적 가능성이 존재한다. MATLAB의 동적 저장공간 할당과 구조체의 사용으로 dde23에 대한 보다 간단하고 보다 강력한 사용자 접속기가 가능해진다.

보기 DDE (4.3)으로부터 적분이 수월한 ODE에 이르게 되므로 코드에서는 효율성을 위하여 큰 스텝 크기의 사용을 시도할 것이다. 실제로 Runge-Kutta 공식들은 첫 번째 구간에서 정확하지만 점 t=1에서는 해가 매끄럽지 않으므로 풀이기에는 이 점을 지나치는 스텝이 허용되지 않는다. 불연속성이 무시된다면 Runge-Kutta 방법의 차수는 낮아질 수 있다. 그렇다면 수치해는 기대했던 만큼 정확하지는 않지만 오차 추정자가 유효하지 않다는 사실이 더 나쁜 점이다. 이는 오차가 두 공식들로부터의 결과의 비교에 의하여 추정되는데 함수 f가 충분히 매끄럽지 않을 경우 두 결과의 어느 것도 통상적인 차수를 갖지 않기 때문이다. 이러한 어려움은 스텝 크기를 조정하여 해 y(t)가 잠재적인 저차의 불연속성을 갖는 모든 점들이 격자점들이 되도록 함으로써 처리될 수 있다. 이는 함수 $y(t), y(t-\tau_1), \cdots, y(t-\tau_k)$의 어느 것도 t_n으로부터 t_n+h까지의 스텝 구간에서 저차의 불연속성을 가질 수 없음을 의미한다. 해 y(t)의 불연속성으로 들어서기 때문에 y(t) 자체에 대해서는 이 사실은 분명하다. 점 $\xi-\tau_j$에서 y(t)의 불연속성은 점 ξ까지 전진될 것이고 스텝이 이 점을 지나치지 않도록 스텝 크기 h를 제한시켰을 것이므로 (t_n, t_n+h)에서 어떤 함수 $y(\xi-\tau_j)$가 매끄럽지 않은 점 ξ는 있을 수 없다. Runge-Kutta 공식들은 1-스텝 공식들이므로 이러한 방법으로 계속해 간다면 이 공식들은 스텝 구간에서 매끄러운 함수들에 적용되며 공식들은 기대한 차수를 갖는다.

앞에서 지적한 바와 같이 DDE를 풀 경우 초기점에서 거의 언제나 하나의 불연속성이 존재하며 이들은 적분구간 전체에 걸쳐 전진하기 때문에 저차의 불연속성은 심각한 어려움이 된다. 한편 불연속성의 차수는 앞으로 전진할 때마다 증가하므로 이들이 수행되는 공식에 영향을 미칠 때까지만 불연속성들을 추적할 필요가 있다. dde23은 적분을 수행하기 전에 적분에 영향을 미칠만큼 충분히 작은 저차의 모든 불연속성들을 위치시킨다. dde23은 초기점에서의 1차 미분에 불연속성이 존재할 것이라고 가정한다. 어떤 문제들은 미리 알려진 추가의 점들에서 불연속성들을 갖는다. 그러한 불연속성들을 dde23에 알려주기 위해 점들은 옵션 Jumps의 값들로 제공된다. 옵션들은 IVP에서 odeset으로 설정된 바와 같이 보조함수 ddeset에 의하여 설정된다. 예를 들면 연습문제 4.7의 Hoppensteadt-Waltman 모델의 3개 불연속성들은

```
c = 1/sqrt(2);
options = ddeset('Jumps',[(1-c), 1, (2-c)]);
```

와 같이 제공될 수 있다. 과거 데이터 및 적분의 나머지에서의 불연속점들 사이에 어떠한 구분도 이루어지지 않으므로 연습문제 4.8의 Marchuk 모델의 불연속성은 동일한 방법으로 처리된다. 연습문제 4.10은 Jumps를 이용하는 약간의 실습을 제공하고 있다. 때로는 초기값 y(a)는 과거값 S(a)와 다른 값을 갖는다. 이는 y(a)를 옵션 InitialY의 값으로 제공함으로써 처리된다. 초기점에서의 해 자체에 불연속성이 존재할 경우 이를 보통의 경우보다 한 수준 높게 될 때까지 추적해야 한다. 연습문제 4.6의 DDE 풀이에 InitialY 옵션이 사용되고 있다.

각각의 초기 불연속점 ξ는 점

$$\xi+\tau_1,\ \xi+\tau_2,\ \cdots,\ \xi+\tau_k$$

들로 전진하는데 불연속성의 차수는 1씩 증가한다. 이번에는 얻어지는 각각의 불연속점들이 동일한 방법으로 전진한다. 불연속점들의 위치는 불연속점들의 차수가 충분히 커서 수행되는 공식의 성능에 영향을 미치지 않을 경우 반올림할 수 있는 트리를 이룬다. 불연속성의 전진에 있어서는 DDE가 두 지연 1/3과 1을 가지며 적분이 t=0에서 시작한다고 가정할 경우 드러나는 실제적인 어려움이 존재한다. 첫 번째 지연은 점 0, $\frac{1}{3}$, $2\times\frac{1}{3}$, $3\times\frac{1}{3}$, $\cdots$ 들에서의 불연속성들을 야기하며 두 번째 지연으로 인하여 점 0, 1, 2, 3, ...에서 불연속성들이 나타난다. $3\times\frac{1}{3}$에 대한 한정된 정밀도 표현이 1과 완전히 같지 않다는 데에 어려움이 있다. 풀이기에게는 서로 최대한 근접한 두 불연속점들이 존재하는 것으로 보인다. 스텝 크기는 불연속점들 사이의 거리에 의하여 제한되므로 이는 재앙이 된다. 풀이기 dde23은 반올림항의 10단위 이상 차이가 나지 않는 점들은 동일한 것들로 간주하고 이들 가운데 하나를 제거함으로써 이 문제를 처리한다. 이러한 기능은 전진의 각 수준에서 수행됨으로써 복제항들이 가급적 신속하게 제거될 수 있도록 한다.

DDE 시스템 (4.2)의 풀이는 적분이 진행됨에 따라 더욱 매끄러워지며 해당되는 스텝 크기의 증가를 기대할 수 있게 하여준다. 분명히 저차의 불연속점을 건너뛰지 않도록 스텝 크기를 제한시켜야 하지만 불연속점들이 더 이상 존재하지 않는다면 무슨 일이 일어나는가? 스텝 크기는 가장 짧은 지연값으로 제한되는 것으로 보인다. 이는 만일 스텝 크기를 $h>\tau$로 하여 t_n으로부터 t_n+h로 건너뛴다면 인수 $t-\tau_j$들 가운데 적어도 하나는 구간 $(t_n, t_n+h]$에 떨어질 것이기 때문이다. 이는 스텝 구간의 점들에서의 해 값을 필요로 할 것이지만 그곳에서의 해를 계산하려고 시도하고 있으며 이 값들을 모르고 있음을 의미한다! 어떤 풀이기들은 스텝 크기에 대한 이러한 제약을 수용한다. dde23을 포함하는 다른 풀이기들은 해의 매끄러움에 적합한 것으로 보이는 크기의 스텝을 이용하며 이러한 방법에서 생겨나는 함축적 공식들을 계산하기 위해 반복과정을 수행한다. t_n에 이르면 $t \le t_n$에서의 해에 대한 구분적 3차 다항식 근사 S(t)를 가지게 된다. 인수 $t-\tau_j > t_n$에 대하여 BS(2,3) 공식이 $y(t-\tau_j)$ 값들을 필요로 하는 경우 이 값들은 이전 구간의 다항식 근사에 대한 바깥짐작으로부터 예측된다. 공식을 계산한 후에는 구간 $(t_n, t_n+h]$에서의 해에 대한 새로운 3차 다항식 근사를 가지게 되며 공식을 다시 계산하여 해를 보정할 경우 이를 이용한다. 스텝 크기가 가장 짧은 지연보다 더 클 경우 BS(2,3) 공식을 수행하는 것은 함축적 다중스텝 방법을 수행하는 것과 매우 유사하다.

앞에서 우리는 이벤트 배치에 대한 필요성을 언급하였다. 이벤트에 대한 정보가 언제나 해 구조체의 필드들로 반환된다는 점을 제외하고는 이 기능은 ode23에서와 똑같이 dde23에서도 이용이 가능하다. 최종 이벤트가 배치되면 방정식을 수정하고 아울러 새로운 적분의 초기치로 이용하기 위해 해의 최종값을 수정한 후에 적분을 계속해 나가는 것이 드문 일은 아니다. 다양한 IVP의 해들은 쉽게 모아져서 관심있는 영역 전체에 걸친 해를 구할 수 있기 때문에 MATLAB의 IVP 풀이기들을 이용하여 ODE를 푸는 경우 앞의 작업은 충분히 쉬운 일이다. DDE를 푸는 경우 상황은 매우 달라진다. 가장 중요한 차이는 이어지는 적분에 대하여 과거 데이터가 제공되어야 한다는 것이다. 이 과거 데이터는 주로 이벤트까지 계산된 해로서 안짐작에 의하여 계산되어야 하지만 주어진 과거를 포함할 수도 있는데 이는 dde23에서 서로 다른 세 가지 형태로 제공될 수 있으므로 서로 다른 방법으로 계산될 수 있다. 풀이기 dde23은 해 구조체를 과거 데이터로 수용하며 이 구조체에 저장된 정보를 이용하여 지연들을 포함하는 DDE의 항들을 적절히 계산한다. 다른 문제는 불연속성의 전진이다. 전진되는 불연속성들의 일부가 여전히 활성인 동안에 이벤트가 발생할 수 있다. 현재의 적분을 위해서는 불연속성 트리를 재구성하여 이들을 현재의 적분구간으로 전진시켜야 한다. 이를 위해서는 이전의 적분에서 보존된 어떤 정보가 필요하다. 물론 새로운 초기점에서 도입된 새로운 불연속성이 존재한다. 해의 초기값이 이전 적분의 최종 해 값과 다른 경우가 드문 것은 아니다. 이는 InitialY 옵션으로 처리된다. 해 구조체가 과거 데이터로 제공되면 dde23은 이를 반환되는 해 구조체에 결합시킨다. 이러한 방법에 따라 풀이기에서 반환되는 해 구조체는 언제나 전체 적분구간에서의 해를 제공하여 준다.

4.4 MATLAB®을 이용한 DDE의 풀이

DDE의 보다 일반적인 성질로 인하여 ODE 풀이기보다는 DDE 풀이기들에 보다 많은 정보를 제공해 주어야 할 필요가 있다. 이 정보가 제공되는 방식은 비록 풀이기들에 따라 달라지겠지만 모두에 대하여 동일한 기본적 정보가 요구된다. 여기에서는 dde23을 이용하여 DDE를 푸는 방법을 보여주고 있다. 이는 일정한 지연을 갖는 문제들에만 국한되어 있지만 이 절의 보기와 연습문제들은 이러한 부류의 문제들에 대하여 이 방법이 사용이 쉽고도 강력함을 보여주고 있다. dde23을 이용하여 DDE를 푸는 것은 ode23을 이용하여 ODE를 푸는 것과 매우 유사하지만 약간의 주목할 만한 차이점들이 있다. 보기들의 일부는 일반적인 과학계산에서 상당한 도전과제로 간주되어 온 것들이다.

보기 4.4.1

Genik & van den Driessche(1999)는 그들의 논문 "보충-사망의 실태적 인구통계 및 이산지연에 따른 전염모델"에서 총 개체수 N(t)를 네 가지 상태, 즉 감염이 쉬운 S(t), 노출되어 있으나 전염성이 없는 E(t), 전염성이 있는 I(t), 그리고 회복된 R(t)로 구분하는 것을 고려하고 있다. 그러므로 총 개체수는

$$N(t) = S(t) + E(t) + I(t) + R(t)$$

와 같다. 모델의 5개 파라미터들과 실험용 쥐의 *파스퇴렐라 뮤리스* 바이러스 값들은: 출생율 A=0.330; 자연감소율 d=0.006; 전염성 개체의 접촉율 $\lambda = 0.308$; 회복율 $\gamma = 0.040$; 전염성 개체에 대한 초과 사망률 $\epsilon = 0.060$과 같다. 모델은 일시적인 면역지연 $\tau = 42.0$과 잠재적 지연(노출 후 전염되기 전까지의 시간) $\omega =$ 0.15와 같은 두 가지의 시간지연을 갖는다. 모델의 DDE는 다음과 같다:

$$\frac{dS(t)}{dt} = A - dS(t) - \lambda\frac{S(t)I(t)}{N(t)} + \gamma I(t-\tau)e^{-d\tau}$$

$$\frac{dE(t)}{dt} = \lambda\frac{S(t)I(t)}{N(t)} - \lambda\frac{S(t-\omega)I(t-\omega)}{N(t-\omega)}e^{-d\omega} - dE(t)$$

$$\frac{dI(t)}{dt} = \lambda\frac{S(t-\omega)I(t-\omega)}{N(t-\omega)}e^{-d\omega} - (\gamma+\epsilon+d)I(t)$$

$$\frac{dR(t)}{dt} = \gamma I(t) - \gamma I(t-\tau)e^{-d\tau} - dR(t)$$

이 식들을 [0, 350]에서 풀고자 한다. 과거 데이터는 모든 시간 $t \le 0$에서 S(t)=15, E(t)=0, I(t)=2, 그리고 R(t)=3이다. 약간의 해석적 고찰에 따르면 안정성 한계 $R_0 = \lambda e^{-d\omega}/(\gamma+\epsilon+d)$가 존재함을 알 수 있다. $R_0 < 1$이면 질병은 소멸되지만 $R_0 > 1$이면 소멸되지 않는다. 이전의 파라미터 값들에 대하여 $R_0 \approx 2.9$이다.

dde23을 이용한 DDE의 직접적인 풀이는 ode23을 이용한 IVP의 풀이와 매우 유사하므로 여기에서는 프로그램을 소개하고 차이점들을 살펴보기로 한다. 출력은 그림 4.1에 나타나 있다.

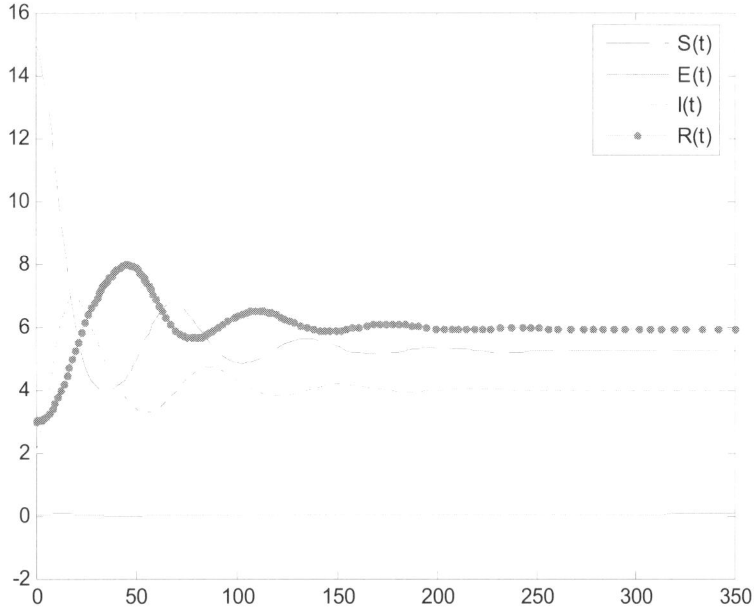

그림 4.1: Genik & van den Driessche(1999)의 SEIRS 전염모델.

```
function sol = ch4ex1
global tau omega
tau   = 42.0;
omega = 0.15;
sol = dde23(@ddes, [tau, omega], [15; 0; 2; 3], [0, 350]);
plot(sol.x,sol.y(1,:),'--',sol.x,sol.y(2,:),'-',...
     sol.x,sol.y(3,:),':',sol.x,sol.y(4,:),'.-')
legend('S(t)', 'E(t)', 'I(t)', 'R(t)')

%==========================================================
function dydt = ddes(t,y,Z)
global tau omega

% 파라미터:
A = 0.330; d = 0.006; lambda = 0.308;
gamma = 0.040; epsilon = 0.060;

% 변수 이름:
S = y(1); E = y(2); I = y(3); R = y(4);

% Z(:,1) : 지연 tau에 해당.

Itau = Z(3,1);
% Z(:,2) : 지연 omega에 해당.
Somega = Z(1,2); Eomega = Z(2,2);
Iomega = Z(3,2); Romega = Z(4,2);

Noft = S + E + I + R;
Nomega = Somega + Eomega + Iomega + Romega;
dSdt = A - d*S - lambda*((S*I)/Noft) + gamma*Itau*exp(-d*tau);
dEdt = lambda*((S*I)/Noft) - ...
       lambda*((Somega*Iomega)/Nomega)* exp(-d*omega) - d*E;
dIdt = lambda*((Somega*Iomega)/Nomega)*exp(-d*omega) ...
       - (gamma+epsilon+d)*I;
dRdt = gamma*I - gamma*Itau*exp(-d*tau) - d*R;

dydt = [ dSdt; dEdt; dIdt; dRdt];
```

dde23에 대한 호출은 `sol = dde23(@ddes,lags,history,tspan)`의 형태를 갖는다. MATLAB IVP 풀이기들 가운데 하나를 호출할 때와 같이 tspan은 적분구간이지만 이 배열이 사용되는 방식에는 약간의 작은 차이점들이 있다. tspan에서 두 원소 이상을 지정한다면 IVP 풀이기들은 이 점들에서의 해 값들을 반환한다; dde23은 지정된 점에서의 출력을 다른 방법으로 결정하므로 이 풀이기에 대해서는 tspan의 맨 처음과 마지막 원소들만이 의미가 있다. 나아가 tspan이 $[t_0, t_f]$와 같기 위해서는 dde23은 $t_0 < t_f$일 것을 요구한다. history 인수는 세 가지 형태를 취할 수 있다. 하나는 주어진 $t \le t_0$에서 해를 계산하는 함수에 대한 핸들로서 결과를 열벡터로 반환한다. 여기에서 이 함수는 다음과 같이 작성되었을 수도 있다:

```
function v = history(t)
v = [15; 0; 2; 3];
```

이 보기의 경우 과거 데이터는 상수이다. 이는 매우 흔한 경우여서 풀이기는 과거 데이터가 일정한 상수 벡터의 형태로 제공되는 것도 허용하며 ch4ex1.m에서는 이러한 방법으로 수행되었다. (history 함수의 세 번째 형태는 해 구조체이다; 이는 적분을 다시 시작할 때에만 사용되는데 이 보기에서는 이용되지 않고 있다.) 지연들은 벡터 lags로 제공되며 여기에서는 [tau, omega]이다. 함수 odes를 사용하여 ODE를 계산할 때와 마찬가지로 ddes는 DDE들을 계산하는 함수이다. ODE에서와 같이 입력인수 t는 현재의 t 값이며 입력인수 y는 해 y(t)에 대한 근사이다. DDE를 풀 때 다른 점은 입력배열 Z이다. 이 oduf은 모든 지연된 인수들에서 해에 대한 근사들을 포함한다. 특히 Z(:,j)는 lags(j)로 주어지는 지연 τ_j에 대한 함수 $y(t-\tau_j)$를 근사한다. ODE에서와 마찬가지로 함수 ddes는 열벡터를 반환한다.

dde23의 출력은 여기에서 sol로 불리는 해 구조체이다. 격자는 필드 sol.x로 반환되며 해와 격자점들에서의 해의 기울기들은 각각 sol.y 및 sol.yp로 반환된다. 앞에서 언급한 바와 같이 이러한 형태의 출력은 ode23에 대해서는 옵션이지만 dde23으로부터의 출력이 갖는 유일한 형태이다. 출력인수가 없이 ch4ex1.m을 호출할 수 있지만 해를 보존하고 살펴보기 위해서는

```
>>sol = ch4ex1;
```

과 같이 호출해야 한다. 예를 들어 프로그램으로부터 되돌아와 총 개체수 N(t)를 계산하고 이를 그래프로 나타내고자 하려면 명령어 라인에서 다음을 수행하면 된다:

```
>>Noft = sum(sol.y);
>>plot(sol.x,Noft)
```

보기 4.4.2

혼돈 거동을 나타내는 스칼라 방정식인 Wille & Baker(1992)의 보기 5에서 특정 위치에서의 출력을 얻는 방법을 보이고자 한다. 과거 데이터가 $t \le 0$에 대하여 $y(t) = 0.5$일 때 적분구간 [0, 100]에서 DDE

$$y'(t) = \frac{2y(t-2)}{1+y(t-2)^{9.65}} - y(t) \tag{4.4}$$

를 풀어보기로 한다.

여기에서 dde23은 범위 tspan 전체에 걸쳐 유효한 근사해 S(t)를 구하고 deval을 이용하여 이를 계산하는 데에 필요한 정보를 구조체 sol에 저장한다. 여러분이 해야 할 일은 해 구조체 및 해를 구하고자 하는 점들의 배열 t를 제공하는 것 뿐이다:

```
S = deval(sol,t);
```

이러한 출력형태를 이용하여 DDE를 단지 한 번만 푼 다음 원하는 위치에서 원하는 만큼의 해를 얻을 수 있다. 수치해 자체는 연속이므로 deval을 이용하여 충분히 많은 점들에서 해 값을 계산함으로써 언제나 매끄러운 그래프를 그릴 수 있다.

Wille & Baker(1992)는 함수 y(t)에 대하여 함수 y(t−2)의 그래프를 그리고 있다. 이는 비선형 동특성에서 공통적으로 이루어지는 작업이지만 보기 4.4.1에서와 같이 진행할 수는 없다. 그 이유는 sol.x의 원소들의 간격이 동일하지 않기 때문이다. 점 $\hat{t}$가 sol.x에 나타난다면 sol.y에 $y(\hat{t})$에 대한 근사치를 갖지만 일반적으로 점 $\hat{t}-2$는 sol.x에 나타나지 않으며 따라서 $y(\hat{t}-2)$에 대한 근사값을 가질 수 없다. 함수 deval은 그러한 그래프들을 쉽게 만들어 준다. ch4ex2.m에서는 먼저 구간 [2, 100]에서 간격이 동일한 1000개의 배열 t를 정의한 다음 deval을 이용하여 이 점들에서 해 값들을 얻는다. 다음에 deval을 두 번째로 사용하여 값 t−2의 배열의 원소들에서 해를 구한다. 이러한 방법으로 동일한 값의 t에서 함수 y(t)와 y(t−2) 모두를 근사하는 값들을 얻는다. 그래프 점들이 많은 것처럼 보이겠지만 deval은 단순히 구분적 3차 다항식 함수를 계산하는 것뿐이며 빠른 내장함수와 벡터화를 이용하도록 작성되어 있으므로 비용이 드는 것은 아니며 그림 4.2에 보인 매끄러운 그래프를 제공하여 준다.

함수 y(t)에 대한 함수 y(t−2)를 계산하고 그래프를 작성하여 주는 완전한

프로그램은 다음과 같다:

```
function sol = ch4ex2

sol = dde23(@ddes,2,0.5,[0, 100]);

t = linspace(2,100,1000);
y = deval(sol,t);
ylag = deval(sol,t - 2);
plot(y,ylag)
xlabel('y(t)');
ylabel('y(t - 2)');

%==================================
function dydt = ddes(t,y,Z)
dydt = 2*Z/(1 + Z^9.65) - y;
```

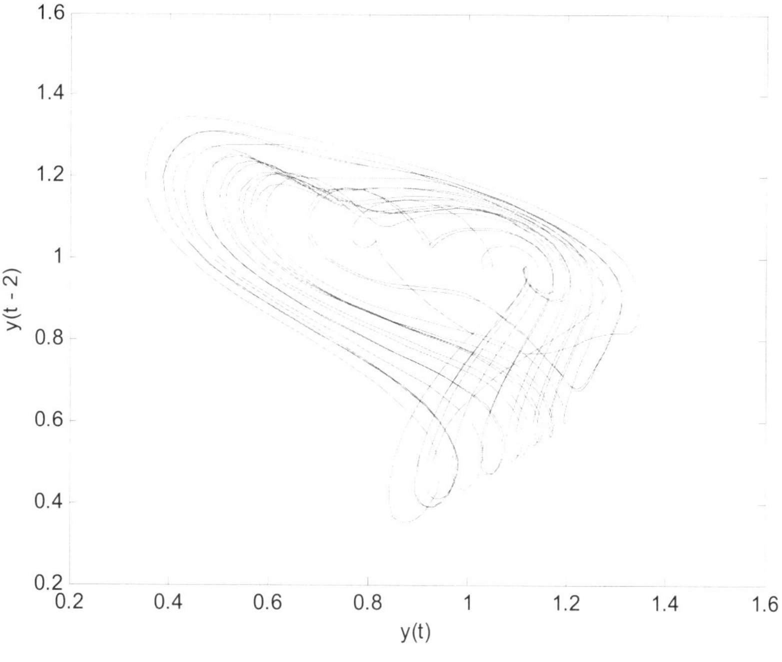

그림 4.2: Wille & Baker(1992)의 보기 5.

보기 4.4.3

균질 개체군에서 다수의 장기간 파트너 관계와 HIV 전이에 대한 모델(Corwin,

Sarafyan & Thompson, 1997)을 고려하여 보기로 한다. 이 모델을 일련의 ODE들과 DDE들로 구성하는 것은 다소 복잡하지만 일단 방정식을 갖추기만 하면 dde23을 이용하여 이들을 푸는 것은 매우 쉬운 일이다. 원한다면 직접 방정식으로 가서 이들을 어떻게 푸는가에 대한 논의를 살펴볼 수 있다. 모델에서 x는 감염되기 쉬운 개체 수, y는 감염된 개체의 수, λ는 감염되기 쉬운 개체가 단위시간당 감염되는 비율, D는 장기간 파트너 관계의 지속시간, G는 감염단계로부터 감염이 쉬운 단계로 다시 회복되는 비율, c는 단위시간당 한 사람이 감염에 이르게 되는 장기간 파트너와의 성접촉 횟수, 그리고 n은 초기 개체군의 크기이다. 방정식들은 시간 $t \le D$에서

$$x'(t) = -x(t)\lambda(t) + Gy(t)$$

$$n = x(t) + y(t)$$

$$\lambda(t) = \frac{c}{n}\left\{\int_0^t \int_s^t e^{-G(t-\omega)} x(\omega)\lambda(\omega)\,d\omega\,ds + \int_0^t e^{-G(t-s)} y(s)\,ds\right\}$$

시간 $D \le t$에서

$$x'(t) = -x(t)\lambda(t) + Gy(t)$$

$$n = x(t) + y(t)$$

$$\lambda(t) = \frac{c}{n}\left\{\int_{t-D}^t \int_s^t e^{-G(t-\omega)} x(\omega)\lambda(\omega)\,d\omega\,ds + \int_{t-D}^t e^{-G(t-s)} y(s)\,ds\right\}$$

와 같다. 이는 Volterra 적분-미분 방정식 집합이다. 때로는 이러한 방정식들은 DDE를 위한 기법들을 이용하여 풀 수 있는데 현재의 보기가 이 경우에 해당된다. 실제로 $t \le D$에서는 ODE

$$x'(t) = -x(t)\lambda(t) + Gy(t)$$

$$y'(t) = -x'(t)$$

$$\lambda'(t) = (c/n)e^{-Gt}\{(I_1'(t) + I_2'(t)) - G(I_1(t) + I_2(t))\}$$

$$I_1'(t) = e^{Gt}y(t)$$

$$I_2'(t) = te^{Gt}x(t)\lambda(t)$$

$$I_3'(t) = e^{Gt}x(t)\lambda(t)$$

들을 푸는 것으로 진행하며 $D \le t$에서는 DDE

$$x'(t) = -x(t)\lambda(t) + Gy(t)$$
$$y'(t) = -x'(t)$$
$$\lambda'(t) = (c/n)e^{-Gt}\{(I_1'(t) + I_2'(t)) - G(I_1(t) + I_2(t))\}$$
$$I_1'(t) = e^{Gt}y(t) - e^{G(t-D)}y(t-D)$$
$$I_2'(t) = De^{Gt}x(t)\lambda(t) - I_3(t)$$
$$I_3'(t) = e^{Gt}x(t)\lambda(t) - e^{G(t-D)}x(t-D)\lambda(t-D)$$

들을 푸는 것으로 진행한다. 성분 $y(t) = n - x(t)$에 대한 ODE는 필요하지 않지만 x(t) 및 $\lambda(t)$와 함께 이 중요한 양에 대한 값을 얻기 위하여 하나의 식을 도입하는 것이 편리하다. $\lambda(t)$의 적분을 어떻게 처리했는가를 알아보기 위해 좀 더 복잡한 경우인 $D \le t$의 경우를 살펴보기로 한다. 먼저 함수 $\lambda(t)$를

$$\lambda(t) = \frac{c}{n}e^{-Gt}(I_1(t) + I_2(t)) \tag{4.5}$$

와 같이 쓴다. 여기에서

$$I_1 = \int_{t-D}^{t} e^{Gs}y(s)ds$$
$$I_2(t) = \int_{t-D}^{t}\int_{s}^{t} e^{G\omega}x(\omega)\lambda(\omega)d\omega ds$$

이다. 식 (4.5)를 미분하면 함수 $\lambda(t)$에 대한 ODE를 얻으므로 바로 적분의 미분을 계산할 필요가 있다. Leibnitz 규칙을 이용하면 첫 번째는 쉽게 얻어진다:

$$I_1'(t) = e^{Gt}y(t) - e^{G(t-D)}y(t-D)$$

두 번째 식은 좀 더 복잡한 미분으로서 다음과 같이 된다:

$$I_2'(t) = \int_{t-D}^{t} e^{Gt}x(t)\lambda(t)ds - \int_{t-D}^{t} e^{Gs}x(s)\lambda(s)ds$$

우변의 첫 번째 적분은 자명하며 만일

$$I_3(t) = \int_{t-D}^{t} e^{Gs} x(s)\lambda(s)ds$$

라고 정의한다면 미분에 의하여 다음의 DDE를 풀어 두 번째 결과를 계산할 수 있다:

$$I_3'(t) = e^{Gt}x(t)\lambda(t) - e^{G(t-D)}x(t-D)\lambda(t-D)$$

마지막으로

$$I_2'(t) = De^{Gt}x(t)\lambda(t) - I_3(t)$$

를 얻는다. 따라서 이 경우에 대한 모든 DDE들을 확인한 셈이 되었다.

$t \le D$에 대한 방정식의 유도는 위와 비슷하지만 이 경우 적분 $I_1(t)$는 불필요한 것으로 보인다. 이 항은 시간 t=D에서 DDE를 푸는 것으로 전환할 때 적분들에 대한 값들을 처리하기 위하여 필요하다. 정의에 의하여 t=0에서 적분들은 모두 소멸하여 ODE들에 대한 초기값들을 제공하여 준다. 두 경우에서 정의들을 비교하면 적분들이 t=D에서 연속임을 알 수 있으며 이로부터 DDE의 적분에 필요한 초기값들이 제공된다. 그렇다면 $I_1(t)$을 처리하는 편리한 방법은 $t \le D$에 대한 방정식을 도입하는 것이다. 이는 이를 적분하면 두 번째 적분을 위하여 t=D에서 필요로 하는 값을 얻도록 정의되어 있다.

명료한 보기를 얻기 위하여 상수들이

$$c = 0.5, \quad n = 100, \quad G = 1, \quad D = 5$$

의 값을 가지며 초기값들이

$$x(0) = 0.8n, \quad y(0) = 0.2n, \quad \lambda(0) = 0$$

일 때 이 문제를 풀어 보기로 한다. 식에 대한 코드의 작성에 있어서 우리는 물론 우변에 미분이 존재하지 않도록 $x'(t)$에 대한 방정식을 이용하여 $y'(t)$에 대한 식을 다시 쓸 수 있다. 원리상 이렇게 해야 하지만 언급한 방정식들은 모델과 유도과정을 명료하게 보여주고 있으며 식의 계산과정을 프로그램하기 위한 유용한 기법을 예시하여 주는 역할을 한다: 방정식에서 $y'(t)$를 위하여 $x'(t)$를 소거하는 대신 $x'(t)$를 먼저 계산하고 이를 이용하여 $y'(t)$를 계산한다. 마찬가지로 $I_1'(t)$와 $I_2'(t)$가 계산된 다음 $\lambda'(t)$의 계산에 이용될 것이다.

풀이기 dde23은 함수 $y(t-\tau_j)$가 실제로 방정식에 나타난다는 가정을 하지 않는다. 이 때문에 이를 이용하여 ODE를 풀 수 있다. 지금은 DDE를 푸는 것으로 기대하고 있으므로 Z를 방정식을 정의하는 함수에 대한 입력인수로 포함시켜야 한다. ODE를 푼다면 lags에 대한 빈 배열을 입력시키는 것이 최선이다. 그렇게 하지 않는다면 풀이기는 잠재적인 불연속성들을 추적할 것이며 지연에 따른 불연속성이 나타나지 않는다 하더라도 스텝 크기를 제한시킬 것이기 때문이다. 프로그램 ch4ex3.m은 이를 수행하는데 먼저 $t \le D$에 대하여 ODE를 푼 다음 $D \le t$에 대하여 DDE들을 푼다. 이 보기에서 밝히고 있는 가장 중요한 논점은 하나의 적분으로부터 반환되는 해 구조체가 다른 적분에 대하여 직접 과거 데이터로 사용될 수 있다는 점으로서 4.3절에서 상세하게 다룬 문제이다. 나아가 각각의 적분 후에 해 구조체는 확장되어 전체 적분에 대한 해를 제공하여 준다. 이에 따라 그림 4.3에 보인 바와 같이 x, y, 그리고 100λ들의 그래프 작성이 쉬워진다.

```
function sol = ch4ex3
global c D G n
c = 0.5; D = 5; G = 1; n = 100;

% x = y(1), y = y(2), lambda = y(3),
% I_1 = y(4), I_2 = y(5), I_3 = y(6).
y0 = [0.8*n; 0.2*n; 0; 0; 0; 0];

sol = dde23(@odes,[],y0,[0, D]);
sol = dde23(@ddes,D,sol,[D, 4*D]);

plot(sol.x,sol.y(1,:),'-',sol.x,sol.y(2,:),':', ...
    sol.x,100*sol.y(3,:),'.-');
legend('x(t)','y(t)','100 \lambda(t)',0)

%==========================================================
function dydt = odes(t,y,Z)
global c D G n
dydt = zeros(6,1);
dydt(1) = - y(1)*y(3) + G*y(2);
dydt(2) = - dydt(1);
dydt(4) = exp(G*t)*y(2);
dydt(5) = t*exp(G*t)*y(1)*y(3);
dydt(6) = exp(G*t)*y(1)*y(3);
```

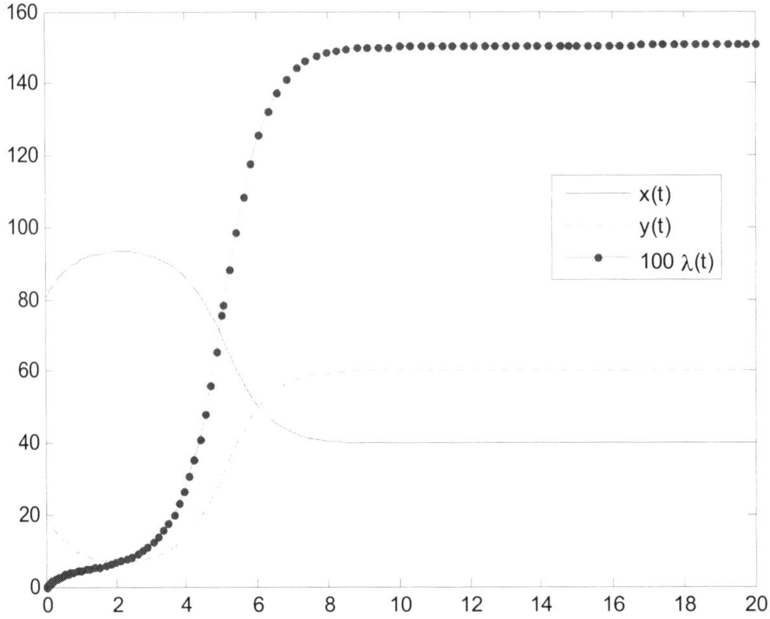

그림 4.3: HIV 복수 파트너관계 문제.

```
dydt(3) = (c/n)*exp(-G*t)*((dydt(4)+dydt(5))-G*(y(4)+y(5)));

function dydt = ddes(t,y,Z)
global c D G n
dydt = zeros(6,1);
dydt(1) = - y(1)*y(3) + G*y(2);
dydt(2) = - dydt(1);
dydt(4) = exp(G*t)*y(2) - exp(G*(t - D))*Z(2);
dydt(5) = D*exp(G*t)*y(1)*y(3) - y(6);
dydt(6) = exp(G*t)*y(1)*y(3) - exp(G*(t - D))*Z(1)*Z(3);
dydt(3) = (c/n)*exp(-G*t)*((dydt(4)+dydt(5))-G*(y(4)+y(5)));
```

이 문제를 풀기 위한 이전의 시도에서는 이를 복잡한 계수 $\lambda(t)$를 갖는 x(t) 및 y(t)에 대한 IVP로 처리하였다. 구적 루틴들을 이용하여 이 계수를 정의하는 적분들을 근사하였지만 적분자에 x, y 및 λ 자체가 포함되어 있어서 처리가 어려웠다. 따라서 이 문제를 위하여 우리가 접한 첫 번째 프로그램은 대형 컴퓨터에서 수 시간 동안 수행되었으며 때로는 중단되기도 하였다. 해석적 및 수치적 처리의 향상으로 계산시간이 PC상에서 1초 이내로 줄어들었다. 이 문제는 연습문제 4.5에서 더 고찰되고 있다.

보기 4.4.4

레밍쥐 개체수의 악명높은 4년 수명주기에 대한 모델을 Tavernini(1996)에서 찾아볼 수 있다. [0, 40]에서 방정식

$$y'(t) = ry(t)\left(1 - \frac{y(t-0.74)}{m}\right) \tag{4.6}$$

을 풀고자 한다. 파라미터 값은 r=3.5 및 m=19이다. 이 값들에 따르면 방정식은 일정한 (정상상태) 해 y(t)=m=19를 가짐을 주목하자. Tavernini는 이 해를 과거 데이터로 이용하며 초기값을 교란시켜 해 y(t)가 정상상태로부터 이탈하도록 하고 있다. 여기에서 우리는 초기값 y(0)=19.001을 이용하기로 한다. 초기값이 과거 데이터와 달라지면 이를 InitialY 옵션의 값으로 제공하여 주어야 한다. 초기점에서의 점프는 아주 작으므로 오차허용한계를 기본값보다 더욱 가혹하게 설정함으로써 풀이기가 이를 "인식하도록" 한다. 이러한 허용한계들은 IVP에서와 동일하게 지정되지만 odeset 대신 ddeset을 사용한다.

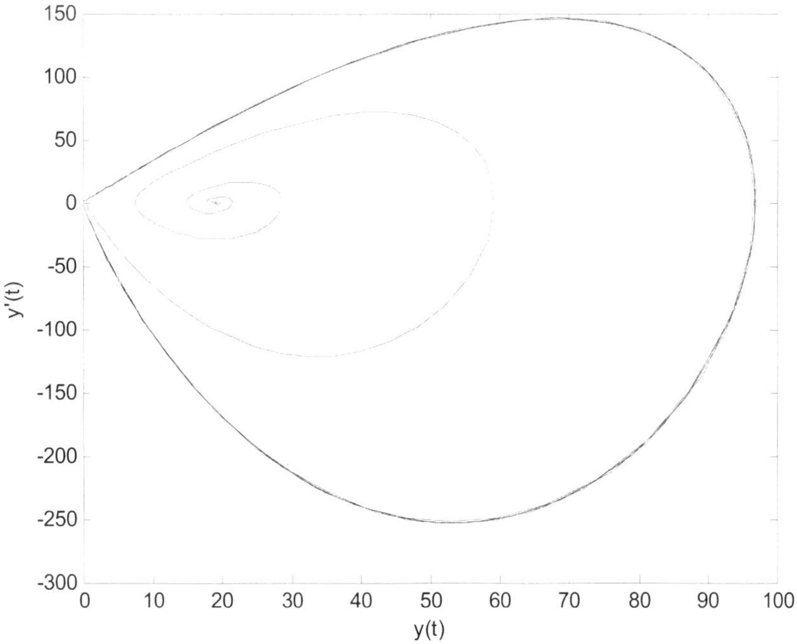

그림 4.4: 레밍 쥐의 개체수; 상 평면.

해는 주기적 거동으로 귀착되기 때문에 해 y(t)에 대하여 미분 y'(t)의 그래프를 작성하는 것이 도움이 된다. 격자점들에서 y(t)를 근사하는 sol.y 이외에도 y'(t)를 근사하는 필드 sol.yp가 있으므로 이는 수월하게 이루어진다. 그림 4.4는 ch4ex4.m으로부터 얻은 상평면 그래프를 보인 것이다.

개체의 최대 및 최소점은 약간의 흥미를 유발시키므로 그들의 계산을 이용하여 이벤트 배치를 예시하기로 한다. 이는 IVP 풀이기에서와 똑같이 이루어지므로 굳이 설명할 필요는 없지만 작업은 관심을 가질 만한 사안들이다. 국부적 최소점은 y'(t)=0인 점으로부터 구하여지지만 이 방정식은 물론 최대점에서도 마찬가지로 만족된다. 두 종류의 이벤트들은 미분 y'(t)가 그 값이 감소되는 국부적 최대값과 0을 통과하여 증가되는 위치에서 일어나는 국부적 최소점에 의하여 구분된다. 이벤트 함수의 direction 인수가 이러한 구별을 지어준다. 풀이기 dde23은 이벤트에 대하여 ode23과 동일한 정보를 반환하지만 선택적인 출력인수가 아닌 해 구조체의 필드로 반환한다. ch4ex4.m에서는 find 명령어를 사용하여 두 가지 서로 다른 종류의 이벤트들에 해당하는 출력배열의 지수들을 결정하고 있다. 이 지수들을 이용하여 우리가 관심있는 이벤트 종류에 대한 정보를 이끌어낼 수 있다. 특히 그림 4.5에 보인 바와 같은 시간에 대한 해 y의 그래프는 국부적 최소점을 정사각형으로, 그리고 국부적 최대점을 원들로 보여주고 있다.

ch4ex4.m에 의하여 문제가 해결되고 출력이 쉽게 그래프로 나타난다. 상수 r과 m을 파라미터로 남겨 두었으며 dde23의 호출목록을 통하여 이들을 선택적 인수들로 제시하였다. IVP 풀이기에서와 같이 이들은 함수에 의하여 사용되지 않더라도 DDE의 계산을 위한 함수에 대한 인수로 나타나야 한다.

```
function sol = ch4ex4
r = 3.5; m = 19;
options = ddeset('Events',@events,'InitialY',19.001,...
                 'RelTol',1e-4,'AbsTol',1e-7);
sol = dde23(@ddes,0.74,19,[0, 40],options,r,m);
plot(sol.y,sol.yp);
xlabel('y(t)');
ylabel('y''(t)');

n1 = find(sol.ie == 1);
x1 = sol.xe(n1);
y1 = sol.ye(1,n1);
n2 = find(sol.ie == 2);
x2 = sol.xe(n2);
y2 = sol.ye(1,n2);
```

```
figure
plot(sol.x,sol.y,'k',x1,y1,'rs',x2,y2,'bo')
xlabel('Time t');
ylabel('y(t)');

%==========================================================
function dydt = ddes(t,y,Z,r,m)
dydt = r*y*(1 - Z/m);

function [value,isterminal,direction] = events(t,y,Z,r,m)
dydt = ddes(t,y,Z,r,m);
value = [dydt; dydt];
direction = [+1; -1];
isterminal = [0; 0];
```

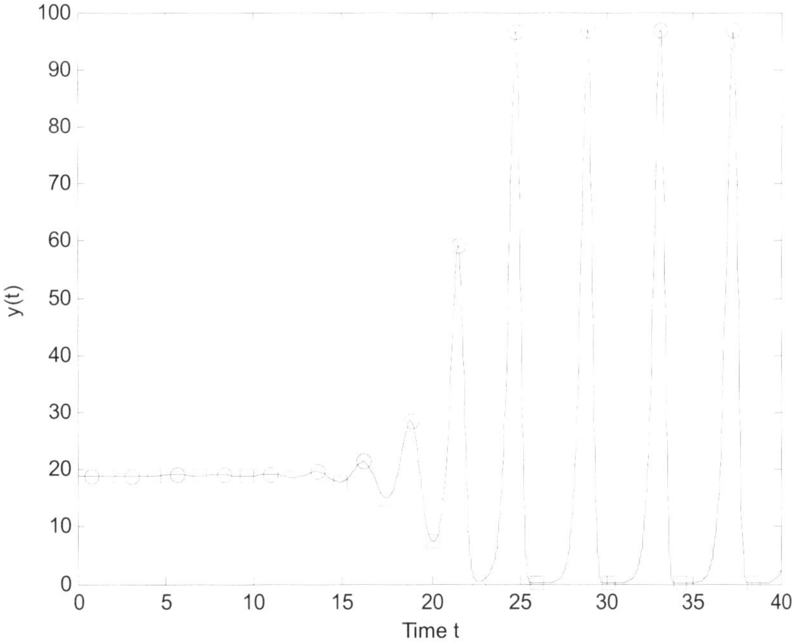

그림 4.5: 레밍 쥐의 개체수; 시수열.

보기 4.4.5

우리는 미리 알려져 있으며 Jumps 및 InitialY 옵션들로 처리된 불연속점들을 갖는 보기와 연습문제들을 살펴보았다. 다른 불연속점들은 해에 따라 좌우되므로 Events 옵션을 이용하여 배치되어야 한다. 방정식을 변화시키는 이벤트들 뒤에서는 다시 시작해야 한다. 우리는 이미 미리 알려진 시점에서 다시 시작하는 보기를 살펴보았다. 그러나 이벤트들이 해에 따라 좌우되면 얼마나 많은 이벤트들이 어디에서 일어날 것인지 알지 못하므로 어디에서 얼마나 많은 재시작이 이루어져야 할 것인지를 미리 알지 못한다. 여기에서 우리가 취하는 보기는 이러한 복잡성을 안고 있다. 이를 설정하고 푸는 것은 DDE 풀이기의 사용자 접속기에 대한 도전이다. Events 옵션을 사용하는 다른 보기는 연습문제 4.14에서 볼 수 있다.

바퀴가 두 개 달린 가방을 끌면 옆에서 옆으로 흔들리기 시작할 수 있다. 이런 일이 일어나면 가방을 끄는 사람은 핸들에 복구 모멘트를 가하여 가방을 수직으로 되돌리려고 시도한다. 이 응답에는 운동의 안정성에 상당한 영향을 미칠 수 있는 지연이 존재한다. 이는 Suherman 등(1997)에 의하여 DDE

$$\theta''(t) + sign(\theta(t))\gamma\cos(\theta(t)) - \sin(\theta(t)) + \beta\theta(t-\tau) = A\sin(\Omega t + \eta)$$

로 모델링되었다. 여기에서 $\theta(t)$는 가방이 수직과 이루는 각이다. 이 식을 적분구간 [0, 12]에서 한 쌍의 1차 방정식 $y_1(t) = \theta(t)$ 및 $y_2(t) = \theta'(t)$를 이용하여 풀어보기로 한다. Suherman 등(1997)의 그림 3은 시간 t에 대한 해 성분 $y_1(t)$의 그래프와 $y_1(t)$에 대한 $y_2(t)$의 상평면 그래프를 보여준다. 이 때

$$\gamma = 2.48, \quad \beta = 1, \quad \tau = 0.1, \quad A = 0.75, \quad \Omega = 1.37, \quad \eta = \arcsin(\gamma/A)$$

이며 초기 과거데이터는 일정한 0 벡터이다. $y_1(t) = 0$이면 바퀴는 바닥에 닫는다(가방은 수직이다). 다음에 $y_1(t) = 0$ 및 여기에서는 0.913으로 선택한 복원계수가 곱하여진 $y_2(t)$와 함께 적분이 다시 시작된다. $|y_1(t)| = \pi/2$이면 가방이 넘어진 것으로 간주되며 수행은 중단된다. 이 문제는 다음 프로그램으로 해결된다.

```
function sol = ch4ex5a
state = +1;
opts = ddeset('RelTol',1e-5,'Events',@events);
sol = dde23(@ddes,0.1,[0; 0],[0 12],opts,state);
```

```
ref = [4.516757065, 9.751053145, 11.670393497];
fprintf('Kind of Event:                dde23   reference\n');
event = 0;
while sol.x(end) < 12
   event = event + 1;
   if sol.ie(end) == 1
      fprintf('A wheel hit the ground.   %10.4f ...
              %10.6f\n',sol.x(end),ref(event));
      state = - state;
      opts = ddeset(opts,'InitialY',[ 0; 0.913*sol.y(2,...
            end)]);
      sol = dde23(@ddes,0.1,sol,[sol.x(end) 12],opts,state);
   else
      fprintf('The suitcase fell over.   %10.4f ...
              %10.6f\n',
            sol.x(end),ref(event));
      break
   end
end
plot(sol.y(1,:),sol.y(2,:))
xlabel('\theta(t)')
ylabel('\theta''(t)')

%==============================================================
function dydt = ddes(t,y,Z,state)
gamma = 0.248;
beta  = 1;
A = 0.75;
omega = 1.37;
ylag = Z(1,1);
dydt = [y(2); 0];
dydt(2) = sin(y(1)) - state*gamma*cos(y(1)) - beta*ylag ...
        + A*sin(omega*t + asin(gamma/A));

function [value,isterminal,direction] = events(t,y,Z,state)
value = [y(1); abs(y(1))-pi/2];
isterminal = [1; 1];
direction = [-state; 0];
```

프로그램으로부터 그림 4.6의 상평면 그래프가 얻어지는데 이는 Suherman 등(1997)의 그래프와 일치한다.

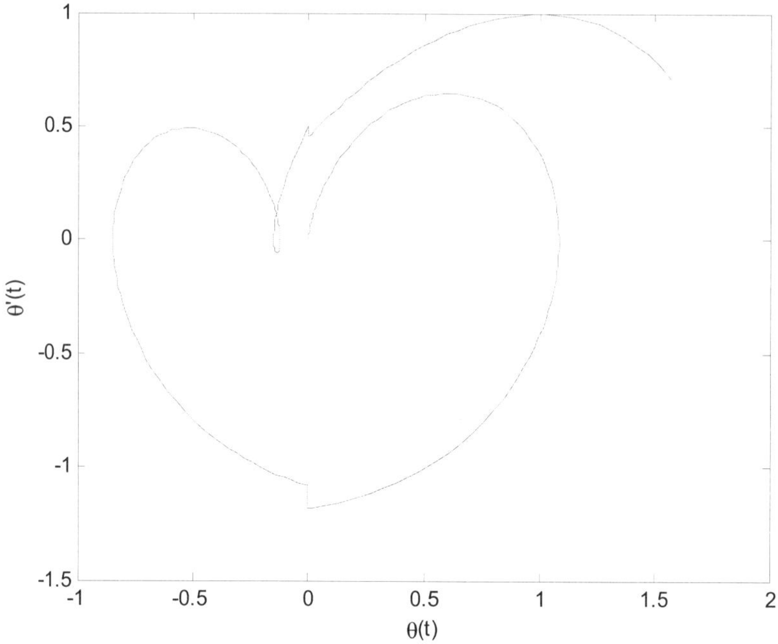

그림 4.6: 두 바퀴 가방문제.

프로그램은 아울러 발생된 이벤트의 종류와 위치를 다음과 같이 보여준다:

```
>> ch4ex5a
Kind of Event:                    dde23   reference
A wheel hit the ground.          4.5168    4.516757
A wheel hit the ground.          9.7511    9.751053
The suitcase fell over.         11.6704   11.670393
```

위에서 참조값은 Suherman 등(1997)이 사용한 DKLAG5 코드로 계산되었으며 4.5절에서 간략하게 언급한 그 후속코드인 DKLAG6로 확인되었다.

이는 상대적으로 복잡한 모델이므로 프로그램의 몇 가지 측면들을 고찰해 보기로 한다. DDE의 코딩작성은 불연속 계수 $sign(y_1(t))$를 적절히 계산하는 것을 제외하면 매우 쉽다. 이는 $y_1(t)$가 소멸함에 따라 dde23이 반환할 때마다 파라미터 state를 +1로 초기화하고 그 부호를 바꾸는 것에 의하여 이루어진다. 이러한 방식으로 state를 처리하는 것은 dde23이 적분이 다시 시작되기 전에 state가 변경되도록 허용하는 방법으로 미분이 프로그램된다면 나타나게 되는 불연속점들을 처리할 필요가 없다는 점을 확실히 하여준다; 이 문제에 대한 논의는

Shampine & Thompson(2000)을 참조한다. dde23을 호출한 뒤에는 왜 이것이 반환되었는지를 고려해야 한다. 한 가지 가능성은 12와 같아진 도달되는 마지막 점 sol.x(end)에 의하여 지시되는 바와 같이 적분구간의 끝에 도달한 경우이다. 다른 가능성은 2와 같아진 sol.ie(end)에 의하여 지시되는 바와 같이 가방이 넘어진 경우이다. 두 경우 모두 수행이 중단되는 요인이 된다. 보다 흥미로운 것은 바퀴가 바닥에 닿음으로써 $y_1(t)=0$이 되어 반환되는 것인데 이는 sol.ie(end)가 1과 같게 되는 것으로 지시된다. 이 경우 state의 부호가 변경되고 적분이 다시 시작된다. 바퀴는 튕기므로 현재 적분의 끝에서의 해 sol.y(:,end)는 다음 적분의 초기값으로 사용되도록 수정되어야 한다. InitialY 옵션은 과거 데이터와 다른 초기값을 처리하는 데에 사용된다. 하나의 적분을 종료시키는 이벤트 $y_1(t)=0$는 다음 적분의 시작점에서 나타난다. IVP 풀이기에서와 마찬가지로 dde23 풀이기는 초기점에서의 이러한 특별한 이벤트 상황에서 수행을 종료하지 않는다. 어떠한 특별한 조치도 불필요하지만 풀이기는 초기점에서의 이벤트 위치를 파악하고 보고하므로 이벤트 함수를 보다 주의깊게 정의함으로써 이를 피하는 것이 더 좋다. 지시자 state가 +1(혹은 −1)이면 우리는 해가 0을 지나 감소(혹은 증가)하는 경우에만 해 성분 $y_1(t)$가 어느 위치에서 소멸하는지를 파악하는 데에 관심이 있다. 인수 direction의 첫 번째 성분을 −state로 설정함으로써 이를 풀이기에 알려준다. ddeset은 while 루프에서 기존의 옵션 구조를 변경하는 데에 사용됨을 주목하자. 이는 IVP에 대한 해당되는 함수 odeset에도 존재하는 편리한 기능이다. 프로그램의 나머지는 계산 결과를 제시하는 데에 관련된다. 비록 더 많은 해 값들을 나타냄으로써 상평면 그래프가 나아질 것이겠지만 기본 오차허용한계로부터 수용할 만한 해를 얻는다. 상대오차 허용한계를 1e−5로 줄이면 참조값과 더 나은 일치를 보인다.

이 계산은 충분히 빨라서 보조계산으로서 이를 필요로 하는 다른 계산들을 계속 논의해 나갈 수 있다. 고정된 파라미터 집합에 대하여 임계 활성화 진폭 A_{cr}은 가방이 넘어지는 A의 가장 작은 값이다. Suherman 등(1997)은 여러 가지 파라미터 집합들에 대하여 A_{cr}의 그래프를 활성화 진동수 Ω의 함수로 제시하고 있다. $\beta=1$, $\tau=0.1$ 및 $\Omega=2$인 경우 임계진폭은 0.4와 1,4 사이이다. 적분과정에서 가방이 넘어지지 않으면 함수 f(A)가 +1의 값을 가지며 그렇지 않으면 −1의 값을 가지도록 정의함으로써 A_{cr}을 계산할 수 있다. 다음에 할선법을 사용하여 함수 f(A)의 부호가 변하는 위치를 규명한다. 이 방법에서는 $A < A_{cr}$인 경우 가방이 넘어지지 않으며 A가 더 큰 값을 가지면 가방이 넘어지는 것으로 가정한다. (이 문제에서 흥미로운 측면은 어떤 파라미터 값들의 경우 두 번째

가정이 언제나 유효한 것은 아니라는 점이다.) 적분구간으로는 활성화 모멘트의 20 사이클에 해당하는 $\left[0, \dfrac{40\pi}{\Omega}\right]$를 사용한다. 함수는 프로그램 ch4ex5a.m의 수정본으로 계산되는데 이때 출력은 제거되고 활성화 진폭 A는 파라미터로 제공된다. 부호의 변경은 MATLAB 함수 fzero에 의하여 그 위치가 규명된다. 수행시간을 작게 유지하기 위해 근 규명함수 fzero와 풀이기 dde23 모두에서 적정 허용한계들을 사용한다. 무엇보다도 fzero에서 함수 f(A)의 계산에서는 매번 DDE의 풀이를 필요로 한다. 프로그램이 수행되는 동안에 찾아볼 수 있는 무언가를 제시하여 주기 위하여 fzero의 진행을 추적한다. 임계진폭은 대략 $A_{cr} = 0.93$인 것으로 나타난다. 프로그램은 다음과 같다:

```
function ch4ex5b
options = optimset('Display','iter','TolX',0.01);
Acr = fzero(@f,[0.4, 1.4],options);
fprintf('\nThe critical excitation amplitude is %4.2f.\n',Acr);

%==============================================================
function fval = f(A)
fval = +1;
omega = 2;
tfinal = 40*pi/omega;
state = +1;
opts = ddeset('Events',@events);
sol = dde23(@ddes,0.1,[0; 0],[0 tfinal],opts,state,A);
while sol.x(end) < tfinal
   if sol.ie(end) == 1
      state = - state;
      opts = ddeset(opts,'InitialY',[ 0; 0.913*sol.y(2,end)]);
      sol = dde23(@ddes,0.1,sol,[sol.x(end) tfinal],opts,...
                 state,A);
   else
      fval = -1;
      break
   end
end

function dydt = ddes(t,y,Z,state,A)
omega = 2; gamma = 0.248; beta  = 1;
ylag = Z(1,1);
dydt = [y(2); 0];
```

```
dydt(2) = sin(y(1)) - state*gamma*cos(y(1)) - beta*ylag ...
        + A*sin(omega*t + asin(gamma/A));

function [value,isterminal,direction] = events(t,y,Z,state,A)
value = [y(1); abs(y(1))-pi/2];
isterminal = [1; 1];
direction = [-state; 0];
```

이 프로그램의 수행으로부터 다음 결과를 얻는다:

```
>> ch4ex5b

 Func-count        x          f(x)       Procedure
    2             1.4          -1          initial
    3             0.9           1        bisection
    4            1.15          -1        bisection
    5           1.025          -1        bisection
    6          0.9625          -1        bisection
    7         0.93125          -1        bisection

Zero found in the interval [0.4, 1.4]

The critical excitation amplitude is 0.93.
```

■ 연습문제 4.2

Cooke(MacDonald, 1978 참조)에 의한 전염병 모델은 다음 방정식을 사용하여 시간 t에서 감염된 개체군의 분율 y(t)를 나타낸다:

$$y'(t) = by(t-7)[1-y(t)] - cy(t)$$

여기에서 b와 c는 양의 상수들이다. 구간 [0, 60]에서 $t \le 0$에 대한 과거 데이터 $y(t) = \alpha$를 이용하여 이 식을 풀고자 한다. 상수 α는 $0 < \alpha < 1$을 만족한다.

dde23을 사용하여 이 DDE를 풀고 해의 그래프를 그리기 위하여 입력인수로서 α, b 및 c를 갖는 함수를 작성하여라. 그래프의 제목에는 사용된 α, b 및 c 값들이 제시되어야 한다. 모든 b 및 c 값들에 대하여 y(t)=0은 명백히 평형점(정상상태 해)이다. b>c이면 해 y(t)=1−c/b는 두 번째의 평형점이다. α, b 및 c 값들을 가지고 실험하여 본다면 b>c인 경우 해는 두 번째 평형점에 접근하며 그렇지 않은 경우에는 첫 번째 평형점에 접근함을 알게 될 것이다. 특별한 예로서 $a = 0.8$, $b = 2$, $c = 1$일 때 자명하지 않은 평형해에 대한 해의 접근을 계산하고 그래프로 나타내어라.

■ 연습문제 4.3

과거 데이터가 일정하지 않은 하나의 문제가 Neves(1975)에 의하여 해결되고 있다. 이 문제에서는 DDE

$$y_1{}'(t) = y_5(t-1) + y_3(t-1)$$

$$y_2{}'(t) = y_1(t-1) + y_2(t-0.5)$$

$$y_3{}'(t) = y_3(t-1) + y_1(t-0.5)$$

$$y_4{}'(t) = y_5(t-1)y_4(t-1)$$

$$y_5{}'(t) = y_1(t-1)$$

들이 $0 \le t \le 1$에서 적분되며 $t \le 0$에서 과거 데이터는 다음과 같다:

$$y_1(t) = e^{t+1}$$

$$y_2(t) = e^{t+0.5}$$

$$y_3(t) = \sin(t+1)$$

$$y_4(t) = y_1(t)$$

$$y_5(t) = y_1(t)$$

이 문제를 풀고 해의 모든 성분들을 그래프로 나타내어라. 작성된 프로그램은 ch4ex1.m과 유사할 것이지만 과거 데이터를 (부)함수에서 계산해야 하며 이 함수의 핸들을 dde23의 과거 인수로 제공하여야 한다. DDE와 과거 데이터를 계산하는 함수들은 열벡터를 반환해야 함을 상기하라.

■ 연습문제 4.4

Farmer(1982)는 혼돈 거동을 나타내는 스칼라 DDE인 Mackey-Glass 방정식에 대한 다양한 Poincare 구역의 그래프들을 제시하고 있다. 구간 [0, 300]에서 $t \le 0$일 때 y(t)=0.5의 과거 데이터를 사용하여 DDE

$$y'(t) = \frac{0.2y(t-14)}{1+y(t-14)^{10} - 0.1y(t)}$$

를 풀고 함수 y(t)에 대하여 함수 y(t−14)의 그래프를 작성함으로써 Farmer (1982)의 그림 2a를 재생하여라. 초기의 충분한 전이시간이 잠잠해지는 것이 허용되도록 그림은 t=50에서부터 시작되도록 한다. 그림을 재생하려면 구간 [50, 300]에서 간격이 동일한 1000개 점들의 배열을 형성하고 이 점들에서 함수 y(t)를 계산한 다음 y(t−14)를 계산한다. 작성된 프로그램은 ch4ex2.m과 유사할 것이다.

■ 연습문제 4.5

보기 4.4.3에서 ch4ex3.m으로 계산된 HIV 복수 파트너관계 문제의 해는 상수해 x_s, y_s, λ_s인 정상상태에 다다르는 것으로 보인다. 두 개의 정상상태 해, 즉

$$\lambda_s = 0, \quad x_s = 0, \quad y_s = 0$$

및 이보다 흥미로운 해

$$\lambda_s = cD - G, \quad x_s = \frac{Gn}{\lambda_s + G}, \quad y_s = n - x_s$$

가 존재함을 보여라. 이를 위해서는 $D \le t$에 대한 문제의 적분 형태로 돌아가서 t가 클 경우 해는 일정하다고 가정한다. ch4ex3.m을 수정하여 G=0.1, 1 및 2에 대하여 이 모델을 풀고 극한값 sol.y(1:3,end)들은 해석적인 정상상태 해와 적절히 일치함을 보여라. 이 모델에서 상수 G는 전염단계로부터 감염되기 쉬운 단계로 회복된 비율이다.

■ 연습문제 4.6

4.5절에서 논의한 Fortran 77 코드 ARCHI의 매뉴얼(Pauil, 1995)은 구간 [0, 4]에서 초기값 $y_1(0)=0$ 및 $y_2(0)=0$과 t<0에서 $y_1(t)=\cos(t), y_2(t)=\sin(t)$인 과거 데이터를 이용하여 DDE

$$y_1'(t) = y_1(t-1)y_2(t-2)$$

$$y_2'(t) = -y_1(t)y_2(t-2)$$

를 푸는 예제 프로그램을 제시하고 있다. $y_1(t)$는 초기점에서 불연속이므로 옵션 InitialY를 이용하여 그곳에서의 해를 제공해 주어야 한다. 실습을 위하여 위의 해를 계산하고 그래프로 나타내어라. 예제 프로그램은 순수한 절대오차 허용한계로서 10^{-9}를 지정하고 있다. dde23 코드는 순수한 절대오차를 허용하지 않지만 옵션을 이용하는 실습으로서 기본적인 상대오차 허용한계를 사용하고 AbsTol을 1e−9로 설정하여라.

■ 연습문제 4.7

Oberle & Pesch(1981)의 보기 4.4는 Hoppensteadt와 Waltman에 의한 감염 모델이다. $t \le 0$일 때의 과거 데이터 $y(t) = 10$을 이용하여 적분구간 [0, 10]에서 방정식

$$y'(t) = \begin{cases} -ry(t)(0.4(1-t)) & 0 \le t \le 1-c \\ -ry(t)(0.4(1-t)+10-e^{\mu}y(t)) & 1-c < t \le 1 \\ -ry(t)(10-e^{\mu}y(t)) & 1 < t \le 2-c \\ -re^{\mu}y(t)(y(t-1)-y(t)) & 2-c < t \end{cases}$$

를 풀고자 한다. 여기에서 $c = 1/\sqrt{2}$, $\mu = r/10$이다. Oberle & Pesch(1981)는 몇 가지 값의 파라미터 r에 대하여 이 문제를 풀고 있으므로 여러분의 코드에서는 r을 파라미터로 만들어야 하지만 r=0.5에 대해서만 이 문제를 풀도록 한다. r=0.5인 경우에 대해서는 Oberle & Pesch가 y(10)=0.06302089869의 참조값을 제시하고 있다. 질병확산에서 서로 다른 위상들은 서로 다른 식들에 의하여 나타내어진다. 모델은 해가 연속일 것을 요구하지만 y'(t)를 정의하는 방정식에서의 변화는 저차 미분에서의 점프를 야기시킨다. 이는 미리 알려진 시점들에서 발생하므로 여러분이 해야 할 일은 이 시점들을 Jumps 옵션의 값들로서 풀이기에 제공하여 주는 것뿐이다. if 구조를 사용하여 DDE를 쉽게 코드로 작성할 수 있다. 참조해는 매우 가혹한 오차허용한계를 이용하여 계산된 것이므로 상대오차 허용한계로서 1e−5와 절대오차 허용한계로서 1e−8을 이용하라. 이 문제에서 흥미로운 점은 해 y(t)이외에 함수

$$I(t) = -\frac{y'(t)}{ry(t)}$$

에 대한 근사가 요구된다는 점이다. sol.yp 및 sol.y를 이용하여 이 함수의 그래프를 그려보라.

■ 연습문제 4.8

Hairer, Norsett & Wanner(1987)가 다룬 Marchuk 면역모델의 방정식들은

$$y_1{}'(1) = (h_1 - h_2 y_3(t))y_1(t)$$

$$y_2{}'(t) = \xi(y_4(t))h_3 y_3(t-0.5)y_1(t-0.5) - h_5(y_2(t)-1)$$

$$y_3{}'(t) = h_4(y_2(t) - y_3 9t)) - h_8 y_3(t) y_1(t)$$

$$y_4{}'(t) = h_6 y_1(t) - h_7 y_4(t)$$

와 같다. 여기에서 계수

$$\xi(y_4(t)) = \begin{cases} 1 & : \quad y_4(t) \le 0.1 \\ \dfrac{10}{9}(1 - y_4(t)) & : \quad 0.1 < y_4(t) \le 1 \end{cases}$$

은 연속이지만 해 성분 $y_4(t) = 0.1$인 곳에서 그의 첫 번째 미분은 점프를 보이며 이에 따라 해 성분 $y_2(t)$의 저차 미분에 점프가 야기된다. 이 문제를 [0, 60]에서 $t \le 0$일 때의 과거 데이터

$$y_1(t) = \max(0,\ t + 10^{-6}),\quad y_2(t) = 1,\quad y_3(t) = 1,\quad y_4(t) = 0$$

를 이용하여 풀고자 한다. 이전에 언급한 바와 같이 해 성분 $y_1(t)$은 1차미분에 점 $t = -10^{-6}$에서 적분구간으로 전진하는 점프를 지닌다. Hairer 등(1987)의 그림 15.8은 파라미터 값들을

$$h_1 = 2,\ h_2 = 0.8,\ h_3 = 10^4,\ h_4 = 0.17,\ h_5 = 0.5,\ h_7 = 0.12,\ h_8 = 8$$

로 하고 h_6에 대하여 두 가지 값, 즉 $h_6 = 10$과 $h_6 = 300$을 취하여 얻은 그래프들을 보인 것이다. dde23을 이용하여 $h_6 = 300$일 때 이 문제를 풀어라. Hairer 등(1987)의 그래프를 재생하려면 해 성분들을

$$10^4 y_1,\quad 0.5y_2,\quad y_3,\quad 10y_4$$

와 같이 조정할 필요가 있을 것이다. 축은 `axis([0 60 -1 15.5])`를 이용한다. 그래프 작성을 위한 조정된 값들의 배열 yplot은

```
yplot = sol.y;
yplot(1,:) = 1e4*yplot(1,:);
```

에 의하여 쉽게 생성할 수 있다. 다른 성분들에 대해서도 마찬가지로 수행한다. 전체 적분구간에 걸쳐 이 문제를 정확하게 풀려면 오차허용한계를 (이를테면) 상대오차 허용한계를 1e-5로 하고 절대오차 허용한계를 1e-8로 줄일 필요가 있을 것이다. Jumps 옵션을 사용하여 점 $t=-10^{-6}$에서의 불연속성에 대하여 풀이기에게 알려주도록 하라. 이벤트 함수 $y_4(t)-0.1$이 소멸되면 적분을 중단한다. $y_4(t) \le 0.1$이면 state의 값을 +1로, 그렇지 않으면 −1로 하여 사용한다. $y_4(0)=0$으로 하여 문제를 풀어야 하므로 state를 +1로 초기화시킨다. 이후에는 풀이기가 되돌아 올때마다 적분구간의 끝에 도달하였는지를 조사한다. sol.x(end) <60이면 state의 부호를 바꾸고 이전의 해를 과거값으로 하여 풀이기 dde23을 다시 호출한다. DDE 계산을 위한 함수에서는 state가 +1이면 $\xi(y_4(t))=1$로 설정하고 그렇지 않으면 $\xi(y_4(t))=\frac{10}{9}[1-y_4(t)]$로 설정한다. 과거함수가 필요할 것이므로 dde23에 state를 선택적 인수로 제공할 경우에는 이를 또한 과거함수의 입력인수로 만들어야 한다.

■ 연습문제 4.9

Hale(1971)은 (1) 먹이 자원에 대한 제한을 도입하고 (2) 포획자의 출생률이 시간지연 τ 이후에만 먹이 개체수 y_1과 포획자 개체수 y_2의 크기의 변화에 반응한다는 가정하에 얻은 포획자-먹이 모델을 다루고 있다. ODE 시스템(Ortega & Poole(1981) 참조)

$$y_1'(t) = ay_1(t) + by(1(t)y_2(t)$$

$$y_2'(t) = cy_2(t) + dy(1(t)y_2(t)$$

으로부터 시작하여 다음과 같은 DDE 시스템에 이르게 된다:

$$y_1'(t) = ay_1(t)\left(1 - \frac{y_1(t)}{m}\right) + by_1(t)y_2(t)$$

$$y_2'(t) = cy_2(t) + dy_1(t-\tau)y_2(t-\tau)$$

지연의 영향을 탐구하는 것은 흥미로운 일이므로 두 시스템들을 구간 [0, 100]

에서 ODE의 경우 초기조건 $y_1(0) = 80$ 및 $y_2(0) = 30$을 이용하고 DDE의 경우 같은 값들을 과거 데이터로 이용하여 두 시스템들을 풀어보라. 파라미터 값들은

$$a = 0.25,\ b = -0.01,\ c = -1.00,\ d = 0.01,\ m = 200$$

을 이용한다.

lags를 []로 설정함으로써 dde23을 이용하여 ODE를 풀 수 있음을 상기하자. 입력인수 Z를 받아들이기 위해 미분방정식을 계산하는 함수를 작성해야 한다. 지연배열이 빈 배열이면 dde23은 Z에 대한 빈 배열을 이용하여 이 함수를 호출한다. 이 사실을 이용하여 isempty(Z)의 테스트로부터 어느 시스템을 계산할 것인지를 규명함으로써 동일한 함수에서 두 방정식 시스템들을 모두 계산하도록 구성할 수 있다. 더욱 쉬운 방법은 ODE와 DDE들에 대하여 다른 함수를 이용하는 것이다. $\tau = 1$일 때 DDE를 풀어라. 하나의 그림에 ODE와 DDE 모두에 대하여 해 성분 $y_1(t)$에 대한 성분 $y_2(t)$의 그래프를 그려라. ODE의 해들에 대한 이러한 상평면 그래프는 극한 사이클에 해당되는 폐곡선이어야 한다. 이를 얻기 위해서는 오차 허용한계를 엄밀하게 할 필요가 있을 것이다. 예를 들면

```
options = ddeset('RelTol',1e-5,'AbsTol',1e-8);
```

와 같은 명령어를 이용할 수 있다. 허용한계를 변화시켜 가면서 상평면에서 폐곡선을 얻기 위해서는 이 한계들을 얼마나 작게 설정할 필요가 있는지를 알아볼 수 있다.

얻은 그림을 통하여 ODE 모델에 지연을 도입하면 해의 거동에 깊은 영향이 가해질 수 있음을 분명히 알 수 있다. τ를 가지고 실험하여 봄으로써 이는 작은 지연에 대해서까지도 사실임을 알게 될 것이다. 아울러 소스항 $1 - y_1(t)/m$을 제거하고 τ가 변함에 따라 궤도가 어떻게 달라지는지를 살펴보는 것도 흥미로울 것이다.

■ 연습문제 4.10

Ottesen(1997)에 의한 심장혈관 모델은 동맥혈압 $P_a(t) = y_1(t)$과 정맥혈압 $P_v(t) = y_2(t)$ 및 심장박동 $H(t) = y_3(t)$를 포함한다. Ottesen은 지연이 용액 중에서 정성적인 차이를 일으키는 조건, 특히 $P_a(t)$의 진동에 대하여 탐구하고 있다. Ottesen(1997)에서는 지연 $\tau = 1.0$, 1.4, 3.9, 5.0, 7.5 및 10들이 고려되고 있다. τ가 1.0 및 7.5와 같을 때의 동맥혈압을 계산하고 그래프로 나타내어

라. 이들은 서로 극적으로 다른 양상을 보여준다. 구간 [0, 350]에서 방정식

$$\begin{aligned} y_1'(t) &= -\frac{1}{c_a R}y_1(t) + \frac{1}{c_a R}y_2(t) + \frac{1}{c_a}V_{str}y_3(t) \\ y_2'(t) &= \frac{1}{c_v R}y_1(t) - \left(\frac{1}{c_v R} + \frac{1}{c_v r}\right)y_2(t) \\ y_3'(t) &= f(T_s,\ T_p) \end{aligned}$$

를 풀어라. 여기에서

$$\begin{aligned} T_s &= \left[1 + \left(\frac{y_1(t-\tau)}{\alpha_s}\right)^{\beta_s}\right]^{-1} \\ T_p &= \left[1 + \left(\frac{\alpha_p}{y_1(t)}\right)^{\beta_p}\right]^{-1} \\ f(T_s, T_p) &= \frac{\alpha_H T_s}{1 + \gamma_H T_p} - \beta_H T_p \end{aligned}$$

이다. $t \le 0$인 경우 해는 일정한 값

$$\begin{aligned} y_1(t) &= P_0 \\ y_2(t) &= \left(\frac{r}{r+R}\right)P_0 \\ y_3(t) &= \left(\frac{1}{r+R}\right)\left(\frac{P_0}{V_{str}}\right) \end{aligned}$$

들을 갖는다. Ottesen(1997)에서와 같이

$$c_a = 1.55,\ c_v = 519,\ R = 1.05,\ r = 0.068,\ \alpha_0 = \alpha_s = \alpha_p = 93,\ \alpha_H = 0.84$$

및

$$\beta_0 = \beta_s = \beta_p = 7,\ \beta_H = 1.17,\ \gamma_H = 0,\ V_{str} = 67.9,\ P_0 = 93$$

을 이용한다.

Ottesen(1997)이 얻은 그림들 가운데 하나는 t=600에서 시작하여 말초혈압 R이 일정한 값 R=1.05로부터 다른 일정한 값 R=0.84로 지수적으로 감소되는 경우의 해 성분들을 보여준다. R의 변화는 심장박동에 급격한 변동을 야기시킨다. 이 계산에서 구간은 [0, 1000]이고 지연은 $\tau = 4$였다. 여러분의 프로그램을

수정하여 이 문제를 풀고 심장박동을 그래프로 나타내어 보라. 여러분이 해야 할 일은 (1) 옵션 Jumps의 값을 600으로 설정함으로써 알고 있는 시점에서의 저차 불연속성을 풀이기에 제공해야 하며 (2) DDE를 계산하는 함수를 수정하여

```
if t <= 600
   R = 1.05;
else
   R = 0.21 * exp(600-t) + 0.84;
end
```

가 포함되도록 하는 것이다.

■ 연습문제 4.11

Plant의 신경간섭 모델(MacDonald(1989) 참조)은 방정식

$$y_1{}'(t) = y_1(t) - \frac{y_1^3(t)}{3} - y_2(t) + m(y_1(t-\tau) - y_{1,0})$$
$$y_2{}'(t) = r(y_1(t) + a - by_2(t))$$

로 주어진다. 여기에서 $y_{1,0}$은 정상상태 해 $(y_{1,0},\ y_{2,0})$의 첫 번째 성분이다. 파라미터를

$$a = 0.8, \quad b = 0.7, \quad r = 0.08$$

로 하고 과거 데이터

$$y_1(t) = 0.4y_{1,0}, \quad y_2(t) = 1.8y_{2,0}$$

를 이용하여 [0, 60]에서 위의 방정식을 풀어라. $y_{1,0}^2 > 1 - rb$에 대하여 Plant는 유일한 실제 정상상태 $y_{1,0}$를 택하였다. 약간의 해석적 작업 후에 MATLAB 함수 roots를 이용하여 $y_{1,0} = -1.22764016121492$를 구할 수 있다. 이 $y_{1,0}$값을 이용하여 $y_{2,0}$를 계산하여라. $\tau = 20$에 대하여 m=+10일 때와 m=−10일 때의 DDE의 해를 각각 구하여라. 해의 그래프를 그려보라. 이들은 매우 날카로운 변화를 보일 수 있음을 알게 될 것이다.

■ 연습문제 4.12

Cooke, van den Driessche & Zou(1999)에 의한 개체성장 모델은 성숙과정의 지연에 의한 영향과 비선형 출생률을 고려하고 있다. 이 모델은 개체수 y(t)를 DDE

$$y'(t) = be^{-ay(t-T)}y(t-T)e^{-d_1 T} - dy(t)$$

를 이용하여 나타내고 있다. 이 DDE를 구간 [0, 25]에서 $t \leq 0$일 때의 과거 데이터 y(t)=3.5를 이용하여 풀어보라. 일반적으로 문제들은 여러 가지 파라미터 값들에 대하여 풀린다. 연습을 위하여 이 문제를 다음 각각의 데이터에 대하여 풀어보라:

1. $a=1,\ d=1, d_1=1,\ b=20$
2. $a=1,\ d=1, d_1=1,\ b=80$
3. $a=1,\ d=1, d_1=0,\ b=20$
4. $a=1,\ d=1, d_1=0,\ b=80$

원한다면 네 번의 실행으로 이를 수행할 수 있지만 B = [20 80 20 80]과 같은 배열을 정의하고 for 루프에서 `b = B(dataset)`과 같이 지수 dataset과 데이터를 이용하여 DDE를 해결함으로써 한 번의 실행으로 계산을 수행할 수 있다. 각각의 데이터 집합에 대하여 세 가지의 지연값 T=0.2, 1.0 및 2.4를 이용하여 DDE를 푼 다음 같은 그림에 해들의 그래프를 그려라. 지연의 크기가 해의 거동에 큰 영향을 미침을 알게 될 것이다. 해 구조체들에 지수를 부여할 수 있다는 점을 부각시키기 위해서 배열 `Delays = [0.2 1.0 2.4]`를 정의한다면 세 가지 계산을

```
for i = 1:3
   T = Delays(i);
   sol(i) = dde23(@ddes,T,3.5,[0, 25],opts);
end
```

와 같이 코드로 구성할 수 있다. 이 루프로부터 빠져나가면 첫 번째 지연에 대한 격자와 해는 sol(1).x 및 sol(1).y가 되며 다른 지연들에 대해서도 마찬가지이다. T 값은 DDE에 나타나므로 파라미터나 광역변수로서 부함수 ddes에 제시되어야 한다. 이 코드부분에서는 데이터 집합의 파라미터들과 함께 광역변수로

제시되었다. 여러분의 계산에서는 ddeset을 이용하여 기본값보다 더 엄격한 오차허용한계들, 즉 RelTol = 1e−5 및 AbsTol = 1e−8 등으로 지정한다.

■ 연습문제 4.13

Martin & Ruan(2001)은 몇 가지의 일반적인 포획자−먹이 모델들의 풀이에서 지연 및 일정한 먹이포획의 영향들을 고려하고 있다. 이 문제에서 여러분은 그들이 조사한 하나, 혹은 그 이상의 모델들을 수치적으로 고찰하게 된다. 모든 경우에서 x(t)는 시간 t에서의 포획자 수이며 y(t)는 먹이 수이다.

- Martin과 Ruan은 먼저 지연이 먹이의 성장을 지배하는 항에 나타나는 모델을 고려하고 있다. 여기에서 그들은 다음과 같은 시스템에 대한 해석적 및 수치적 결과들을 제시하고 있다:

$$x'(t) = x(t)\left[2\left(1 - \frac{x(t-\tau)}{40}\right) - \frac{y(t)}{x(t)+10}\right] - 10$$
$$y'(t) = y(t)\left[\frac{x(t)}{x(t)+10} - \frac{2}{3}\right]$$

  (20,15)는 이 시스템에 대한 평형점임을 보여라. $\tau = 0$에 대하여 [0, 100]에서 초기값 x(0)=40 및 y(0)=16을 이용하여 ODE를 풀어라. (lags에 대하여 빈 배열을 이용하여 dde23을 사용한다.) (x(t),y(t))의 그래프를 그려서 이 값의 τ에 대하여 이 평형점은 점근적으로 안정함을 보여라. $\tau = 0.826$에 대하여 [0, 100]에서 일정한 과거값 x=40 및 y=2를 이용하여 DDE를 풀어라. (x(t),y(t))의 그래프를 그려서 이 값의 τ에 대하여 평형점 부근에 제한 사이클이 존재함을 보여라. 두 적분 모두에서 기본 RelTol 값을 10^{-5}로 줄여라.

- Martin과 Ruan이 고려하는 두 번째 모델은 포획자 응답함수에 일정한 지연을 포함하고 있다. 다음과 같은 시스템에 대한 결과들이 제시되어 있다:

$$x'(t) = x(t)\left[2\left(1 - \frac{x(t)}{50}\right) - \frac{y(t)}{x(t)+10}\right] - 10$$
$$y'(t) = y(t)\left[-3 + \frac{6x(t-\tau)}{x(t-\tau)+40}\right]$$

  (40,12)는 이 시스템에 대한 평형점임을 보여라. $\tau = 7$과 $\tau = 9$에 대하여 [0, 250]에서 일정한 과거값 x=44 및 y=2를 이용하여 DDE를 풀어라. (x(t), y(t))의 그래프를 그려서 $\tau=7$에 대하여 평형점은 점근적으로 안정하며 $\tau=9$의 경우에는 평형점 부근에 제한 사이클이 존재함을 보여라. 두 적분 모두에서 기본 RelTol 값을 10^{-5}로 줄여라.

- 마지막으로 Martin과 Ruan은 잘 알려진 모델에 일정한 먹이포획이 추가될 때의 영향을 고려하고 있다. 이들은 다음과 같은 시스템에 대한 결과들을 제시하고 있다:

$$x'(t)=x(t)[20-x(t)-y(t)]-7$$
$$y'(t)=-15y(t)+3x(t-\tau)y(t-\tau)$$

$\left(5,\dfrac{68}{5}\right)$은 이 시스템에 대한 평형점임을 보여라. $\tau=0.05$에 대하여 [0, 10]에서 일정한 과거값 x=2 및 y=10을 이용하여 이 DDE를 풀어라. (x(t),y(t))의 그래프를 그려서 평형점 부근에 제한 사이클이 존재함을 수치적으로 보여라. 두 적분 모두에서 기본 RelTol 값을 10^{-5}로 줄여라.

■ 연습문제 4.14

Marriott & DeLisle(1989)의 제어기 문제는 지연된 해의 계단함수를 포함하는 DDE이다. $\Delta=y(t-12)-x_b$로 두면 방정식은

$$y'(t)=\tau^{-1}(-y(t)+\pi(a+\epsilon\text{sign}(\Delta)-u\sin^2(\Delta)))$$

과 같다. 파라미터를

$$x_a=-0.427,\quad a=0.16,\quad \epsilon=0.02,\quad u=0.5,\quad \tau=1$$

로 하고 $t\le 0$에서 과거 데이터 $y(t)=0.6$을 이용하여 [0, 120]에서 위의 방정식을 풀어라. 코드 dde23은 충분히 강건해서 sign(Δ)에 대한 특별한 처리가 없어도 이 문제를 풀 수 있다. 그러나 불연속성을 무시하면 DDE는 물론 ODE를 풀 때에도 문제에 부닥칠 수 있다(Shampine & Thompson, 2000). 풀이기가 언제나 매끄러운 계수들을 이용하여 방정식을 적분하도록 배열한다면 수치적 결과들에 대하여 더욱 신뢰를 가질 수 있다. 이는 프로그램 ch4ex5a.m에서와 같이 파라미터 state를 풀이기 값으로 설정하여 sign(Δ)에 대하여 사용하도록 함으로써 이루어질 수 있다. 주어진 과거 데이터에 따라 이 파라미터는 +1로 초

기화된다. Events 옵션을 사용하여 $y(t-12)-x_b=0$이면 적분을 종료시킨다. 이러한 최종 이벤트가 구간의 끝에 도달하기 전에 일어나면 state의 부호를 변경하고 구간 [sol.x(end), 120]에서 새로운 적분을 시작한다. 현재의 해 구조체는 새로운 적분을 위한 과거 구조체가 된다. 메시지와 각각의 새로운 적분의 시작점을 출력하여라.

4.5 다른 종류의 DDE와 소프트웨어

지금까지 우리는 일정한 지연 τ_j를 갖는

$$y'(t)=f(t,\ y(t),\ y(t-\tau_1),\ y(t-\tau_2),\ \cdots,\ y(t-\tau_k)) \tag{4.7}$$

와 같은 형태의 방정식들을 살펴보았다. 가장 간단한 확장은 지연들이 독립변수 t에 따라 좌우되도록 허용하는 것이다. 지연들이 0과 거리를 두도록 제한되기만 한다면 그러한 문제들은 일정한 지연을 갖는 문제들과 매우 유사하게 해결될 수 있다. 불연속성들이 어떻게 전진해 가는가를 알아내는 것은 더욱 어렵고 많은 비용이 드는 일이다. t^*에서 저차의 불연속성이 존재한다면 이는 식 (4.7)에서 어떤 $t-\tau_j(t)=t^*$일 때 "느껴"진다. 즉 각 지연에 대하여 불연속성은 함수의 첫 번째 근

$$t-\tau_j(t)-t^*=0 \tag{4.8}$$

으로 전진한다. 지연이 일정하다면 이 방정식의 해는 자명하며 다시금 불연속성은 점 $t^*+\tau_j$로 전진함을 알게 된다. 지연이 일정하지 않다면 수치적으로 근을 구해야 한다. 이는 때로는 원리상으로도 어려운 일이다. 예를 들면 짝수의 중근의 존재를 알아내는 것은 어려우며 1보다 큰 임의의 중근의 위치는 불량조건으로 되어 있다. 지연이 소멸될 수 있다면 새로운 개념적 및 계산적 문제가 발생한다. 예를 들면 $t \geq 0$에서 DDE

$$y'(t)=y\left(\frac{t}{2}\right)=y\left(t-\frac{t}{2}\right)$$

는 초기점 t=0 이전의 값들을 이용하지 않는다; 달리 말하면 이 DDE는 과거

함수를 필요로 하지 않는다. 효율성을 위하여 dde23은 자연스러운 스텝 크기보다 더 작은 지연들을 처리할 경우 함축적 공식과 반복과정에 자주 의존한다. 이는 0으로 소멸하거나 0에 근접하는 지연에 대해서는 피할 수 없다. 근을 구하는 강건한 코드들은 매끄럽지 않은 함수들을 처리할 수 있지만 함수들이 매끄럽다면 이들은 훨씬 효율적이다. 두 종류의 어려움들을 예시하여 주는 데에 사용되는 방정식은

$$y'(t) = y(t)(1 - y([t]))$$

이다. 여기에서 $n \le t < n+1$에 대하여 가장 큰 적분함수 [t]=n 이므로 지연 $\tau(t) = t - [t]$는 불연속이며 정수에서 소멸한다.

해 자체에 따라 좌우되는 지연들은 상태종속이라고 말한다. 이들은 모든 것을 변화시킨다. 지연들이 시간에 따라서만 좌우된다면 일정한 지연에서와 같이 적분을 시작하기 전에 전진 방정식 (4.8)을 풀 수 있다. 이제 방정식은

$$t - \tau_j(t, y(t)) - t^* = 0$$

으로 되며 y(t)를 계산하기 위해 지연이 어떻게 전진해야 하는가를 알아내기 위해서는 y(t)가 필요하다. 분명히 함축적 관계는 어떤 종류의 반복과정을 필요로 한다. 실제에 있어서 이는 각 단계에서 규명되어야 한다. 어떤 코드들은 현재의 해를 바깥짐작함으로써 일시적인 스텝 전반에서의 해를 예측한다. 이렇게 예측된 해를 이용하여 이 코드들은 일시적인 스텝 전 구간에서 불연속성을 확인하며 필요에 따라 스텝 크기를 줄이고 반복과정을 수행한다. 이 방법에는 비용이 소요되며 현재 설치된 코드들의 어떤 측면들은 완전히 만족스럽다고 할 수 없다. 알려진 해를 갖는 보기로서 구간 [0.1, 5]에서 방정식

$$\begin{aligned} y_1'(t) &= y_2(t) \\ y_2'(t) &= y_2(e^{1-y_2(t)}) y_2^2(t) e^{1-y_2(t)} \end{aligned}$$

를 푸는 것을 들 수 있다. 여기에서 과거 데이터는 해석적 해 $y_1(t) = \ln(t)$ 및 $y_2(t) = t^{-1}$에서 취한다. 상태종속 지연 $t - e^{(1-y_2(t))}$에 따른 복잡성 이외에도 지연은 t=1에서 소멸됨을 주목하자.

지금까지 우리는 현재시간 t에서의 해의 미분이 해 및 하나, 혹은 그 이상의 이전 시점에서의 해에 따라 좌우되는 방정식들을 살펴보았는데 이는 또한 이전

시점들에서의 *미분*에 따라 좌우될 수도 있다. 그러한 방정식들은 *중성* 형태라고 일컫는다. 알려진 해를 갖는 보기로서 구간 $\left[0,\ \frac{\pi}{2}\right]$에서 과거 데이터를 해석적 해 $y(t)=\sin(t)$로부터 취하여 방정식

$$
\begin{aligned}
y'(t) = &\cos(t)[1+y(ty^2(t))]+0.3y(t)y'(ty^2(t)) \\
&+0.7\sin(t)\cos(t\sin^2(t))-\sin(t+t\sin^2(t))
\end{aligned} \tag{4.9}
$$

를 푸는 것을 들 수 있다. 중성 형태의 DDE를 푸는 것은 사실상의 도전이며 현재의 연구 주제이다. 한 가지 어려움은 문제의 데이터에서 해의 존재성, 일의성, 그리고 연속적인 의존성이 분명하지 않다는 점이다. 우리가 논의했던 다른 DDE 들과는 달리 미분에서의 불연속성들은 적분이 진행됨에 따라 매끄러워지지 않는다. 이는 방정식의 효율적인 수치적분에 명백한 어려움을 부여하여 준다. 분명히 해의 미분에 대한 근사를 유지해야 한다. 불행히도 연속적인 확장으로부터 어떤 차수의 정확도를 갖는 해 y(t)에 대한 근사 S(t)가 얻어지는 경우 대개 y'(t)에 대한 근사 S'(t)는 차수가 하나 더 낮은 정확도를 갖는다.

우리가 지적한 어려움들에도 불구하고 다음에 언급하는 DDE 풀이기들은 중성 문제들의 풀이에 대한 조건을 지니며 우수한 추적기록을 갖는다. 요점을 부각시키기 위해 DKLAG6를 이용하여 방정식 (4.9)를 풀어보았다. 현재 시점에서의 미분이 이전시점에서의 미분에 따라 좌우된다는 기본적인 어려움 이외에도 지연이 t와 y 모두에 따라 좌우되며 시작과 최종시점에서 소멸되기 때문에 이 방정식은 풀기가 어렵다. 이 계산에 따른 일부 통계적 사항들을 표 4.1에 제시하였다. 언급된 풀이기들 가운데 어떠한 것을 사용하여도 유사한 결과가 얻어진다. 표에서

표 4.1: 소멸되는 지연을 갖는 중성 DDE 풀이에 있어서 DKLAG6에 따른 통계

Tol	Steps	Evals	ERO1	ERO2	Ratio
10^{-2}	2	50	0.191e-02	0.191e-02	1.00
10^{-4}	3	77	0.298e-01	0.464e-01	1.55
10^{-6}	6	212	0.283e+00	0.308e+00	1.09
10^{-8}	11	347	0.524e-01	0.187e+00	3.57
10^{-10}	21	554	0.242e+00	0.157e+01	6.48

- Tol은 오차허용한계이다;
- Steps는 적분 스텝 수이다;
- Evals는 미분계산 횟수이다;
- ERO1은 임의의 적분 격자점에서 오차 허용한계에 대한 최대 오차의 비이다;
- ERO2는 적분구간의 임의의 점에서 오차 허용한계에 대한 최대 오차의 비이다;
- Ratio는 최대 광역 안짐작 오차와 최대 광역 적분오차의 비이다.

비록 이 절에서 언급한 종류의 문제들을 푸는 것이 여전히 연구대상이긴 하지만 일부 효율적인 풀이기들은 널리 이용되고 있다. 우리는 이미 ARCHI(Paul, 1995)와 DKLAG6(Corwin 등, 1997; Corwin & Thompson, 1996)을 언급한 바 있다; 잘 알려진 다른 풀이기로서 DDVERK(Enright & Hayashi, 1997, 1998)가 있다. 이들 세 풀이기들은 모두 중성 문제와 상태종속 지연을 갖는 문제들을 허용한다. 아울러 세 풀이기들은 모두 작고 소멸되는 지연들을 허용한다. 이들 각각은 연속 확장을 이용하는 명시적 Runge-Kutta 쌍에 근거하고 있으며 Fortran 77로 작성되어 있다.

ARCHI는 (4,5) 쌍에 근거하고 있다. 이 풀이기에서 불연속성이 선택사항으로 되어 있다는 사실은 약간 언급할 만한 가치가 있다. 명시적 Runge-Kutta 방법의 국부적 오차 제어는 충분히 강건해서 일반적으로 그 자체에서 불연속성들을 인식하고 위치를 규명하고 스텝을 조절할 수 있다. 국부적 오차제어에 의존하는 것은 사용자에게 많은 것을 요구하지 않으므로 매력적이지만 이 방법은 신뢰도가 떨어지며 아마도 불연속성을 추적하는 것보다 정확하지 않다. ARCHI는 사용자가 함축적 공식의 반복적 계산이나 바깥짐작을 지정하는 것을 허용한다.

DDVERK는 (5,6)쌍에 근거하고 있다. 작고 소멸되는 지연들은 반복적으로 처리된다. 불연속점들은 결점오차 제어에 의하여 감지된다. 의심되는 불연속점들의 위치가 규명되며 불연속점들을 지날 때에는 특정 보간항들이 사용된다.

DKLAG6 역시 (5,6)쌍에 근거하고 있다. ARCHI에서와 마찬가지로 불연속 추적은 선택사항이다. DKLAG6는 이벤트 위치규명을 제공하는 유일한 풀이기이다. 사용자 접속기는 다른 풀이기들과 매우 다르다-사실상 모든 의사소통은 사용자가 제공하는 서브루틴들을 통하여 이루어진다. 이 서브루틴들을 생성하고 또 DKLAG6에 의하여 계산된 해들의 그래프 작성을 위한 툴(Corwin & Thompson (1993) 참조)의 사용이 가능하다.

참고문헌

W. Ames & E. Lohner (1981). Nonlinear models of reaction-diffusion in rivers. In R. Vichnevetsky & R. Stepleman (Eds)., Advances in Computer Methods for Partial Differential Equations, vol. Ⅳ, pp. 217-19. New Brunswick, NJ : IMACS.

P. Amodio, J. R. Cash, G. Roussos, R. W. Wright, G. Fairweather, I. Gladwell, G. L. Kraut, & M. Paprzycki (2000). Almost block diagonal linear systems: Sequential and parallel solution techniques, and applications. Numer. Lin. Alg. Appl. 7: 275-317.

D. Arnold & J . C. Polking (1999). Ordinary Differential Equations Using MATLAB, 2nd ed. Englewood Cliffs, NJ: Prentice-Hall.

U. M. Ascher, J. Christiansen, & R. D. Russell (1979). COLSYS - A collocation code for boundary value problems. In B. Childs et al. (Eds.), Codes for Boundary Value Problems (Lecture Notes in Comput. Sci., 76), pp. 164-85. New York: Springer-Verlag.

U. M. Ascher, J. Christiansen, & R. D. Russell (1981). Collocation software for boundary value ODE's. ACM Trans. Math. Software 7: 209-29.

U. M. Ascher, R. M. M. Mattheij, & R. D. Russell (1995). Numerical Solution of Boundary Value Problems for Ordinary Differential Equations. Philadelphia: SIAM.

U. M. Ascher & R. D. Russell (1981). Reformulation of boundary value problems into "standard" form. SIAM Review 23: 238-54.

G. Bader & U. Ascher (1987). A new basis implementation for a mixed order boundary value solver. SIAM J. Sci. Stat. Comput. 9: 483-500.

P. B. Bailey, B. S. Garbow, H. G. Kaper, & A. Zettl (1991). Eigenvalue and eignefunction computations for Sturm-Liouville problems. ACM Trans. Math. Software 17: 491-9.

P. B. Bailey, M. K. Gordon, & L. F. Shampine (1978). Automatic solution of the Sturm-Liouville problem. ACM Trans. Math. Software 4 :193-208.

P. B. Bailey, L. F. Shampine, P. E. Waltman (1968). Nonlinear Two Point Boundary Value Problems. New York: Academic Press.

C. T. H. Baker, C. A. H. Paul, & D. R. Willé (1995a). A bibliography on the numerical solution of delay differential equations. Numerical Analysis Report no. 269, Mathematics

Department, University of Manchester, U.K.

C. T. H. Baker, C. A. H. Paul, & D. R. Willé (1995b). Issues in numerical solution of evolutionary delay differential equations. Adv. Comput. Math. 3: 171-96.

C. M. Bender & S. A. Orszag (1999). Advanced Mathematical Methods for Scientists Engineers Ⅰ, Asymptotic Methods and Perturbation Theory. New York: Springer-Verlag.

P. Bogacki & L. F. Shampine (1989). A 3(2) pair fo Runge-Kutta formulas. Appl. Math. Lett. 2: 1-9.

R. L. Borrelli & C. S. Coleman (1999). ODE Architect. New York: Wiley.

R. W. Brankin, J. R. Dormand, I. Gladwell, P. Prince, & W. L. Seward (1989). ALGORITHM 670: A Runge-Kutta-Nyström code. ACM Trans. Math software 15: 31-40.

R. W. Brankin & I. Gladwell (1994). A Fortran 90 version of RKSUITE: An ODE initial value solver. Ann. Numer. Math. 1:363-75.

R. W. Braknin, I. Gladwell, & L. F. Shamine (1993). RKSUITE: A suite of explicit Runge-kutta codes. In R. P. Agarwal (Ed.), Contributions to Numerical Mathematics (WSSIAA, 2), pp. 41-53. Singapore: World Scientific.

K. E. Brenan, S. L. Campbell, & L. R. Petzold (1996). Numerical Solutions for Initial-Value Problems in Differential-Algebraic Equations (SIAM Classics in Applied Mathematics, 14). Philadelphia: SIAM.

P. N . Brown, G. D. Byrne, & A. C. Hindmarsh (1989). VODE: A variable coefficient ODE solver. SIAM J. Sci. Stat. Comput. 10: 1038-51.

J. R. Cash & M. H. Wright (1991). A deferred correction method for nonlinear two-point boundary value problems: implementation and numerical evaluation. SIAM J. Sci. Stat. Comput. 12: 971-89.

T. K. Caughy (1970). Large amplitude whirling of an elastic string - A nonlinear eigenvalue problem. SIAM J. Appl. Math. 18: 210-37.

T. Cebeci & H. B. Keller (1971). Shooting and parallel shooting methods for solving the Falkner-Skan boundary-layers equations. J. Comp. Phys. 7: 289-300.

J. D. Cole (1968). Perturbation Methods in Applied Mathematics. Waltham, MA: Blaisdell.

K. Cooke, P. van den Driessche, & X. Zou (1999). Interaction of maturation delay and nonlinear birth in population and epidemic models. J. Math. Biol. 39: 332-52.

S. P Corwin , D. Sarafyan, & S. Thompson (1997). DKLAG6: A code based on continuously imbedded sixth order Runge-Kutta methods for the solution of state dependent functional differential equations. Appl. Numer. Math 24: 319-33.

S. P. Corwin & S. Thompson (1993). DRAKE: Continuous simulation software for the solution of delay differential equations on personal computers. Computer Science Department Technical Report Series, no TR-93-001, Radford University, Radford, VA.

S. P. Corwin & S. Thompson (1996). DKLAG6: Solution of systems of functional differential equations with state dependent delays. Computer Science Department Technical Report Series, no. TR-96-002, Radford University, Radford, VA.

A. R. Curtis, M. J .D. Powell, & J. K. Reid (1974). On the estimation of sparse Jacobian matrices. J. Inst. Math. Appl. 13: 117-19.

H. T. Davis (1962). Introduction to Nonlinear Differential and Integral Equations. New York: Dover.

F. R. de Hoog & R. Weiss (1976). Difference methods for boundary value problems with the singularity of the first kind. SIAM J. Numer. Anal. 13: 775-813.

F. R. de Hoog & R. Weiss (1978). Collocation methods for singular boundary value problems. SIAM J. Numer. Anal. 15:198-217.

J. R. Dormand (1996). Numerical Methods for Differential Equations. Boca Raton, FL: CRC Press.

J. R. Dormand & P. J. Prince (1980). A family of embedded Runge-Kutta formulae. J. Comput. Appl. Math. 27: 19-26.

C. H. Edwards (1997). Newton's nose-cone problem. Mathematica J. 7: 64-71.

W. H. Enright & H. Hayashi (1997). A delay differential equation solver based on a continuous Runge-kutta method with defect control. Numer. Algorithms. 16: 349-64.

W. H. Enright & H. Hayashi (1998). Convergence analysis of the solution of retarded and neutral differential equations by continuous methods. SIAM J. Numer. Anal. 35: 572-85.

W. H. Enright & P. H. Muir (1996). Runge-Kutta software with defect control for boundary value ODEs. SIAM J. Sci. Comput. 17: 479-97.

J. D. Farmer (1982). Chaotic attractors of an infinite-dimensional dynamical system. Physica D 4: 366-93.

E. Fehlberg (1970) Klassiche Runge-Kutta-Formeln vierter und niedrigerer Ordnung mit schritten weiten-Kontrolle und ihre Anwendung auf Wärmeleitungsprobleme. Computing 6: 61-71.

B. A. Finlayson (1972). The Method of Weighted Residuals and Variational Principles. New York: Academic Press.

C. A. J. Fletcher (1983). Computational Galerkin Methods. New York: Springer-Verlag.

GAMS. The Guide to Available Mathematical Software is available at <http://gams.nist.gov/>.

C. W. Gear (1971). Numerical Initial Value Problems in Ordinary Differential Equations. Englewood Cliffs, NJ: Prentice-Hall.

L. Genik & P. van den Driessche (1999). An epidemic model with recruitment-death demographics and discrete delays. In S. Ruan, G. S. K. Wolkowicz, & J. Wu (Eds.), Differential Equations with Applications to Biology, pp. 237-49. Providence, RI: American

Mathematical Society.

F. R. Giordano & M. D. Weir (1991). Differential Equations: A Modeling Approach. Reading, MA: Addison-Wesley.

I. Gladwell (1979a) The development of the boundary-value codes in the ordinary differential equations chapter of the NAG library. In B. Childs et al. (Eds.), Codes for Boundary Value Problems (Lecture Notes in Computer Science, 76), pp. 122-43. New York: Springer-Verlag.

I. Gladwell (1979b). Initial value routines in the NAG Library. ACM Trans. Math. Software 5: 386-400.

I. Gladwell (1987). The NAG library boundary value codes. Numerical Analysis Report no. 134, Department of Mathematics, University of Manchester, U.K.

H2KL. The Harwell 2000 Library, at <hsl.rl.ac.uk>.

E. Hairer, S. P. Nörsett, & G. Wanner (1987). Solving Ordinary Differential Equations I. Berlin : Springer-Verlag.

E. Hairer & G. Wanner (1991). Solving Ordinary Differential Equations II, Stiff and Differential-Algebraic Problems. Berlin: Springer-Verlag.

J. Hale (1971). Functional Differential Equations. Berlin: Springer-Verlag.

P. Henrici (1962). Discrete Variable Methods in Ordinary Differential Equations. New York: Wiley.

P. Henrici (1977). Error propagation for Difference Methods. New York: Krieger.

D. J. Higham & N. J. Higham, MATLAB Guide. Philadelphia: SIAM.

A. C. Hindmarsh & G. D. Byrne (1976). Applications of EPISODE: An experimental Package for the integration of systems of ordinary differential equations. In L. Lapidus & W. E. Schiesser (Eds.), Numerical Methods for Differential Systems, pp. 147-66, New York: Academic Press.

M. H. Holms. Introduction to Perturbation Methods. New York: Springer-Verlag.

T. E Hull, W. H. Enright, B. M. Fellen, & A. E. Sedgwick (1972). Comparing numerical methods for ordinary differential equations. SIAM J. Numer. Anal. 9: 603-37.

T. E. Hull, W. H Enright, & K. R. Jackson (1975). User's guide for DVERK - A Subroutine for solving non-stiff ODEs. Report no. 100, Computer Science Department, University of Toronto, Ontario.

IMSL (2002). The IMSL FORTRAN 77 Mathematics and Statistics Libraries (FNL), ver. 3.0. Visual Numerics Inc., Houston. TX.

E. Isaacson & H. B . Keller (1966). Analysis of Numerical Methods. New York: wiley.

E. Kamke (1971). Differentialgleichungen Lösungsmethoden und Lösungen, vol. I. New York: Chelsea.

H. B. Keller (1992). Numerical Methods for Two-Point Boundary-Value Problems. New York: Dover.

J. Kierzenka (1998). Studies in the numerical solution of ordinary differential equations. Doctoral dissertations, Department of Mathematics, Southern Methodist University, Dallas, TX.

J. Kierzenka & L. F. Shampine (2001). A BVP solver based on residual control and the MATLAB PSE. ACM Trans. Math. software 27: 299-316.

H. Koçak (1989). Differential and Difference Equations through Computer Experiments. New York: Springer-Verlag.

M. Kubiček, V. Hlaváček, & M. Holodnick (1979). Test examples for comparison of codes for nonlinear boundary value problems in ordinary differential equations. In B. Childs et al. (Eds.), Codes for Boundary-Value Problems in Ordinary Differential Equation (Lecture Notes in Computer Science, 76), pp. 325-46. New York: Springer-Verlag.

J. D. Lambert (1991). Numerical Methods for Ordinary Differential Systems. New York: Wiley.

L. Lapidus, R. C. Aiken, & Y. A. Liu (1973). The occurrence and numerical solution of physical and chemical systems having widely varying time constants. In R. A. Willoughby (Ed.), Stiff Differential Systems, pp. 187-200. New York: Plenum.

H. T. Laquer & B. Wendroff (1981). Bounds for the model quench front. SIAM J. Numer. Anal. 18: 225-41.

M. Lentini & V. Pereya (1974). A variable order finite difference method for nonlinear multipoint boundary value problems. Math. Comp. 23: 981-1003.

J. Lighthill (1986). An Informal introduction to Theoretical Fluid Mechanics. Oxford: Clarendon.

C. C. Lin & L. A. Segel (1998). Mathematics Applied to Deterministic Problems in the Natural Sciences. Philadelphia: SIAM.

N. MacDonald (1978). Time Lags in Biological Models. Berlin: Springer-Verlag.

N. MacDonald (1989). biological Delay Systems: Linear Stability Theory. Cambridge University Press.

Maple (1989). Maple V Release 6. Waterloo Maple Inc., Waterloo, Ontario.

M. Marletta & J. D. Pryce (1995). LCNO Sturm-Liouville problems - Computational difficulties and example. Numer. Math. 69: 303-20.

C. Marriott & C. DeLisle (1989). Effects of discontinuities in the behavior of a delay differential equation. Physica D. 36: 198-206.

A. Martin & S. Ruan (2001). Predator-prey models with delay and prey harvesting. J. Math. Biol. 43: 247-67.

MATLAB (2000). MATLAB 6. The MathWorks, Inc., Natick, MA.

R. M. M. Mattheij & G. W. M. Staarink (1984a). An efficient algorithm for solving general linear two point BVP. SIAM J. Sci. stat. Comput. 5: 745-63.

R. M. M. Mattheij & G. W. M. staarink (1984b). On optimal shooting intervals. Math. Comp. 42: 25-40.

C. B. Moler (1997). Are we there yet? MATLAB Newsletter (Simulink 2 Special Edition), pp. 16-17; see <http://www.mathworks.com/company/newsletter/pdf/97slCleve.pdf>.

C. B. Moler & L. P. Solomon (1970). Integrating square roots. Comm. ACM 13: 556-7.

J. S. Murphy (1965). Extensions of Falkner-Skan similar solutions to flows with surface curvature. AIAA J. 3: 2043-9.

J. D. Murray (1993). Mathematical Biology, 2nd ed. Berlin: Spinger-Verlag.

NAG (2002). NAG FORTRAN 77 Library, mark 21. Numerical Algorithms Group Inc., Oxford, U.K. Netlib. The Netlib software repository is available at <http://www.netlib.org/>.

K. W. Neves (1975). Automatic integration of functional differential equations: An approach. ACM Trans. Math. software 1: 357-68.

K. W. Neves & S. Thompson (1992). Software for the numerical solution of systems of functional differential equations with state dependent delays. Appl. Numer. Math. 9: 385-401.

H. J. Oberle & H. J. Pesch (1981). Numerical treatment of delay differential equations by Hermite interpolation. Numer. math. 37: 235-55.

R. E. O'Malley (1991). Singular Perturbation Methods for Ordinary Differential Equations. New York: Springer-Verlag.

J. M. Ortega & W. G. Poole (1981). An Introduction to Numerical Methods for Differential Equations. Marshfield, MA: Pitman.

J. T. Ottesen (1997). Modelling of the baroflex-feedback mechanism with time-delay. J. Math. Biol. 36: 41-63.

C. A. H. Paul (1995). A user-guide to ARCHI. Numerical Analysis Report no. 283, Mathematics Department, University of Manchester, U.K.

S. Pruess, C. T. Fulton, & Y. Xie (1992). Performance of the Sturm-Liouville software SLEDGE. Technical Report no. MCS-91-19, Department of mathematical Sciences, Colorado School of Mines, Golden.

J. D. Pryce (1993). Numerical Solution of Sturm-Liouville Problems. Oxford: Clarendon.

J. D. Pryce (1993). A test Package for Sturm-Liouville solvers. ACM trans. Math. Software 25: 21-57.

A. Raghothama & s, Narayanan (2002). Periodic response and chaos in nonlinear systems with parametric excitation and time delay. Nonlinear Dynam. 27: 341-65.

S. M. Roberts & J. S. Shipman (1972). Two-Points Boundary Value Problems: Shooting Methods. New York: Elsevier.

H. H. Robertson (1996). The solution of a set of reaction rate equations. In J. Walsh (Ed.), Numerical Analysis: An Introduction, pp. 178-82. London: Academic Press.

J. M. Sanz-Serna & M. P. Calvo (1994). Numerical Hamiltonian Problems. London: Chapman & Hall.

M. R. Scott (1973). Invariant Imbedding and Its Applications to Ordinary Differential Equations, An introduction. Reading, MA: Addison-wesley.

R. Seydel (1988). From Equilibrium to Chaos. New York: Elsevier.

L. F. Shampine. (1986). Conservation laws and the numerical solution of ODEs. Comput Math. Appl. 12B: 1287-96.

L. F. Shampine (1994). Numerical Solution of Ordinary Differential Equations. New York: Chapman & Hall.

L. F. Shampine (1998). Linear conservation laws for ODEs. Comput Math. Appl. 35: 45-53.

L. F. Shampine (2002). Variable order Adams codes. Comput Math. Appl. 44: 749-61.

L. F. Shampine, R. C. Allen, Jr., & S. Pruess (1997). Fundamentals of Numerical Computing. New York: Wiley.

L. F. Shampine, I. Gladwell, & R. W. Brankin (1991). Reliable solution of special root finding problems for ODEs. ACM Trans. Math. Software 17: 11-25.

L. F. Shampine & M. K. Gordon (1975). Computer Solution of Ordinary Differential Equations. San Francisco: Freeman.

L. F. Shampine & M. W. Reichelt (1997). The MATLAB ODE suite. SIAM J. Sci. Comput. 18: 1-22.

L. F. Shampine & M. W. Reichelt, & J. A. Kierzenka (1999). Solving index-1 DAEs in MATLAB and Simulink. SIAM Review 41: 538-52.

L. F. Shampine & S. Thompson (2000). Event location for ordinary differential equations. Comput. Math. Appl. 39: 43-54.

L. F. Shampine & S. Thompson (2001). Solving DDEs in MATLAB. Appl. Numer. Math. 37: 441-58.

R. D. Skeel & M. Berzins (1990). A method for the spatial discretization of parabolic equations in one space variable. SIAM J. Sci. Stat. Comput. 11: 1-32.

S. S. Soliman & M. D. Srinath (1998). Continuous and Discrete Signals and Systems, 2nd ed. Englewood Cliffs, NJ: Prentice-Hall.

H. J. Stetter (1973). Analysis of Discretization Methods for Ordinary Differential Equations. New York: Spinger-Verlag.

A. M. Stuart & A. R. Humphries (1996). Dynamical Systems and Numerical Analysis. Cambridge University Press.

S. Suherman, R. H. Plaut, L. T. Watson, & S. Thompson (1997). Effect of human response time on rocking instability of a two-wheeled suitcase. J. Sound Vibration 207: 617-25.

L. Tavernini (1996). Continuous-Time Modeling and Simulation. Amsterdam: Gordon & Breach.

S. Thompson & P. G. Tuttle (1986). Benchmark fluid flow problems for continuous simulation languages. Compute Math. Appl. 12A: 345-52.

L. N. Trefethen (2000). Spectral Methods in MATLAB. Philadelphia. SIAM.

D. A. Wells (1967). Theory and Problems of Lagrangian Dynamics (Schaum's Outline Series). New York: McGraw-Hill.

D. R. Willé & C. T. H. Baker (1992). DELSOL - A numerical code for the solution of systems of delay differential Equations. Appl. Numer. Math. 9: 223-34.

S. J. Wolfram (1996). The Mathematica Book, 3rd ed. Wolfram Media & Cambridge University Press.

찾아보기

역자약력 • 여 영 구

1972년: 서울대학교 화학공학과(공학사)
1982년: 서울대학교 화학공학과(공학석사)
1986년: AUBURN대학교 화학공학과(공학박사)
1993년: KIST 책임연구원
현 재: 한양대학교 화학공학과 교수
주요저서: 공정제어공학(한양대학출판부)
석유화학공학(CRI화학경제연구원)
한국화학공학의과제(금빛출판사)
화학공학열역학(아진출판사)
MATLAB® 공정제어(아진출판사)
Moler의 MATLAB® 수치해석학(아진출판사)
필터링 MATLAB® 이미지 처리(아진출판사)
MATLAB® 금융분석(아진출판사)
MATLAB® 프로그래밍 응용(아진출판사)
MATLAB® 미적분학(아진출판사)

MATLAB® 미분방정식

A-JIN

지은이와 협의 인지 생략

인 쇄 : 2008년 5월 5일
발 행 : 2008년 5월 10일
역 자 : 여영구
발 행 처 : 도서출판 아진
135-010
서울시 강남구 논현동 148-9
한미빌딩 201호
TEL:02-737-0663 FAX:02-737-0664
Homepage:ajin.to
E-mail:kgb@ajin.to
발 행 인 : 김 근 배
등록번호 : 제300-1995-56호
I S B N : 978-89-5761-245-3 93410

가격 20,000원